Dr. Ph. Joshua David Stone

und

Marcia Dale Lopez, Ph.D.

sowie Rev. Linda L. Schweke

Wie man sich
vom negativen Ego befreit

R. Lippert-Verlag

Titel der englischen Originalausgabe:
"How to Clear the Negative Ego"
from the collected work: "The Easy-to-Read
Encyclopedia of the Spiritual Path".

Übersetzung: Monika Bischofberger-Spitzer

Titelbild: aus der Tarotserie von Carl-W.Röhrig,
Hamburg
Gestaltung: Renate und Rudolf Lippert

Deutsche Erstausgabe Sommer 2003
    © Copyright
    by R. Lippert Verlag,
    Hartgass 9, D-88639 Wald
    Tel.: 07578-2229, Fax: 07578-933194
    www.lippert-verlag.de
    e-mail: service@lippert-verlag.de

Printed in Germany

ISBN 3-933470-69-2

Dr. Ph. Joshua David Stone
und
Marcia Dale Lopez, Ph.D.
sowie Rev. Linda L. Schweke

Wie man sich
vom negativen Ego befreit

R. Lippert-Verlag

Inhalt

Einleitung

Das Konzept dieses Buches ist auf höchst interessante Weise entstanden. Vor ungefähr vier Monaten, während einer sehr beschleunigten Periode unseres gemeinsamen Wachstumszyklus, träumte meine Freundin, daß ich zu ihr gekommen sei, ihr Büro betreten und mit Nachdruck zwei Bücher auf ihrem Schreibtisch deponiert hätte. In ihrem Traum saß sie an ihrem Schreibtisch und ich sagte zu ihr, daß wir uns auf genau dieses Thema konzentrieren müßten, wenn wir einen spirituellen Fortschritt erreichen wollten. Meine Freundin betrachtete die beiden Bücher und sie trugen den Titel „Wie man sich von den Archetypen des negativen Ego befreit". Sie erzählte mir am nächsten Morgen von diesem Traum. Ich war zutiefst bewegt, denn genau dieses Thema beschäftigt mich sehr stark, wie jeder feststellen kann, der mein zweites Buch *Seelenpsychologie - Die Schlüssel zum Aufstieg* liest. Meiner persönlichen Meinung nach gibt es keine wichtigere spirituelle Arbeit als das Loslassen des negativen Egos. Darum zitiere ich so oft Sai Baba, dessen Definition von Gott lautet: „Gott = Mensch minus Ego".

In unserer nächsten gemeinsamen Meditation erforschte ich diesen Traum näher. Es wurde mir gesagt, daß ich (Joshua) diese Bücher auf den Inneren Ebenen bereits geschrieben hätte und die Meister wünschten, daß ich sie in die materielle Realität bringen sollte. Ich fand dieses Vorhaben sehr aufregend, hatte jedoch überhaupt keine Zeit, da das Wesak-Fest in drei Wochen stattfinden sollte. Also ließ ich den Gedanken vorerst ruhen und langsam Gestalt annehmen. Man kann die Bedeutung dieses Buches nicht genug betonen. Eine der Haupteinsichten in den Aufstiegsprozeß, die mich wirklich erschüttert hat, ist, daß das negative Ego die Lichtarbeiter zu einem hohen Maß immer noch kontrolliert, selbst dann, wenn sie die fünfte, sechste und sogar die siebte Initiation durchlaufen haben. Das ist natürlich nicht bei allen Lichtarbeitern so, hat jedoch Gültigkeit für viele von ihnen. Meiner Meinung nach ist die Unfähigkeit, das negative Ego zu meistern und zu überwinden generell die größte Schwachstelle der Lichtarbeiter. Das Buch wurde mir eingegeben, um diesem Umstand abzuhelfen. Sanat Kumara hat mir vor kurzem mitgeteilt, daß eine der Gefahren unserer Zeit darin liegt, daß die Lichtarbeiter sich mit enormer Geschwindigkeit spirituell entwickeln, daß jedoch ihr mentales, emotionales und physisches Selbst dabei nicht Schritt halten kann. Die

Einsicht, die daraus resultiert, ist, daß der Aufstieg und das Durchlaufen der sieben Stufen der Initiation mehr mit der spirituellen Entwicklung und der Verstärkung des Lichtquotienten zu tun hat, als mit der mentalen, emotionalen oder psychologischen Entwicklung. Diese Entdeckung hat mich richtig erschreckt! Ich begegnete Initiaten sehr hoher Stufen, von denen einige alle sieben Initiationsstufen durchlaufen hatten und doch sehr eigennützig und psychologisch verwirrt waren oder sich als emotionale Opfer fühlten.

Da mir immer mehr solcher Menschen begegneten, wendeten wir uns schließlich an die Meister, um sie dazu zu befragen. Man teilte uns während unserer Meditationen mit, daß früher die Initiaten auf der fünften Initiationsstufe verbleiben mußten, bis ihre psychologischen Ebenen entsprechend gereinigt waren. In dieser stark beschleunigten Erdperiode jedoch, die um ca. 1990 ihren Anfang genommen hat, wurde dies auf die siebente Initiationsstufe verlegt. Ich persönlich bin sehr froh, daß die Lichtarbeiter die Möglichkeit haben, den Aufstieg leichter zu erreichen und den Kreislauf der Wiedergeburt zu durchbrechen. Dies muß jedoch verantwortlich geschehen. Man hat mir klar und deutlich zu verstehen gegeben, daß kein Lichtarbeiter seine sieben Stufen der Initiation oder die 50% der Chakra-Verankerung vollenden bzw. sich auf die solare, galaktische oder kosmische Ebene weiterbewegen kann, bevor er nicht die psychologische Stufe wirklich bereinigt hat. Es mag ihm gelingen, die siebte Unterstufe der siebten Initiation zu erreichen, dann allerdings geht es nicht mehr weiter, solange nicht die drei Bewußtseinsebenen und die vier Körper ausgeglichen sind, und solange nicht das negative Ego sowie die dreifältige Persönlichkeit (Geist, Emotionen und Körper) beherrscht werden. Man muß nur 51% des eigenen Karma bewältigt haben, um die Initiationen der siebten Initiation zu durchlaufen, weiter geht es danach jedoch nicht. Die Meister und die Kraft, welche Ist, hält Euch auf dieser Stufe fest, egal, wie viel Aufstiegsaktivierungsarbeit, Aufbau des Lichtquotienten und Meditation Ihr auch leistet. So lange Euer Emotionalkörper, das negative Ego und das Innere Kind nicht in der rechten Weise bearbeitet wurden, ist hier Endstation.

Dieses Buch wurde geschrieben, um Lichtarbeitern die Möglichkeit zu geben, ihr negatives Ego und den „Hüter der Schwelle" zu meistern, und das Energiefeld von allen Eindrücken des negativen Ego, wie außerirdische Implantate, negative Elementale, Parasiten, negative Eindrücke, Astralwesenheiten, psychologische Störungen, Krankheiten, die Archetypen des negativen Ego und Programme, die auf der Angst begründet sind, zu reinigen. Dieses Buch könnte wahrlich eines der wichtigsten Bücher Eures Lebens werden. Das negative Ego und seine Bereinigung ist sicherlich einer der am wenigsten verstandenen Aspekte des spirituellen Weges und doch einer der wichtigsten. Ich empfehle Euch, dieses Buch gleichzeitig mit meinem Buch *Seelenpsychologie* zu lesen, da darin alle Grundlagen zum Verständnis des gegenständlichen Buches zu finden sind.

Was also müßt Ihr tun, um den Aufstieg zu erreichen und Eure Initiationen zu vollenden, wenn Ihr noch selbstsüchtig seid, voll von Minderwertigkeitskomplexen und in der Opferhaltung befangen? Wenn Ihr in Armut lebt, konstant mit Eurem Partner im Streit oder chronisch krank seid? Ich verurteile niemanden, ich möchte nur nochmals klarstellen, daß die Tatsache, daß jemand aufgestiegen ist oder eine sehr hohe Initiationsstufe erreicht hat, noch lange nicht bedeutet, daß dieser Mensch auch die psychologische Stufe gemeistert hat.

Dieses praxisorientierte und leicht zu lesende Buch ist empfangen worden, um diesem Mißstand abzuhelfen. Einer der wichtigsten Gründe, daß Lichtarbeiter in diesem Bereich so schwach sind, liegt in der mangelnden Erziehung – da können sie selbst nicht einmal etwas dafür. Es gibt viel zu wenige spirituelle Lehrer, Heiler, Psychologen, Priester, Ehe- und Familienberater, Psychiater und Sozialarbeiter, die wirklich wissen, was es bedeutet, das Bewußtsein des negativen Ego in all seinen Formen zu überwinden. Ich hoffe sehr, daß dieses Buch eine Antwort auf die Herzensgebete vieler Menschen sein wird. Dieses Buch zu schreiben war auch für mich selbst sehr heilsam. Wie heißt es so schön: „Du lehrst, was Du selbst zu lernen wünschst." Selbst Meister wie Sanat Kumara oder Vywamus tragen noch Reste von negativem Ego in sich. Wahrscheinlich besteht überhaupt keine Möglichkeit, es gänzlich los zu werden; das Ziel jedoch sollte sein, so viel Christusbewußtsein wie nur irgend möglich auf dieser Existenzebene zu leben. Mit diesem Gedanken möchte ich nun beginnen.

Vorwort

Ihr seid im Begriff, das Buch mit dem Titel „Wie man sich vom negativen Ego befreit" in die Hand zu nehmen. Das Vorwort zu diesem Buch ist in seiner Art einmalig. Dieses ganz besondere Buch, liebe Leser, ist darauf ausgerichtet, die Natur des „negativen Ego" verständlich zu machen, damit Ihr daraus lernen könnt, wie Gedanken und Vorgänge des Lebens nicht mehr aus der Sicht des negativen Ego, sondern aus der Sicht Gottes betrachtet werden können. Das „negative Ego" betrachtet alles durch „eine dunkle Brille" und sieht die innere, wie die äußere Welt durch einen Filter der Trennung, der Egozentrik, der Angst und der Isolation. Es „sieht" die Dinge mit einem Verstand, in dem es keinen Gott gibt, und der sich deshalb in Trennung, Manipulation, Gier und Selbstsucht verliert.

Wenn man verstanden hat, wie das negative Ego funktioniert, kann man die Gottesgabe des freien Willens einsetzen und für sich entscheiden, daß man die Welt gegensätzlich zum negativen Ego, also durch das Höhere Selbst und /oder den Bereich der Monade betrachtet. Das Wesen des Höheren Selbst / der Monade / der mächtigen ICH BIN - Gegenwart ist gleich dem Wesen Gottes oder dem spirituellen Christus-/Buddha-/ Gottesbewußtsein, was bedeutet, daß die innere wie die äußere Welt nur durch reine Liebe und Einheit betrachtet und aufgenommen wird. Das spirituelle Christus-/Buddha-/Gottesbewußtsein entspricht dem „Geist von Jesus Christus" und ist daher eins mit dem Vater/Mutter-Gott im Himmel und erkennt die echte Wahrheit, da es die Dinge durch das „essentielle Selbst" wahrnimmt. Es ist der Zustand, in welchem sich die Weisen und Heiligen aller Religionen und spirituellen Wege befinden, welche bereits ihre Befreiung erreicht haben.

Aus diesem Grunde bitten mich die Meister, am Beginn dieses Buches klarzustellen, daß Ihr ständig darum bemüht sein müßt, es niemals aus Gründen des negativen Ego zu lesen. Ich weiß, das ist viel verlangt, da Ihr ja noch nicht einmal damit begonnen habt. Ich wiederhole jedoch: Lest dieses Buch vom Standpunkt der Gotteserkenntnis und aus dem spirituellen Christus-/Buddha-Bewußtsein und nicht aus dem negativen Ego! Die Frage ist, wie kann man dies tun? Die Antwort darauf ist überraschend einfach. Alles, was Ihr dazu tun müßt, liebe Leser, ist, darauf zu verzichten, Euch selbst, andere oder das hier besprochene zu kritisieren und Euch, so weit Euch dies möglich ist, mit Eurer eigenen göttlichen ICH BIN - Gegenwart oder Höheren Selbst zu verbinden. Das bedeutet nicht, daß Ihr jedes Wort, das Ihr lest, blind glauben müßt, denn kein höherer Initiat oder Meister würde jemals von jemand anderen verlangen, die Kritikfähigkeit aufzugeben. Es bedeutet jedoch, daß Ihr in Euch die Absicht entstehen lassen sollt, diesen Text aus Eurem spirituellen Christus-/Buddha-Bewußtsein heraus zu lesen und die Intuition des Höchsten in Euch dazu zu verwenden, „die Spreu vom Weizen zu trennen". Wenn Ihr so vorgeht, werdet Ihr verstehen, daß das negative Ego der falsche, der trennende Standpunkt ist, und daß nur das spirituelle Christus-/Buddha-Bewußtsein die Dinge so sieht, wie sie wirklich sind. Dieses Buch soll Euch beweisen, daß unser fehlerhaftes Glaubenssystem, durch welches wir die Welt um uns betrachten, nur dazu führt, daß wir uns isoliert, getrennt, voll Angst und Zweifel, voll Gier, abhängig, verwirrt und voll Schmerz fühlen. Der Schmerz, den ich hier meine, ist jener des Getrenntseins bzw. der des „falschen Glaubens", welcher uns das Gefühl der Trennung und des Alleinseins vermittelt.

Ziel dieses Buches ist es, Euch aus dem Sumpf falschen Denkens heraus zu führen, dorthin, wo Ihr den „göttlichen Denker" findet, der sich als das Höhere Selbst, als das Christus-/Buddha-Bewußtsein, als Gott und als „eins mit dem Einen" erkennt. Alles, worum ich Euch bitte, ist, daß Ihr Euch bemüht, ständig im Christus-Prinzip, dem spirituellen Geist, der ultimativen Wahrheit von Einigkeit und Einssein zu verbleiben und die höchste Stufe Eures Gott-Selbst in Eurem Bewußtsein dazu zu verwenden, dieses Buch zu lesen. Was ich mir von Euch wünsche, ist, daß Ihr dieses Buch als Christus oder Buddha lest, und nicht als das getrennte Selbst in Isolation, nicht als das „negative Ego". Ruft Euer Höheres Selbst und die Monade an, zentriert Euren Geist im Christus-/Buddha-Bewußtsein und geht mit mir auf eine Reise, auf der Ihr alles reinigt, ausgleicht und zur Einheit bringt, was noch der Reinigung und Klärung bedarf, um wirklich zum vollkommenen Ausdruck des Christus-/Gott-Wesens werden zu können, das wir ja alle im Prinzip bereits sind. Das negative Ego muß sich ständig über- oder unterlegen fühlen und wird Euch daher sagen, daß Ihr dieses Thema bereits im Frühling des Jahre 1972 bewältigt habt. Oder es wird Euch zuflüstern, daß Ihr Euch Fehler nicht erlauben könnt, weil Ihr damit Euer „Gesicht verliert", was natürlich wiederum eine Täuschung ist. Es wird Euch außerdem sagen, daß andere esoterische Schriften, die sich mit den Aufgestiegenen Meistern befassen, viel interessanter sind und Ihr es gar nicht nötig habt, so ein Buch überhaupt zu lesen. Ich sage Euch jedoch, auch im Namen der Aufgestiegenen Meister der Spirituellen

Hierarchie der Inneren Ebenen, daß es kein Thema auf der ganzen Erde gibt, das für Euer spirituelles Leben wichtiger wäre, als dieses. Die Bewältigung des negativen Ego ist die Basis für den Aufstieg und für jede spirituelle Entwicklung, ganz egal, welchen Weg Ihr dafür gewählt habt.

Ich schließe dieses Vorwort mit einem Zitat Seiner Heiligkeit, Lord Sai Baba: „Gott = Mensch minus Ego". Ihr könnt Initiaten der siebten Stufe sein, einen Lichtquotienten von 98% besitzen und doch Gott nicht kennen, weil Ihr das negative Ego noch nicht bewältigt und Euer getäuschtes und von Illusionen beherrschtes Gedankenbild noch nicht mit dem spirituellen Christus-/Buddha-Bewußtsein ersetzt habt!

1 Was bedeutet das negative Ego und wie es überwunden werden kann

Bevor jemand sein negatives Ego überwinden kann, muß er wissen, was das negative Ego überhaupt ist. Das erscheint einigen von Euch vielleicht ziemlich einfach, ich kann Euch jedoch versichern, daß es für die große Mehrzahl der Menschen, sogar für Lichtarbeiter, überhaupt nicht einfach ist. Wie ich bereits erklärt habe, ist es die am wenigsten verstandene Lektion des gesamten spirituellen Weges. Jeder Mensch hat ein Ego, einen Charakter, der gut ist und durch den die Seele und die Geistige Welt wirkt. Die grundsätzliche Idee ist jedoch, daß jeder Mensch den Wunsch hat, sein Ego spirituell aufzuwerten und kein negatives Ego zu besitzen. Um diese Lektion zu lernen, muß man verstehen, daß es auf der Welt nur zwei Denkrichtungen gibt. Man könnte auch sagen, daß es zwei klare Lebensphilosophien gibt, die für alle Menschen, ob sie einen spirituellen Glauben besitzen oder nicht, gültig sind. Jeder Mensch in Gottes unendlichem Universum denkt entweder mit seiner spirituellen Seele, seinem Christus-Geist, oder mit dem Geist seines negativen Egos.

Ganz zu Beginn, noch vor der Schöpfung und kurz danach, gab es keinen Geist des negativen Egos. Gott hat diesen Geist nicht erschaffen, er ist Menschenwerk. Er ist dadurch entstanden, daß Gottes Söhne und Töchter in die Materie und physische menschliche Körper traten und sich zu stark damit identifizierten. Von dem Augenblick an, in dem die Söhne und Töchter Gottes dachten, sie seien ein physischer Körper anstatt ein Kind Gottes, das einen physischen Körper nur eine Zeitlang bewohnt, entwickelte sich das negative Ego. Die Bibel nimmt auf diese Tatsache Bezug, wenn sie von Adam und Eva erzählt, vom Genuß der verbotenen Frucht und von der Schlange als Symbol des Geistes des negativen Egos oder niederen Selbst. Man könnte die beiden Philosophien auch als die des niederen und des Höheren Selbst bezeichnen. Gehorcht man dem niederen Selbst, hat man eine "Existenz des niedrigen Lebens." Folgt man der Philosophie des Höheren Selbst, des Heiligen Geistes, der Seele, der Monade, des ICH BIN oder des Christus-Geistes, hat man eine Existenz des höheren Lebens. Um Gott zu erkennen, muß man die Aufmerksamkeit von den Interpretationen und Lebens-Wahrnehmungen des niederen

Selbst abwenden und statt dessen sein Leben von der Warte des Höheren Selbst aus interpretieren und wahrnehmen. Da unsere Gedanken unsere Realität schaffen, bestimmt die Philosophie, die man sich aussucht, die Art und Weise wie man die Dinge betrachtet. Deshalb sagte Sai Baba: "Es ist der Geist, der Fesseln erzeugt und es ist der Geist, der Freiheit schafft." Wenn Ihr Gedanken des negativen Egos denkt, werdet Ihr negative Emotionen haben. Denkt Ihr jedoch spirituelle Gedanken, dann sind Eure Emotionen positiv. Es sind Eure Gedanken, die Eure Gefühle, Euer Verhalten und Eure physische Gesundheit - oder Krankheit - bestimmen. Psychologische Gesundheit bedarf nicht mehr, als gute geistige Nahrung zu sich zu nehmen. Wie Meister Jesus in dem Buch *Ein Kurs in Wundern* sagt, ist es das wichtigste, jedem Gedanken, der nicht von Gott ist, den Zutritt zu Eurem Geist zu verwehren, allzeit wachsam zu sein, was Gott und sein Königreich betrifft und niemals die Kontrolle aus der Hand zu geben.

Ihr habt das Management über Euren Charakter und es ist Eure Entscheidung. Ihr könnt bitten, so lange Ihr wollt - weder Gott noch die Aufgestiegenen Meister werden es für Euch tun, weil es Eure Aufgabe ist. Wenn Ihr Euch negativen Gedanken verweigert und Euren Geist konstant im Lichte erhaltet, werden die negativen Gedanken aus Energiemangel zugrunde gehen und es wird eine neue, positive Haltung in Eurem Unterbewußtsein entstehen. Dann ist es sehr einfach, eine positive Einstellung zu haben. Schwierig ist das alles nur am Anfang, obwohl man, unabhängig von der Entwicklungsstufe, auf der man sich befindet, immer wachsam bleiben muß. Das Wesen des negativen Egos besteht aus Angst, dem Gefühl der Trennung und dem Ausgerichtetsein auf sich selbst. Amüsant ist dabei, daß es das negative Ego eigentlich nicht wirklich gibt. In dem Buch *Ein Kurs in Wundern* sagt Jesus: "Der Sündenfall hat nie wirklich stattgefunden - wir meinen es bloß"! Anders ausgedrückt bedeutet das, daß wir immer eins mit Gott, daß wir immer Christus oder Söhne oder Töchter Gottes gewesen sind. Wenn wir jedoch dem negativen Gedanken in unserem Geist nachgeben, dann werden wir in dieser Art des Bewußtseins leben, selbst wenn sie in Wahrheit gar nicht existiert. Das ist, als würde man in einer negativen Hypnose oder in einem Traum agieren. Wenn wir träumen, glauben und fühlen wir, daß unser Traum Wirklichkeit ist. Wenn wir am Morgen aus einem Alptraum erwachen, sind wir so erleichtert, daß wir zu uns sagen: "Bin ich froh, daß das bloß ein Traum war!" Das ist genau das, was ich versuche, Euch über Euer Leben zu erklären: Ihr habt mit offenen Augen geträumt, als Ihr Euer bewußtes Leben lebtet. Ihr befindet Euch in einem Traum der Lebensanschauung des negativen Egos, statt Euer Leben vom Standpunkt Eures Christus-Geistes aus zu betrachten. Es ist wie bei dem Glas Wasser: ist es halb leer oder halb voll? Dieser einfache Vergleich paßt zu jeder Lebenssituation. Es gibt eine Art, das Leben zu betrachten, die inneren Frieden, Ruhe, Freude, Glück, bedingungslose Liebe, Gelassenheit und Ausgeglichenheit vermittelt, ganz egal, was um Euch herum geschieht. Und es gibt die andere Art, die Euch wütend, aufgeregt, aggressiv, ungeduldig, launisch, emotional, unausgeglichen, manisch-depressiv, niedergeschlagen und traurig macht. Und das hat nicht im geringsten mit den Ereignissen um Euch zu tun, sondern ausschließlich damit, wie ihr Euer Leben betrachtet.

Ein Beispiel, wie man mit dem Fluß des Universums geht statt dagegen, ist die "Segens-Methode", und die Meister wünschen, daß ich hier darüber spreche. Der Heilige Geist und die Meister möchten, daß wir alles, was uns in unserem Leben widerfährt, segnen und dafür Dank sagen. Daß man also, so wie in der Heiligen Schrift sagt: "Nicht mein Wille geschehe, sondern der Deine" und sich gleichzeitig für die Lektion bedankt. Das negative Ego versteht die Dinge nicht als Lehren, Lektionen, Herausforderungen oder Geschenke; es flucht und wird wütend, wenn seine Verhaftungen und/oder Erwartungen nicht erfüllt werden. Der Christus-Geist hat Vorlieben statt Verhaftungen, und ist daher, egal wie es läuft, zufrieden, denn sein innerer Friede ist eine Geisteshaltung und nicht das Klammern an äußere Dinge. Segnet alles, was in Euer Leben tritt und heißt schwierige Situationen willkommen, wie Sai Baba es rät, denn alles, was in Eure Einflußsphäre kommt, geschieht aus einem bestimmten Grund und ist von Gott, der Euch damit etwas lehrt, was Ihr lernen müßt. Dies ist nur ein Beispiel für das, was ich als die zwei klaren Lebensphilosophien bezeichne. Mein Buch *Seelenpsychologie* ist eine Abhandlung über diese beiden klar zu unterscheidenden Denkarten, und ich werde mich daher nicht wiederholen. Es ist wesentlich, daß Ihr versteht, daß jeder Mensch auf dem Planeten Erde nur ein wirkliches Problem hat, und zwar das negative Ego. Es ist der Grund für alle negativen Gefühle, alle negativen Gedanken, alles negative Verhalten, alle physischen und psychischen Erkrankungen, alle Beziehungsprobleme, das Bewußtsein der Armut oder Geldmangel.

Im Grunde blockiert Euch das negative Ego von der Erkenntnis Gottes. Sai Baba sagt: "Gott ist hinter der Gebirgskette des Egos verborgen"! Das negative Ego in all seinen infantilen Spielarten läßt uns weit offen für negative Implantate, negative Elementale, Parasiten, negative Eindrücke, ätherische Verletzungen, ätherischen Unrat, Astralwesen, Urängste,

Grauzonen und negative Archetypen werden. Man könnte das negative Ego eigentlich als "Ungleichgewicht" bezeichnen. Jedesmal, wenn wir aus unserem Gleichgewicht geraten, ist das negative Ego die Ursache dafür. Es hängt alles davon ab, auf welche Stimme Du hörst. Ist es die Stimme der Trennung oder die des Eins-Seins? Ist es die Stimme der Angst oder die der vollkommenen Liebe? Hörst Du auf die Stimme der Egozentrik oder auf die des Gruppenbewußtseins? Wie es in *Ein Kurs in Wundern* heißt: "Wähle erneut." In jedem Augenblick unseres Lebens entscheiden wir uns entweder für Gott oder für das Ego. Ich möchte Euch dazu auffordern, einen Pakt mit Gott zu schließen und zu versprechen, Euch von diesem Tage an nur mehr für Gott und den Heiligen Geist zu entscheiden, egal was passiert. Dieses Versprechen habe ich vor ungefähr sechs bis sieben Jahren abgelegt und es ist der vorwiegende Grund der Fortschritte in meinem Leben. Ich verschloß die Türe vor dem negativen Ego und dem niederen Selbst und öffnete sie weit für Gott, und ich beschloß, niemals wieder "bewußt" diesen Weg zu beschreiten. Vollkommenheit bedeutet nicht, daß man niemals einen Fehler begeht, sondern vielmehr, daß man niemals einen bewußten Fehler begeht. Ich stelle Euch hiermit die wesentlichste existentielle Entscheidung Eures Lebens vor Augen. Wollt Ihr Gott oder Euer Ego, was gleichbedeutend ist mit einem Leben der Über-Identifizierung mit materiellen Dingen?

Yogananda hat das so ausgedrückt: "Wenn Ihr Gott wollt, so müßt Ihr nach ihm verlangen wie ein Ertrinkender nach Luft." Ihr werdet Gott nie unentschlossen oder zurückhaltend finden. Jesus sagte, das ganze Gebot könne folgendermaßen zusammengefaßt werden: "Liebe den Herrn, Deinen Gott, von ganzem Herzen, von ganzer Seele und mit all Deinem Geist und Deiner Kraft und liebe Deinen Nächsten wie Dich selbst." Jeder von uns ist in Wahrheit nicht ein physischer Körper, sondern das "ewige Selbst", das in einem physischen Körper wohnt. Als ewiges Selbst haben wir alle die gleiche Identität. In dem Buch *Ein Kurs in Wundern* heißt es: "Nichts Wirkliches kann bedroht werden. Nichts Unwirkliches existiert. Hierin liegt der Frieden Gottes." In Indien heißt dieses Versprechen "das Gelübde von Bramacharya" oder "das Gelübde der Reinheit". Gandhi hat dieses Gelübde abgelegt und es war der Schlüssel zu seinem Erfolg. Wenn Ihr dieses Versprechen gebt, dann wird es Euch schneller vorwärts bringen als alle Aufstiegs-Hilfen, die ich in all meinen Büchern anbiete. Es ist der wahre Schlüssel zur Selbsterkenntnis und zur Erkenntnis Gottes. Seht Ihr, was ich meine? Lichtarbeiter haben sich auf die spirituelle Ebene konzentriert und auch große Fortschritte gemacht - wird jedoch diese zentrale psychologische Stufe nicht gemeistert, läuft etwas grundsätzlich falsch. Das kann jedoch sehr schnell wieder in Ordnung gebracht werden, denn wovon ich hier spreche, ist die Kunst der "Heilung der Einstellung". Daß man den Aufstieg geschafft oder die siebte Initiation durchschritten und damit den Kreislauf der Wiedergeburt durchbrochen hat, heißt noch lange nicht, daß man keine Arbeit mehr zu leisten hat und bereits ein von Gott anerkannter Meister ist. Vergeßt nicht, daß es 352 Initiationen gibt um zur Quelle auf der höchsten kosmischen Stufe zurückzukehren; die siebte Initiation ist zwar eine hohe Stufe für den Bereich unseres Planeten, für die Gesamtsicht jedoch nur ein kleiner Schritt. Wenn Ihr diese Stufe erreicht habt, beginnt erst die eigentliche Arbeit. Wenn Ihr geglaubt habt, daß Ihr Euch nach Erreichen dieser Stufe auf Euren Lorbeeren ausruhen könnt - weit gefehlt. Genau das Gegenteil ist der Fall. Es ist Euch viel von den Meistern gegeben worden und es wird jetzt viel von Euch erwartet. In erster Linie wird erwartet, daß Ihr Euch jederzeit in allen Situationen und auch im Kontakt mit anderen Menschen wie Gott oder wie Christus verhaltet. Außerdem erwartet man von Euch den Dienst an der Welt als Ganzes. Wie dieser Dienst letztendlich aussieht, ist Eure Sache, er ist jedoch ein Erfordernis für Euer Vorwärtskommen. Ihr könnt nicht weiterkommen, wenn Ihr nicht auf die eine oder andere Art Euren Brüdern und Schwestern behilflich seid. Dies ist in Wahrheit der einzige Grund warum Ihr hier seid.

Aus dieser ersten Lektion der Verweigerung des negativen Egos und Wahl des Christus-Bewußtseins ergeben sich in Folge weitere Lektionen, die auch erarbeitet werden müssen. Und zwar: wie man die vier Körper (den physischen, emotionalen, mentalen und spirituellen) im Gleichgewicht hält, wie man die drei geistigen Ebenen (die bewußte, unterbewußte und überbewußte) integriert; wie man das Innere Kind erzieht und wie man Liebe zu sich selbst und Selbstwertgefühl entwickelt; wie man jederzeit die persönliche Kraft selbst verwaltet, wie man das Unterbewußtsein neu programmiert und die Sexualenergie entsprechend beherrscht; wie man sich auf psychischer Ebene selbst verteidigen kann, richtig mit anderen umgeht, sich richtig um seinen physischen Körper kümmert und den Körper der Begierden meistert. Daß es in diesen Bereichen zu Unausgeglichenheiten kommt, rührt daher, daß die Programmierung durch das negative Ego immer noch da ist. Ich habe in meinem Buch *Seelenpsychologie* viele dieser Bereiche angesprochen, werde mich daher hier nicht wiederholen. Meine Freundin erzählte mir von einer sehr guten Metapher betreffend der Ausgleichung der vier Körper, die sie von den Meistern erhalten hatte. Sie rieten, das System der vier Körper als vier Rohre anzusehen, die mit Wasser gefüllt sind. Genaugenommen ist das

"Wasser" Energie, es ist aber leichter, die Vorgänge zu verstehen, wenn man sich Wasser vorstellt. Viele Lichtarbeiter sind zu einseitig und leiten einen Großteil ihres "Wassers" in das spirituelle Rohr, was zu wenig Wasser im mentalen, emotionalen und physischen Rohr führt. Das schafft Unausgeglichenheit und Verluste und eine ganze Reihe von anderen Problemen.

Das gleiche gilt auch für die Chakren. Wenn bestimmte Chakren zu stark energetisiert werden und damit in einigen eine Überfunktion und in anderen eine Unterfunktion ausgelöst wird, so hat das Auswirkungen auf das Drüsensystem und ruft eine Menge anderer Lernprozesse hervor. Was geschehen muß, ist, daß man das "Wasser" in allen vier Rohren gleichmäßig verteilt. Es gibt Lichtarbeiter, die eher mental ausgerichtet sind, andere sind zu gefühlvoll und emotional und andere wiederum sind sogar zu sehr auf ihren physischen Körper fixiert. Der Kernpunkt ist, in allen Dingen Gleichgewicht und Mäßigkeit zu bewahren. Um wahrlich die Selbst-Erkenntnis zu erreichen und damit den Aufstieg zur Gänze zu vollenden, müssen alle diese Themen bearbeitet und gemeistert werden. Es ist so, selbst wenn es Euch gelingen sollte, noch vor der Meisterung dieser psychologischen Stufe Eure sieben Stufen der Initiation zu bewältigen, werdet Ihr trotzdem Euren Aufstieg erst dann "in die Tat umgesetzt" haben, wenn Ihr auch diesen Bereich gemeistert habt. Erst dies wird Euch auf allen Stufen zu einem Wesen machen, das sich wahrlich selbst erkannt hat. Ein weiteres Wort, um das negative Ego zu beschreiben, ist "Dualität". Wenn man das negative Ego in allen seinen Aspekten überwunden hat, hat man auch gelernt, die Welt der Dualität zu transzendieren. Ein weiterer wichtiger Grund ist, daß man, wenn man seinen Aufstieg und die sieben Stufen der Initiation durchläuft, nicht nur sein eigenes Karma, sondern gleicherweise das Massen-Karma des Planeten aufzulösen beginnt, wobei auf einer der Stufen das Karma aller Seelenausdehnungen der eigenen Überseele und der 144 Seelenausdehnungen der eigenen Monade gelöscht wird.

So wie man sich selbst weiterentwickelt, greift dieser Prozeß weiter um sich und erreicht die Stufe der Gruppen-Seele, die der Gruppen-Monade und schlußendlich die Solar-, die Galaxie- und die Universum-Stufe. Wenn Euch dieser Prozeß nicht in Euch selbst gelingt, wie wollt Ihr ihn dann auf diesen größeren und weitläufigeren Stufen meistern? In dieser am höchsten beschleunigten Periode in der Geschichte unserer Erde erhalten wir ein ausführliches und volles Verständnis dessen, was der Aufstiegs-Prozeß eigentlich ist. Ich bin überzeugt, daß Ihr auch der Meinung seid, daß dies alles äußerst aufregend ist!

Woher weiß man, ob man im Ungleichgewicht bzw. im Gleichgewicht ist?

Auf der physischen Ebene äußert sich das Ungleichgewicht mitunter als Ermüdung, auf der emotionalen Ebene als Gefühlsschwankungen oder negative Emotionen und auf der mentalen Ebene als negatives Denken. Auf der physischen Ebene kann es sich auch darin zeigen, daß man das Falsche ißt. Im spirituellen Bereich kann es durch zu viel oder zu wenig Meditation erkennbar sein. Ein ausgeglichener Mensch ist ruhig und hat seinen inneren Frieden. Ein ausgeglichener Mensch kann sich zurücknehmen, reagiert jedoch gleichzeitig sensibel auf seine eigenen Gefühle, auf andere Menschen und das Leben selbst. Die vier Körper auszugleichen hat nichts mit Stillstand oder Bewegungslosigkeit zu tun, es ist eher wie eine Schaukelbewegung bzw. wie wenn man ein Auto fährt, wobei man ja auch konstant leichte Korrekturen durchführt. Ein ausgeglichener Mensch fühlt, wenn er aus der Toleranzgrenze heraustritt - das macht ihn wachsam und läßt ihn die entsprechenden Korrekturen innerhalb des jeweiligen Körpers oder des gesamten Organismus ausführen. Wir leben, so gesehen, innerhalb eines Gruppenbewußtseins im Bereich unseres eigenen Wesens. Wir müssen ein Gleichgewicht schaffen zwischen dem physischen, dem emotionalen, dem mentalen und dem spirituellen Körper, und dabei auch das Innere Kind, die inneren Eltern, das Unterbewußte, das Bewußte, das Überbewußte, die sieben Hauptchakren, den Christus-Geist als Bezwinger des negativen Egos, unsere Seele, unsere Monade und unsere Persönlichkeit mit einschließen. Jeder Teil hat seine Stimme und seinen Platz in diesem Idealzustand, das negative Ego nicht eingeschlossen. Dieser Zustand ermöglicht es uns, uns mit der Seele und der Monade völlig zu verbinden. All diese Teile bilden in unserem Inneren ein weites Kommunikationssystem, auf das wir eingestimmt bleiben und dem wir mit Respekt begegnen müssen. Tun wir das nicht, so kommt es zu einem Ungleichgewicht, das einen ganzen Rattenschwanz an Problemen nach sich zieht. Der Mensch muß mit sich selbst im Reinen sein, bevor er dies mit Gott oder den anderen Menschen sein kann. Jeder von uns als bewußter Geist bzw. Leiter des Ganzen, muß täglich, wie ein Dirigent, alle Teile in Harmonie zu der wunderbaren Symphonie vereinen, die man "Gottes-Erkenntnis" nennt.

Es ist wichtig, daß man immer wieder alle Teile überprüft, damit keiner vergessen wird, denn sie alle möchten wirklich am Ganzen teilhaben. Manchmal übertreibt einer dieser Teile, und dann ist es die Aufgabe des Dirigenten, des bewußten Geistes oder der inneren Eltern, liebevolle und gleichzeitig konsequente Maßnahmen zu ergreifen, und als starker, liebevoller Leiter klarzumachen, wer hier das Sagen hat. Obwohl der Leiter oder bewußte Geist die Kontrolle hat, untersteht er, wie auch das gesamte Team, der Seele und der mächtigen ICH BIN-Gegenwart. In den Religionen des Ostens bezeichnet man das als die sattvische Persönlichkeit, im Gegensatz zur tamasichen oder rajasischen Persönlichkeit. Es bedeutet, im Einklang mit dem Rhythmus der Seele zu sein. Darum frage ich Euch, meine Brüder und Schwestern: Seid Ihr bereit, Euch jetzt dazu zu verpflichten, diese subtile Synergie-Balance aufrechtzuerhalten, um der Seele und Monade zu dienen, damit die Gottes-Erkenntnis auf Erden realisiert werden kann?

Das ist unsere Herausforderung, der "Mantel Christi", den wir auf Gottes Wunsch umlegen und damit Zeugnis unserer Liebe und Hingabe zu Gott hier auf dieser Erde geben sollen. Seid Ihr bereit Euer Leben solch einem hohen Ziel zu widmen? Dies ist der Weg aller Religionen, aller Mysterien und spirituellen Traditionen. Gott erwartet Eure Antwort! Bevor Ihr an Dinge wie Levitation, Teleportation oder Materialisierung überhaupt nur denken dürft, müßt Ihr diesen anderen Aspekt zu 100% bewältigen und ihn auch täglich leben. An anderer Stelle hat man dies als das "Praktizieren der Präsenz Gottes" im täglichen Leben bezeichnet. Gibt es ein edleres Ziel, das wir verfolgen könnten? Gibt es irgend etwas anderes im unendlichen Universum auf das wir unsere Energien ausrichten sollten? Wie Meister Jesus sagte: "Seid getreu bis zum Tode und ich werde Euch die Krone des Lebens geben."

2 Wie man negative Implantate, Elementale und Astralwesenheiten entfernen kann

In meinem zweiten Buch dieser Serie mit dem Titel *Seelenpsychologie* habe ich ganz detailliert den Unterschied zwischen der traditionellen Psychologie und der Seelen- bzw. der spirituellen Psychologie herausgearbeitet. Ich persönlich bin der Ansicht, daß es sich hierbei um das klarste und verständlichste Werk zu diesem Thema handelt. In diesem Buch habe ich auch viel Zeit darauf verwendet, zu erklären, was das Denken des negativen Egos vom spirituellen Denken unterscheidet. Das ist wahrscheinlich etwas vom Wichtigsten überhaupt, was Lichtarbeiter verstehen und üben müssen, um Gott zu erkennen. Dies hat mit dem Unterschied zwischen der psychologischen und der psychischen Stufe der Seele und der spirituellen Psychologie zu tun. Ich kann Euch gar nicht sagen, wie sehr es mich begeistert, diese neue Information mit Euch teilen zu können. Ich wiederhole nochmals, daß dies eine der wichtigsten Informationen überhaupt ist, und ich bitte Euch daher, meinen Erklärungen geduldig Schritt für Schritt zu folgen.

Um Selbsterkenntnis zu erlangen, muß man drei Stufen bewältigen, und zwar die spirituelle, die psychologische und die physische. Jede ist vom Verständnis her anders als die anderen, daher muß jede einzelne bewältigt werden. Es gibt nur ganz wenige Lichtarbeiter, die bereits alle drei Stufen entwickelt haben. Meist haben sie zwei davon geschafft und sind bei der dritten noch nicht ganz so weit. Die physische Stufe hat mit dem physischen Körper und dem physischen Umfeld zu tun und damit, wie man gesund, rein und sauber bleibt. Die spirituelle Stufe, welche der Schlüssel zum Aufstieg und zum Durchlaufen der Initiationen ist, wird von den meisten Lichtarbeitern am stärksten ins Auge gefaßt. Hier liegt der Schwerpunkt bei der Arbeit mit dem eigenen Höheren Selbst und der mächtigen ICH BIN - Gegenwart und den Aufgestiegenen Meistern sowie dem Erarbeiten des Lichtquotienten und der Verankerung der Licht-Technologien. Die psychologische Stufe hat eher mit der Verbindung des bewußten Geistes mit dem Unterbewußtsein und dem Vier-Körper-System (physisch, mental, emotional und spirituell) zu tun, als mit seiner Verbindung zum Überbewußtsein. Hier geht es um den Umgang mit

Gedanken, Gefühlen, Emotionen, Intuitionen, Empfindungen, Instinkten und Beziehungen, und der Ausgleich der vier Körper, das Integrieren der drei Geistesformen (bewußt, unterbewußt und überbewußt) sowie das Gleichgewicht der Chakren sind ein Thema. Meiner Meinung nach ist die psychologische Stufe äußerst wichtig, weil sie sozusagen die Grundmauer für unser psychisches Haus darstellt. Sie ist auch darum so wichtig, weil es unsere Gedanken sind, die unsere Realität erschaffen. Es gibt viele Menschen, die bereits höhere Initiationen durchlaufen haben und trotzdem vollständig in der Hand ihres negativen Egos sind, was sich wie ein psychologisches Krebsgeschwür auf ihr ganzes Programm auswirkt.

Die psychische Stufe der spirituellen Psychologie

In *Seelenpsychologie* habe ich detailliert die psychologische Stufe angesprochen. Jetzt behandle ich - als letztes Stück des Puzzles - die psychische Stufe der spirituellen Psychologie. Diese beiden Aspekte der spirituellen Psychologie sind gleichermaßen wichtig. Die Menschen der Erde müssen beide Aspekte bearbeiten, um wirklich von psychologischen und physischen Erkrankungen geheilt zu werden und um den Aufstieg und die Selbsterkenntnis zu erlangen.

Die psychische Stufe der spirituellen Psychologie hat mit Prinzipien zu tun, deren sich die meisten Menschen überhaupt nicht bewußt sind. In den Bereichen der traditionellen Psychologie werden sie vollständig vernachlässigt, und bei den meisten spirituellen Praktiken ist es auch nicht viel anders. Worauf ich in diesem Kapitel hinarbeite, ist, wie man negative außerirdische Implantate, negative Elementale, Astral-Wesenheiten, ätherischen Schleim, Parasiten, Negativeindrücke, giftige Astralenergien, Graufelder, ätherische Verletzungen, Löcher in der Aura und die Besetzung durch Außerirdische beseitigen kann. Dieser Bereich wird normalerweise von psychischen Heilern und/oder Hellsichtigen abgedeckt, wobei selbst diese Menschen nicht viel Ahnung haben, wie sie mit dieser Stufe umgehen sollen.

Ein Mensch kann sich psychologisch reinigen so viel er will, wenn jedoch die psychische Stufe der spirituellen Psychologie dabei nicht berücksichtigt wird, wird dieser Mensch niemals zur Gänze seine physischen oder psychologischen Probleme verlieren. Andererseits kann ein Mensch auf dieser psychischen Stufe der spirituellen Psychologie arbeiten und dabei alle Aspekte, die ich aufgezählt habe, reinigen, wenn er jedoch nicht die psychologische Arbeit durchführt, wie ich sie im Buch *Seelenpsychologie* beschrieben habe, wird er ebenfalls nicht zur Gänze geheilt werden und auch nicht die volle Selbsterkenntnis erlangen. Man könnte sagen, daß die Arbeit des Mystikers und die Arbeit des Okkultisten hier miteinander verbunden werden müssen. Was ich Euch hier mitteilen werde, ist deshalb so enorm aufregend, weil es sich dabei um eine Methode handelt, mit welcher Ihr Eure beiden Stufen reinigen könnt, ohne dazu die Hilfe von jemand anderen zu benötigen. Mein Buch *Seelenpsychologie* ist geschrieben worden, um Euch behilflich zu sein, diesen Reinigungsprozeß mit Hilfe der okkulten Seite der spirituellen Psychologie durchzuführen.

In diesem Kapitel zeige ich Euch, wie Ihr die psychische Stufe der spirituellen Psychologie reinigen und heilen könnt. Die meisten Menschen suchen sich Fachleute, die ihnen auf dieser Stufe behilflich sind - das ist durchaus legitim. Das eigentliche Ziel ist jedoch, einen Weg zu finden, dies selbst zu tun. Und genau dies geben Djwhal Khul, Vywamus und der Synthesis Ashram an alle Lichtarbeiter weiter, ganz egal welchem Strahl oder welchem Ashram der Inneren Ebene sie angehören.

Ein Überblick über die Arbeit

Der erste Schritt besteht darin, daß Ihr von Djwhal Khul und Vywamus ein goldenes Siegel oder den goldenen Schutz-Dom für die anstehende Arbeit erbittet.

Mit dem zweiten Schritt bittet Ihr Djwhal Khul, Vywamus und Eure eigene mächtige ICH BIN - Gegenwart, daß sie einen Verbindungsweg zwischen Euch und dem interdimensionalen Synthesis Ashram von Djwhal Khul herstellen.

Mit dem dritten Schritt bittet Ihr, daß Ihr in Eurem spirituellen Körper in den Ashram gebracht werdet, um dort geheilt und gereinigt zu werden, und damit Euer Aufstieg aktiviert werde. Ihr kommt wegen unterschiedlicher spezieller Reinigungen in den Synthesis Ashram und Ihr werdet bei jeder Arbeitssitzung genau formulieren, welche Art der Reinigung Ihr benötigt. So werdet Ihr vielleicht in einer Sitzung darum ersuchen, daß negative außerirdische Implantate entfernt werden, oder daß man Euch von Astral-Wesenheiten befreit.

In einer anderen Meditation bittet Ihr vielleicht Djwhal Khul und Vywamus, daß sie negative Elementale und/oder Parasiten zum Verschwinden bringen oder daß sie alle Negativeindrücke aus vergangenen Leben löschen. Ich werde in diesem Kapitel ganz genau beschreiben, welche Arten negativen psychischen Mülls aus Euren physischen, Euren Äther-, Astral- und spirituellen Körpern entfernt werden müssen. Ich möchte betonen, daß Ihr für diese Art von Arbeit weder hellsichtig, hellhörend oder generell medial begabt sein müßt. Das ist das Schöne daran. Seid ihr hellsichtig oder hellhörend - um so besser. Für den Vorgang an sich ist es jedoch völlig belanglos. Das einzig nötige ist, die Meister die Arbeit tun zu lassen, um die Ihr sie bittet. Man muß sie nur darum bitten. Jeder Mensch kann Energie fühlen, und Ihr werdet jede Menge Energieempfindungen in Euren Köpfen und in Euren Körpern haben, wenn diese Arbeit durchgeführt wird.

Ich möchte Euch nun von einer neuen Information erzählen, die der Menschheit erst vor kurzem gegeben worden ist. Ihr braucht, um in den Genuß dieser Arbeit zu kommen, die Vorgangsweise nicht einmal zur Gänze verstehen. Das Wesentliche daran ist, daß dabei die unerwünschten negativen Aspekte gereinigt werden, und ich werde in diesem Kapitel versuchen, Euch ganz genau zu erklären, was hierbei eigentlich gereinigt wird. Es ist eine gute Möglichkeit, täglich, wenn Ihr zu Bett geht, darum zu bitten, denn dadurch haben die Meister Gelegenheit, die Reinigungsarbeit durchzuführen, während Ihr schlaft. Das ist wesentlich billiger, als wenn Ihr Euch einer traditionellen Therapie unterzieht oder zu einem Heiler geht. Ich will damit spirituelle Beratung oder das Heilen nicht kritisieren, schließlich bin ich selbst Heiler. Ich finde es jedoch besser, jemanden das Fischen zu lehren, als ihn mit Fischen zu versorgen, wic das Sprichwort sagt.

Ich bin zum ersten Mal in meinem Leben auf eine Methode gestoßen, mit deren Hilfe sich Lichtarbeiter auf okkulte und mystische Art selbst reinigen können. Und die Aufgestiegenen Meister verlangen nicht einmal ein Honorar - was wollt Ihr mehr? Ihr müßt verstehen, daß alle körperlichen Krankheiten oder Probleme in Verbindung zu negativen Implantaten, negativen Elementalen, negativen Astral-Aspekten, Parasiten, ätherischem Schleim oder ätherischer Beschädigung stehen. In Zukunft werden Ärzte und mediale spirituelle Heiler als Team zusammenarbeiten. Auch Psychologen und spirituelle Berater werden in diesen Bereichen ausgebildet sein oder mit einem Experten in diesem Bereich zusammenarbeiten, um eine vollständige Heilung zu bewirken.

Ich betone es nochmals, und das gilt für alle Lichtarbeiter: Ihr könnt Euren Geist, Eure Emotionen und Euren Körper beherrschen und trotzdem negative Implantate, Astral-Wesenheiten, Parasiten, Negativeindrücke, ätherischen Schleim und negative Elementale in Euch haben. Dabei ist es gar nicht schwierig, all diese Dinge loszuwerden, wie Ihr aus diesem Kapitel ersehen könnt. Ich werde später auch noch darüber sprechen, wie man diese Arbeit zum Wohle anderer leisten kann, wie z.B. Schüler oder Familienmitglieder, Freunde und selbst Menschen, die noch nicht bewußt für diese Verständnisstufe offen sind. Vieles von dieser giftigen psychischen Energie stammt aus der Kindheit und vergangenen Leben. Negative außerirdische Implantate gibt es in jedem Körper (sei er physisch, ätherisch, astral oder mental). Negativeindrücke wurden durch Traumata in früheren Leben hervorgerufen. So könntet Ihr z.B. in einem früheren Leben von einem Schwert durchbohrt worden sein und es steckt, auf einer psychischen Ebene, immer noch in Euch. Dies muß entfernt werden.

Manchmal wird es kompliziert, weil Ihr, wenn Ihr zur dritten Initiation kommt und Euch mit Eurer Seele verschmelzt, gleichzeitig Verbindung zu den 11 anderen Seelenausdehnungen Eurer Seelen-Familie aufnehmt. Manchmal ist es so, daß Ihr beginnt, die Eindrücke der früheren Leben Eurer Seelenausdehnungen zu reinigen, die sich wie Parallel-Leben darstellen. Wenn Ihr Euch dann in die höheren Regionen des Initiationsprozesses bewegt, also in den Bereich der Monade oder des Geistes, der sich jenseits des Seelenbereiches befindet, könnt Ihr damit beginnen, die Eindrücke der Parallel-Leben der 144 Seelenausdehnungen Eurer monadischen Familie zu reinigen. Dieser psychische oder astrale Müll ist oft der eigentliche Grund für Virus- oder bakterielle Infektionen. Die Ärzte sind nur mit der physischen oder materiellen Ebene befaßt und berühren den eigentlichen Grund nicht. Wenn wir von negativen Außerirdischen Implantate eingesetzt bekommen, was meist im Zuge von traumatischen Ereignissen wie Unfälle, Depression, Scheidung, Drogeneinfluß, physische oder psychische Unausgeglichenheit geschieht, können die negativen Elementale, auch Parasiten genannt, ebenfalls jede Menge Schaden anrichten.

Negative Elementale sind negative Gedankenformen, die sich an verschiedene Teile unseres physischen und metaphysischen Körpers heften. Sind sie einmal da, können Viren und Bakterien zunächst in den Ätherkörper, dann in den Emotionalkörper und schließlich in den physischen Körper eindringen. Der physische Körper besitzt ein natürliches Abwehrsystem, das dies bekämpft, der metaphysische Körper hat jedoch keines. Die Parasiten oder negativen Elementale dringen durch Öffnungen in den Molekülen ein und heften sich an die Stellen des Körpers, die am verletzlichsten sind. Jede Schwachstelle im physischen, im Emotional- und/oder Mental-Körper hat garantiert Parasiten und negative außerirdische Implantate in sich. Deswegen braucht man sich nicht fürchten, denn wir alle hier auf der Erde haben sie und hatten sie bereits in allen früheren Leben. Wenn man jedoch auf dem Weg der Initiation vorwärtsschreitet, ist es wichtig, sich davon zu befreien. Wenn Ihr zum interdimensionalen Synthesis Ashram von Djwhal Khul geht, bietet Euch dies die Möglichkeit, Euch täglich oder wöchentlich zu reinigen.

Es ist wichtig, daß Lichtarbeiter verstehen, daß Implantate, die entfernt worden sind, zurückkehren können und dies auch tun. Ich war immer der Annahme, daß ich frei von ihnen sei, sobald sie einmal entfernt wären. Jetzt weiß ich aber, daß das nicht stimmt. Alle diese Dinge kommen manchmal wieder, wenn auch nicht in dem Ausmaß wie vorher. Darum ist es so wichtig, eine Methode zu haben, mit deren Hilfe man sich immer wieder reinigen kann und die kein Vermögen kostet. Es sollte wirklich jeder lernen, dies zu tun. Das bringt mich zum Thema Schutz. Würden sich Lichtarbeiter regelmäßig dreimal pro Tag mit einem Schutzmantel umgeben, und zwar morgens nach dem Aufstehen, am Nachmittag und abends, bevor sie zu Bett gehen, dann könnte man ein Eindringen weitestgehend vermeiden, wenn auch nicht zur Gänze. Sich wöchentlich zu reinigen, und zwar unabhängig vom Grad der Initiation, ist schon fast die Regel, wenn man hier auf dieser Welt lebt. Dazuhin ist es wirklich kein Problem, mit Hilfe der Methoden und Informationen, die ich Euch in diesem Kapitel liefere, all diesen Schrott loszuwerden.

Psychische Risse in der Aura

Risse in unserer Aura sind eine Öffnung für Astral-Energien. Ich kann mich erinnern, daß mir vor Jahren einmal eine psychische Heilerin sagte, daß an meiner Körpervorderseite, in meiner Aura ein Riß sei, der wie ein kleiner Torpedo aussähe. Sie sagte er stamme aus meiner Kindheit. Ich konnte die Situation zurückverfolgen: meine Eltern hatten damals einen fürchterlichen Streit und wollten sich trennen. Der Streit hatte zwar im Nebenzimmer stattgefunden, seine negative Energie hatte jedoch einen Riß in meine Aura gemacht, den ich dann 35 Jahre lang mit mir trug. Die Heilerin brachte ihn zum Verschwinden. Ihr könnt die Meister und dasätherische Heilerteam bitten, Risse und Löcher wieder in Ordnung zu bringen.

Wie man die Energien in das Licht bringt

Es ist interessant, was die Meister mit all diesen negativen psychischen Aspekten tun: sie führen ihnen Licht zu, lösen sie auf, bringen sie in das Licht und zurück in die Zentralsonne. Schließlich bringen sie die gleiche Energie, allerdings in veränderter Form, wieder in Euer Vier-Körper-System zurück. Ich finde das ausgesprochen faszinierend. Es wird keine Energie verschwendet - die Energie, die Krankheiten und Schwäche verursacht hat, wird umgewandelt und zurückgebracht, um das Gegenteil zu bewirken. Wenn die verschiedenen negativen psychischen Energien entfernt werden, kann der Ätherkörper wieder seine vollendete Form erreichen. Die meisten Menschen begreifen nicht, daß der Ätherkörper, der ja sozusagen die Blaupause darstellt, auch beschädigt werden kann. Das ist der Grund, warum Menschen mit chronischen Krankheiten oft keine Besserung erfahren, egal was sie dafür tun. Wenn man aus einer beschädigten Form heraus arbeitet kann man nicht erwarten, daß man geheilt wird. Wenn alle negativen Aspekte entfernt sind, bittet darum, daß auch Euer Ätherkörper geheilt wird.

Wie man Implantate fühlt

Man kann negative Implantate hellsichtig erkennen, es muß jedoch dazu Eure Hellsichtigkeit auf sie abgestimmt werden. Die meisten Menschen wissen nicht, daß es Hunderte von Stufen und Graden der Hellsichtigkeit gibt. Bloß weil jemand hellsichtig ist, heißt das noch lange nicht, daß er die Implantate sehen kann. Einige Menschen können nur bestimmte Implantate erkennen. Eine Möglichkeit, dies zu verbessern, ist, das kosmische Licht von Vywamus anzurufen. Dieses Licht hilft Dir dann, die Implantate zu sehen. Die Implantate sehen sehr oft wie Schoten oder überreife Samenkörner aus oder sie haben Spinnenform oder erinnern an technische Geräte. Sie pulsieren und sind für diejenigen, die eher hellfühlend sind, an ihrer Wärme zu erkennen. Es gibt Stellen im Körper, die gerne für Implantate verwendet werden. Oft ist es der Hals und die Drüsen, oder die Lymphknoten. Jede Geschwulst, die am physischen Körper entsteht, enthält sie und Elementale. Oft findet man Implantate auch im Dritten Auge, den Nebenhöhlen und im Herzen, wo sie oft die Arbeit des Immunsystems behindern. Oberer Brustbereich und Unterarme werden auch oft dafür verwendet. Negative Elementale (Parasiten) findet man des öfteren in den Drüsen, den Nerven und den Genitalien. Je mehr Mißbrauch in der Kindheit stattgefunden hat, desto mehr Implantate und Parasiten sind zu finden.

Haustiere und Implantate

Auch Haustiere können Implantate haben. Bringt Euer Haustier in den Ashram und bittet das Höhere Selbst Eures Tieres, daß die Meister-Heiler der Inneren Ebenen Euren kleinen tierischen Freund heilen dürfen. Die Erlaubnis muß jedoch zuerst eingeholt werden.

AIDS und psychische Abhängigkeiten

Djwhal Khul sagt in seiner Ausbildung, daß das Entfernen von Parasiten und die Gesamtreinigung von enormem Vorteil sind. Hier, wie bei allen Krankheiten, hängt es davon ab, wie stark die psychischen Abhängigkeiten den physischen Körper angegriffen haben. Das gilt auch für Krebs. Wenn man ihm früh genug Einhalt gebietet, können starke Veränderungen stattfinden. Doch egal, wie weit er bereits fortgeschritten ist, eine physische Regeneration ist immer möglich. Der physische Körper braucht am längsten, um sich zu erholen, wenn ihm Schaden zugefügt wurde. Die Reinigung sollte sofort vorgenommen werden, unabhängig vom Stadium der Erkrankung. Selbst wenn der Mensch an AIDS oder Krebs stirbt, wird ihm die Reinigung zum Erreichen einer höheren Stufe auf den Inneren Ebenen verhelfen. Mit welcher Erkrankung wir es auch zu tun haben, ob mit Schizophrenie, gespaltener Persönlichkeit, ob mit Anorexie oder Bulimie, sie hat immer mit Parasiten und wahrscheinlich auch mit negativen Implantaten zu tun. Bei physischer, emotionaler oder mentaler Schwäche oder Verletzlichkeit finden diese psychischen Verseuchungen leichten Zutritt.

Graufelder

Menschen mit chronischen Neurosen oder Phobien haben sehr oft ein "Graufeld" um sich, welches eine Nebenerscheinung der dauernden Attacken dieser Implantate, Elementale, Astral-Wesenheiten oder negativen Astralaspekte ist. Um vollständig geheilt zu werden muß jeder Mensch auf Erden nicht nur physisch oder psychologisch, sondern auch ätherisch und im Astralbereich gereinigt werden. Jede Krankheit entsteht zunächst in diesem astralen Bereich und ergreift dann alle anderen Körper.

Die psychologische Stufe und negative Elementale

Wenn ein Mensch nicht die psychologische Mühe auf sich nimmt, sein negatives Ego und alle negativen Emotionen und Qualitäten, wie z.B. Kritik, Wut, Überheblichkeit, Gewalt, Neigung zu Mißbrauch, Minderwertigkeitsgefühl etc. zu entfernen, dann werden diese negativen Qualitäten, und darunter besonders die emotionsgeladenen, negative Elementale anziehen. Deshalb müssen die psychologische und die psychische Astralebene gleichzeitig gereinigt werden, da sonst eine der beiden die Oberhand gewinnt. Es ist wichtig zu wissen, daß es auch positive Elementale der Liebe, der Freude und des inneren Friedens gibt, die sich wohltuend auswirken und helfen, diese positiven Eigenschaften aufzubauen. Was jeder, der Heilung bei sich oder anderen durchführt, grundsätzlich tun sollte, ist, darum zu bitten, daß der physische, der emotionale und der mentale Körper in das Licht der Seele zurückkehren möge. Die Heilungsarbeit geschieht nämlich in der Seele oder dem Höheren Selbst. Es mag unsinnig klingen, um solch eine Kleinigkeit zu bitten. Das ist es jedoch nicht, das kann ich Euch versichern. Erst wenn jemand die dritte Initiation hinter sich hat, ist er vollständig mit der Seele und/oder dem Höheren Selbst verbunden, denn erst in dieser Initiation findet die Verschmelzung statt, die dann in der vierten Initiation ihre Vollendung findet. Grundsätzlich konzentriert sich das Höhere Selbst nicht auf die inkarnierte Persönlichkeit, es sei denn, daß diese sich stark mit der Seele beschäftigt. Das ist der Grund, warum auf dieser Welt immer wieder kriminelle und gesellschaftsfeindliche Taten verübt werden, die einem Menschen, der mit seiner Seele verbunden ist, vollkommen unverständlich sind. Djwhal Khul spricht in seiner Ausbildung davon, daß es drei grundsätzliche Aspekte bei der Arbeit mit sich selbst oder mit anderen gibt. Erstens muß man die Persönlichkeit und die Seele aufeinander ausrichten. Zweitens muß man dem Menschen helfen, sich mit dem interdimensionalen Synthesis Ashram zu verbinden und drittens muß die Möglichkeit geboten werden, alle giftigen Astralenergien zu entfernen und zu verändern.

Die Strahlen und ihr Einfluß auf den Reinigungsprozeß

Eine weitere Möglichkeit, den Astral- und Äther-Müll zu entfernen ist, die Strahlen um Hilfe zu bitten. Der siebte Strahl von St. Germain ist die Violette Flamme der Umwandlung und kann bei dieser Arbeit sehr von Nutzen sein. Der achte Strahl, die Violett-Grüne Flamme, ist ebenfalls sehr hilfreich und wird speziell zur Reinigung verwendet.

Das Matrix-Entfernungsprogramm der Kernangst

Etwas vom Wichtigsten bei der Entfernung aller psychischen Verhaftungen ist das Matrix-Entfernungsprogramm der Kernangst. Für diese Arbeit wendet Euch an Djwhal Khul und Vywamus. Dieses Programm zeigt sich als ein Netzwerk weißgoldener Lichtbündel, die sich über das Lichtnetz des Menschen legen und alle Chakren durchdringen. Dadurch werden alle Unregelmäßigkeiten im ätherischen Körper sichtbar gemacht. Dieses Matrix-Entfernungsprogramm der Kernangst dient nicht nur dazu alle Urängste, sondern auch Implantate und Parasiten aus Eurem Vier-Körper-System zu entfernen. Eure erste Meditation sollte der Auflösung der Urängste dienen. Das kann ziemlich lange dauern, weil Ihr ja nicht nur Ängste aus diesem Leben, sondern auch aus allen früheren Leben entfernen müßt; ein Vorgang, der sich mitunter auch auf Eure Seelenausdehnungen erstreckt. Als nächstes konzentriert Euch darauf, alle außerirdischen Implantate zu entfernen. Das kann bis zu einer Stunde oder länger dauern. Dann geht zu den Parasiten oder negativen Elementalen über. Im Anschluß könntet Ihr alles weitere, wie Negativeindrücke, ätherischen Schleim, Astral- Wesenheiten oder die Behebung ätherischer Schäden in Angriff nehmen. Dieser 3-Stufen-Prozeß kann während einer einzigen Sitzung durchgeführt werden, wenn ein Heilerteam daran beteiligt ist. Wenn nur eine Person mitarbeitet oder Ihr alleine seid, ist es besser, ihn in drei Abschnitten durchzuführen. Da die Hierarchie wünscht, daß so viele Lichtarbeiter wie möglich sich diesem Reinigungsprozeß unterziehen, gebt dieses Information an so viele Menschen wie möglich weiter.

Euer neuer monadischer Blaupausen-Körper

Wie ich bereits gesagt habe, ist der ätherische Körper der meisten Menschen durch Traumata in diesem, wie auch in früheren Leben beschädigt. Darum ist es gut, wenn er wiederhergestellt wird. Noch besser ist es jedoch, wenn Ihr die Verankerung und Aktivierung Eures neuen monadischen Blaupausen-Körpers erbittet. Dies ist ganz ähnlich wie Euer Mayavarupa-Körper, der die perfekte Blaupause Eurer mächtigen ICH BIN - Gegenwart darstellt. Wenn Ihr Djwhal Khul und Vywamus um diesen Körper bittet, könnt Ihr sicher sein, den Aufstieg mit einer perfekten Form zu beginnen.

Selbstbefragung

Es ist wichtig, daß Ihr auf der psychologischen Ebene immer wachsam seid bezüglich dem, was Ihr denkt, denn es sind Eure Gedanken, die Eure Realität, Eure Gefühle, Euer Verhalten, Euren physischen Körper und alles, was Ihr in Eurem Leben anzieht oder abstoßt, schaffen. Deshalb müßt Ihr immer Gott und sein Königreich im Auge behalten, und jedem Gedanken, der nicht von Gott ist, den Zugang zu Eurem Geist verweigern. Das bedeutet, alle negativen Gedanken zu vertreiben und die Aufmerksamkeit ausschließlich auf positive spirituelle Gedanken auszurichten. Es hängt bloß davon ab, worauf Ihr Eure Aufmerksamkeit richtet. Konzentriert Euch auf die Christus-Einstellung und nicht auf die Gedanken des negativen Egos. In dieser Beziehung sind Lichtarbeiter einfach nicht wachsam genug und sie lassen ihr Leben oftmals vollautomatisch ablaufen. Negative Gedanken führen zu negativen Gefühlen und Emotionen und erregen die Aufmerksamkeit negativer Elementale, Parasiten und niedriger Astral-Wesenheiten. Sai Baba nennt diesen Prozeß die Selbstbefragung und sagt, daß sie 75% des spirituellen Weges ausmacht. Das negative Ego ist die Ursache aller Probleme. Es gibt kein anderes Problem. Es wäre besser, sich nicht darauf zu konzentrieren. Deshalb sagt Sai Baba auch: "Gott = Mensch minus Ego."

Negative Emotionen

Negative Emotionen entstehen aus negativen egoistischen Gedanken. Das ist eine Tatsache. Viele Lichtarbeiter sehen das nicht so. Unterzieht Eure negativen Emotionen ebenfalls der Selbstbefragung, bzw. sorgt dafür, daß Eure Einstellung geheilt wird. Wenn eine negative Emotion hochkommt, bewertet die Situation auf der Stelle mit Hilfe Eures Christus-Geistes neu und die negative Emotion wird sofort losgelassen. Wenn Ihr mehr darüber wissen wollt, lest das Buch *Seelenpsychologie*. Manchmal ist auch Katharsis notwendig, d.h. diesem Loslassen Ausdruck zu verleihen. Je mehr Ihr diesen Prozeß des Heilens Eurer Einstellung beherrscht, desto weniger werdet Ihr dazu die Katharsis verwenden müssen, denn Ihr werdet dann für immer länger in einem Bewußtseinszustand der Liebe, der Freude, der Ausgeglichenheit, des inneren Friedens und der Verzeihung verbleiben können.

Physische Erkrankungen

Es ist immer wichtig, auf allen drei Ebenen zu arbeiten - der spirituellen, der psychologischen und der physischen. Gebt nicht dem Physischen all Eure Kraft, sondern wisset, daß es eine Illusion ist, denn Christus kann nicht erkranken. Wie Yogananda dies ausgedrückt hat: Selbst auf dem Sterbebett sollt Ihr noch Eure vollkommene, strahlende Gesundheit affirmieren. Was Ihr denkt, schafft für das Unterbewußtsein das Programm, welches es dann in Eurem physischen Körper umsetzt. Arbeitet mit Homöopathie, Kräutern, ausgewogener Ernährung, frischer Luft, Sonne und täglicher Bewegung. Trinkt viel frisches Wasser, um so viele physische Gifte auszuschwemmen wie möglich. Ein guter Homöopath kann von großer Hilfe sein. Wenn Körpergifte entfernt werden, wird Euer Immunsystem auf der Körperebene stärker. Ebenso stärkt das Entfernen aller psychologischen und psychischen Gifte Euer psychologisches Immunsystem.

Zeiten der Ruhe

Wenn Eure Anfangsmeditationen zur psychischen Reinigung durchgeführt sind, ist es gut, eine Ruhepause einzulegen. Diese Arbeit ist wie psychische Chirurgie. Es ist unsinnig, die Meister alle Eure Implantate entfernen zu lassen und danach auf eine wilde Party zu gehen. Für viele der Arbeiten, die in diesem Kapitel beschrieben sind, benötigten die früheren Schüler mehrere Lebenszeiten statt nur Stunden, wie das heute der Fall ist.

Die Freisetzung von Astral-Wesenheiten

Die Astral-Wesenheiten finden Zugang durch starke Traumata, welche eine Fehleinstellung des Energiefeldes mit sich gebracht haben. Sie werden auch stärker durch niedere Gedankengänge, als durch Gedanken im Bereich des Höheren Selbstes angezogen. Jemand, der sein Leben in niedrigen Bereichen durchlebt, wird auch niedere Wesenheiten anziehen. Drogenabhängigkeit und Alkoholmißbrauch sind ebenfalls sichere Methoden, sie herbeizurufen. Manchmal hat man diese negativen Wesenheiten aus einem früheren Leben mitgebracht, was geschehen kann, wenn sich eine Seele zu rasch wieder inkarniert. In Extremfällen kann es hierbei auch große Risse in der Aura und viele negative Elementale geben. Wenn Ihr auf diese Art mit Euch selbst oder mit anderen arbeitet, ist es wichtig, darum zu bitten, daß die Wesenheit von der Kraft Djwhal Khuls, Kuthumis und des Ashrams von Lord Maitreya völlig umgeben und aufgelöst, zerstört und/oder auf der Stelle entfernt werde. Einige dieser Wesenheiten sind psychischer Art, andere sind verwirrte Seelen. Wenn Ihr mit jemand anderem arbeitet, ladet ihn ein, mit Euch in den Synthesis Ashram zu gehen und seht zu, daß Ihr, entweder direkt oder auf einer spirituellen Ebene, seine Einwilligung dafür bekommt, daß diese Arbeit durchgeführt wird. Wenn Ihr mit jemand anderem arbeitet, sorgt immer dafür, daß Euch eine Hülle goldenen Lichtes umgibt. In ganz extremen Fällen bittet das Karma-Konsortium um seinen Rat und seine Hilfe. Es werden alle negativen Energien, die in diesem Prozeß angesprochen werden, in Licht umgewandelt und gereinigt wieder zurückgebracht.

Astralenergien bei Tieren

Auch Tiere haben in dieser Lebenszeit eine spirituelle Mission zu erfüllen. Oft übernehmen sie die Probleme ihrer Besitzer und versuchen damit, Karma für sie abzubauen. Oft spiegelt sich Eure Gesundheit in der Eures Tieres wider. Die Aufgabe einiger Tiere ist es, das Karma als Opfer abzubauen, während andere sich nur entwickeln müssen. Aus diesem Grunde solltet ihr mit Euren Tieren genauso arbeiten, wie mit Euch selbst - bittet auch in ihrem Fall die Meisterheiler der Inneren Ebenen, sie gesund zu erhalten und Implantate, Astral-Wesenheiten und negative Elementale zu entfernen.

Die Licht-Profile von Djwhal Khul

Djwhal Khul hat von jedem Lichtarbeiter, mit dem er zu tun hat, ein Licht-Profil gespeichert. Es sieht aus wie ein Bildschirm, auf dem die Aura und die Entwicklung seines Schülers im Überblick zu sehen sind. Obwohl Djwhal Khul ein Aufgestiegener Meister des zweiten Strahles ist, lernen nahezu alle Schüler, auch die der anderen Strahlen, in seinem Ashram. Das kommt daher, weil bei ihm der Schwerpunkt auf der spirituellen Ausbildung liegt, die ja auch gleichzeitig das Merkmal des zweiten Strahles ist. Mit Hilfe dieser Licht-Profile ist er jederzeit über

Gehirnströme, Gedankengänge, Emotionen, physische Gesundheit, den Dienst, die Initiations- und Lichtquotient-Stufe sowie die Bereitschaft zum Aufstieg aller seiner Schüler informiert.

Mehr über außerirdische Implantate

Die negativen Außerirdischen verwenden Implantate aus verschiedenen Gründen. Einer ist, daß sie in der Nacht, während Ihr schlaft, damit Eure Körperenergie anzapfen können. Außerdem wissen sie mit Hilfe dieser Implantate immer, wo Ihr Euch gerade befindet und was Ihr tut. Auch haben sie damit die Möglichkeit, Informationen zu sammeln und die Mächte des Lichtes zu blockieren. Es gibt sehr viele Menschen auf diesem Planeten, die nahezu gänzlich unter dem Einfluß dieser Implantate stehen.

Positive Implantate

Es gibt auch etwas, das man als positive Implantate bezeichnen könnte. Diese wurden von den Aufgestiegenen Meistern oder höheren kosmischen Wesenheiten und fortgeschrittenen, aufgestiegenen Außerirdischen, wie z.B. den Arcturianern oder dem Ashtar-Kommando den Menschen eingepflanzt. Ein Beispiel hierfür ist das Microtron von Metatron, über welches ich bereits in meinen anderen Büchern gesprochen habe.

Das Prana-Wind-Reinigungsgerät

Die Arcturianer haben dem Ashram von Djwhal Khul das Prana-Wind-Reinigungsgerät zur Verwendung überlassen. Es funktioniert wie ein Ventilator, der im Bereich Eures Solarplexus befestigt wird und einerseits allen negativen ätherischen Schleim wegbläst, andererseits jedoch Energie in alle Meridiane und Nadis strömen läßt, um Euer gesamtes Energiefeld zu reinigen. Es wäre gut, dies täglich nach der Arbeit zu tun, oder wenn Ihr das Gefühl habt, Euch in irgendeiner Art angesteckt zu haben. Bittet darum, daß Euch Djwhal Khul, Vywamus und / oder die Arcturianer daran anschließen und es wird sofort geschehen. Selbst wenn es Euch nicht möglich ist, es hellsichtig zu sehen, werden Ihr doch die Wirkung spüren.

Die Ur-Liebe

Bei dieser Arbeit, bzw. wenn Ihr diese Arbeit abgeschlossen habt, ist es immer gut, die Ur-Liebe anzusprechen, die klarerweise das Gegenteil zur Ur-Angst darstellt. Wenn man der Angst nachgibt, so stärkt das jedes Mal die Implantate, die negativen Elementale und negativen Astral-Wesenheiten; gibt man sich der Ur-Liebe hin, so bewirkt dies das Gegenteil. Vollkommene Liebe vertreibt die Angst. Wenn das Matrix-Entfernungsprogramm der Kernangst eingeschaltet ist, könnt Ihr jede Angst, die in Euch aufsteigt, dort hineinfließen lassen und die Meister holen sie heraus, wie mit einem Staubsauger. Das ist ganz außergewöhnlich. Wenn es sich um Implantate handelt, so sorgt das Programm dafür, daß sie mit einem feinen Gespinst weißgoldenen Lichtes umgeben und zusammen mit allen etwaigen negativen Elementalen aufgelöst werden.

Astral-Krankheiten

Jede physische oder psychologische Erkrankung zeigt sich zunächst im Astral- oder Emotional-Körper und zuletzt im physischen Körper. Ruft die Meister und bittet sie, daß alle astralen oder ätherischen Erkrankungen aus Eurem Vier-Körper-System entfernt und von Eurem physischen Körper ferngehalten werden mögen. Könnt Ihr Euch vorstellen, wie das wäre, wenn man dieses Wissen bereits in den Schulen vermitteln würde und alle Schüler aller Schulstufen es täglich anwenden würden? Das wäre wahre Vorsorgemedizin. Es könnten damit alle Krankheiten, Krebs, Tumore und bösartige Geschwülste entfernt werden, bevor sie sich später beim Erwachsenen im physischen Körper manifestieren.

Selbstliebe

Wenn es überhaupt etwas gibt, das man als Allheilmittel bezeichnen kann, dann ist es die Selbstliebe. Wenn ein Mensch nicht imstande ist, sich selbst im richtigen Lichte zu sehen und sich selbst zu lieben, dann besteht die große Gefahr, daß viele der hier bereits angesprochenen Dinge wieder zurückkehren. Wenn Ihr Euch jetzt betroffen fühlt, arbeitet mit den Affirmationen des Buches *Seelenpsychologie*. Arbeitet die darin enthaltenen

Informationen genau durch, verwendet auch andere Techniken und dieses Problem kann leicht gelöst werden. Es ist ebenso einfach, sich selbst zu lieben wie sich selbst zu hassen. Es geht dabei nur darum, das Computerprogramm und die Art des Denkens, welche uns von den Eltern und der Gesellschaft aufgedrückt worden sind, zu verändern. Eine neue Gewohnheit kann innerhalb von 21 Tagen geschaffen werden.

Der göttliche Plan

Wenn Ihr von allen Implantaten, der Ur-Angst, den negativen Elementalen, den Astral-Wesenheiten, den Negativeindrücken und vom ätherischen Schleim befreit seid, werdet Ihr feststellen, daß Euer ätherisches Energienetz wieder mit "Strom" versorgt wird und die richtige Einstellung hat. Alles ist jetzt bestens für die Entfaltung Eures persönlichen göttlichen Planes und Eure Mission des Dienens vorbereitet und der Weg ist frei für Eure sieben Ebenen der Einweihung.

Seelen-Fragmente

Im Lernprogramm von Djwhal Khul ist auch eine interessante Diskussion über das Verständnis der Seelenfragmente enthalten. Gelegentlich kann es geschehen, daß Teile des Selbst, sogenannte Seelenfragmente oder Persönlichkeitsanteile, welche die Seele während einer Lebenszeit entwickelt, infolge eines Traumas abgespalten werden und sich an einen Menschen heften, der sie dann wie einen Rucksack mit sich schleppt. Djwhal Khul sagt, daß sich das wie eine andere Persönlichkeit äußert. Ist dieser Zustand ernst, so können sich daraus Psychosen oder eine gespaltene Persönlichkeit ergeben. Bittet Djwhal Khul und Vywamus, daß sie alle Seelenfragmente entfernen, die nicht von Euch stammen und daß sie Euch helfen, alle Seelenfragmente, die gemäß der Göttlichen Ordnung zu Euch gehören, unter der Führung Eurer Monade und mächtigen ICH BIN- Gegenwart wieder zu Euch zu bringen. Diese Seelenfragmente sind nicht gleichzusetzen mit einer Seelenverknüpfung oder der Integration verschiedener Teile des Selbstes von der Überseele her. Ebenso wenig haben sie damit zu tun, daß das zukünftige Selbst sich zeigen und zu einem Teil der bekannten Person werden möchte.

Was die Implantate noch bewirken

Was negative außerirdische Implantate noch bewirken ist, daß sie dem Körper Energie entziehen, was an der befallenen Stelle zum Zusammenbruch des ätherischen Gewebes im Ätherkörper führt. Das ist oft der Grund, warum Menschen an dieser Stelle des Körpers für Erkrankungen anfällig sind. Auch wird dadurch die Chemie des Körpers im allgemeinen und dieser Stelle im besonderen gestört. Das wiederum schwächt das gesamte Immunsystem und belastet Leber und Lunge aufgrund der entstehenden Toxizität. Astral-Parasiten und/oder negative Elementale werden angezogen, was einen ganzen Problemkomplex schafft, der dann wieder aus dem Körper geholt werden muß.

Dieses komplexe Gewebe schafft ätherischen Schleim, der die Lebenskraft im wahrsten Sinne des Wortes aus dem Körper preßt. Nach und nach wird der Vorgang in den physischen Körper verlegt. Das ist einer der Gründe, warum es in unserer Kultur so viele Erkrankungen gibt. Kommen dann noch negatives Denken, negative Emotionen, Streß, Beziehungskrisen, schlechte Ernährung, Umweltverschmutzung und Umweltgifte hinzu, ist es klar, warum es einen derart massiven Zusammenbruch des Immunsystems in unserer Kultur gibt. Es ist verblüffend, daß es uns eigentlich immer noch recht gut geht. Die gute Nachricht ist, daß all dies verhältnismäßig einfach verändert werden kann, wie ich bereits in diesem Kapitel erklärt habe. Die nächste gute Nachricht ist, daß Ihr diese Veränderungen täglich oder wöchentlich herbeiführen könnt. Und das dritte Erfreuliche ist, daß Ihr auch Eure Familie und Eure Freunde teilhaben lassen könnt.

Ihr könnt mit einem anderen Menschen bewußt arbeiten, oder auch ohne seine bewußte Einwilligung. Ist das der Fall, dann müßt Ihr von seinem Höheren Selbst die Erlaubnis einholen, diese Arbeit zu leisten. Das ist sehr hilfreich, wenn Ihr z.B. einen Partner / eine Partnerin habt, der / die dafür noch nicht offen ist, Ihr aber trotzdem wollt, daß er / sie gereinigt werden soll. In den meisten Fällen wird das Höhere Selbst zustimmen, manchmal aber auch nicht. Bittet um die Genehmigung des Höheren Selbstes der Person, dann ersucht die Meister, daß sie die Arbeit tun und laßt los. Selbst wenn Ihr nicht sicher seid, wie die Antwort ausgefallen ist, legt die ganze Sache in die Hände der Meister und laßt sie arbeiten.

Ermüdung

Ermüdung macht einen ebenfalls anfällig für Implantate. Das ist eine Lektion, die wir alle von Zeit zu Zeit lernen müssen und darum ist es auch gut, die Reinigung wöchentlich durchzuführen. Wenn Ihr übermüdet, überbeansprucht oder krank seid, erbittet den besonderen Schutz des Erzengel Michael.

Mehr über die anhaftenden Astralwesenheiten

Ich möchte klarstellen, daß es sich bei Astralwesenheiten nicht bloß um verwirrte oder erdgebundene Seelen handelt. Es gibt viele andere Arten von Astralwesenheiten psychischer Natur, nicht-inkarnierte Persönlichkeitsanteile. Sie tauchen meist im Kindesalter auf und gehen von den Eltern aus, und zwar meist dann, wenn ein Elternteil gestört ist, Wutanfälle hat oder Alkoholiker ist, oder wenn sexueller Mißbrauch vorliegt. Ein Teil der Eltern-Energie heftet sich dann als Wesenheit an das Kind und es wird eine dem Elternteil zugehörige Energie zur Gänze oder teilweise auf das Kind übertragen, was das Verhalten des Kindes auf dramatische Weise verändert. Es handelt sich dabei um eine Art Besessenheit. Diese Wesenheiten stammen wahrscheinlich aus dem Elementalbereich. Sie sind eine Äther-Form, die sich mit dem auf Mineralen basierenden und dem Äther-Körper eines Kindes oder eines Erwachsenen verbindet. Sie schaffen ein psychologisches Störsystem, das die normale Entwicklung und das Wachstum stört. Die meisten Gewalttäter haben diese Art von anhaftenden Wesenheiten in sich.

Es gibt andere Arten von Elementalen, die nicht irdischen, jedoch psychologischen Ursprungs sind. Sie können sich an das Gehirn, den Geist und das Nervensystem eines Kindes oder Erwachsenen heften. Was immer sie anregt, kopieren sie. Wird ihnen Mißhandlung vorgezeigt, dann kopieren sie diesen Bewußtseinszustand, was die schädigenden Einflüsse, die durch das Bewußtsein des Menschen gehen, nur verstärkt. Das funktioniert wie ein Endlosband - positive Einflüsse haben dadurch keine Chance. In Extremfällen werden dadurch überhaupt keine positiven Emotionen mehr zugelassen. Wir alle sehen von Zeit zu Zeit Menschen, die sich in diesem bedauernswerten Zustand befinden und wir können gar nicht begreifen, wie es so weit mit ihnen kommen konnte. Das Verständnis der Zusammenhänge, die bis in die Kindheit zurückreichen, kann uns helfen, mehr Mitgefühl für diese armen Seelen zu entwickeln. In vielen Fällen entsteht zwischen dem befallenen Menschen und diesen Wesenheiten eine gegenseitige · Abhängigkeit, die allerdings nicht störungsfrei abläuft. Es heißt, daß ein Mensch lieber in der Negativität verharrt, als sich zu verändern, denn Veränderung ist immer beängstigend. Sie wissen überhaupt nicht, wie eine positive Unterstützung aussieht und meinen daher, negative Unterstützung sei besser als das Unbekannte. Ich habe den Eindruck, daß viele Menschen aus eben diesem Grunde in einer schlechten Ehe verbleiben.

Eine weitere Art von Astralwesenheit ist die außerirdische Anhaftung niedriger Natur. Das hat wiederum nichts mit einem Eindringen oder einer Seelen-Verknüpfung zu tun. Die außerirdische Wesenheit hat den Kontakt zu ihrem eigenen Ursprung verloren und läßt sich von einem Menschen mitschleppen, in der unsinnigen Hoffnung, sich ernähren zu können. Solche Verbindungen entstehen ebenfalls durch Traumata, wie z.B. eine lebensbedrohende Erkrankung, ein Autounfall oder eine Trennung, also durch Situationen, in denen der Erdenmensch sich fürchtet und sich wünscht, daß jemand bei ihm sei. Er bringt mit seinen Gedanken diesen Wunsch nach außen, allerdings ohne bewußt zu definieren, wer kommen soll, und das verschafft ihm dann den unerwünschten Gast. Djwhal Khul rät, daß alle Eltern ihren Kindern von einem sehr jungen Alter an beibringen sollen, was das Gebet eigentlich ist, und sie dazu anleiten sollen, mit ihrem Schutzengel und den Engeln allgemein zu sprechen. Je früher ein Kind diese spirituelle Verbindung herstellen lernt, desto besser ist es. Es gibt auch Wesenheiten, die aus anderen Leben stammen oder solche, die plötzlich in das Energiefeld eindringen, weil sie im Krieg gefallen sind. Noch schlimmer wäre es, wenn die eine Kombination der vorgenannten Astralwesenheiten-Besessenheiten entstünde. Wichtig ist, daß Ihr nie vergeßt, daß all diese Dinge innerhalb von 20 Minuten im interdimensionalen Synthesis Ashram von Djwhal Khul entfernt werden können.

Wie andere bei diesem Prozeß Hilfestellung leisten können

Es ist nichts dagegen einzuwenden, daß Euch jemand bei diesem Prozeß behilflich ist. Wenn Ihr Hilfe braucht, sagt es mir, und ich werde Euch, auf die eine oder andere Art, Hilfe zukommen lassen. Wenn Ihr am Anfang Hilfe braucht, ist das schon in Ordnung. Ihr müßt nur das Selbstvertrauen entwickeln, daß Ihr diese Dinge tun könnt.

Reizungen, Flecken und brüchige Stellen

Worum Ihr Djwhal Khul und Vywamus noch bitten könnt ist, Flecken oder Reizungen in Eurem Äther-, Astral- und/oder Mental-Körper zu heilen. Diese Bitte kann auch an die Meisterheiler der Inneren Ebenen gerichtet werden. Bittet auch darum, daß sie alle brüchigen Stellen in Eurem Vier-Körper-System in Ordnung bringen.

Herstellung eines neuen Musters

Wenn die Arbeit geleistet ist, muß man ein neues positives Muster erstellen. Das ist ähnlich wie das Einbringen der Ur-Liebe. Sobald die Ur-Angst entfernt worden ist, muß sie durch etwas anderes ersetzt werden, sonst entsteht eine Leere. Das Gegenstück zur Ur-Angst ist die Ur-Liebe. Darum ist es gut, sich 21 Tage lang einem Affirmations- und Gebets-Programm zu unterziehen. Verwendet die Affirmationen, die Meditationen und Gebete, die ich Euch in meinen Büchern *Seelenpsychologie, Jenseits des Aufstiegs* und *Das komplette Aufstiegshandbuch* vorgegeben habe, speziell die Meditation am Ende des zuletzt genannten Buches. Das festigt die neuerworbene Gewohnheit, die Ihr Euch in 21 Tagen zugelegt habt.

Motive

Ein weiterer ganz wichtiger Vorgang ist, das mit schonungsloser Ehrlichkeit durchgeführte Hinterfragen der Motive hinter all Euren Handlungen. Stammen sie aus dem negativen Ego oder aus Eurem Christusbewußtsein und Eurer Seele? Das negative Ego ist heimtückisch und selbstsüchtig. Seid also wirklich ganz ehrlich zu Euch selbst. Das negative Ego zu entfernen ist vielleicht die einzige und zugleich schwierigste Lektion auf dem gesamten spirituellen Weg. Es ist ganz leicht, über das, was ich hier sage, hinwegzugehen und zu sagen: "Ach, das habe ich doch bereits im Frühling des Jahres 1972 hinter mich gebracht!" Das ist ein Bereich, in dem wir alle zu jeder Zeit wachsam sein müssen!

Das Besuchen anderer Planeten zwischen den Leben

Viele Seelen erreichen den Aufstieg, also das Aufwärtsgehen in die fünfte Dimension, nicht und bleiben dadurch im Reinkarnations-Kreislauf gefangen. Das ist keine Kritik, sondern nur der Hinweis auf einen Teil des Evolutionsprozesses. Wenn man zwischen den Inkarnationen Zeit in der vierten Dimension verbringt, ist es möglich, andere Planeten zu besuchen. Den meisten Menschen ist nicht klar, daß andere Planeten ebenfalls noch weitere Dimensionskörper besitzen, so wie die Erde. Vywamus spricht von den neun verschiedenen Stufen der Erde und ich bin überzeugt, daß dies bei anderen Planeten auch so ist. Ich spreche das deshalb an, weil Menschen, die zwischen ihren Leben andere Planeten der vierten Dimension, die sich innerhalb unseres Sonnensystems befinden, besuchen, oft Implantate mitbringen. Ihr könnt Euch sicher erinnern, daß dies der Grund war, warum Melchizedek sagte, man solle die Aufstiegsstellen dieser Planeten, die ja zur vierten Dimension gehören, nicht besuchen. Habt Ihr die fünfte Dimension erreicht, kann Euch nichts mehr implantiert werden - denkt daran auf Eurer sich ständig weiter entfaltenden kosmischen Reise.

Zusätzliche Genehmigungen des Karma-Konsortiums

Wenn Ihr Eurer Heilarbeit, wie immer diese auch aussieht, im Dienste des göttlichen Planes nachgeht, werden Euch von Zeit zu Zeit Patienten unterkommen, die schwieriger zu behandeln sind, als andere. Ist dies der Fall, so könnt Ihr vom Karma-Konsortium für diese Menschen Sondergenehmigungen einholen. Wenn Ihr z.B. bei solch einem Menschen alle negativen Implantate, Elementale und Astralwesenheiten entfernt habt, dann bittet - so Eure Bitte in Harmonie mit Gottes Willen ist - , daß eine stärkere Verschmelzung von Persönlichkeit, Seele und Monade des Patienten erfolgen möge. Dazu holt noch die Sondergenehmigung ein, dem Menschen helfen zu dürfen, sich von seinem niederen Selbst zu trennen.

Der Goldene Zylinder

Eine weitere phänomenale Technik zur Entfernung von Implantaten, Elementalen und den verschiedensten negativen Energien ist der Goldene Zylinder von Lord Arcturus. Ich würde Euch seine Verwendung dann empfehlen, wenn Ihr eine größere Reinigung mit dem Matrix-Entfernungsprogramm vorgenommen habt. Ist dieser Vorgang abgeschlossen, so kann man den Goldenen Zylinder für eine sehr schnelle Reinigung einsetzen. Was ich Euch hier sage, ist wahrhaftig Goldes wert - also macht Eure Augen und Ohren auf, um es richtig zu verstehen. Es ist eine der fabelhaftesten Techniken, die ich je weitergegeben habe. Ich habe sie selbst täglich oder zumindest jeden zweiten Tag verwendet, um mein Energiefeld zu reinigen und zu verfeinern. Die arcturianischen Techniken sind so phantastisch, daß man sie kaum beschreiben kann. Alles, was ihr tun müßt ist, Lord Arcturus und die Arcturianer zu bitten, Euch an den Goldenen Zylinder anzuschließen, so wie das auch bei der Reinigung mit dem Prana-Wind-Reinigungsgerät der Fall ist. Wenn dies geschehen ist, saugt er alle negativen Energien aus Euch heraus. Ihr könnt auch darum bitten, daß man alle Implantate, negative Elementale und negative Energien entfernt. Auf diese Weise kann bei Bedarf Euer Energiefeld sehr schnell gereinigt werden. Probiert es aus, es wird Euch sicher gefallen!

Das kosmische weiße Licht

Eine weitere Methode zur Entfernung außerirdischer Implantate ist das kosmische weiße Licht. Dieses Licht macht die gestörten Energien innerhalb des Energiefeldes sichtbar. Ohne dieses Licht sind sie meist nicht zu erkennen. Daß jemand hellsichtig ist, bedeutet noch lange nicht, daß er auch nur den zehnten Teil dessen, was auf der Inneren Ebene vor sich geht, sehen kann. Es gibt verschiedene Stufen und Grade der Hellsichtigkeit. Die meisten Hellsichtigen können nicht einmal außerirdische Implantate sehen, und wenn doch, dann sehen sie nur einen Bruchteil aller vorhandenen Implantate. Die Verwendung des kosmischen weißen Lichtes, das wie ein weißer Nebel aussieht, kann da sehr hilfreich sein.

Die Kristall-Licht-Technologie Melchizedeks und der Arcturianer

Stellt Euch vor, Ihr seid in einer Kristall-Höhle und bittet Melchizedek und die Arcturianer eine Kristallprojektion zu Euch herabzusenden. Ihr befindet Euch direkt unter dem Kristall, der wie ein Trichter wirkt. Aus ihm strömt ein flüssiger Kristall direkt in Euer Kronen-Chakra und Ihr werdet mit Kristall-Energie behandelt. Absorbiert diese Energie. Sie verstärkt die Struktur des perfekten Körpers damit er das Licht halten kann. So wird bereits physisch die Basis und die Struktur für Euren Lichtkörper geschaffen. Fühlt die Kristallstruktur Eurer eigenen Form. Diese Kristall-Licht-Technologie ist nur ein weiterer Weg, um auf vielen Ebenen gleichzeitig zu heilen. Melchizedek hat uns gesagt, daß flüssiger Kristall die Gabe besitzt, alle unausgeglichenen Energien im physischen-, im ätherischen-, im mentalen- und im spirituellen Körper zu "neutralisieren". Er empfiehlt Euch, nach dem Aufenthalt in der Kristall-Höhle und dem Aufnehmen des flüssigen Kristalls, den Goldenen Zylinder der Arcturianer herbeizurufen, damit alle negativen Energien, die neutralisiert worden sind, aus Euch herausgeholt werden.

Diese Technologie neutralisiert gleicherweise alle außerirdischen Implantate, was ein weiterer enormer Vorteil ist. Wenn Ihr fertig seid, müßt Ihr darum bitten, daß die neutralisierte Energie entfernt wird. Das ist sehr wichtig. Die Anwendung dieser Technologie erfolgt in zwei Schritten. Alle arcturianischen Technologien haben diese zwei Aspekte: das Neutralisieren und das Aktivieren. Als nächstes bittet Lord Arcturus, daß er in jedes Eurer Chakren einen Kristall einbettet. Atmet tief und laßt es geschehen. Danach bittet ihn, die Kristalle zu aktivieren. Ihr werdet fühlen, wie sich jeder Chakra-Kristall im Uhrzeigersinn zu drehen beginnt. Fühlt wie sich jedes Chakra nach vorne und nach hinten ausdehnt, bis sich alle Chakren wie ein einziges anfühlen. Atmet tief und spürt, wie sich dieses Gefühl in Eurem gesamten Körpersystem verteilt. Die Kristalle sind sehr leicht und doch sehr stark. Sie sind Geschenke der Meister, die Ihr in die Welt hinaustragen sollt, gemeinsam mit dem Licht, das sie so sehr verstärken.

Kristall-Technologie zur Heilung ätherischer Verletzungen

Bittet Lord Arcturus und die Arcturianer, mit Hilfe ihrer Flüssig-Kristall-Technologie alle ätherischen Verletzungen auf allen Ebenen zu beseitigen. Sie werden das so lange tun, bis die Heilung eingetreten ist. Dann bittet Vywamus, auf Euren Wunsch hin das ätherische Netz neu zu knüpfen. Damit tritt die echte Heilung ein und die ätherische Verletzung ist aus der Welt geschafft. Diese Arbeit bringt alle Körper in ihren ursprünglichen Zustand zurück.

Kristall-Schutz für Kinder

Das nächste Hilfsmittel ist speziell für Kinder gedacht und nicht für Erwachsene. Es ist eine neue Technologie, die New Age-Kindern, die am Anfang sehr verletzlich sind, helfen soll und es soll damit bei der Heilung noch ein zusätzlicher Schutz gewährt werden. Bittet Djwhal Khul, Lord Maitreya, Vywamus und Lord Arcturus um das kristallene Netz des goldenen Schutzes. Es wird um das Energiefeld des Kindes gelegt, es umschließt es und schafft damit eine Abschirmung, die so lange bestehen bleibt, bis das Kind imstande ist, die Heilung vollständig in sich aufzunehmen. Ihr könnt das für Eure eigenen Kinder und auch für alle, mit denen Ihr arbeitet, erbitten. Ihr braucht nur zu fragen.

Der Organ-Strahl der Aufgestiegenen Meister

Wenn Ihr es mit schwachen Organen zu tun habt, bittet die Aufgestiegenen Meister, fünf Tage lang einen Energiestrahl in das Organ zu senden, um es zu stärken.

Bach-Blüten

Bach-Blüten sind ein wunderbares Hilfsmittel zur Heilung. Bei Futureplex gibt es drei Produkte, die dem Schutz des Biofeldes, dem Loslassen von Wut und dem Loslassen von Angst dienen und die sehr wirkungsvoll sind. Bei Eurer Arbeit könnt Ihr diese Mittel als zusätzliche Hilfe verwenden.

Aromatherapie

Auch Aromatherapie kann zusätzlich zur Gesamt-Heilung angewendet werden. Die Heilung erfolgt durch Geruch, Geschmack, Berührung, das Sehen, das Hören, den Geist, die Emotionen sowie den physischen Körper oder Geist.

Der spirituelle Auslaß

Eine der Heiltechniken, die man bei Schwächen der Leber, der Bauchspeicheldrüse, der Milz, der Gallenblase oder der Nieren anwendet, ist die des spirituellen Auslasses. Normalerweise befindet sich eine Schicht ätherischen Schleims um das geschwächte Organ. Bittet die Meisterheiler der Inneren Ebenen, daß sie auf der Ätherebene einen Auslaß in das Organ einsetzen. Wenn sich dann der ätherische Schleim aufbaut, kann er durch diesen Auslaß automatisch abgeleitet werden. Wenn Ihr ein Krankheitsgefühl in dem Organ verspürt, könnt Ihr die Meister und Euren Ätherkörper bitten, daß dieser Hahn geöffnet werde und somit die negative Energie abfließen kann.

Ätherische Nadeln, Kugeln und Pfeile

Wenn man auf der Erde lebt, gerät man immer wieder in den Wut-Radius anderer Menschen. Dabei kann es sich um den Ehe- oder sonstigen Partner, um ein Familienmitglied, ein Kind, einen Geschäftspartner, einen Freund oder einen Bekannten handeln. Was die meisten Menschen nicht wissen, ist, daß die Wut ätherische Nadeln, Kugel und Pfeile in das Energiefeld des anderen entsendet. Ich hatte früher engen Kontakt zu einer Frau, die ihren Emotionalkörper und ihr negatives Ego nur sehr schlecht in der Hand hatte, obwohl sie eine große Lichtarbeiterin war. Bei unserer Trennung baute sie im Bereich ihres eigenen Bewußtseins eine enorme Wut auf. Diese Wut galt zwar nicht mir allein, zu diesem Zeitpunkt richtete sie sich jedoch ausschließlich auf mich. Nach unserer Trennung machte ich "Frühjahrsputz" in meinem Vier-Körper-System und die Meister sagten mir, daß meine Leber voll mit Nadeln und Pfeilen sei wie ein Stachelschwein - und das alles wegen der Wut dieser Frau. Vieles davon war auf der psychischen bzw. der Stufe der Inneren Ebene geschehen und äußerlich nicht sichtbar. Ich hatte Leberbeschwerden und das vergiftete meine Leber. Dieses Phänomen ist immer wieder zu beobachten und alle Lichtarbeiter sollten die Meisterheiler der Inneren Ebenen bitten, es zu entfernen. Damals mußte man die Nadeln und Pfeile einzeln und höchst vorsichtig herausziehen, um dabei nicht mein ganzes System zu vergiften. Kaum daß sie entfernt waren, fühlte ich mich wesentlich besser. Einige von ihnen hatte man auch in meiner Bauchspeicheldrüse gefunden.

Was man daraus hauptsächlich lernen sollte ist, nicht anzugreifen, selbst wenn man angegriffen wird. Wird man gerade angegriffen oder ist in der Vergangenheit attackiert worden, dann soll man die Meister bitten, das Zeug aus dem Ätherkörper, egal wo es sich abgelagert hat, zu entfernen. Meistens merken wir es nicht einmal, und doch haben wir diese Nadeln, Pfeile und Kugeln viele, viele Jahre, manchmal sogar viele Leben lang, in uns getragen.

Welche Dinge Djwhal Khul und Vywamus aus Eurem Energiefeld entfernen sollten:

Außerirdische Implantate - Astralwesenheiten - negative Elementale - Parasiten - die Ur-Angst - Eindrücke - physische Erkrankungen - ätherische Schädigungen - Ätherschleim - Graufelder - Reizungen, Flecken und Risse in der Vier-Körper-Aura - negative Gedanken - negative Emotionen - sämtliche Programme des negativen Egos - schlechte eigene Seelenfragmente. Des weiteren sollten sie den Körper wiederherstellen - die Chakren reinigen und wiederherstellen und die Archetypen klären.

Wie läuft das ab?

1. Arbeitet im Sitzen oder im Liegen.

2. Bittet um den Goldenen Schutz-Dom.

3. Bittet darum, daß Ihr mit dem Synthesis Ashram von Djwhal Khul verbunden und mittels Bilokation dorthin gebracht werdet.

4. Ruft Djwhal Khul, Vywamus und das Matrix-Entfernungs-Programm.

5. Erbittet einzeln die Entfernung der oben angeführten psychischen Verhaftungen.

6. Entspannt Euch, seid passiv und laßt die Meister an Euch arbeiten, ohne daß Ihr Euch dabei bewegt.

7. Führt für jede der größeren Verhaftungen auf der Liste eine Meditation durch; bei allgemeineren oder nicht so schwierigen schließt jeweils zwei in Eure Meditation ein.

8. Führt die Reinigung wöchentlich oder alle paar Wochen durch, oder immer, wann Ihr das Gefühl habt, daß es nötig ist.

9. Laßt gleichzeitig mit Euch auch Eure Haustiere reinigen, denn die Meister können ohne weiteres mehrere Personen gleichzeitig behandeln. Wenn es sein muß, bittet noch weitere Meister um Hilfe.

10. Wenn Ihr an den Vorgang gewöhnt seid, ladet Freunde, Verwandte und Schüler dazu ein. Wenn Ihr mit anderen arbeitet, bittet vorher immer um die Erlaubnis des Höheren Selbstes der Person und um die der Meister.

Wie man den Körper noch intensiver reinigt

Wenn Ihr den zuvor angeführten Vorgang durchlaufen habt, empfehle ich Euch eine noch intensivere Reinigung des physischen Körpers. So bittet z.B. darum, daß Djwhal Khul, Vywamus und die Meisterheiler der Inneren Ebenen Eure Leber reinigen und stärken. Die Leber kann nämlich durch Fehlverhalten in diesem oder in früheren Leben dunkle Flecken aufweisen. Bittet darum, daß Schwachstelle gereinigt und gestärkt werde. Bei dieser Art der Reinigung und Wiederherstellung müssen unter Umständen folgende Bereiche gereinigt werden: die Leber - die Bauchspeicheldrüse - die Nieren - die Gallenblase - das Lymphsystem - das Blut - das Nervensystem - die Knochen - die Drüsen - die Milz - das Herz - die Lunge - das Genitalsystem - die Muskeln - der Dickdarm - der gesamte Darmbereich - das Gehirn - der Magen - Verstopfung muß gelöst, sämtliche Toxine müssen entfernt und das Immunsystem verbessert werden. Es ist hier vielleicht am besten, wenn man sich auf die Meisterheiler der Inneren Ebenen konzentriert. Wendet Euch an die Heiler des Synthesis Ashrams, damit sie Euch eine wahre medizinische Vorsorge angedeihen lassen. Das entfernt dann die dunklen Flecken, die sich so nach und nach im physischen Gewebe zeigen können.

Eine komplette Reinigung

Wenn Ihr Euch daran gewöhnt habt, daß man regelmäßig im Synthesis Ashram mit Euch arbeitet, könnt Ihr mit der Zeit diesen Vorgang abkürzen, indem Ihr in den Ashram geht und das Matrix-Entfernungsprogramm anfordert, und Djwhal Khul, Vywamus und/oder die Meisterheiler der Inneren Ebenen bittet, daß sie Euch vollständig reinigen. Am Anfang könnt Ihr dazu die Liste hernehmen und sie lesen, später genügt es, wenn Ihr bloß sagt, daß Ihr eine vollständige Reinigung wünscht.

Es ist, wie wenn Ihr Euer Auto zum Service bringt. Geht zum Ashram und fordert das Matrix-Entfernungsprogramm an, wann immer Ihr den Eindruck habt, daß Euer Energiefeld verschmutzt und durch die Lektionen, die auf Erden nun einmal zu lernen sind, geschwächt ist. Wir sind sicher alle der Meinung, daß die planetare Schule der Geheimnisse, genannt Erde, eine recht harte Schule sein kann. Der Synthesis Ashram von Djwhal Khul und das Matrix-Entfernungsprogramm sind unschätzbare Hilfen, wenn Ihr Euch rein erhalten wollt. Vielleicht versteht Ihr nun, warum ich anfangs sagte, daß das Heil-Zentrum in Djwhal Khuls Ashram ebenso wichtig ist wie die Aufstiegszentren. Bis bald im Ashram! Namaste.

3 Wie man sich vom negativen Ego mit Hilfe der Archetypen befreit

Das Studium der Archetypen ist etwas Faszinierendes und doch sind viele Lichtarbeiter mit ihnen weniger vertraut als mit anderen psychologischen Wissensbereichen. Ich bin erst vor kurzem darauf gestoßen, wie wichtig das Studium der Archetypen ist und es ist mir klar geworden, daß sie in Zukunft der Schlüssel zur Psychologie im Leben eines jedes Menschen sein werden. Ihr werdet das Thema dieses Kapitels hochinteressant finden und erkennen, daß Ihr mit Hilfe dieses Systems größere Klarheit und Selbsterkenntnis gewinnen könnt. Als ich eines Morgens in meiner Meditation Djwhal Khuls Synthesis Ashram besuchte, war Djwhal Khul so freundlich, uns die Sicht der Hierarchie hierüber und damit die Grundstruktur für dieses Kapitel zu übermitteln. Die Geistige Welt und die Meister haben gewünscht, daß ich dieses Buch und dieses Kapitel als erstes bearbeiten möge. Dieses Kapitel sowie die Befreiung vom negativen Ego allgemein ist ihrer Meinung nach ein Thema, mit dem sich die Lichtarbeiter noch viel mehr auseinandersetzen sollten.

Ich habe dieses Kapitel gerne geschrieben und es war für mich sehr interessant. Es gab mir die Gelegenheit, die Dinge aus einer Perspektive zu betrachten, welche mir vorher noch nie so richtig aufgefallen war, von der ich jedoch jetzt weiß, daß sie ein ganz wichtiger Punkt zur Erhaltung der psychologischen und spirituellen Gesundheit ist. Wie die Wissenschaft der Strahlen, auch Esoterische Psychologie genannt, sind die Archetypen ein Thema, über welches es nur wenig schriftliches Material gibt. Carl Jung hat den Namen geprägt. Die Wissenschaft als solche, aus der Perspektive der Aufgestiegenen Meister, ist jedoch noch nicht in das Massenbewußtsein eingedrungen. Dazu hoffe ich hiermit einen Beitrag leisten zu können. Ganz sicherlich ist das Thema enorm wichtig. Die folgende Übersicht zeigt eine Auflistung der zwölf Haupt-Archetypen und einige ihrer zwölf Untergruppen, aus denen sie zusammengesetzt sind. Wir werden in diesem Kapitel gemeinsam versuchen, tiefer in die Materie einzudringen und diese Wissenschaft zu erarbeiten.

Die Archetypen

Zerstörer:
Veränderer, Feind, Betrüger, Bösewicht,
Unruhestifter, Teufel, Gauner, Raffinierter

Narr:
Risikofreudiger, Clown, Zerstreuter, Verrückter,
Dummkopf, Schürzenjäger, Schussel

Unschuldiger:
Künstler, Kind, Harmloser, Liebhaber,
Vertrauensvoller, Wundersamer, Junge

Magier:
Die gute Fee, Merlin, Priester(in), Schamane, Hexenmeister, Schwindler, Wahrsager, Hexe, Hexenmeister

Märtyrer:
Große Seele, Heiliger, Retter, Verlierer, Kämpfer,
Unglücklicher, Opfer

Patriarch/Matriarchin:
Vorfahre, Vater, Mutter, Alter, der Große Vater,
die Große Mutter

Herrscher:
Aristokrat, Kaiser(in), Richter, Prinz(essin),
König(in), Vorgesetzter

Verführer(in):
Schwindler, Charmeur, Liebhaber,
Schürzenjäger, Verführer

Suchender:
Abenteurer, Forscher, Einsiedler, Jäger, Mönch,
Pionier, Verfolger, Wanderer, Staunender

Diener:
Assistent, Adjutant, Mann „Freitag", die rechte Hand,
Sklave, Untertan, Untergebener, Arbeiter

Krieger:
Kämpfer, Gladiator, Jäger, Rivale, Soldat,
Überlebender

Weiser:
Guru, Heiliger, Mystiker, Orakel, Philosoph,
Prophet, Weiser, Lehrer, Denker

Archetypen sind Hintergrundmythen, die man bei Rassen und Kulturen aller Zeiten finden kann. Sie sind zeitlose Rollen- oder Schlüsselstereotypen, die verschiedene Verhaltensformen wiedergeben. Anders ausgedrückt, sind sie Rollenmodelle oder Personifikationen ewig gültiger Themen. Man kann sie in den Hauptpersonen von Legenden, Märchen, Shakespeare-Dramen oder in den Geschichten der Bibel finden. Jeder Mensch, der jemals hier auf Erden gelebt hat oder leben wird, paßt in eines oder mehrere dieser zwölf Themen. Deshalb ist es so wichtig, diese Wissenschaft ernst zu nehmen. Das Ziel ist, daß jeder Mensch in seiner letzten Inkarnation auf Erden alle Themen in sich integriert und durch keines mehr in die Opferrolle verfällt. Jeder der zwölf Archetypen hat eine positive und eine negative Seite. Das ist gleich wie bei den Sternzeichen, deren jedes ebenfalls eine höhere bzw. weniger hoch entwickelte Form zeigt. Auch die Wissenschaft der Strahlen spricht von höheren und weniger hohen Aspekten jedes einzelnen Strahles.

Auch die Numerologie verfolgt dieses Konzept. Wenn Ihr Euch irgend ein Buch über Astrologie hernehmt, könnt Ihr Euch das Sternzeichen, das Euch entspricht, heraussuchen und Ihr werdet feststellen, daß auch hier, je nachdem, wie weit Eure seelische Entwicklung fortgeschritten ist, es einen niedrigeren oder höheren Aspekt gibt. In all diesen spirituellen Wissenschaften ist es das Ziel, den jeweils höheren Aspekt zu entwickeln – und das gilt auch für die Archetypen. Der Unterschied zwischen der Wissenschaft der Archetypen und einigen der anderen spirituellen Wissenschaften liegt darin, daß es sich hier um eine psychologische Wissenschaft handelt und daß einige der Haupt-Archetypen gesamthaft weiter entwickelt sind als andere. Djwhal Khul hat uns erklärt, daß der am wenigsten entwickelte Archetyp der Liste „der Zerstörer", der am weitesten entwickelte „der Weise" ist. Und doch gibt es auch beim Zerstörer eine positive und eine negative Seite – der Weise jedoch ist gesamthaft weiter entwickelt. Man kann das vielleicht mit den fünf höheren Strahlen vergleichen, die nach 1970 hereingekommen sind und die ursprünglichen sieben Strahlen übertreffen. Viele Lichtarbeiter richten ihren Strahlenaufbau – und zwar in allen Bereichen, wie die Monade, Seele, Persönlichkeit, Geist, Emotionen und Körper – nach diesen Strahlen aus. Bei den Archetypen funktioniert das ganz ähnlich. Es ist zwar das Ziel, alle zwölf, inklusive aller Untertypen, zu integrieren, es soll jedoch „der Weise" das hauptsächliche Archetypen-Thema Eurer letzten Inkarnation sein. Dieses Thema bietet jedem Lichtarbeiter ein anderes Ziel: Mystiker, Okkultist, spiritueller Lehrer, Berater, Medium, Guru, Philosoph, Prophet, Priester oder einfach Aufgestiegener Meister.

Die Verkörperung des Weisen in Eurer letzten Inkarnation bevor Ihr das Rad der Wiedergeburt durchbrechen könnt, fördert auch den positiven, höheren Aspekt aller anderen Haupt- oder Untertypen. Selbst „der Weise" hat seine negative Seite, vor der sich jeder Lichtarbeiter hüten sollte – ich werde diesen Punkt ein wenig später ansprechen. Die Aufgabe ist, sie alle vom Standpunkt des „klaren Zeugen" oder „Beobachters", wie Djwhal Khul das nennt, zu integrieren. Ihr integriert sie aus der Perspektive des Gott-Mannes, der Gott-Frau. In unseren früheren Leben hatten wir Inkarnationen, in welchen wir alle diese Rollen ausleben konnten. Manchmal handelte es sich dabei nur um ein einziges archetypisches Thema, manchmal war es eine Kombination von bis zu vier Themen. Es ist faszinierend, wie die Archetypen-Kombinationen aussehen können. Das Thema würde mehrere Bände füllen, ähnlich wie bei den Kombinationen der Strahlen oder der Astrologie. Das wichtigste ist, daß man sein eigenes Selbst nicht kritisiert. Diese Themen zu leben, ob positiv oder negativ, gehört zur Entwicklung. Es wird uns alles vergeben. Es gibt eine Verbindung zwischen den Archetypen, Aspekten aus vergangenen Leben und der eigenen Unterpersönlichkeit. Als uns Gott erschuf, wurden alle archetypischen Themen wie eine Struktur, eine psychische Eigenschaft, ein Potential in uns gesenkt. Beim Durchleben unserer Inkarnationen und der verschiedenen archetypischen Themen begannen sich diese Aspekte vergangener Leben aufzubauen.

Im gegenwärtigen Leben zeigen sich diese Aspekte in den unendlichen Facetten unserer Unterpersönlichkeit. Neugeborene Kinder zeigen aufgrund der Aspekte vergangener Leben und der archetypischer Themen, die bereits gelebt worden sind, unterschiedliche Persönlichkeitsbilder. Wenn man das Programm betrachtet, mit dem wir kommen, kann man erahnen, wie die vergangenen Leben ausgesehen haben. Wie immer dieses Programm jedoch aussehen mag, es kann in diesem Leben leicht verändert werden. Mein Buch *Seelenpsychologie* vermittelt Euch, ebenso wie dieses Buch, alle Möglichkeiten und alles Wissen, das Ihr benötigt. Macht es zu Eurer Absicht, in diesem Leben vorzugehen als wäre es Euer letztes und bemüht Euch, der Weise zu werden, so wie es einem Gott-Mann, einer Gott-Frau der vollen Erkenntnis entspricht.

Es ist auch wichtig, daß jeder Archetypus, jede Rolle, ihr Gegenteil hat. Wenn man das weiß, kann man sich nicht völlig damit identifizieren, sondern nimmt die Stellung des „klaren Zeugen", des „Beobachters" ein. Der Archetypus des „Weisen" beinhaltet alle Archetypen mit zentraler jedoch ausgeglichener Ausrichtung auf den Weisen. Würde man sich zu stark mit dem Weisen identifizieren, wäre das der Hinweis auf einen Menschen, der aus der Rolle des Guru, des Lehrers, des Führers, des Priesters nicht mehr herausfindet. Der bewußte Geist ist kein Archetypus, sondern trifft die Wahl, welche Rolle zu welchem Zeitpunkt adäquat ist, um Gott und den Dienst auf höchste Weise auszudrücken. Hat man alle Archetypen integriert, so gibt es unendlich viele Möglichkeiten des Ausdruckes; man hängt nicht nur an einer Rolle fest, sondern hat alle ihre positiven Aspekte an der Hand, wenn man sie braucht.

Der negative Aspekt des Archetypus wird durch das negative Ego hervorgerufen, welches das wahre Ziel des Archetypus, so wie Gott es vorgesehen hat, verzerrt. Man kann sagen, daß das negative Ego in allen Archetypen vorhanden ist, wie auch die Seele und die Monade es sind. In allen spirituellen Wissenschaften ist man bestrebt, das negative Ego und den Ausdruck des niederen Selbst abzulehnen und sich statt dessen der Seele und dem Ausdruck des höheren Selbst anzupassen. Es ist von großem Vorteil, sich, mit der nötigen Distanz, mit beiden Seiten, der positiven wie der negativen, der Archetypen vertraut zu machen. Das kann man auf vielerlei Arten tun.

Der gesprochene Dialog

Der gesprochene Dialog gehört in den Bereich der Rollenspiele. Ihr könnt dies mit einem Freund, einem Berater, oder auch allein durchführen. Stellt drei Stühle auf. Der Stuhl in der Mitte ist für den bewußten Geist und/oder Entscheidungsträger. Die Stühle rechts und links sind jeweils für den positiven bzw. negativen Aspekt jedes einzelnen Archetypus. Ihr müßt Euch abwechselnd auf jeden der Stühle setzen und jeden Aspekt des

Archetypus sprechen lassen. Im ganzen wechselt Ihr vierundzwanzigmal den Platz, da jeder Archetypus einen höheren und einen niedrigeren Aspekt besitzt. Ihr müßt das natürlich nicht in einer Sitzung beenden. Am besten ist, Ihr teilt diese Übung in zwölf Sitzungen auf und konzentriert Euch auf das jeweilige Thema. Der Hintergrund dieser Übung ist, daß jede Seite zu Wort kommt und Euch sagt, wie sie sich auf Euer Leben auswirkt. Ich werde später noch genauer auf die höheren und niedrigeren Aspekte jedes Archetypus eingehen. Ihr könnt dort nachsehen und damit die wichtigsten Qualitäten jeder Seite verstehen. Wenn Ihr diese Übung macht, laßt wirklich jede Seite zu Wort kommen. Wenn Ihr fertig seid, kehrt auf Euren Platz auf dem mittleren Stuhl zurück und bestärkt Eure persönliche Kraft und Euren Willen als Entscheidungsträger und Leiter der Persönlichkeit.

Genau genommen seid Ihr keiner der Archetypen. Ihr seid Gott! Die Archetypen sind nur die Form, welche Ihr, als Gott, verwendet, um Euch auf der irdischen Ebene auszudrücken. Nehmt Euch für jeden Archetypus eine Woche Zeit, arbeitet damit, integriert ihn und denkt über ihn nach, erkennt, welche Auswirkung dieser spezielle Archetypus auf Euer Leben hat. Der gesprochene Dialog kann Euch helfen, blinde Stellen in Eurer Betrachtungsweise zu erkennen. Diese Arbeit ist ähnlich wie Channeling, Ihr laßt dabei jedoch Eure Unterpersönlichkeiten, Lebensaspekte und Archetypen durch Euch sprechen, statt der Aufgestiegenen Meister oder Eures Höheren Selbstes. Es ist ganz erstaunlich, was mitunter dabei an die Oberfläche kommt. Wenn Ihr beide Seiten habt zu Wort kommen lassen, dann sprecht als bewußter Geist mit persönlicher Kraft beide Seiten an und teilt den negativen wie den positiven Aspekten ganz klar mit, was Ihr von nun an in Eurem Leben manifestieren und ausdrücken wollt. Wo liegt dabei Eure persönliche Kraft? Das ist der springende Punkt. Idealerweise befindet sie sich im bewußten Geist. Seid Ihr jedoch geschwächt oder schlecht zentriert, dann überlaßt Ihr Eure Kraft den Archetypen, d.h. dem negativen Ego, dem Inneren Kind, dem Emotionalkörper und/oder dem Unterbewußtsein. Daher ist es wichtig, die zwölf Themen zunächst einmal verstehen und dann beherrschen zu lernen; gebt Euch selbst das Versprechen niemals zuzulassen, daß ihr niedrigerer Aspekt zum Tragen kommt. Gebt dieses Versprechen auch Gott und den Meistern. Wenn Ihr einen Fehler macht, ist das kein Problem: korrigiert ihn. Die Wissenschaft der Archetypen gibt Euch die Möglichkeit, Eure Persönlichkeit in den Griff zu bekommen und Euch in den Status des Gott-Mannes, der Gott-Frau zu erheben.

Der geschriebene Dialog

Nach Wunsch kann die gleiche Übung in schriftlicher Form durchgeführt werden. Die Vorgangsweise ist genau die gleiche, nur wird statt der Stühle jeweils ein Blatt Papier verwendet, um die Aussagen der verschiedenen Aspekte zu notieren. Schreibt zum besseren Verständnis zuerst das auf, was der negative Aspekt Euch sagen läßt. Dann laßt den positiven Aspekt zum Ausdruck kommen. Dann, wiederum als bewußter Geist, schreibt an jeden der beiden Aspekte einen Brief. Teilt jedem Aspekt mit, welche Veränderungen Ihr innerhalb Eurer Persönlichkeit durchzuführen bereit seid, um dem Archetypus, den sie jeweils vertreten, zu entsprechen. Hat der Archetypus Einwendungen, wird es möglicherweise eines längeren Gespräches bedürfen, bis die entsprechende Integration durchgeführt und die passende Lösung gefunden ist. Nicht vergessen: Der bewußte Geist hat immer das Sagen und hat auch die Kraft dazu – die Archetypen nehmen Eure Vorschläge und Befehle an. Ihr seid Gott und Ihr seid der Aufgestiegene Meister und im Idealfall dienen die Archetypen der Seele und der Monade und nicht dem negativen Ego. Ich denke, Ihr versteht, was ich meine.

Die Selbstbefragung

Sie ist wahrscheinlich die wirkungsvollste Methode um die Archetypen des negativen Ego zu entfernen. Sobald Ihr dieses Buch gründlich durchgearbeitet und eine, wenn nicht sogar beide, der vorgenannten Übungen gemacht habt, dann tritt die Selbstbefragung in Euer Leben. Aus ihr bestehen, nach Sai Baba, 70% des spirituellen Weges. Sie bedeutet, daß man nicht auf Automatik läuft, sondern stets wachsam, aufmerksam und bewußt mitverfolgt, welcher Archetypus gerade in Tätigkeit ist und ob einer der niedrigeren Aspekte Eure Persönlichkeit zu durchdringen droht. Man verwendet hier die selbe Wachsamkeit wie beim negativen Ego. Die Wissenschaft der Archetypen gibt Euch dafür ein ausgefeilteres und genaueres Werkzeug in die Hand. Viele Menschen verwenden die Astrologie, um dies zu erreichen. Sie sagen vielleicht: Hier hat sich mein Mars-Anteil (Wut) oder mein Venus-Anteil (Liebe) ausgewirkt. Ich persönlich ziehe die Archetypen wegen ihres psychologischen Hintergrundes vor und auch deshalb, weil man sich nicht ein Leben lang dem Studium der Astrologie widmen muß. Beide Studien greifen jedoch wunderbar ineinander.

In gleicher Weise kann man auch die Strahlen verwenden, indem man die Qualität der zwölf Strahlen betrachtet und herausfindet, welcher der Strahlen zur Zeit seinen Einfluß ausübt. So wie wir zu jeder Zeit einen der Archetypen repräsentieren, befinden wir uns gleicherweise im Einfluß bereich eines der Strahlen bzw. eines der Sternzeichen. Ich möchte Euch hier kurz an die Qualitäten der zwölf Strahlen erinnern, deren jede auch mißbraucht werden kann. So kann der erste Strahl der Macht für göttliche Ziele eingesetzt werden, oder vom negativen Ego mißbraucht werden, wie im Falle von Adolf Hitler. Er besaß enorm viel Energie des ersten Strahles, hat sie jedoch im Dienste der dunklen Seite der Macht eingesetzt. Die Negativform des vierten Strahles der Harmonie ist der Konflikt. Beim sechsten Strahl der Hingabe zeigt sich die niedrigere Form in religiösem Fanatismus, der z.B. zu den Kreuzzügen führte. Um Euch einen genaueren Überblick zu verschaffen, möchte ich Euch empfehlen Kapitel 6 "Glanz, Maya, Illusion" in meinem Buch *Das komplette Aufstiegshandbuch* nachzulesen. Dort findet Ihr eine detaillierte Darstellung der Verzerrung jedes Strahles unter dem Einfluß des negativen Ego.

Nun zurück zur Selbstbefragung. Wenn Ihr feststellt, daß einer der Archetypen des negativen Ego überhand nimmt, dann setzt Euren Willen ein, haltet die unerwünschte Entwicklung an und bestätigt erneut die positive Seite des Archetypus. Laßt den positiven Aspekt Inhalt Eurer Gedanken, Worte und Werke sein. Nennen wir diesen Vorgang nicht Heilung der Einstellung, sondern Heilung der Archetypen. Wenn Ihr diesen Vorgang bei jedem Archetypus 21 Tage lang wiederholt, wird dessen höhere Form in Eurem Unterbewußtsein eingeprägt werden. Wenn Ihr das tut und dabei wachsam bleibt und Euren Archetypus stetig im Licht haltet, werden alle Fehlprogrammierungen Eurer vergangenen Leben gelöscht und neu programmiert, ohne daß Ihr dabei diese Leben überhaupt kennen müßt.

Vergangene Leben zeigen sich in unserem Unterbewußtsein als vorprogrammierte Bilder der Unterpersönlichkeit. Der Prozeß der Umprogrammierung erfordert zu Beginn einige Mühe, doch nach 21 Tagen ist das neue Programm fertig und arbeitet von nun für Euch statt gegen Euch. Das wichtigste bei diesem Vorgang ist der Aufbau und die Entwicklung eines starken Willens und der persönlichen Kraft, also der Schlüsselqualitäten zur Erhaltung der psychologischen Gesundheit. Wenn Ihr Eure persönliche Kraft nicht beansprucht, gebt Ihr sie automatisch an den negativen Ausdruck der Archetypen ab.

Die zwölf Archetypen kann man auch mit dem Baum des Lebens vergleichen. Dort sind es die zehn Sephiroth und die Linien, die sie miteinander verbinden sowie die zweiundzwanzig Großen Arkana des Tarot. Das Tarot ist möglicherweise das vorrangigste System bei der Arbeit mit den Archetypen. Einige der Karten haben mit planetaren Archetypen, wie Sonne und Mond zu tun und scheinen daher nicht unter den zwölf von mir genannten auf. Die zwölf im Tarot genannten Archetypen sind im Baum des Lebens der Kabbala zu finden, und zwar als Teil der Linien, die den Baum verbinden. Die folgende Graphik entstammt meinem Buch *Verborgene Mysterien*. Sie zeigt sehr genau die oben genannte Verbindung und die Großen Arkana des Tarot.

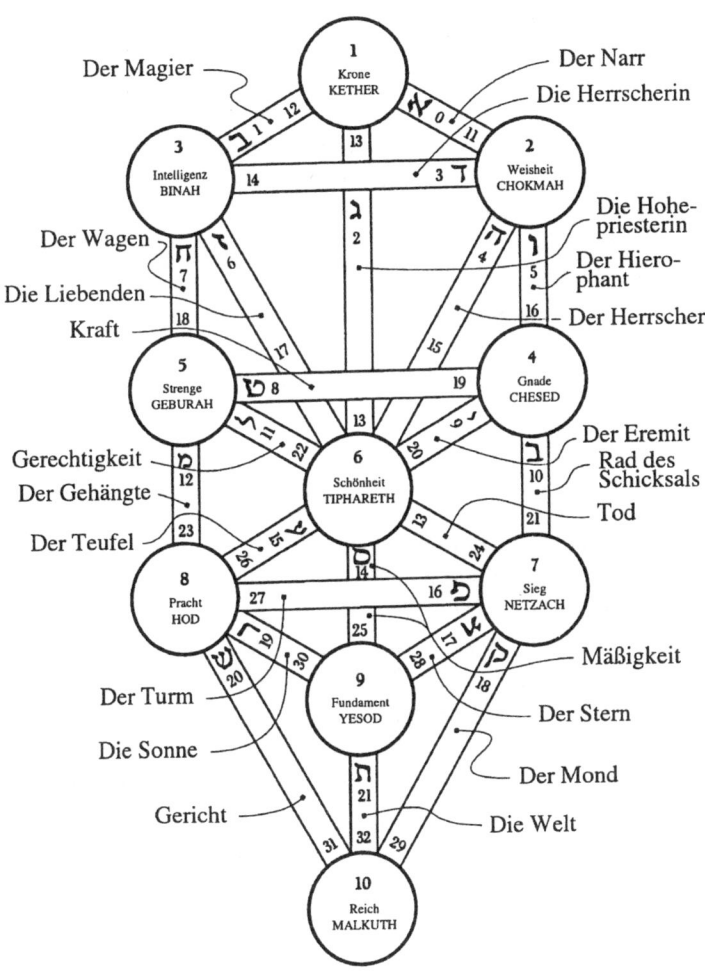

Ihr seht also, daß jede dieser spirituellen Wissenschaften eine Möglichkeit darstellt, ein objektiveres Verständnis der Meisterung der dreifaltigen Persönlichkeit (Geist, Emotionen, Körper) im Dienste der Seele zu erlangen. Ich, als Eklektiker, bin an Vielfalt interessiert, weshalb ich alle diese Methoden verwende. Die Wissenschaft der Archetypen ist nicht so weit verbreitet, wie das manche andere sind. Was mir daran gefällt, ist, daß man sie, weil sie einen psychologischen Hintergrund hat, leicht verstehen und erlernen kann. Selbst wenn Ihr nichts anderes tut, als dieses Kapitel gründlich durchzulesen und die Liste und die Übersicht über die positiven und negativen Seiten jedes Archetypus zu studieren, hilft Euch das bereits, Eure Persönlichkeit zu meistern. Auch die Synthese dieser verschiedenen spirituellen Wissenschaften zu erkennen ist sehr hilfreich. Bei der Entwicklung der eigenen Überseele, welche aus zwölf inkarnierenden Seelenausdehnungen besteht, fällt auf, daß einige dieser Seelenausdehnungen stärker von speziellen Archetypen beeinflußt sind, als andere. Aus der Sicht der Überseele ist dies durchaus in Ordnung. So kann eine Gruppe von Seelenausdehnungen sich eher dem Okkulten nähern, eine andere wiederum eher dem Sensitiven und Mystischen. Das nur als Beispiel, wie dies ablaufen kann. Das letztendliche Ziel jeder Seelenausdehnung ist, alle zwölf zu integrieren, besonders dann, wenn Ihr die Absicht habt, derjenige zu sein, welcher für seine gesamte Seelengruppe den Aufstieg vornimmt. Wenn Ihr so nach und nach die höheren Initiationen durchlauft, solltet Ihr auch damit beginnen, für Eure zwölf Seelenausdehnungen und danach für die einhundertvierundvierzig Seelenausdehnungen die Archetypen zu klären. Je weiter Ihr in Eurer Entwicklung fortschreitet, desto stärker seid Ihr für die Integration und den Reinigungsprozeß verantwortlich.

Viele Archetypen wurden bereits in vergangenen Leben ausgelebt, weshalb es nicht mehr nötig ist, sie in diesem Leben bis ins Extrem durchzuexerzieren. Sie sind jedoch bei Bedarf trotzdem verfügbar. Wenn Ihr sie alle integriert, wird Euch dies das größtmögliche Gefühl der Ganzheit geben. Wenn jemand unter einem bestimmten Sternzeichen geboren ist, hat er vielleicht eine Neigung zu bestimmten Archetypen. Dies ist allerdings eine eigene Wissenschaft. Doch selbst wenn eine solche Tendenz vorliegt, so lehrt uns Djwhal Khul, trägt jedes Zeichen alle zwölf Archetypen in sich. Es üben jedoch das Sonnenzeichen, das Haus und die Planeten, die Euch beeinflussen, ihre Wirkung auf Euch aus. Bei den Strahlen ist der Ablauf ganz gleich. Der Strahl, welcher Eure Monade, Eure Seele und Eure Persönlichkeit regiert, hat gleicherweise seinen Einfluß auf die Archetypen, die Ihr manifestiert. Und es ist auch hier so: alle zwölf sind gleichzeitig auch in allen zwölf Strahlen vertreten. Stellt Euch vor, jemand besitzt eine Monade des ersten Strahles. Der erste Strahl repräsentiert den Willen bzw. den Machtaspekt Gottes. Solch ein Mensch kann eine Tendenz in Richtung Archetypus des Patriarchen, des Herrschers, des Magiers oder des Kriegers zeigen. Ein Mensch des zweiten Strahles, der ja auf Liebe und Weisheit ausgerichtet ist, zeigt vielleicht eine Neigung zum Verführer, zum Suchenden oder zum Weisen. Die Kombination der Archetypen ist ebenfalls eine eigene Wissenschaft. Der Weise in Verbindung mit jedem anderen Archetypus, bringt die positiven Aspekte des jeweiligen Archetypen zum Vorschein. Die Kombination von Patriarch und Krieger schafft den Kriegerkönig. Ist dieser noch in Kombination zum Zerstörer, dann kämpft der Kriegerkönig, abhängig von dem sich manifestierenden positiven oder negativen Aspekt des Kriegers, entweder für seinen eigenen Ruhm oder zur Ehre Gottes. Ihr könnt hieraus erkennen, wie kompliziert das Ganze ist – ähnlich wie bei der Astrologie, in der bei der Erstellung des Horoskops ebenfalls alle verschiedenen Einflüsse mit einbezogen werden müssen. Das Thema der Kombination der Archetypen ist so umfangreich, daß es Bände füllen würde ... ich spreche dieses Thema hier nur an, damit Ihr ein bißchen damit spielen könnt.

Djwhal Khul sagte uns, daß es des Willens zum Guten, zu Gott und zur Harmonie bedarf, um die zwölf Archetypen zu meistern und zu integrieren. Diese Absicht wird Euch den rechten Weg weisen. Die Archetypen führen Euch zur Erforschung Eures Glaubenssystems sowohl im Bewußtsein wie im Unterbewußtsein. Ihr müßt dabei bedingungslos ehrlich zu Euch selbst sein und wirklich jedem Motiv nachgehen, um herauszufinden, wo der Ursprung des Archetypus liegt und ob er seinem höheren oder niedrigeren Aspekt entstammt. Es ist ganz leicht, sich selbst zu betrügen und vom Glanz, von Maya und der Illusion geblendet zu werden, das wissen wir alle. Es ist auch viel einfacher, die Archetypen formen in anderen zu sehen, als bei sich selbst. Jeder von uns hat einen blinden Fleck, und dieses Kapitel soll Euch dabei helfen, ihn zu entdecken. Das negative Ego ist unglaublich trickreich und ein Meister der Beeinflussung des Geistes. Es ist darin ebenso brillant wie die Seele und der Heilige Geist, nur wissen das die meisten Menschen nicht. Der Unterschied liegt darin, daß die Seele für Gott arbeitet, das negative Ego jedoch Glanz, Maya und Illusion verwendet. Unterschätzt niemals das negative Ego und seine Verführungskünste!

Die Archetypen sind die Ursache für das Karma, das Ihr in all Euren Leben anhäuft, sei es zum Guten oder zum Schlechten. Ich betone nochmals: Wir repräsentieren in jedem Augenblick unseres Lebens einen Archetypus. Es ist gut, sich mit den Archetypen vertraut zu machen, weil man sonst Gefahr läuft, sich durch ihren unbewußten Ausdruck in die Opferrolle drängen zu lassen. Archetypen, mit denen man sich nicht auseinandersetzt, haben die Tendenz, unsere Aufmerksamkeit in Anspruch zu nehmen, ohne daß dabei irgend ein höherer Zweck mitspielt. Ihr müßt verstehen, daß die Archetypen nicht verstandesmäßig handeln. Jeder verfolgt sozusagen nur sein eigenes Ziel, und das ist, sich selbst zum Ausdruck zu bringen. Wenn Ihr jedoch ihre Persönlichkeit kontrolliert und Regie führt, dann werden sie mit Euch zusammenarbeiten. Die Archetypen brauchen jemanden, der sie leitet. Und das seid Ihr. Dazu müßt Ihr jedoch Eure eigene Kraft besitzen, die Meisterschaft und ein gewisses Maß an Strenge, weil die Archetypen wie Kinder sind. Wenn Ihr es nicht ernst meint, hören sie Euch nicht zu. Euer Wille oder Eure Kraft kontrolliert den Geist und wird im Idealfall von der Intuition geleitet.

Man kann das Studium der Archetypen auch noch weiter betreiben. Bestimmte Länder haben ihre eigenen archetypischen Bilder, und das gleiche gilt für bestimmte Rassen und Religionen. Diese Bilder beeinflussen uns ebenso wie unsere vergangenen Leben das tun. Darum ist es so wichtig, stets bewußt und niemals nur automatisch zu leben. Wenn Ihr nämlich nicht bewußt lebt, bestimmen das Massenbewußtsein, die vergangenen Leben, die Programmierung durch Eltern, Schule, Massenmedien und Religion, die Strahlen, die Astrologie, die Numerologie, die Rasse, der Biorhythmus etc. zu jedem Zeitpunkt Eures Lebens den Archetypus, den Ihr gerade darstellt. Seid nie die Wirkung, seid die Ursache. Seid nie das Opfer, sondern stets ein Meister im Dienste Gottes. Werdet zum voll integrierten Gott-Mann, zur Gott-Frau.

In der letzten Lebensspanne, wenn man seinen Aufstieg vollzieht und die sieben Stufen der Initiation vollendet, ist man vielleicht ein Künstler, ein Athlet, ein Politiker, ein Bankfachmann, ein Wissenschaftler, ein Diplomat, ein spiritueller Lehrer oder ein Medium. Es spielt keine Rolle. Der Archetypus des Weisen wird sich auf jeden Beruf auswirken, den Ihr zu diesem Zeitpunkt ausübt. Die Zusammensetzung Eurer Strahlen definiert Euren Beruf und Euren Dienst. Monaden des ersten Strahles sind meist in der Politik zu finden, die des zweiten Strahles sind spirituelle Lehrer, die des dritten sind in der Wirtschaft tätig, die des vierten in der Kunst und die des fünften in der Wissenschaft. Monaden des sechsten Strahles sind oft Priester und die des siebten Diplomaten. Euer Beruf wurde von Gott in Euch hineingelegt und ist abhängig von dem Seelenschicksal, für welches Ihr Euch entschieden habt. Ihr könnt die sieben Stufen der Initiation und den Aufstieg innerhalb jedes Berufes erreichen, nicht nur in den „klassischen Heilberufen". Wenn Ihr den höheren Aspekt Eures Berufes zum Tragen bringt, dann ist praktisch jeder der genannten Berufe ein Heilberuf. Es ist ganz wichtig, daß man dies versteht. Seid der Weise, wie immer Ihr Euch in dieser Welt präsentiert.

Verbindet alle zwölf Archetypen in Euch, unabhängig davon, wie Ihr dient oder was Eure berufliche Ausrichtung ist. Seid in jedem der Berufe die Manifestation des Gott-Mannes, der Gott-Frau. Nur so kann es gelingen, die Welt zu verändern. Wir haben möglicherweise zu viele Berater und viel zu wenige Gottesmänner und -frauen, die als Banker, Wirtschaftsfachleute, Künstler, Wissenschaftler und Politiker arbeiten. Folgt im Dienen der Bestimmung Eurer Seele, denn dies ist der schnellste Weg, um die sieben Stufen der Initiation zu durchschreiten. Werdet zu einem Mann, zu einer Frau der Wiedergeburt in allen Euren Lebensbereichen. So wie die Berufe sind auch die zwölf Archetypen „Heiler", wenn ihr höherer Aspekt eingesetzt wird. Ihr könnt ein Rechtsanwalt sein, der seinen Beruf aus der Perspektive des negativen Ego und des negativen Archetypus ausübt, oder Ihr könnt ein Mensch dieser Berufsgruppe sein, der den höheren Aspekt lebt. Ich denke, jeder von uns kann dieses Beispiel verstehen und erkennen, was nötig ist. Jeder Beruf hat einen höheren oder niedrigeren Aspekt, es kommt nur darauf an, welcher Stimme Ihr folgt.

Die Kernfrage ist: Ist es Euer negatives Ego oder die Seele und der Heilige Geist, welcher zu jeder Zeit Euren Archetypus programmiert? Im Buch *Ein Kurs in Wundern* steht: „Entscheidet, wem Ihr dienen wollt".

Archetypische Betrachtung vergangener Leben nach der Methode des Synthesis Ashrams von Djwhal Khul

Was die Reinigung angeht, so haben wir bereits die Selbstbefragung, den gesprochenen und den geschriebenen Dialog, sowie das sorgfältige Lesen, Studieren und die introspektive Meditation über die Liste und die Informationen, die ich Euch gebe, angesprochen. Eine andere Möglichkeit ist, entweder alleine oder mit einem ausgebildeten Medium in Djwhal Khuls Synthesis Ashram zu gehen und dort, unter seiner Anleitung oder

der eines seiner profilierten Initiaten, die archetypischen Themen der eigenen vergangenen Leben erläutert zu bekommen. Djwhal Khul wird Einblick in die Seele bzw. die Akasha-Chronik nehmen und Euch die hervorstechendsten Archetypen bekanntgeben, welche Ihr in Euren Inkarnationen ausgelebt habt und die im jetzigen Leben als Subpersonalitäten in Eurem Unterbewußtsein festgeschrieben sind. Das kann sehr hilfreich sein, denn es kann Euch genau zeigen, wo Eure Stärken liegen, wo Eure Schwachstellen sind, mit welchen Archetypen Ihr Euch zu stark identifiziert und welchen Ihr zu wenig Aufmerksamkeit geschenkt habt, und die nun integriert werden müssen.

Vergeßt nicht, daß wir in allen Leben, den vergangenen wie dem jetzigen, einen Archetypus ausleben. Deshalb kann dies eine sehr wertvolle Information sein. Sie zeigt uns sozusagen den „roten Faden", der zweihundert bis zweihundertfünfzig Inkarnationen, also die übliche „Lebenszeit" der Seele, durchläuft. Wenn das Hauptthema der Sitzung bearbeitet ist, könnt Ihr fragen, was das gemeinsame Thema Eurer elf anderen Seelenausdehnungen aus der Überseele ist. Auf diese Weise könnt Ihr einen Überblick sowohl über Eure Überseele als auch über Eure eigene Entwicklung bekommen. Als nächstes könnt Ihr dann erfragen, welchen Archetypus Ihr in diesem Leben auslebt. Darauf haben natürlich Eure vergangenen Leben einen großen Einfluß, genau so wie die Erziehung durch die Eltern, die Schule, die Religion, die Massenmedien, Freunde ... etc.
Alle diese Dinge haben innerhalb Eures Bewußtseins zu Veränderungen geführt, welche wiederum Einfluß auf die Archetypen haben, die Ihr gerade lebt. Diese Dinge wirklich zu begreifen ist bereits der halbe Sieg! Eure eigenen Studien und die Selbstbetrachtung haben sicherlich einige dieser Dinge bereits zum Vorschein gebracht; die Betrachtung der vergangenen Leben kann jedoch Themen, also negative Archetypen oder auch Stärken, ausgraben, mit denen Ihr Euch bis jetzt nicht auseinandergesetzt habt. Manchmal genügt es schon, darauf hingewiesen zu werden, damit man eine Korrektur im Bewußtsein durchführt. Manchmal werdet Ihr mehr Willenskraft, persönliche Kraft und Wachsamkeit aufbringen und auch Eure Einstellung „heilen", also positiv verändern müssen. Auch das Verändern des Archetypus im Verlauf von 21 Tagen gehört hier dazu. All dies wird Euch helfen, das neue, von Euch benötigte archetypische Muster zu entwickeln. Ihr könnt selbst eine Affirmation erfinden bzw. sie Euch von Djwhal Khul geben lassen, um Hilfe beim Aufbau des neuen archetypischen Musters zu haben. Das kann sehr wirksam sein. Ebenfalls sehr wirksam ist es, wenn Ihr Euch den Archetypus, den Ihr leben wollt,

vorstellt, darüber meditiert und ihn 21 Tage lang in Eurer Phantasie auslebt, damit das neue Muster richtig in Euch eingebettet wird. Bittet die Meister und den Heiligen Geist um Hilfe, damit Ihr während der 21 Tage morgens wie abends die entsprechenden Korrekturen durchführen könnt. All dies wirkt sehr schnell und effektiv. Ihr könnt auch ein wenig mit den Tarot-Karten arbeiten.

Ihr könnt auch zu einer Strahl- oder Initiationsstufen- bzw. Lichtquotient-Bewertung von Djwhal Khul oder einem anderen der Aufgestiegenen Meister gehen, um festzustellen, in wie weit sich die Information bezüglich der Archetypen mit der Zusammensetzung Eurer Strahlen deckt. Ihr könnt auch zu einem guten Astrologen gehen, um zu sehen, ob Eure Archetypen, Eure Strahlen und Euer Horoskop tatsächlich die gesamte Vielfalt Eurer Persönlichkeit aufzeigen. Diese drei unterschiedlichen Sitzungen werden Euch wirklich Eure gesamte Persönlichkeit klarmachen. Ich kann Euch heute schon sagen, daß in gar nicht ferner Zukunft jedes neugeborene Kind diese drei Bewertungen als Teil der Geist-, Körper- und Seelenvorsorge erhalten wird. Könnt Ihr Euch vorstellen, wie hilfreich dieses spirituelle und psychologische Persönlichkeitsprofil für die erziehenden Eltern und Lehrer wäre?

Djwhal Khuls Synthesis Ashram und das Matrix-Entfernungsprogramm

Dieses Programm ist für die Reinigung enorm wertvoll. Das Matrix-Entfernungsprogramm der Kernangst ist ein Vorgang, den Ihr erbitten könnt, wenn Ihr Djwhal Khuls Synthesis Ashram betretet; das ist dazuhin nicht einmal nötig, es genügt auch, wenn Ihr einen der Meister darum bittet. Bei diesem Programm handelt es sich ebenfalls um ein Netzwerk aus Licht, welches auf Ersuchen in der Person verankert wird. Dieses Netzwerk aus Licht bereinigt alle unausgeglichenen Muster sowie die Archetypen des negativen Egos innerhalb des Vierkörpersystems. Dieser Vorgang sollte allerdings nicht durchgeführt werden, solange nicht alle anderen Methoden, die ich in diesem Kapitel angesprochen habe, angewandt worden sind. Das heißt, Ihr müßt zuerst die Arbeit an Euch selbst, die Innenschau, die Dialoge, in die Wege leiten und danach die Meister, insbesondere Djwhal Khul und Vywamus, bitten, alle Archetypen des negativen Ego sowie das Kernangst-Programm, welches um die vergangenen und die jetzigen negativen Archetypen angesiedelt ist, zu entfernen. In dem Moment, wenn Ihr darum bittet, könnt Ihr, wenn Ihr hellsichtig seid, sehen, wie die Meister diese negativen Muster löschen, so wie man Unkraut aus einem Garten entfernt. Sie sehen aus wie schwarze Wurzeltriebe, die Euer Vierkörpersystem umklammern und durchziehen. Sie werden von den Meistern buchstäblich heraus gesogen, so wie ein Staubsauger einen abgerissenen Faden vom Boden aufnimmt. Das könnt Ihr allein für Euch erbitten, dazu braucht Ihr kein qualifiziertes Medium. Bittet nur vorher darum, daß Ihr in den Synthesis Ashram gehen könnt, um dort Eure Bitte vorzubringen. Ihr werdet ein Kribbeln in Eurem Kronen-Chakra empfinden, wenn die Muster, eins nach dem anderen, entfernt werden. Um eine vollständige Reinigung zu erreichen, werdet Ihr diese Meditation öfters durchführen müssen. Auf die gleiche Weise werden auch negative Implantate, Elementale und Parasiten entfernt. Ist die Reinigung vollzogen, werdet Ihr dennoch sehr wachsam sein müssen, denn das neue Muster braucht seine Zeit, um sich richtig zu verankern.

Dies wäre ein guter Zeitpunkt, um mit Euren Affirmationen, Gebeten und Visualisierungen den Meistern bei ihrer Arbeit zu helfen. Meditiert 21 Tage lang jeden Morgen über die positiven Archetypen und ihre Inhalte, und dann „tut so, als hättet Ihr sie schon, bis Ihr sie tatsächlich habt". Tut so, als wären sie tatsächlich schon so ausgebildet, wie Ihr sie lebt. Handelt wie ein zur vollen Erkenntnis gelangter Aufgestiegener Meister, wie ein wahrer Gott-Mann, eine wahre Gott-Frau und nehmt den Archetypus des Weisen als Euer zentrales Thema. Jetzt, wo Ihr so viel bewußter seid und die Reinigung mit dem Matrix-Entfernungsprogramm von den Meistern an Euch durchgeführt worden ist, wird das viel einfacher für Euch sein. Ihr werdet Euch der Neuprogrammierung nicht mehr so stark widersetzen. Wenn Ihr jedoch Eure persönliche Kraft nicht besitzt, und Euch nicht wirklich Tag für Tag auf dieses Ziel ausrichtet und darauf konzentriert bleibt, dann nützen alle Methoden der Welt nichts. Vor dem Einschlafen bittet die Meister, daß sie während Ihr schlaft, das göttliche, monadische System der Archetypen in Euer Unterbewußtsein bringen, es dort verankern und aktivieren. Die Meister werden damit Eure Hypno-Therapeuten, um Euch dabei zu helfen, Euer Unterbewußtsein entsprechend zu programmieren.

Bevor Ihr diese Methode anwendet, sichert Euch den Schutz des Erzengel Michael und der Meister. Es wäre eine gute Idee, regelmäßig zweimal pro Tag diesen Schutz zu erbitten, damit weder das Massenbewußtsein noch Energien aus der dritten und vierten Dimension eindringen können. Seid Ursache, nicht Wirkung – seid Meister, nicht Opfer. Diese Haltung wird dafür sorgen, daß Eure Bitte erhört wird. Wenn Ihr das Buch

Seelenpsychologie kennt, dann vertieft Euch nochmals darin, denn es wird Euch zusätzliche Informationen und ein tieferes Verständnis dieses Themas vermitteln. Bittet am Ende des Matrix-Entfernungsprogrammes, daß alle durch die negative Anwendung der zwölf Archetypen entstandenen Wunden, von Djwhal Khul, Vywamus und dem ätherischen Heilungsteam geheilt werden mögen. Bittet, daß diese Arbeit auch während Eures Schlafes weitergeführt werde, bis Euer ätherischer Körper vollständig heil ist und sein vollkommenes, göttliches Muster wiedergefunden hat.

Die positiven und negativen Qualitäten der zwölf Archetypen

Der Zerstörer

Laßt uns die zwölf Archetypen nun näher betrachten und mit dem ersten, dem „Zerstörer" beginnen. Einige Menschen werden es sich kaum vorstellen können, daß dieser Archetypus überhaupt positive Eigenschaften haben kann, ich versichere Euch jedoch, er hat sie! Der negative Aspekt dieses Archetypus ist leichter zu erkennen. Wenn das negative Ego seinen Einfluß geltend macht, dann zeigt sich dieser Archetypus als Zerstörung, Verherrlichung der Gewalt, Mißbrauch, Unterdrückung, negative Wut, Machtausübung für den eigenen Vorteil und verbrecherisches Verhalten. Ich denke dabei z.B. an die Feste gewisser Zünfte, bei denen die Männer sich betrinken und dann alles kurz und klein schlagen. Der Aufruhr in Los Angeles, nach der Rodney King-Sache, ist ein weiteres Beispiel für die Übergriffe des negativen Ego. Die positive Seite des „Zerstörers" liegt in der positiven Anwendung der Energie des ersten Strahles, welcher ja der Strahl der Macht ist. Die Meister benutzen diesen Strahl, um alte Strukturen aufzulösen. Unsere Gesellschaft kann sich nicht verändern, solange die alten Formen des negativen Ego, welche in der Materie sichtbar geworden sind, nicht aufgelöst werden. Ihre Vernichtung schafft Platz für die New Age-Strukturen, welche nach Wunsch der Seele und Monade geschaffen werden sollen. Im Glauben der Hindus gibt es die Dreieinigkeit von Brahma, Shiva und Vishnu. Shiva ist hierbei der zerstörerische Aspekt, die beiden anderen sind der Schöpfer und der Erhalter. Edgar Cayce sprach in seinen Durchsagen von der positiven und der negativen Wut. Jeder Mensch, so sagte er, müsse sich von der negativen Wut befreien, jedoch die eigene positive Wut aufrecht erhalten.

Das ist eine Aussage über den Zerstörer-Archetypus, dessen Kraft in eine positive Richtung gelenkt wird. Im Grunde wird hier die Zerstörer-Energie dazu eingesetzt, um das negative Ego in all seinen Formen zu vernichten. Dies steht in Verbindung mit dem Archetypus des spirituellen Kriegers. Ihr könnt sehen, wie manche Archetypen zusammenhängen. Die Zerstörer-Energie wird dazu eingesetzt, positive Veränderungen herbeizuführen. Dies ist eine gesunde Art der Verweigerung. Im Buch *Ein Kurs in Wundern* heißt es: „Verweigert jedem Gedanken, der nicht von Gott kommt, den Zutritt zu Eurem Geist." Der Archetypus des Zerstörers kann darauf verwendet werden, all das zu zerstören, was Euren Aufstieg behindert und Euch die sieben Stufen der Initiation sowie Eure Ziele nicht erreichen läßt.

Wenn ich in diesem Zusammenhang von mir selbst sprechen darf, so ist es dieser Archetypus und sein richtiger Einsatz in Verbindung mit dem spirituellen Krieger, was mich in diesem Leben so erfolgreich sein läßt. Ich habe mich nie davor gefürchtet, den Zerstörer wirklich anzunehmen und ihn gegen das negative Ego und für die Ziele meiner Seele und Monade einzusetzen. Das hängt sehr eng mit dem psychologischen Thema der eigenen Kraft zusammen. Wenn man den Zerstörer in sich nicht annimmt, dann wird er einen vernichten. Ursache oder Wirkung, Meister oder Opfer. Gott wünscht, daß Ihr Eure Kraft wirklich annehmt, denn Eure Kraft, gemeinsam mit der Seinen, ist unbesiegbar! Gott hilft denjenigen, die sich selbst helfen!

Der Narr

Der niedere bzw. negative Aspekt dieses Archetypus zeigt den leichtsinnigen Menschen, der die Gefahr nicht sieht. Wird der Narr vom negativen Ego geleitet, so ist der Mensch verwirrt und zerstreut, und er setzt auf negative Beeinflussung und Manipulation. Der Narr auf der Tarotkarte springt von den Klippen. Geschieht dies ohne Überlegung, dann ist das Ergebnis tragisch; es kann jedoch auch im Dienst an der Seele geschehen, indem der Mensch sich einer bestimmten Situation oder Lektion vollständig ergibt. Positiv betrachtet ist der Narr ein Mensch, der Risiken eingeht. Diese Karte ist die am weitesten fortgeschrittene des Tarot-Decks, sozusagen die Karte Nummer Eins. In seiner positiven Form ist der Narr losgelöst und setzt den Humor positiv und erfrischend ein. Wird diese Fähigkeit vom negativen Ego verwendet, dann dient sie der

Manipulation und selbstsüchtigen Zielen, statt dem Wohl der Gemeinschaft. In seiner höchsten Form entspricht der Narr dem Überbewußtsein, in seiner niedersten ist er ein Irrer, ein Verrückter. Im Tarot interpretiert man den Negativaspekt des Narren als Narrheit, Manie, Überspanntheit, Trunkenheit, Tobsucht, Nachlässigkeit, Bewußtseinstrübung, Sorglosigkeit, Apathie und Eitelkeit.

Djwhal Khul sagte mir, daß der Narr in seinem Positivaspekt ein Erneuerer ist; einer, der sich nicht davor fürchtet, Neues auszuprobieren, selbst wenn andere das als Verrücktheit ansehen. Ich meine, daß jemand wie Christoph Kolumbus, oder große Erfinder, oder Louis Pasteur zu den Menschen gehören, die den Positivaspekt dieses Archetypus gelebt haben.

Der Unschuldige

Im negativen Aspekt dieses Archetypus ist der Mensch naiv, zu kindlich und es mangelt ihm an spiritueller Unterscheidungsfähigkeit. Wenn er vom negativen Ego geleitet wird, kann er weder in sich selbst noch in anderen Dunkelheit erkennen, was, wie wir alle wissen, sehr gefährlich ist. Uns allen sind solche Menschen schon begegnet: sie folgen einer überschwenglichen Philosophie, in der es die dunklen Kräfte und die dunkle Bruderschaft einfach nicht gibt, obwohl beide durchaus real sind. Sie nicht zu erkennen, macht den Menschen für sie anfällig.

Die positive Seite ist das, was in dem Buch *Ein Kurs in Wundern* als die unschuldige Auffassung der Dinge beschrieben wird. Man betrachtet das Leben frei von jeder früheren Programmierung. Es ist das positive kindliche Verhalten, die Unschuld in Verbindung mit der Erfahrung des Weisen. Wird der Unschuldige von der Seele und dem Heiligen Geist geführt, dann ist er rein, sanftmütig; einer, der das Leben liebt und dabei sein spirituelles Unterscheidungsvermögen einsetzt. Der Unschuldige ist oft bei Künstlern zu finden, die von ihrer Seele inspiriert sind. Der positive Unschuldige lebt den heiligen Augenblick und betrachtet jedes Zusammentreffen mit einem anderen Menschen als heilig ... als Christus, der dem Christus begegnet. Auf der höchsten Stufe dieses Archetypus sieht der Mensch alles durch die Augen des Christus. Er verbleibt zu jeder Zeit in Liebe, Einheit und der Auffassung und Auslegung der Dinge, so wie Christus es vorgibt. Er sieht das Leben so wie Gott es sieht!

Der Magier

Die negative Seite dieses Archetypus läßt einen die magischen Kräfte zum Zwecke der negativen Manipulation einsetzen und andere dazu verführen, den gleichen Weg zu gehen. Dies kommt viel häufiger vor als man meinen sollte. Oft handelt es sich dabei um Heiler, Berater, Psychologen, Psychiater, Sozialarbeiter, Eheberater, sogar spirituelle Lehrer, welche aus dem Bewußtsein der vierten Dimension und nicht der fünften (dem Aufstiegszustand) heraus arbeiten. Sie sind brillant in ihren Gedanken – das ist der Magier-Anteil – sie sind jedoch nicht vollständig mit ihrer Seele verbunden. Es ist erstaunlich, wie viele Lichtarbeiter auf solche Leute hereinfallen. Unzählige!

Zu den oben genannten gehören auch falsche Gurus, Psychologen und Berater, welche eine bestimmte Theorie vertreten und versuchen, Euch davon zu überzeugen, selbst wenn diese Theorie nicht von der Seele geführt wird. Ohne hier Namen nennen zu wollen sehe ich doch viele, die speziell im Bereich von NLP (Neurolinguistische Programmierung) so arbeiten. Sie sind oft sehr bekannt und sehen gut aus - und sie setzen dies dazu ein, um die Menschen zu verwirren. Oft geschieht diese Irreführung unbewußt, doch manchmal haben sie sogar einen Pakt mit der Dunklen Bruderschaft geschlossen, um zu Ruhm, Macht und Reichtum zu gelangen. Solange Ihr nicht die fünfte Dimension, Euren Aufstieg, und/oder die Sechste Initiation erreicht habt, ist jeder in Gefahr, von der negativen Seite dieses Archetypus verführt zu werden. Die Tatsache, daß Ihr Euch immer noch in der vierten Dimension befindet, ist ein Hinweis darauf, daß Ihr noch nicht zur Gänze mit Eurer Seele und Eurem Geist verbunden seid. Damit seid Ihr noch offen für die Programmierung des negativen Ego dieses Archetypus. Deshalb gibt es auch die Bezeichnung Weiße und Schwarze Magie. Die Heiler, welche ihre Fähigkeiten immer noch aus eigensüchtigen Motiven einsetzen, was leider sehr oft der Fall ist, bezeichnet man als Schattenmeister.

Das bedeutet, daß sie sowohl der hellen wie der dunklen Seite angehören. Ich warne Euch nachdrücklich davor! Diese Gefahr besteht, wenn man sich an Psychologen wendet oder an Berater, die keine spirituelle Ausbildung haben. Was sie sagen, klingt sehr gut und sie sind ganz sicher kompetent – allerdings nur auf der Persönlichkeitsebene, die Seele und die spirituelle Ebene sind davon nicht betroffen. Vergeßt nicht, daß es drei Stufen der Selbstverwirklichung gibt: die Selbstverwirklichung auf der Persönlich-keitsebene, auf der Seelenebene und auf der spirituellen Ebene. Negativ beeinflußte Magier sind es nur auf der Persönlichkeitsebene, weshalb sich auch so viele Leute von ihrem Charisma, ihrer magnetischen Energie angezogen fühlen. Das Problem ist jedoch, daß sie vollständig der vierten Dimension angehören und vom negativen Ego beeinflußt sind. Viele der Großen innerhalb der Bewußtseinbewegung befinden sich diesbezüglich im Grenzbereich. Sie haben den negativen Archetypus noch nicht überwunden. Die positive Seite dieses Archetypus ist der wahre, von der Seele inspirierte Magier. Der Weiße Magier ist an negativer Manipulation oder am eigenen Ruhm nicht interessiert, sein Einsatz gilt dem wahren Dienst an der Menschheit und der Liebe zur Menschheit. Er ist der wahre Alchimist, der Dinge bewegt. Er arbeitet auf der energetischen oder ätherischen Ebene als Heiler, er ist Metaphysiker, Berater, Psychologe und, auf der psychologischen und spirituellen Ebene, spiritueller Lehrer. Seine Magie zeigt sich darin, daß er innerhalb des physischen, des ätherischen, des astralen, des mentalen und des spirituellen Körpers Veränderungen und Transformationen herbeiführt. Er ist dazu in der Lage, weil er auf jeder einzelnen Ebene die kosmischen Gesetze kennt und dazu einsetzt, eine bessere Heilung und einen Zusammenschluß mit der Seele und Monade zu bewirken.

Der wahre Magier läßt sich nicht vom Ego leiten, er ist nicht am eigenen Ruhm oder an Reichtum interessiert. Er setzt seine wunderbaren Kräfte aus reiner Liebe und in Demut im Dienste des Göttlichen und der Aufgestiegenen Meister ein. Der Magier, sei er nun weiß oder schwarz, hat generell große persönliche Kraft und Selbstbeherrschung – doch der Weiße Magier mißbraucht diese niemals aus selbstsüchtigen Motiven und zur negativen Manipulation anderer Menschen. Denkt man an Hitler, Jim Jones und den Davidsführer, welcher in Waco, Texas, gestorben ist, dann kann man erkennen, welche Macht Magier besitzen. Die meisten Menschen haben ihre eigene Kraft und Meisterschaft nicht völlig im Griff, und sie verstehen auch nicht den Unterschied zwischen dem negativen Denken und dem Christus-Denken. Deshalb ist es so leicht, sie mit Kompetenz und Überzeugungskraft zu blenden. Wenn man seine eigenen Motive nicht wirklich kennt, besteht die große Gefahr, daß man zur dunklen Seite hinüber gezogen wird – könnt Ihr das verstehen? Darth Vadar im Film *Star Wars* unterlag dieser Versuchung der Macht, kehrte jedoch am Ende wieder um. Dieser Archetypus ist sehr gefährlich und meiner Meinung nach einer derjenigen, welche die meisten Möglichkeiten bieten, Dinge zu übersehen oder nicht zu erkennen. Selbst nach dem Durchlaufen der siebten Initiation ist es noch möglich, den negativen Aspekt dieses Archetypus zu leben. Das hat mit der Macht zu tun. Die meisten Menschen haben keine Macht, erreichen sie sie jedoch, dann macht sich der Schwarzmagier in uns stark und möchte diese Macht zum eigenen Ruhm, der eigenen Größe und dem eigenen Reichtum im weltlichen Sinne einsetzen. Dies ist eine der schwierigsten Prüfungen im Bereich der Spiritualität. Könnt Ihr wirklich so viel Macht über andere besitzen und trotzdem den Archetypus des Weisen und des positiv Unschuldigen bewahren? Hier kann man wieder erkennen, wie sehr, im Idealfall, die Archetypen ineinander übergehen. Die klassische Tarot-Interpretation des Magiers zeigt ihn mit großen Gaben, Diplomatie, Selbstvertrauen und einem starken Willen. Steht die Karte verkehrt, so bedeutet sie Krankheit, Schmerz, Verluste, Geisteskrankheit, Schande und Unruhe.

Der Märtyrer

Der Archetypus des Märtyrers in seinem negativen, niederen Aspekt bringt zwar Opfer, jedoch nur, um andere zu manipulieren und zu kontrollieren. Er tut es oft, um jemand anderem Schuld zuweisen zu können, so nach dem Motto: „Das alles tue ich für dich – und was tust du für mich?" Oft geschieht das nur, weil die Programmierung fehlerhaft ist. Das Christentum in seiner fundamentalen Form hat Millionen von Menschen auf diese Weise programmiert. Es lehrt vor allem die Frauen Märtyrerinnen zu sein und behauptet, daß spiritueller Egoismus falsch sei. Das schafft innerhalb der Persönlichkeit ein totales Ungleichgewicht, woraus wiederum unbewußte Ressentiments und Mangel an Selbstliebe entstehen. Es lehrt, daß nur das Leiden zu Gott führt. Und das ist einfach falsch. Es lehrt die Menschen primär, daß man sich selbst verleugnen muß, um auf dem rechten Weg zu Gott zu sein. Menschen, die aus diesem Bewußtsein heraus dienen, sind nicht selbstverwirklicht. Und das lädt ihnen viel Karma auf. Das wichtigste im Leben jedes Menschen ist die eigene Selbstverwirklichung - erst dann kann man anderen helfen. Der negative Archetypus des Märtyrers richtet den Menschen zugrunde und zwingt ihn, durch härteste karmische Lebenslektionen zu lernen, wie man egoistisch wird. Es gibt einen spirituellen Egoismus und einen, der dem negativen Ego entspringt. Die Philosophie des Archetypus des Weisen zeigt uns, wie wichtig es ist, in unserem Leben den spirituellen Egoismus zu entwickeln. Kennen wir diesen Egoismus nicht, dann ist es uns nicht möglich Grenzen zu setzen, die unserer Gesundheit dienen. Die vernünftigste Lösung ist, wirklich in jedem Augenblick zu entscheiden, ob es an der Zeit ist egoistisch oder eben selbstlos zu sein.

In seinem positiven Aspekt zeigt sich der Archetypus, wenn er wirklich von der Seele und vom Geist geleitet wird, als der wahre Heilige. Der Hl. Franziskus von Assisi, Mutter Theresa und Mahatma Gandhi kommen mir dabei in den Sinn. Sie sind Märtyrer, die ihr Leiden aus dem positiven Verständnis des Weisen und nicht aus falsch verstandenen Überlegungen auf sich genommen haben. In gewisser Weise werden wir alle im Laufe unserer Entwicklung zu positiven, „richtigen" Märtyrern. Je weiter ein Mensch in seinem Aufstiegs- und Initiationsprozeß fortschreitet, desto klarer wird ihm, daß sein einziger Daseinszweck das Dienen ist. Das ist der Schwur des Bodhisattva im Buddhismus. Je mehr der Mensch von der Seele und Monade oder dem Geist erfüllt ist, desto mehr möchte er sein Leben dem planetaren Dienst an der Welt widmen.

Ich selbst bin die meiste Zeit meines Erwachsenenlebens den Weg des Heiligen gegangen, weiß jedoch genau, wann ich spirituell egoistisch sein muß, um mir meinen Freiraum zu erhalten, oder um Grenzen zu setzen oder um Sorge um mich selbst zu tragen, wenn es mir nicht gut geht. Da sich mein Leben weiter entwickelt hat, benötige ich immer weniger Zeit für mich selbst und verbringe immer mehr Zeit damit, anderen zu helfen. Nicht weil ich das tun muß, sondern weil ich es tun will. Ich bin überzeugt, daß es niemanden gibt, der nicht von Heiligen wie Gandhi oder Mutter Theresa berührt und inspiriert wird. Diese Beispiele bringen ganz tief in uns eine Saite zum Schwingen; sie inspirieren uns dazu, voll Hingabe und gemäß unseren Fähigkeiten anderen Menschen zu helfen und zu dienen. Wir alle könnten mehr vom positiven Aspekt des Märtyrers und/oder Heiligen gebrauchen.

In meinem Buch *Aufgestiegene Meister weisen den Weg* wird deren Leben beschrieben und es gibt auch Berichte über andere Heilige und Meister, die den Planeten mit ihrer Anwesenheit gesegnet haben. Inspirierende Bücher zu lesen hilft Euch, die positiven Aspekte des Märtyrer/Heiligen-Archetypus zu erwecken und aufzubauen. Mit der Zeit wird das Studium der Heiligen aller Religionen zu einem Pflichtfach in den Schulen werden, genau so wie Arithmetik, Rechtschreibung und Lesen dies jetzt schon sind.

Der Patriarch oder die Matriarchin

Der Patriarch in seiner negativen oder niederen Form zeigt sich als der schwache, oder als der überstrenge, militärische Vater, welcher davon besessen ist, ständig Kontrolle auszuüben. Man kann dies sowohl daran erkennen, wie jemand seine Kinder erzieht, aber auch daran, wie er mit seinem Inneren Kind umgeht. Das gilt für Männer wie auch für Frauen. Jeder kann Patriarch sein, denn jeder hat ein Inneres Kind. Es stellt sich dabei nur die Frage, ob dieser Archetypus von der Seele geleitet wird oder nicht. Der schwache Patriarch – und ich verwende den Ausdruck hier für beide Geschlechter – ist einfach nicht anwesend und bietet seinem Kind, oder auch seinem Inneren Kind, keinen Schutz. Er ist unentschlossen, unter totaler Kontrolle durch das Weibliche, was wiederum den weiblichen Anteil in den negativen Aspekt verwandelt. Andererseits kann der Patriarch / die Matriarchin zu fürsorglich sein, zu präsent, zu streng und zu stark vom Männlichen angeleitet, was die männliche Seite in den negativen Aspekt verwandelt und ihn vom negativen Ego beherrscht sein läßt.

Der Patriarch / die Matriarchin in seiner/ihrer positiven oder höheren Form ist stark und zeigt seine Liebe auf die rechte Weise. Er ist offen, unterliegt nicht der Manipulation, ist beständig, hat keine Gefühls- schwankungen im Umgang mit anderen, ist liebevoll und mitfühlend und kann doch Grenzen setzen, wenn dies nötig ist. Wenn die Seele den Archetypus leitet, dann besitzt der Patriarch / die Matriarchin das, was Djwhal Khul als die „göttlich neutrale Haltung" bezeichnet, nämlich die entsprechende Zurückhaltung, was das Mitgefühl angeht. Er ist, kurz gesagt, der ideale Vater / die ideale Mutter, er ist so, wie jedes Kind, echtes wie Inneres, ihn sich wünschen würde. Meiner Meinung nach ist es sehr wichtig, mit diesem Archetypus klarzukommen und dies ist auch etwas, womit viele Lichtarbeiter ausgesprochene Schwierigkeiten haben. Das ist so, weil es damit zusammenhängt, wie gut man das eigene Selbst bzw. das eigene Innere Kind erzogen hat. Auf dem spirituellen Weg ist diese Selbst-Erziehung das Wichtigste überhaupt, weil sie mit dem rechten Einsatz der persönlichen Kraft und dem inneren wie äußeren Ausdruck der bedingungslosen Liebe zu tun hat. Diese beiden Qualitäten sind die wichtigsten um die psychospirituelle Gesundheit zu erhalten.

Das Thema der Selbst-Erziehung ist nach wie vor, sowohl bei Lichtarbeitern wie beim Großteil der Menschheit, ein Schwachpunkt im Bereich der Entwicklung. Es geht hier darum, ob die zentralen weiblichen und männlichen Energien vom negativen Ego oder von der Seele und dem Heiligen Geist geleitet werden. Die meisten von uns halten sich selbst niemals für einen Patriarchen / eine Matriarchin und liegen damit sehr daneben. Überprüft mit absoluter Ehrlichkeit wie Ihr Euch selbst erzieht und wie Ihr Eure Kinder erzogen habt bzw. erziehen würdet. Normaler- weise ist es so, daß man Kinder besser erzieht als sich selbst. Das häufigste archetypische Thema innerhalb der Gesellschaft ist, daß man entweder dem eigenen Inneren Kind gegenüber zu streng und kritisch ist, oder es ist genau umgekehrt und man verwöhnt es zu sehr und läßt es, ohne jegliche Selbstdisziplin, machen, was es will. Liebe mit Strenge gekoppelt ist die höchste Form des Patriarchen / der Matriarchin wenn man wirklich auf seinem spirituellen Weg vorwärts kommen möchte. Ohne diese disziplinierte Form der Liebe schlägt Euer Inneres Kind entweder über die Stränge, oder es fühlt sich minderwertig, deprimiert und ungeliebt. Versteht Ihr jetzt, warum diese zwölf Archetypen und die rechte Verbindung zu ihnen so enorm wichtig sind? Sie sind die goldenen Schlüssel zum Erfolg und zur spirituellen Verwirklichung!

Der Herrscher

Die negative oder niedere Seite des Archetypus des Herrschers zeigt sich tyrannisch, auf negative Art dominierend und manipulativ. Deutliche Beispiele dafür sind Hitler, Stalin, Mussolini, Napoleon und Dschinghis-Khan. Der positive Herrscher ist fair, gerecht, kooperativ und läßt alle zu ihrem Recht kommen. Wird dieser Archetypus von der Seele und dem Geist geleitet, dann besitzt er göttliche Objektivität, Stabilität, Ausgeglichenheit, Vernunft sowie Mitgefühl, das von göttlicher Autorität gelenkt wird. Dazu gehört auch die entsprechende Verbindung von Liebe und Kraft. Mut, Großzügigkeit, Fairness, Weisheit und innere Gewißheit sind ebenfalls wesentliche Merkmale des Herrschers. Der Herrscher ist also wie ein wohlwollender König/Königin, der/die die göttlichen Prinzipien vertritt. Ein gutes Beispiel dafür ist König Artus' Hof in Camelot. Er hat die Bruderschaft der Ritter der Tafelrunde begründet und den Dienst am Nächsten als höchstes Ziel Camelots angesehen. Auch die Suche nach dem Heiligen Gral und die Geschichte von Parzival gehören hier dazu. Diese Beispiele zeigen den Herrscher in seiner höchsten Form. Einer für alle und alle für einen. Das göttliche Gesetz gilt für alle, auch für den König.

Der negative Aspekt kann sich als König/Königin, Firmenchef oder Richter zeigen, der von der Macht besessen ist; er kann sich auch als Überheblichkeit darstellen; ein gutes Beispiel sind auch die Pharaonen, welche als Götter verehrt wurden, oder die Unfehlbarkeit des Papstes, dessen Wort innerhalb der katholischen Kirche gleich dem Wort Gottes ist. Die Fähigkeit, andere Menschen zu führen, ist ein Geschenk Gottes, welches immer wieder mißbraucht wurde. Dies äußert sich in

Fremdenhaß, in Nachgiebigkeit sich selbst gegenüber, in Egozentrik und Narzißmus. In diesen Fällen wird die Gabe dazu verwendet, die eigenen Interessen und den eigenen Ruhm zu verfolgen statt anderen, die weniger glücklich sind, weiterzuhelfen. Jeder irregeleitete Herrscher, sei er nun im eigenen Selbst, in der Familie, in einer Firma, einer politischen Fraktion, einem Land oder einer religiösen Gemeinschaft zu finden, sollte immer bedenken, daß „Hochmut vor dem Fall" kommt.

Jeder von uns, der sich auf dem spirituellen Weg befindet, wird irgendwann einmal eine Position der Macht und Kontrolle über andere einnehmen. Eigentlich sind wir alle bereits in dieser Position – ob es sich dabei um die Person handelt, die unser Haus putzt, die Benzin in unser Auto füllt oder um Kinder. Diese Position können wir nicht umgehen, wenn wir unsere eigene Kraft und Selbstbeherrschung anerkennen; die Frage ist nur, welche Art von Herrscher wir dabei sind. Leitet uns bei der Führung, der Kontrolle anderer Menschen bzw. unserer eigenen Persönlichkeit das negative Ego oder die Seele und der Geist? Jeder von uns ist Herrscher über die eigenen Gedanken, Gefühle, den Körper, die Subpersonalitäten, die Archetypen, Instinkte, Empfindungen und die Intuition. Wie kontrolliert z.B. ein Mann, der einen militärischen Hintergrund hat und daher wenig bewußt ist, die eigene Persönlichkeit? Wahrscheinlich so wie seine Truppen. Und was ist mit der Hausfrau, die Zeit ihres Lebens von ihrem Mann abhängig war und nie gelernt hat, die eigene männliche Seite zu akzeptieren? Wahrscheinlich gar nichts, sie läßt sich von ihrer Energie terrorisieren. Wir alle müssen zum göttlichen Herrscher über uns selbst und über andere werden.

Ganz deutliche Beispiele sind Sanat Kumara, unser Planetarer Logos, und Lord Maitreya, der Planetare Christus. Nehmt diese beiden großen Seelen als Euer Vorbild, dem Ihr alle nacheifert. Beide haben enorme Macht – mehr Macht, als wir uns überhaupt vorstellen können, und doch ist ihre Liebe, ihre Achtung, ihre Bewunderung, ihr Mitgefühl, ihre Friedfertigkeit und Bereitschaft, uns zu helfen, ohne Grenzen. Melchizedek ist für unser gesamtes Universum ein leuchtendes Beispiel für diese Art des Herrschers und Gott sein höchste Ideal für den unendlichen Kosmos. Sie herrschen in perfektem Einklang zwischen dem Weiblichen und dem Männlichen, Himmel und Erde, ohne Einflußnahme des Ego, nur in Einheit und im Bewußtsein mit der gesamten Gruppe. Laßt uns gemeinsam danach streben, den Archetypus des Herrschers in uns zu diesen Höhen zu erheben. Laßt uns alle darin einschließen und nichts und niemanden ausschließen, laßt Einheit und Gruppenbewußtsein statt Elitedenken in uns Ausdruck finden und laßt uns versuchen, voll Liebe und Unschuld in allem nur das Göttliche zu sehen, unabhängig von Erscheinung, Reichtum oder Status. Materielle Werte sind vergänglich und sollten niemals die Sicht verstellen – unser Blick sei vielmehr auf jene ewigen und unvergänglichen Werte und Ideale ausgerichtet, welche die Seele und die mächtige ICH BIN - Gegenwart lieben.

Der Verführer

In seiner negativen Form handelt es sich hier um negative Manipulation, Bestechung, Belästigung, narzißtische Selbstliebe, Sich-selbst-in-allem-Nachgeben und Verderbtheit. Wird der Verführer vom negativen Ego geleitet, dann ist er der Täuscher, der Betrüger, der einem Dinge einredet; er ist der Autoverkäufer, der Versucher, der Geschäftsmann/die Geschäftsfrau ohne Skrupel, nur daran interessiert, Geld zu machen. Der negative Verführer benutzt alles und jeden, um zu manipulieren und zu verführen, nur damit die eigenen selbstsüchtigen Ziele erreicht werden. In seiner ärgsten Form ist er menschenverachtend, und andere Menschen sind für ihn vollständig ohne Belang. Er setzt alle Mittel ein, um andere dazu zu bringen, ihm das zu geben, was er wünscht. Auf emotionaler Ebene ist dies die Selbst-Liebe, die er sich von anderen erschleicht.

In seiner positiven Form haben wir hier den „spirituellen Verkäufer". Viele von Euch haben das noch nie aus diesem Blickwinkel betrachtet, ich verwende diesen Vergleich jedoch oft. Ich sehe mich selbst als den ultimativen spirituellen „Vertreter" und meine Waren sind Gott, die Liebe, die Lehren der Aufgestiegenen Meister, die Selbstlosigkeit, die Einheit, die Zusammenarbeit, das Vergeben, die Integrität etc. Ich setze alle meine Überredungskünste innerhalb meiner Bücher, Vorträge und Seminare ein, um Euch dazu zu bringen, das Leben des niederen Selbst und des negativen Ego aufzugeben, welches Euch nur Schmerz und Leiden bereitet. Was meine „Verkaufstechnik" so anders macht, ist, daß meine Motive lauter und nicht von selbstsüchtigen Gedanken geprägt sind. Ist der Verführer von der Seele und dem Geist geführt, dann ist er ein Lehrer und ein Werkzeug Gottes. Jeder Mensch auf dieser Welt glaubt an irgend etwas und es ist Teil unserer Aufgabe, dieses bessere, göttlichere Beispiel zu geben. Das muß nicht durch Worte sein. Das kann durch Taten oder ganz in der Stille geschehen. Ich verwende meine Überredungskunst, um Menschen zu unseren großen Seminaren in Mt. Shasta, die 1200 Initiaten

Platz bieten, zu führen. Das mache ich, weil ich weiß, daß dies ihr spirituelles Wachstum fördert. Melchizedek, Sanat Kumara, Buddha, Lord Maitreya und Djwhal Khul sind sozusagen meine Verkaufsleiter, meine Chefs. Sie haben mir erfolgreich die Weisheit ihrer Lehren „verkauft" und ich verkaufe sie weiter an Euch.

Wenn Menschen zu den Feierlichkeiten in Mt. Shasta kommen, segnen sie mich und danken mir, weil sie erkennen, welch großen Gefallen ich ihnen damit getan habe, sie darüber zu informieren. Bei meinen Büchern ist es das gleiche. Ich habe keine Angst, die Menschen dazu aufzufordern, meine Bücher zu lesen. Ich bin ehrlich davon überzeugt, daß ich ihnen damit einen Gefallen erweise. In neun von zehn Fällen schreiben mir die Leute, oder rufen mich an, um mir dafür zu danken, daß ich diese Bücher geschrieben habe. Das Wort „Vertreter" ist meist negativ besetzt – vergeßt das. Vertreter als Beruf ist vollkommen neutral, es kommt nur darauf an, ob ihn das negative Ego oder die Seele und der Geist leiten. Es gibt durchaus korrekte Autoverkäufer, die integer und nur vom Wunsch erfüllt sind, zu dienen. Ihr verkauft Euren Kindern die Philosophie, an die Ihr glaubt. Gut so. Wenn Ihr anderen Menschen einen Rat gebt, so verkauft Ihr ihnen den Wert Eures Vorschlages. Auch das ist gut, so lange kein egoistisches Motiv dahinter steht und Ihr wirklich nur daran interessiert seid, dem anderen zu helfen und nicht Euch selbst.

In seiner positiven Form verhilft der Verführer den Menschen zur Wahrnehmung und fordert sie auf, zu erkennen, daß sie alle gleich sind. Er zeigt ihnen ihre Kraft, ihre Selbstbeherrschung und ihre Klarheit. Ist diese Qualität in einem Elternteil vertreten, so bringt sie das Kind dazu, sein bestes zu tun. Der positive Verführer hat auch mit dem Selbst zu tun, denn wie oft ist es doch nötig das Innere Kind, das Unterbewußtsein, den Emotional- oder Mentalkörper, ja, sogar den physischen Körper oder die Subpersonalitäten dazu zu bringen, entsprechend mitzuarbeiten. Dabei ist das Selbstgespräch sehr nützlich. Wir müssen uns selbst immer wieder sagen, daß wir Kraft besitzen, daß wir uns selbst lieben und daß wir glücklich sind. Wenn man die Affirmationen, die kreative Vorstellung, das Selbstgespräch oder das Gebet verwendet, dann setzt man den Archetypus des Verführers auf positive Weise ein. Das Problem dabei ist, daß das Wort „Verführer" negativ besetzt ist. Vielleicht wäre es besser, hier den Ausdruck „Verkäufer" zu verwenden. Als ich die Highschool beendete, unterzog ich mich einer Prüfung und bekam im Fach „Verkauf" ausgezeichnete Noten, was mich sehr verblüffte. Verkaufen war nicht nach meiner Vorstellung, ich wußte jedoch, daß ich gut im Gespräch und im

Erzählen war. Ich könnte jedoch nie wirklich ein guter Verkäufer sein, weil ich nicht an das glaube, was ich verkaufe. Das einzige, an das ich wirklich glaube und hinter dem ich stehe, ist Gott. Alles andere langweilt mich und ist ohne Bedeutung. Die Meister haben mich zu meinem Verkaufstalent in ihrem Dienste beglückwünscht, denn ich kann die Menschen motivieren, sie vereinigen und ich kann die Lehren der Meister gut weitergeben. Ich fürchte mich nicht davor, diesen von der Seele und dem Geist beeinflußten Verkäufer-Archetypus einzusetzen. Das ist einer der Gründe, warum ich so viele Bücher und Kassetten verkaufe, und warum so viele Menschen in meine Seminare kommen. Wenn ich mit jemandem am Telefon spreche, so bitte ich die Person, daß sie sich Gottes Verkaufskampagne anschließt und allen Freunden von meinen Büchern erzählt. Ich verfolge damit nicht meine eigenen Interessen, sondern ich tue das, weil ich weiß, daß meine Bücher zu den am leichtesten verständlichen und praktischsten gehören, welche jemals zum Thema Aufstieg und Lehren der Aufgestiegenen Meister geschrieben worden sind. Ich weiß wie nützlich sie sind und daß durch das Lesen und Bearbeiten meiner Bücher der Initiationsweg und der Aufstieg der Menschen sehr beschleunigt wird.

Ihr müßt entschuldigen, daß ich so viel über mich selbst erzähle – der positive Aspekt dieses Archetypus bedeutet jedoch sehr viel für mich und mir ist deshalb kein besseres Beispiel eingefallen, um zu erklären, was ich meine. Der Kernpunkt der Sache ist nicht das Verkaufen oder die Überzeugungskraft, sondern das Ego. Wenn alles, was wir lehren, predigen und verkaufen vom eigenen Interesse angekränkelt ist, dann sind wir von der dunklen Seite des Archetypen in die Irre geführt worden. Auch er gehört zu jenen, die uns leicht täuschen und dazu veranlassen können, blinde Stellen oder Selbsttäuschung zu entwickeln. Die meisten Lichtarbeiter sind recht geschickt darin, zu erkennen, ob ein spiritueller Lehrer vom eigenen Ego oder von der wahren Seele und dem Geist geleitet wird. Dazu müssen wir jedoch bezüglich unserer eigenen Motive ganz ehrlich sein.

Eine gute Kontrollmöglichkeit ist, herauszufinden, ob man für alles und jedes bezahlt werden will oder ob man bereit ist, Dinge auch ohne jede Bezahlung zu tun. Das sagt jedoch noch nicht viel aus, denn der negative Verführer kann jede Menge anderer Interessen haben, wie z.B. Macht, Ruhm oder Reichtum. Eine weitere Kontrollmöglichkeit ist, Dienste zu leisten und darüber zu schweigen. Das nennt man Demut. Es ist jedoch auch hier wichtig, den Archetypus des Weisen mit dem des Verführers zu verbinden, um die ideale Mischung zu finden. Viele Lichtarbeiter können sich selbst nicht gut verkaufen und haben daher keinen Erfolg, keine Klienten, niemanden, der ihre Bücher publiziert. Wenn Ihr Euch nicht selbst verkauft, wer sollte es dann wohl tun? Solltet Ihr ebenfalls in diesem Bereich Schwierigkeiten haben, dann entwickelt mit Hilfe des Weisen die Archetypen des positiven Zerstörers und des spirituellen Kriegers in Euch und es wird Euch viel leichter fallen, mehr aus Euch herauszugehen. Große Meister wie Jesus, Buddha, Sai Baba, Mohammed, Moses, Konfuzius, Laotse und Yogananda sind ein deutliches Beispiel dafür, wie große Seelen ihre Philosophie verkauften, wie sie predigten und lehrten und damit so großen Erfolg hatten, daß daraus Weltreligionen entstanden. Habt keine Angst, hier Eure Kraft wirklich anzunehmen; der „Erfolg", welchen Ihr sowohl in Eurem Dienen als auch auf materieller Ebene sucht, ist ganz eng mit der entsprechenden Integration dieses Archetypus verbunden.

Der Verführer in seiner positivsten Form bringt in allen, denen er begegnet, das Beste zum Vorschein. Er ist der Redner, der Massen beflügelt, und, wenn er mit dem Archetypus des Weisen gekoppelt ist, als der ultimative spirituelle Lehrer agiert und den planetaren Dienst an der Welt propagiert. Der positive Verführer hält den Menschen die spirituelle Karotte vor die Nase um sie dazu zu bringen, ihre Energien im Dienste ihrer Perfektion und ihres höchsten Potentials zu bündeln. Cupido ist in Bezug auf die Liebe das beste Beispiel für den positiven Verführer. Lord Maitreya und Sai Baba sind es hinsichtlich der Selbsterkenntnis.

Der Archetypus des Verführers hat mit einem weiteren Thema zu tun, welches bei den Lichtarbeitern sehr aktuell ist. Viele Lichtarbeiter besitzen große spirituelle Gaben, wie Heilen, Beraten, Durchsagen geben, mediale Arbeit, Lehren, Massage oder andere Therapien. Da sie jedoch in den positiven Aspekten dieses Archetypus nicht stark genug sind, wissen sie nicht, wie sie sich verkaufen sollen, d.h. wie sie Erfolg haben können. Man kann ein wahrlich großartiger spiritueller Berater, Massagetherapeut oder Lehrer sein und trotzdem nur wenige Klienten oder Menschen haben, denen man helfen kann, einfach weil man nicht weiß, wie man sich ins rechte Licht setzt. Was Ihr lernen müßt, ist, die positiven Verkaufs- und Marketingseiten dieses Archetypus in Euch zu entwickeln. Laßt jemanden die Werbearbeit für Euch tun oder bittet Freunde, die Erfahrung darin haben, Euch zu helfen. Dagegen ist gar nichts einzuwenden. Dies ist ein Ratschlag des Weisen. Vielleicht könnt Ihr jemandem, der Euch behilflich ist, im Gegenzug mit Eurer eigenen Erfahrung in einem anderen Bereich dienen. Eine andere Möglichkeit ist, mit Leuten zusammen zu arbeiten, welche innerhalb eines Zentrums mit Marketing und Verkauf zu tun haben. Ihr werdet immer wieder erfahren, daß es Archetypen gibt, die Euch mehr liegen als andere. Einer der Schwerpunkte des New Age ist das Prinzip des Gruppenbewußtseins und der Verbindungen. Vom Gesichtspunkt der Seele aus ist es nicht notwendig und auch nicht wünschenswert, daß Ihr alle Fähigkeiten in Euch entwickelt. Der Archetypus des Weisen sieht sich dabei das Verhältnis von Zeit- und Energieaufwand an und sorgt auf effiziente Weise dafür, daß das, was notwendig ist auch geschieht. Ich schrieb zum Beispiel alle meine Bücher auf meiner guten, alten, verlässlichen Schreibmaschine. Ich kann mit Computern nicht umgehen und will es, ehrlich gesagt, auch gar nicht. Ich könnte dann zwar viel schneller schreiben, müßte mich jedoch mit einem Gerät herumschlagen, das ich nicht bedienen kann. Ich bezahle dafür im Ashram ein paar Initiaten, die das sehr wohl können und lasse sie die Schreibarbeiten durchführen und die Graphiken machen. Es ist ihnen damit gedient und mir auch. Wenn Ihr in Eurem Beruf Schwierigkeiten mit Verkauf und Marketing habt, dann bittet jemanden um Hilfe und/oder betet zu Gott und dem Heiligen Geist, damit jemand mit Erfahrung und der für Euch richtigen „Wellenlänge" in diesem Bereich in Euer Leben gebracht werde.

Der Suchende

Der niedere Aspekt des Suchenden zeigt einen Menschen, der materialistische Ziele verfolgt und Gewinn anstrebt statt sich dem Weg des Aufstiegs und der Selbsterkenntnis zu widmen. Das kann sich auf verschiedenen Ebenen zeigen. Auf der physischen Ebene sind Geld und materielle Werte das Lebensziel eines solchen Menschen. Auf der emotionalen Ebene ist es der Genuß und das Vergnügen. Auf der mentalen Ebene sucht der Mensch unter Einfluß des negativen Ego nur die intellektuelle Entwicklung seines Verstandes, nicht jedoch die seines höheren Geistes. Das zeigt sich dann zwar in der Selbstverwirklichung auf der Persönlichkeitsebene, die Seele oder der Monade bleiben auf der Strecke. Es gibt sogar ein Suchen im Bereich der vierten Dimension, z.B. wenn jemand ein berühmter Psychologe, Heiler oder ein Medium ist, aber nicht an Gott oder spirituelle Dinge glaubt. Der vom negativen Ego beeinflußte Archetypus ist auch darin zu erkennen, wie Menschen sich ihre Lebenspartner aussuchen, ihre Beziehungen leben, bzw. wie sie Macht und Berühmtheit anstreben. Diese Suche wird vom Körper der Begierden und der dreifaltigen Persönlichkeit geleitet. Der positive Aspekt dieses

Archetypus wird natürlich von der Seele und dem Geist angeleitet; hier geht es dann darum, das Innere statt des Äußeren zu suchen und das Dauerhafte statt des Flüchtigen. In seiner edelsten Form ist dieser Archetypus auf der Suche nach dem Reich Gottes. Materielle Ziele haben auch hier ihre Bedeutung, allerdings hat das Streben nach Gott Vorrang. In der Bibel heißt es: „Trachtet zuerst nach dem Reich Gottes, so wird Euch alles andere zufallen." Der positiv Suchende verwirklicht das Beste von beiden Welten. Auf der materiellen Ebene ist der Suchende im Abenteurer, dem Forscher, dem Entdecker und dem Reisenden zu erkennen. Bei zunehmender Entwicklung des Schülers wird diese Einstellung immer mehr verfeinert und auf die Entdeckung und Erforschung des Inneren ausgerichtet. Es ist schon möglich, daß dieser Mensch weiterhin viel auf Reisen ist; seine Ziele verändern sich jedoch und sein Interesse gilt dann vielleicht eher den Pyramiden oder anderen wesentlichen spirituellen Orten der Erde.

Der Diener

Die negative oder niedere Form dieses Archetypus ist der Sklave oder einer, der anderen aus einem nicht entwickelten Bewußtseinszustand heraus dient. Das kann sich auf der inneren oder der äußeren Ebene zeigen. Auf der äußeren Ebene ist dies z.B. die Ehefrau, welche alle Wünsche ihres selbstsüchtigen Mannes deshalb erfüllt, weil sie Angst hat, sich selbst zu wenig liebt und wertschätzt, weil sie zu wenig persönliche Kraft besitzt und nicht spirituell eingestimmt ist. Diese Art der Sklaverei der Frau wird auch durch den Archetypus des negativen Märtyrers hervorgerufen, wie ihn die christlichen Fundamentalisten propagieren. Eine meiner Klientinnen ist mir sehr gut in Erinnerung. Sie war Mormonin, hatte zwölf Kinder und diente ihrem Gatten – trotzdem blieben ihr die spirituellen Segnungen der Mormonenkirche versagt, da diese nur den Männern vorbehalten waren. Ähnliches galt im jüdischen Glauben, was das Studium der Kabbala anging. Das Kastensystem in Indien machte die einen zu Herren und die anderen zu Dienern, es ist jedoch in der Zwischenzeit abgeschafft worden. Die Sklaverei gibt es zwar in den USA seit dem Bürgerkrieg nicht mehr, die psychologische Sklaverei existiert jedoch immer noch. Auf der inneren Ebene kann der Mensch durch Drogen, Alkohol, schlechte Angewohnheiten, obsessive Gedanken, Gefühle, Archetypen, die Sexualität, Nahrung, den eigenen Körper, das negative Ego, den Begierdenkörper, den Verstand, das Innere Kind und das Unterbewußtsein versklavt werden. Ist man ein Opfer seiner selbst oder der anderen, dann nimmt die negative Interpretation dieses Archetypus ständigen Einfluß. In jedem Moment unseres Lebens sind wir entweder Meister oder Opfer, Ursache oder Wirkung, Diener oder der Mensch, der Höherem dient.

Der positive Aspekt des Archetypus zeigt den Menschen, der Gott, den Meistern und der Menschheit dient. Der Seelenausdruck des Diener-Archetypus ist der Mensch, welcher dem Allerhöchsten dient. Er ist im Reinen mit sich selbst und mit Gott, dies sind die beiden wichtigsten Beziehungen seines Lebens. Er dient aus der Fülle, nicht aus der Leere. Er dient aus seiner persönlichen Kraft, seiner Selbstliebe, der Selbstverwirklichung, der Egolosigkeit und aus der Einstimmung auf Gott. Er dient aus wahrem Mitgefühl, der wahren Liebe zu seinen Brüdern und Schwestern; er vertritt keine eigenen Interessen. Er erkennt, daß der einzige Grund seiner menschlichen Existenz der ist, den Aufstieg zu erlangen, den Zyklus der Wiedergeburt zu durchbrechen und zu dienen und gewinnt damit das höher entwickelte Verständnis des Diener-Archetypus, daß es nämlich wahre Freude ist, Gott zu dienen.

Die höchste Form dieses Archetypus ist der Mensch, welcher das „Gelübde des Bodhisattva" abgelegt hat. Dieses Gelübde beinhaltet, auf die Verfolgung der eigenen, persönlichen Entwicklung zu verzichten und statt dessen allen fühlenden Geschöpfen dieser Welt behilflich zu sein. Dem entspricht auch der Initiat, welcher jegliches Opfer-Bewußtsein überwunden hat und somit Meister seines Geistes, der Emotionen und des Körpers ist, die er gänzlich den Wünschen der Seele und Monade unterordnet. Der wahre Dienende ist einer, „der sich Christus bewußt und aus freiem Willen in Leibeigenschaft hingibt" und täglich durch die Machenschaften des negativen Ego den Tod erleidet. Meister Jesus hat das so ausgedrückt: „Wir sind der Hüter unseres Bruders." Nur wenn wir unseren Brüdern und Schwestern dienen, können wir Gott erkennen. Unsere Brüder und Schwestern sind das Ewige Selbst, das die Identität mit uns teilt. Jeder Mensch, bekannt oder unbekannt, der Euch während des Tages begegnet, ist Gott, der zu Euch kommt, Gott in physischer Form! Würden das endlich mehr Menschen begreifen, dann wäre die Welt ganz anders! Statt dessen ist es jedoch so, daß Euch das negative Ego dazu zwingt, Euren Bruder als Fremden anzusehen und ihn nach seinem physischen, emotionalen und mentalen Aussehen/Verhalten zu bewerten. Dabei ist dies bloß die „innere Kleidung", welche er für diesen Tag angelegt hat! Sai Baba sagt: „Wenn Ihr mich kennen wollt, so seht mich in jedem Bruder, in jeder Schwester, der Ihr begegnet." Und Christus sagte das gleiche. Wenn wir unseren Brüdern und Schwestern dienen, dann tun wir nicht so sehr ihnen als uns selbst damit einen Gefallen. So wie wir unsere Brüder und Schwestern behandeln, behandeln wir uns selbst. Wenn Ihr nicht mehr nur für den Dienst an Euren Brüdern und Schwestern lebt, dann habt Ihr Euch vom Selbst und von Gott getrennt. Der Schlüssel zu diesem Archetypus ist das Begreifen, daß wir immer dienen – wir können gar nicht anders.

Die Frage ist nur, wem und was man dient. Auch dieser Archetypus ist schwierig und für Lichtarbeiter oft nicht einfach zu durchschauen. Djwhal Khul würde sagen: „Denkt einmal darüber nach."

Der Krieger

Der negative oder niedere Ausdruck dieses Archetypus zeigt die unentwickelte Seele, welche vom negativen Ego angetrieben wird und das Leben als dauernden Kampf gegen Millionen andere Egos betrachtet. In seiner ärgsten Form zeigt solch ein Mensch ein verbrecherisches Verhalten. Dieser Bewußtseinszustand kann ein bißchen angehoben und für einige im Militärdienst eingebracht werden, welcher ein Ventil für die Negativ-Ego-Interpretation des Kriegers darstellt. Im Kino und im Fernsehen wird dieser Archetypus immer wieder verherrlicht und ist in unserer Gesellschaft sehr häufig vertreten. Auf der Emotionalebene zeigt er sich als negative Wut, Kindesmißbrauch, Mißbrauch des Partners / Partnerin, der Menschen, der Tiere und der Umwelt. Auf einer inneren Ebene kann er sich als Selbstmißbrauch bzw. Mißbrauch des Inneren Kindes manifestieren, was sehr oft geschieht. Auf der Mentalebene zeigt er sich als „Angriffsgedanken", wie *Ein Kurs in Wundern* es bezeichnet. Im Idealfall sollten wir diese durch „Liebesgedanken" ersetzen können! Wird der Krieger auf die Seelenebene angehoben, dann erhalten wir den spirituellen Krieger. Schüler und Initiaten sind tatsächlich Krieger, welche jedoch für Liebe, Einheit, Gewaltlosigkeit, das Christusbewußtsein, den Aufstieg und für die Erleuchtung für sich selbst und andere kämpfen. Sie kämpfen für das Wohl des Ganzen. Für viele Lichtarbeiter ist dies wieder so ein verwirrender Archetypus: Sie sind davon überzeugt, daß Krieg generell schlecht ist und können daher den Wert des spirituellen Kriegers nicht anerkennen und lehnen ihn ab. Ich sage Euch jedoch: Wenn Ihr den positiven Aspekt dieses Archetypus nicht integriert, dann werdet Ihr nicht viel in Eurem Leben erreichen. Der spirituelle Krieger ist sehr eng mit der persönlichen Kraft verbunden, genau genommen sind sie ein und dasselbe. Lehnt man ihn ab, so ist man machtlos. Für Edgar Cayce war das ganz klar: Er fand es wichtig, die negative Wut abzulehnen, die positive Wut jedoch in sich zu integrieren. Für die Christen ist dies die Schlacht von Armageddon. Jeder von uns hat sein persönliches Armageddon und die Schlacht findet auf der inneren Ebene und in unserem eigenen Bewußtsein statt. Es ist der Kampf zwischen dem negativen Ego und der Seele, zwischen dem niederen und dem Höheren Selbst, zwischen der Dunklen und der Großen Weißen Bruderschaft.

Menschen, welche die volle Kraft des spirituellen Kriegers nicht besitzen, sind in ihrem Lebensverständnis vollkommen naiv. Yogananda sagte: „Das Leben ist ein Schlachtfeld"! Als Arjuna während des Kampfes emotional zusammenbrach, sagte Krishna zu ihm: „Steh auf, lege Deine Feigheit ab und kämpfe! Dein Selbstmitleid und Deine Nachgiebigkeit stehen einer solch großen Seele, die Du bist, nicht zu!" Wir alle sind in Gottes Streitmacht und unsere Waffen sind das Gebet, die Affirmationen, die Visualisation, die wiederholte Anrufung des Namens Gottes, das Chanten, die Meditation, das Lesen spiritueller Texte, das Dienen, die Vergebung, die Gewaltlosigkeit, die Egolosigkeit und das Christusbewußtsein. Hat man den spirituellen Krieger in sich, dann ist man unermüdlich in der Konzentration, der Hingabe, der Selbstdisziplin, der Ausdauer, der Wachsamkeit und der Selbstbeherrschung. Ich habe Zeit meines Lebens den spirituellen Krieger wie auch den Zerstörer im Dienste des Weisen in mir gehabt – das ist der Grund, warum ich sowohl im spirituellen wie auch im materiellen Bereich immer erfolgreich war.

Die beiden Archetypen haben mich dazu gebracht, meine persönliche Kraft voll zu leben. Ich hatte niemals Angst davor, weil ich immer wußte, daß ich diese Kraft ausschließlich im Dienste der Liebe und im Dienste Gottes einsetzen würde. Menschen, die den Zerstörer und den spirituellen Krieger nicht in sich haben, fürchten ihre eigene Kraft – leider ist das bei vielen Lichtarbeitern der Fall. Wir gehen hier durch eine sehr harte Schule und wenn Ihr diese beiden Archetypen nicht besitzt, werden Euch die Menschen, und das Leben, immer wieder herabziehen. Ich selbst habe in meinem Leben gewaltige Widerstände und Anfeindungen überwunden, und ich bin sicher, bei Euch ist das nicht anders. Ich bin überzeugt, daß mir das zum Großteil nur mit Hilfe dieser beiden Archetypen in ihrer positiven Form gelungen ist. Hat man sie, dann verstärken sie auch alle anderen, denn in ihnen kommt voll die Energie des ersten Strahles zum Tragen.

Wenn Ihr Eure eigene Kraft besitzt, und sie in Verbindung mit Gottes voller Kraft und der enormen Macht Eures Unterbewußten steht, dann seid Ihr unschlagbar. Diese Kombination, verbunden mit einem reinen Herzen, macht Euch sozusagen zu „König Midas" und erfüllt Euch mit der Stärke von zehn Männern. Nichts kann Euch mehr aufhalten! Das deutlichste Beispiel für dieses Phänomen hier auf Erden ist Sai Baba. Er sagt immer wieder, daß keine Kraft des Universums seine Mission zum Stillstand bringen kann. Dieses Konzept unterliegt auch den Geschichten der Ritter der Tafelrunde und der Drei Musketiere. Der spirituelle Krieger hat bewirkt, daß im Zweiten Weltkrieg Hitlers Macht Einhalt geboten wurde. Gandhi und Mutter Theresa sind ultimative spirituelle Krieger im Kampf gegen Gewalt und Leiden. Um Eure eigenen Energien zu meistern, müßt Ihr Eure Kraft in ihrer Fülle leben. Die Kräfte des Unterbewußtseins, der Begierden, der Emotionen, des negativen Ego, des niederen Selbst, der Unwissenheit, Faulheit, der Gedanken und des Massenbewußtseins sind sehr stark. Entweder Ihr seid Meister Eurer Energien oder sie beherrschen Euch. Da gibt es keinen Mittelweg. Lebt den Zerstörer und den spirituellen Krieger im Sinne des Weisen und Ihr könnt dieses Ziel ohne weiteres erreichen. Ihr werdet vielen damit helfen.

Die irregeleiteten Seelen, welche dieses Konzept nicht annehmen wollen, stellen sich in ihrem Leben stets als emotionales und psychologisches Opfer dar. Laßt Euch von ihrem fehlerhaften Denken nicht einfangen, denn schließlich hängt Euer Aufstieg und das Loskommen vom Rad der Wiedergeburt davon ab. Verfolgt Euren Aufstieg, die Gotteserkenntnis und den Dienst an der Menschheit mit äußerster Konsequenz!

Der Weise

In seiner negativen oder niederen Form verwendet dieser Archetypus seine Weisheit, um andere zu kontrollieren. „Wissen ist Macht" heißt es – wie wird diese Macht jedoch verwendet? Die Wissenschaftler, welche die Atombombe entwickelten, hatten sicherlich viel Wissen, man muß sich jedoch fragen, ob es in diesem Fall konstruktiv eingesetzt wurde. Das ist eine interessante philosophische Frage. Wenn das negative Ego diesen Archetypus beeinflußt, dann ist der Weise auf einem Egotrip, er kritisiert, er ist überheblich und selbstgerecht. Er mag zwar seine ganze Energie darauf ausrichten Weisheit zu erlangen, aber mit welchem Ziel? Wenn es dabei nur darum geht, Menschen zu kontrollieren, zu manipulieren, zu erniedrigen, wenn das Ziel nur darin liegt, Ruhm und Macht zu erlangen, Geld zu verdienen, Lob einzuheimsen und sich einen speziellen Status zu schaffen, dann wird der Weise von der dunklen Seite gesteuert.

In seiner positiven oder höheren Form ist der Weise die Verkörperung der Aufgestiegenen Meister, denen unsere Verehrung gilt: Buddha, Lord Maitreya, Jesus/Sananda, Mutter Maria, Kwan Yin, Kuthumi, El Morya, Djwhal Khul, Sai Baba und Sanat Kumara. Sie sind unsere Führer und unser Vorbild. Ihre Weisheit wird von der Seele und vom Geist, der mächtigen ICH BIN - Gegenwart und von der Liebe erfüllt. Der Weise ist der echte Guru und nicht der von Machtgier zerfressene. Der echte Guru trachtet danach, seine Schüler mit Kraft zu erfüllen und sie sich ebenbürtig zu machen, damit sie seine Arbeit tun können. Der Weise kann sich auf verschiedenste Art manifestieren: so z.B. als der Mystiker, der Okkultist, das Medium oder der Sensitive; als spiritueller Lehrer, göttlicher Psychologe, als Heiler, Arzt, Philosoph, Prophet oder Aufgestiegener Meister. Wie bereits erwähnt, ist dieser Archetypus allen Berufen, oder keinem, zuzuordnen. Er ist Führer und Lehrmeister aller anderen Archetypen und bringt sie in einen höheren, auf die Seele ausgerichteten Zustand. Das wahre, sich selbst erkennende Wesen benützt diesen Archetypus als Hauptthema, wird jedoch nicht damit identifiziert. Der Grund dafür ist, daß solch ein Wesen im Bewußtseinszustand des gerechten Zeugen, des urteilsfreien Beobachters verharrt, der von keinem Archetypus beeinflußt wird.

Das wahre Bewußtsein des Aufgestiegenen Meisters erkennt sich selbst als Gott, ein Zustand, der jenseits des Ausgleichs der Archetypen liegt. Wenn man sich selbst zu stark mit einem der Archetypen identifiziert, dann sieht man sich in der Rolle, statt der Meister zu sein, der alle Rollen in sich vereint und jede davon beherrscht. Die Archetypen als mythische Rollen haben natürlich auch ihr Gegenteil. Sich zu stark damit zu identifizieren bedeutet, in Polarität und Dualität gefangen zu bleiben. Der Weise ist nur darum wichtiger als alle anderen, weil er dies erkennt und Euch dazu anleitet, alle zwölf Qualitäten zu ihrem höchsten Stand zu bringen. In seiner positiven Form hat der Weise die Weisheit, zu erkennen, daß man sich selbst mit ihm nicht zu stark identifizieren darf, denn das schafft Begrenzungen. Ideal wäre, daß Ihr jederzeit unendlich viele Rollen und Möglichkeiten zur Verfügung habt, damit Ihr, als Gott mit totaler Zuständigkeit, den besten Dienst leisten könnt. Das wichtigste ist, daß Ihr die Archetypen beherrscht und nicht umgekehrt. Als zuständiger Manager setzt Ihr je nach Notwendigkeit jedes dieser Hilfsmittel ein. Gilt es, große

Hindernisse in Eurem Leben zu überwinden, dann laßt Euch vom Zerstörer, vom spirituellen Krieger und vom Weisen helfen. Wenn Ihr Euch gut präsentieren sollt, dann holt Euch den positiven Verführer und den Weisen. Ist positive Strenge in der Erziehung, außen wie innen, das Thema, dann bittet den positiven Patriarchen und den Weisen um ihren Rat. Sollt Ihr anderen Anweisungen geben, dann ruft Euren positiven Herrscher und den Weisen. Wenn es um das Dienen geht, ist Euer Diener-Archetypus und der Weise zuständig. Der Weise verwandelt alle zwölf Archetypen in Heiler und hilft Euch, die Kraft des Universums im Dienste Gottes und der Menschheit einzusetzen. Lernt, macht Euch damit vertraut und freundet Euch mit diesen Archetypen an – ruft sie, wann immer Ihr sie braucht. Sie sind viel mehr als bloße Prinzipien. Sie haben ein Eigenleben, und eine Philosophie umgibt den zentralen Punkt, dessen Verkörperung sie sind. Wenn alle zwölf gemeinschaftlich zusammenarbeiten, um Euch, d.h. Gottes Werk zu dienen, dann habt Ihr alle Hilfsmittel, um das Selbst und das Leben zu meistern und Euren Dienst zu erfüllen. Namaste.

4 Wie man sich vom negativen Ego mit Hilfe der Strahlen befreit

Das Studium der Wissenschaft der Strahlen, auch esoterische Psychologie genannt, ist für die Lichtarbeiter eines der faszinierendsten spirituellen Themen überhaupt. Wenn Ihr mein erstes Buch *Das komplette Aufstiegshandbuch* und daraus das Kapitel „Esoterische Psychologie und die Wissenschaft der zwölf Strahlen" noch nicht gelesen habt, möchte ich Euch dies dringend empfehlen. Dieses Kapitel ist ein wichtiger Grundstein für das Verständnis dessen, was ich hier beschreibe und auch dafür, wie man mit Hilfe der Wissenschaft der Strahlen das negative Ego entfernen kann. Zunächst einmal eine Auflistung der zwölf Strahlen und ihrer Funktionen.

Eine kurze Zusammenfassung der zwölf Strahlen

1. Strahl	Rot	Wille, dynamische Kraft, Zielgerichtetheit, Absicht, innere Freiheit, klare Vision
2. Strahl	Blau	Liebe/Weisheit, Ausstrahlung, Anziehung, Ausdehnung, Gesamtheit, Kraft zur Rettung
3. Strahl	Gelb	aktive Intelligenz, Manifestationskraft, Entwicklungsfähigkeit, mentale Erleuchtung, Ausdauer, Philosophie, Organisationstalent, klarer Verstand, Perfektionismus
4. Strahl	Smaragdgrün	Harmonie durch Konflikt, Reinheit, Schönheit, künstlerische Entwicklung
5. Strahl	Orange	konkrete Wissenschaft, Forschung, scharfer Intellekt, Liebe zu Details, Ehrlichkeit

6. Strahl	Indigo	Demut, Hingabe, Idealismus, Religion
7. Strahl	Violett	Zeremonie, Ritual, Magie, Diplomatie, taktvoll, die Violette Flamme, physisch und gut geerdet, Ordnung, Disziplin
8. Strahl	Meergrün	der höhere Reinigungsstrahl
9. Strahl	Blaugrün	Freude, Anziehungskraft f. d. Lichtkörper
10. Strahl	Perlmutt	Verankerung des Lichtkörpers, Einladung zur Seelenverschmelzung
11. Strahl	Rosa-Orange	Brücke zum Neuen Zeitalter
12. Strahl	Gold	Verankerung des Bewußtseins des Neuen Zeitalters und des Christusbewußtseins

Es ist wichtig, zu verstehen, daß zwar jeder Mensch einen dieser Strahlen besitzt, der seiner Monade, Seele, Persönlichkeit, seinem Geist, den Emotionen und dem Körper entspricht, daß er jedoch alle Strahlen in sich vereinen und meistern muß. Jeder Strahl kann ähnlich wie die im vorigen Kapitel beschriebenen Archetypen betrachtet werden. So wie es zwölf Archetypen gibt, gibt es auch zwölf Strahlen. Das folgende Kapitel beschäftigt sich mit der Astrologie, den zwölf Sternzeichen und Häusern, welche ebenfalls alle integriert und gemeistert werden müssen, obwohl unser Sonnenzeichen nur in einem davon steht. Das ist der Grund, warum wir in verschiedenen Leben unter verschiedenen Zeichen geboren werden – um einen vollständigeren Überblick zu erhalten.

Das gleiche gilt für die Strahlen. Die Strahlen des Körpers, der Emotionen, des Geistes und der Persönlichkeit verändern sich in jedem neuen Leben, damit der wiedergeborene Mensch in seiner Persönlichkeit eine holistische Perspektive erreichen kann. Obwohl jeder Strahl eine besondere Qualität repräsentiert, ist jeder in sich vollkommen und trägt gleichzeitig die Qualitäten aller anderen Strahlen in sich. Dies ist ein neues Konzept, welches ich selbst erst vor kurzem zu verstehen gelernt habe. Jeder Strahl ist in sich vollkommen; seine Verbindung mit den anderen, die grundsätzlich wichtig ist, schafft erst ein größeres Ganzes. Viele

Lichtarbeiter meinen, wenn z.B. ihre Strahlenstruktur der Seele und Monade die des zweiten Strahles ist, sie sich mit den anderen Strahlen nicht mehr auseinandersetzen müssen. Das stimmt jedoch nicht. Euer Monaden- und Seelen-Strahl bestimmt, zu welchem Ashram der Chohans der sieben Strahlen auf den Inneren Ebenen Ihr gehört.

Erster Strahl:	El Morya
Zweiter Strahl:	Kuthumi und Djwhal Khul
Dritter Strahl:	Serapis Bey
Vierter Strahl:	Paul, der Venezianer
Fünfter Strahl:	Meister Hilarion
Sechster Strahl:	Meister Jesus / Sananda
Siebter Strahl:	Saint Germain

Jeder Schüler, jeder Initiat hier auf Erden ist, ob er es weiß oder nicht, mit einem dieser Ashrams der Inneren Ebenen verbunden. Das heißt nicht, daß Ihr nicht auch mit den anderen Meistern arbeiten könnt. Es ist jedoch so, daß Euer sozusagen planetarer Hauptwohnsitz sich bis zur vierten Initiation im Ashram Eurer Seele, und ab der fünften im Ashram Eurer Monade befindet. Erst wenn Ihr die sechste und siebente Initiation hinter Euch habt, kommen die Große Weiße Loge auf Sirius, sowie Melchizedek, der Universelle Logos, ins Spiel. Weil Ihr Schüler von Saint Germain seid, heißt das noch lange nicht, daß Ihr die anderen Strahlen, und damit die Lehren der anderen Meister, vernachlässigen könnt. Schüler und Initiaten haben meist ein Strahlenmuster von 2, 4, 6 bzw. 1, 3, 5. Die Strahlen zeigen die enorme Auswirkung der verschiedenen Aspekte des Selbst auf. Meiner Meinung nach haben sie sogar mehr Einfluß als die Astrologie. Es ist verblüffend, wie genau man die Persönlichkeit eines Menschen mit Hilfe der Strahlen und des astrologischen Horoskopes durchleuchten kann. So bin ich, z.B., eine Seele und eine Monade des zweiten Strahles, was meine starke Verbundenheit mit Djwhal Khul, Kuthumi und Lord Maitreya erklärt. Deshalb ist auch mein sehnlichster Wunsch in diesem Leben, die spirituelle Bildung der Massen zu erreichen. Obwohl ich also dem zweiten Strahl angehöre, ist es wesentlich, daß ich mich auch innerhalb aller anderen Strahlen entwickle.

Laßt mich Euch ein Beispiel dafür geben, was geschieht, wenn man die anderen Strahlen vernachlässigt. Sagen wir, ein Lichtarbeiter ist Monade des ersten Strahles und daher eng verbunden mit El Morya und mit starker persönlicher Kraft. Das Strahlenmuster zeigt sich vielleicht in 1, 3, 5. Dies ist, so könnte man sagen, der Weg des geringsten Widerstandes. Entwickelt diese Seele jedoch nicht auch ihren zweiten Strahl, wird sie zwar voll Kraft sein, doch ohne das ausreichende Maß an Liebe und Weisheit, um diese Kraft auszugleichen. Hat ein Mensch eine Monade des vierten Strahles, ist also künstlerisch begabt, dann muß er die maskulineren Strahlen 1, 3, 5, 7 entwickeln. Tut er dies nicht, dann gehört er zu den typischen Künstlern, die zwar enorm kreativ, jedoch im Leben nicht effektiv sind. Die folgende Liste beschreibt die sieben Typen in Kürze:

Die sieben Menschentypen

a. Der kraftvolle Typ   - voll Willen und Führungsqualität

b. Der liebevolle Typ   - voll Liebe und verbindender Kraft

c. Der aktive Typ   - voll in Aktion und mit Energie arbeitend

d. Der künstlerische Typ   - voll erfüllt vom Sinn für Schönheit und kreative Inspiration

e. Der wissenschaftliche Typ   - voll von Ideen über Ursache und Wirkung, mathematisches Denken

f. Der hingebungsvolle Typ   - voll Idealismus

g. Der geschäftsmäßige Typ   - voll Organistationskraft, rituelle Zeremonien

Jeder Mensch braucht alle sieben Qualitäten. Jeder Mensch braucht persönliche Kraft, Liebe, Aktivität oder Handlungsfähigkeit, künstlerische Betätigung, wissenschaftliche Entwicklung, Hingabe und Geschäftssinn.

Der Strahl, welcher Eurer spirituellen Konstitution entspricht, ist nicht das einzige, auf das Ihr Euch konzentrieren sollt. Er sagt Euch nur, wie Gott Euch erschaffen hat und zeigt Euch die Qualität, mit der Ihr in diese Welt gekommen seid. Das Ziel ist es, alle Strahlen zu meistern und zu integrieren. Genau das gleiche gilt für die Astrologie. Das Geburtshoroskop zeigt unter welchen Planeten Ihr geboren seid. Lichtarbeiter meinen oft, daß dies alles sei, was sie wissen müssen. Aber es müssen alle zwölf Tierkreiszeichen verstanden, integriert und gemeistert werden, entweder jetzt oder in einer anderen Inkarnation. Erst wenn alle zwölf Archetypen, Strahlen und Tierkreiszeichen in Euch integriert und ausgeglichen sind, kann man davon sprechen, daß das negative Ego ausgeräumt ist, da das negative Ego auch als „Ungleichgewicht" definiert werden kann. Das negative Ego zeigt dann ein Übermaß an Yin oder Yang. Obwohl jeder von uns sich auf Grund seines Seelen- oder Monaden-Strahles zu einem bestimmten Beruf oder Verhalten hingezogen fühlt, möchten wir im Grunde doch alle ausgeglichene, ganze und gut integrierte Menschen sein. Selbst wenn Ihr eine Monade des fünften Strahles besitzt und daher wissenschaftlich interessiert seid, müßt Ihr trotzdem Eure Kraft, Eure Liebe, Eure Weisheit, Eure Hingabe an Gott, Eure geschäftlichen Interessen und Eure künstlerische Ausdruckskraft ausgleichen, auch wenn Ihr in erster Linie im Bereich der Wissenschaften dient.

Im Idealfall entspricht jeder Mensch innerhalb jedes Strahlentypus einem Renaissance-Menschen. Erinnert Euch daran, daß ich davon gesprochen habe, daß jeder Strahl, wenn er richtig verstanden wird, in sich ganz ist. Probleme entstehen dann, wenn Lichtarbeiter sich zu wenig konzentrieren oder ihre Talente zu stark betonen und damit aus dem Gleichgewicht geraten. Das kann sich auf unterschiedlichste Art zeigen – mit Übergabung auf der einen Seite und Untauglichkeit auf der anderen. Ich habe zu diesem Thema ein neues Sprichwort erfunden „Hans-Dampf in allen Gassen, zu Hause jedoch bloß in einer." Damit wir zu diesem Gleichgewicht finden, wird in jeder Lebenszeit unser Strahl und unser Horoskop geändert. Diese Entwicklung, welche auf allen Ebenen stattfindet, gibt es bereits seit unserem zweihundertsten bis zweihundertfünfzigsten Leben und alles was wir tun müssen ist, sie wirklich zum Vorschein kommen zu lassen. Alles Wissen, alle Informationen und Fähigkeiten sind bereits in unserem Unterbewußtsein gespeichert. Wir haben wahrscheinlich jeden dieser Strahlentypen bereits dreißig- bis vierzigmal durchlebt. Keiner davon ist besser als der andere, und sie sind gleich wichtig, um Gottes himmlischen Plan perfekt zu erfüllen.

Die folgende Liste stammt aus dem Buch *Jüngerschaft im Neuen Zeitalter Band 1 und 2* von Alice Bailey. Sie zeigt, wie man mit Hilfe der Strahlen bestimmen kann, welche Berufe oder Dienste einem Menschen zugeordnet werden können.

Die Strahlen und ihre zugehörigen Berufe

1. Strahl   Regierung und Politik; internationale Verbindungen

2. Strahl   Erziehung und Lehrberufe; Schreiben, Sprechen, Radio, TV

3. Strahl   Finanzen, Handel, Geschäftswesen und Wirtschaft

4. Strahl   Soziologie; Zusammenarbeit und Versöhnung von Rassen und Kulturen; Kunst

5. Strahl   Wissenschaften, einschließlich Medizin und Psychologie

6. Strahl   Religion, Ideologie, Philosophie

7. Strahl   Aufbau der Gesellschaft: Ordnen der Kraft durch Zeremonien, Protokolle und Rituale

Aus dieser ersten Liste läßt sich erkennen, wie ausgeglichen die Verteilung der Berufe innerhalb der sieben Strahlen ist. Betrachten wir uns die Kombination Regierung und Politik. Warum gibt es derart viele korrupte und egoistische Politiker? Weil sie zwar im Bereich der ersten Strahles gut besetzt sind, der zweite und sechste Strahl jedoch zu kurz kommen. Initiaten des zweiten Strahles sind große spirituelle Lehrer, jedoch unfähig, im Geschäftsleben zu wirken, was auf eine Schwäche des dritten Strahles hinweist – oder sie haben nicht gelernt, ihre persönliche Kraft zur Gänze anzunehmen und damit den Bereich der Führungsqualitäten zu stärken. Initiaten des dritten Strahles können meist gut mit Geld umgehen und sind geschäftstüchtig. Haben sie jedoch nicht auch den zweiten Strahl erarbeitet, so fehlen ihnen Liebe, Weisheit und Integrität bei allem, was sie tun. Haben sie den ersten Strahl nicht, dann fehlt ihnen die Kraft und Entscheidungsfähigkeit. Fehlt es am sechsten Strahl, so sind sie eher auf den Menschen bezogen als auf Gott.

Der Typus des vierten Strahles ist zwar künstlerisch begabt, besitzt jedoch viel zu viel Yin, wenn seine Energie des fünften Strahles zu schwach ist. Der Typus des fünften Strahles mag ein großer Wissenschaftler sein, ohne den sechsten Strahl bleibt er jedoch in der Wissenschaft hängen und konzentriert sich nicht auf Gott. Und ohne den dritten Strahl wird er ständig Geldprobleme haben. Fehlt ihm der zweite Strahl, dann geht er in seiner Arbeit nicht mit Liebe ans Werk und ist grausam zu Tieren. Ist der erste Strahl zu schwach, dann wird dieser Mensch dauernd von seinem Chef tyrannisiert. Erkennt Ihr die Zusammenhänge?

Alle Strahlen stellen Christus-Qualitäten dar, genau so wie die Sternzeichen. Der wahre Aufgestiegene Meister und das selbst-verwirklichte Wesen hat alle davon entwickelt. Ein Mensch des sechsten Strahles ist zwar voll Hingabe, doch ohne den ersten Strahl verschwendet er seine Kraft an einen Guru. Er kann Pfarrer sein, doch hilflos in Geldangelegenheiten, wenn sein dritter Strahl zu schwach ist. Ich glaube, Ihr versteht jetzt, wie diese Strahlen miteinander arbeiten. Es ist wie mit der dreifaltigen Flamme der Liebe, Weisheit und Kraft, die im Herzen ihren Ausgleich findet. Ist auch nur einer dieser Aspekte im Ungleichgewicht, dann wirkt sich das auf die Gesamtpersönlichkeit aus. Wir alle wissen das.

Nun, es gibt auch eine sieben- oder zwölffaltige Flamme in Eurem Herzen, die ihrerseits ausgeglichen werden muß. Dabei handelt es sich um die Wissenschaft der Strahlen, der Archetypen und um die Astrologie, welche alle ineinander übergreifen. Sind diese zwölf Aspekte nicht im Gleichgewicht, so führt das zu nicht enden wollenden Problemen. Das zeigt sich dann in schwacher Gesundheit, in emotionalen Problemen, Verwirrung, finanziellen Schwierigkeiten, in spirituellen Problemen, einer blockierten Kreativität, in Konzentrationsschwäche, Unfähigkeit mit Details umzugehen, in einer Unausgeglichenheit des männlichen und weiblichen Aspektes und so weiter. Die nächste Liste ist insofern interessant, als sie uns zeigt, daß es, genau so wie bei den Archetypen, auch bei den Strahlen einen höheren und einen niederen Aspekt gibt. Jeder der zwölf Strahlen kann im Dienste des negativen Ego oder der Seele und Monade eingesetzt werden. Diese Liste zeigt die Methoden der einzelnen Strahlen, die Wahrheit zu lehren, nach ihrem höheren oder niederem Aspekt und benötigt keine weitere Erklärung.

Die Methoden der einzelnen Strahlen, die Wahrheit zu lehren

1. Strahl

Höherer Ausdruck:

> Die Wissenschaft des Staatsoberhauptes
> und der Regierung.

Niederer Ausdruck:

> Moderne Diplomatie und Politik.

2. Strahl

Höherer Ausdruck:

> Der Prozeß der Einweihung, so wie
> er von der Hierarchie der Meister
> gelehrt wird.

Niederer Ausdruck:

> Religion.

3. Strahl

Höherer Ausdruck:

> Die Bedeutung der Kommunikation
> oder Interaktion. Radio, Telegraphie,
> Telefon und die Bedeutung der
> Transportsysteme.

Niederer Ausdruck:

> Die Verwendung und Verbreitung
> von Geld und Gold.

4. Strahl

Höherer Ausdruck:

> Die Arbeit der Freimaurer, basierend auf
> der Formation der Hierarchie und
> in bezug auf den 2. Strahl.

Niederer Ausdruck:

> Architektonische Konstruktionen.
> Moderne Städteplanung.

5. Strahl

Höherer Ausdruck:

> Die Wissenschaft der Seele,
> Esoterische Psychologie.

Niederer Ausdruck:

> Moderne Erziehungssysteme.

6. Strahl

Höherer Ausdruck:

> Das Christentum und verschiedene
> andere Religionen. Bezug zum
> 2. Strahl.

Niederer Ausdruck:

> Kirchen und religiöse Organisationen.

7. Strahl

Höherer Ausdruck:

> Alle Formen der weißen Magie

Niederer Ausdruck:

> Spiritualität in ihren niederen
> Aspekten.

Die Strahlen und ihre speziellen Methoden des Dienstes

Jeder Strahl hat seine ganz eigene und einzigartige Methode.

Erster Strahl:

Menschen, deren Dienst sich im Bereich des ersten Strahles befindet, arbeiten damit, daß sie dem Denken der Menschen sozusagen den Willen Gottes auferlegen. Das gelingt ihnen durch machtvolle Ideen und die Betonung des Führungsprinzips. Damit wird das Absterben alter Formen und die Geburt neuer Ideen herbeigeführt. Menschen, die diesen Dienst versehen sind Gottes zerstörende Engel im positiven Sinne. Wenn sie jedoch noch an ihrem Strahl der Persönlichkeit arbeiten müssen, dann neigen sie dazu, diese Energie zu mißbrauchen. Hitler ist hier ein ganz deutliches Beispiel.

Zweiter Strahl:

Menschen, die im Bereich des zweiten Strahles dienen, meditieren über Ideen, die dem göttlichen Plane zugehören und assimilieren sie. Mit der Macht der Liebe lehren sie andere, auf diesen Plan zu reagieren. Damit ist es den anderen Menschen dann möglich, die gleiche Arbeit zu verrichten und diese Ideen noch weiter in die Menschheit hinein zu tragen.

Dritter Strahl:

Der Dienst innerhalb dieses Strahles beinhaltet die Stimulierung des Intellekts der Menschheit. Durch den Einfluß von Ideen wird das Massenbewußtsein befähigt, ein größeres Verständnis zu erlangen.

Vierter Strahl:

Zur Zeit gibt es keine inkarnierten Seelen des Vierten Strahles, es gibt jedoch Persönlichkeiten, die diesem Strahl entsprechen. Ihre Hauptaufgabe ist es, alte und neue Ideen so miteinander zu verbinden, daß keine gefährliche Lücke oder Unterbrechung entsteht. Sie sind Initiaten und haben die Fähigkeit zur Synthese, daher sind sie am Überbrückungsprozeß beteiligt.

Fünfter Strahl:

Dieser Strahl verbreitet sich immer stärker. Menschen, die im Bereiche dieses Strahles dienen, untersuchen die Äußerungen der Natur und die Formen, um die darin verborgenen Ideen und die treibende Kraft zu finden. Ihre Aufgabe ist es, Ideen als entweder richtig oder falsch zu deklarieren, daher sind sie direkt mit der Wissenschaft befaßt.

Sechster Strahl:

Dieser Strahl war in unserer unmittelbaren Vergangenheit sehr stark, verliert jedoch jetzt, da der siebte Strahl an Stärke gewinnt, langsam etwas an Kraft. Der Dienst innerhalb dieses Strahles beinhaltet das Erkennen von Idealen, welche Pläne für Ideen darstellen. Menschen, die hier dienen, lehren die Menschheit, das Gute, Wahre und Schöne zu suchen. Wer diesen Dienst antritt, arbeitet verstärkt mit den Wünschen der Menschen und versucht, sie auf wissenschaftliche Weise in die rechte Richtung zu lenken. Menschen, die von einer Idee angetrieben werden, sind meist Seelen des ersten Strahles. Menschen, die von einem Ideal angetrieben werden, dem sie ihr ganzes Leben unterordnen, gehören zum sechsten Strahl. Ist dieser Strahl auf die Persönlichkeitsebene ausgerichtet, kann er zerstörend wirken, weil hier weniger die Seele als der Fanatismus der Persönlichkeit zum Tragen kommt. Menschen, die im Bereich des sechsten Strahles dienen, geraten in Gefahr, durch Einseitigkeit und persönlichen Ehrgeiz abgelenkt zu werden. Ein gutes Beispiel dafür sind die christlichen Fundamentalisten. Wer hier dient, erweckt auch auf positive Weise den Wunsch, daß ein Ideal bereits auf der physischen, irdischen Ebene Wahrheit werde. Der sechste Strahl erweckt diesen emotionalen Wunsch und der siebte Strahl nützt diese Energie und setzt sie physisch um.

Siebter Strahl:

Dies ist der Strahl der jetzt mit voller Stärke auf uns zukommt. Menschen, die hier dienen, erkennen das Ideal und bringen es auf der irdischen Ebene zum Entstehen. Das Gebet „Die große Invokation" ist das Willkommens-Mantra für diesen kommenden neuen Strahl.

Zusammenfassung

Alle Strahlen sind wichtig für die Vollendung von Gottes Plan und kein Strahl ist besser als der andere. Alle Strahlen sind der Ausführung spezieller Gruppen-Ideen der sieben Chohans der sieben Strahlen dienlich. Die nächste Liste aus dem Buch von Alice Bailey, bietet einen tieferen Einblick in die spezielle Methode des Dienens, welche jedem Strahl eigen ist. Wenn Euch noch niemand gesagt hat, welchem Strahl Ihr angehört und Ihr auch nicht Eure Strahlen der Monade, Seele, Persönlichkeit, des Geistes, der Emotionen und des Körpers kennt, dann ruft mich an. *(Die Anschrift des Autoren befindet sich am Ende des Buches)*. Dann könnt Ihr mit dieser Liste arbeiten und Eure besondere Zusammensetzung entdecken, bzw. das Material aus einer holistischen Perspektive studieren.

Die Strahlen und ihre Verblendung

Bei der Besprechung der Strahlen und der Technik des Entfernens des negativen Ego, ist es jetzt an der Zeit, die trügerische Seite der Strahlen näher zu betrachten. Ich gehe hier absichtlich Schritt für Schritt vor, damit Ihr nicht überfordert werdet. Die esoterische Psychologie und die Strahlenkunde sind ein enormes Wissensgebiet, so wie die Astrologie, und daher versuche ich, meine Erklärungen so kurz, verständlich und praktisch wie möglich zu halten. Die Worte „Verblendung/Glanz" wurden von Djwhal Khul verwendet, um die Phänomene der Täuschung zu beschreiben, welche auf der Astralebene auftreten. Täuschungen auf der Mentalebene nennt man Illusion, die auf der ätherischen Ebene heißen Maya. Für ausführlichere Informationen verweise ich auf mein Buch *Das komplette Aufstiegshandbuch* und darin auf das Kapitel „Glanz, Maya, Illusion".

Die folgende Liste beschreibt sehr klar die Irreführung oder astrale Verblendung im Bereich jedes der sieben großen Strahlen. Wenn Ihr sie durchlest, wendet sie auf Eure persönliche Situation an und findet heraus, ob es etwas gibt, was geklärt werden müßte. Der Glanz wird vom negativen Ego herbeigeführt, wenn es die sieben großen Strahlen mißbraucht und sie auf diese Weise einem niederen statt einem höheren Ausdruck zuführt. Diese Liste stammt aus Alice Baileys Buch *Esoterische Psychologie* und wird, sobald Ihr die Zusammensetzung Eurer persönlichen Strahlen kennt, erweitert werden.

Strahlen:	*Verblendung:*
Erster Strahl	Liebe zu Macht und Autorität, Stolz, selbstsüchtiger Ehrgeiz, Ungeduld, Gereiztheit; egozentrisches Verhalten, Getrenntsein, Distanziertheit
Zweiter Strahl	Angst, Negativität, Minderwertigkeitsgefühl, Depression, dauernde Nervosität und Unruhe, Selbstmitleid; extreme Zurückhaltung, Untätigkeit; nicht imstande, etwas zu leisten

Der Zweite Strahl gehört zu den Welt-Lehrern. Der Schüler, welcher diesem Strahl angehört, ist niemals mit sich zufrieden, so groß seine Erfolge auch sein mögen. Er richtet seinen Geist ständig auf das Unbekannte aus, auf die Gipfel, welche noch zu erklimmen sind. Er ist meist taktvoll und besitzt Weitsicht. Er ist ein ausgezeichneter Botschafter, Lehrer oder Direktor eines Bildungsinstitutes. Als Künstler schafft er Werke, die der Bildung dienen.

Dritter Strahl	Übertriebene Geschäftigkeit, materialistisch, bleibt im Detail hängen; weiß alles besser, ist dadurch tüchtig und von sich selbst überzeugt. Intrigiert und manipuliert andere, unehrlich und nur an sich selbst interessiert
Vierter Strahl	Interessen- und Energiezerstreuung; unpraktisch veranlagt; fällt auf die eigenen Vorstellungen herein; ändert dauernd seine Ansichten; vage und wenig objektiv; ständige Konflikte, innen wie außen

Diese Menschen erzeugen Streit und Bitterkeit; wegen ihrer Empfindlichkeit auf Schönheit und alles, was besser und edler ist, sind sie ständig unzufrieden; dies ist der Strahl des Kampfes, in dem Rajas (Aktivität) und Tamas (Untätigkeit) sich die Waage halten; der Mensch ist hier ständig hin und her gerissen, was zur „Geburt des Horus" führt, also zur Geburt des Christus aus Leid und Schmerz.

| Fünfter Strahl | ständiges Analysieren, „Haarspaltereien"; Kritisieren, Überbetonung von Formen, kaltes Abwägen und Verachtung von Gefühlen; intellektueller Stolz; Vernunft; Intellekt und Beweise stehen an erster Stelle |

Dies ist der Strahl von Wissenschaft und Forschung. Der Mensch ist ordentlich und pünktlich. Berufe: Chemiker, Ingenieure, Chirurgen.

| Sechster Strahl | fanatisch, besitzergreifend, übermäßige Hingabe, engstirnig; liebt die Vergangenheit und „alles, was immer schon so gewesen ist"; verändert sich ungern, ist starr und reagiert gefühlsmäßig übertrieben |

Die Menschen dieses Strahles sind übertrieben fromm und haben ein starkes persönliches Gefühlsleben. Alles ist entweder perfekt oder unerträglich. Sie haben immer ihren persönlichen Gott. Die besten der Menschen dieses Strahles werden zu Heiligen, die schlechtesten sind voll Bigotterie, Fanatismus und Märtyrertum. Religiöse Kriege und Kreuzzüge haben immer als Hintergrund die Energie des sechsten Strahls. Wie Tennyson kann solch ein Mensch ein Poet der Emotionen sein; er gibt sich an die Schönheit und die Farbe hin.

| Siebter Strahl | klammert sich an Recht u. Ordnung, Organisation ist für ihn sehr wichtig und er liebt Geheimnisse und das Geheimnisvolle, das Übersinnliche, und glaubt fest daran, daß Zeremonien und Rituale etwas bewirken; stark an der Aussagekraft von Omen interessiert |

Dies ist der Strahl des Court Chamberlain und des Hohenpriesters.

Die Menschen dieses Strahles sind geborene Organisatoren, perfekte Krankenschwestern oder geniale Bildhauer. Sie lieben Aufmärsche aller Art, Zeremonien, Militär- und Marineparaden sowie Familien-Stammbäume.

Weiteres über die Strahlen und ihre Verblendung

Die nächste Auflistung aus Alice Baileys Buch *Verblendung: Ein Weltproblem* ist kurz und bündig und sehr einfach zu lesen. Hier werden die hauptsächlichen archetypischen Negativaspekte der Strahlen aufgezeigt. Auch hier empfehle ich, die Liste durchzusehen, sie auf die eigene Struktur umzulegen und herauszufinden, wo Klärungen nötig sind. Wenn Ihr dies durchgeführt habt, lest die Anleitungen am Ende dieses Kapitels, die sich mit Techniken zur Entfernung dieser Aspekte und der Klärung der negativen Archetypen der Strahlen befassen.

1. Strahl

Die Verblendung der physischen Stärke.
Die Verblendung der persönlichen Anziehungskraft.
Die Verblendung der Selbstzentriertheit und
der persönlichen Macht.
Die Verblendung des im Mittelpunkt stehens.
Die Verblendung des selbstsüchtigen,
persönlichen Ehrgeizes.
Die Verblendung der Führung, der
Diktatur und ausgedehnten Kontrolle.
Die Verblendung des selbstsüchtigen Schicksals,
der persönlichen Inanspruchnahme des
göttlichen Rechts der Könige.
Die Verblendung der Zerstörung.
Die Verblendung der Isolation,
der Einsamkeit und der Unnahbarkeit.
Die Verblendung des überlagernden
Willens - über andere und über Gruppen.

2. Strahl

Die Verblendung der Liebe und
des Geliebtwerdens.
Die Verblendung der Berühmtheit.
Die Verblendung der persönlichen Weisheit.
Die Verblendung der egoistischen
Verantwortung.
Die Verblendung des zu vollkommenen

Verstehens, das ein rechtes Handeln verhindert.
Die Verblendung des Selbstmitleids,
die Grundverblendung dieses Strahls.
Die Verblendung des Messias-Komplexes in der
Welt der Religion und der Weltbedürfnisse.
Die Verblendung der Angst, aufgrund
übertriebener Sensitivität.
Die Verblendung der Selbstopferung.
Die Verblendung der selbstsüchtigen
Selbstlosigkeit.
Die Verblendung der Selbstbefriedigung.
Die Verblendung des selbstsüchtigen Dienstes.

3. Strahl

Die Verblendung beschäftigt zu sein.
Die Verblendung der Zusammenarbeit mit
dem Plan in einer individuellen und nicht in
einer gemeinsamen Art.
Die Verblendung der Intrigen.
Die Verblendung kreativer Arbeit -
ohne wahres Motiv.
Die Verblendung der guten Absicht,
die im Grunde genommen selbstsüchtig ist.
Die Verblendung der "Spinne im Zentrum".
Die Verblendung des "Gottes in der Maschine".
Die Verblendung der hinterhältigen
andauernden Manipulation.
Die Verblendung der Selbstwichtigkeit
vom Standpunkt des Wissens und der
Effektivität aus.

4. Strahl

Die Verblendung der Harmonie, die auf
persönliche Bequemlichkeit und Befriedigung
abzielt.
Die Verblendung des Krieges.
Die Verblendung des Konfliktes, mit dem
Ziel, Frieden und Ordnung zu schaffen.
Die Verblendung der ungenauen

künstlerischen Wahrnehmung.
Die Verblendung der psychischen
Wahrnehmung anstatt der Intuition.
Die Verblendung der musikalischen
Wahrnehmung.
Die Verblendung durch die Gegensätze
in einem höheren Sinn.

5. Strahl

Die Verblendung des Materialismus oder
der Überbewertung der Form.
Die Verblendung des Intellekts.
Die Verblendung des Wissens und der
Definition.
Die Verblendung der Sicherheit, basierend auf
einer engen Sicht der Dinge.
Die Verblendung der Form, die
die Realität verdeckt.
Die Verblendung der Organisation.
Die Verblendung des Äußeren, welches
das Innere verdeckt.

6. Strahl

Die Verblendung der Demut.
Die Verblendung des Festhaltens an
Formen und Personen.
Die Verblendung des Idealismus.
Die Verblendung der Loyalität.
Die Verblendung der persönlichen
Verantwortung.
Die Verblendung der Sentimentalität.
Die Verblendung der Einmischung.
Die Verblendung der niederen Gegensätze.
Die Verblendung der Weltverbesserer und
Lehrer.
Die Verblendung der eingeschränkten Sicht.
Die Verblendung des Fanatismus.

7. Strahl

Die Verblendung der magischen Arbeit.
Die Verblendung der unterirdischen Kräfte.
Die Verblendung davon, was zusammenführt.
Die Verblendung des physischen Körpers.
Die Verblendung des Geheimnisvollen und
der Geheimnisse.
Die Verblendung der Sex-Magie.
Die Verblendung des Auftauchens
manifestierter Kräfte.

Die sieben menschlichen Temperamente

Jeder Schüler und Initiat auf diesem Planeten besitzt ein Haupt-
temperament, das sich ähnlich auswirkt, wie das Sonnenzeichen im
Bereich der Astrologie. Dieses Temperament wird von der eigenen
Entwicklungsstufe beeinflußt. Vor der ersten Initiation kommt dieser
Einfluß vorwiegend vom physischen und emotionalen Strahl. Wenn man
sich weiterentwickelt und den Weg der Initiation beschreitet, geschieht die
Einflußnahme aus dem Bereich des mentalen Strahles. Nach der dritten
Initiation ist es der Strahl der Persönlichkeit und dann der Strahl der Seele,
welcher das Temperament bestimmt. Nach der vierten Initiation erfolgt die
Führung durch den Monadenstrahl. Es ist eine ganz interessante Übung,
zunächst sich selbst und dann Freunde, die ihre Strahlen kennen, zu
betrachten und herauszufinden, wie genau die hier gegebene Beschreibung
ist.

Die sieben Strahlen und die sieben menschlichen Temperamente

Der erste Strahl – Die vorwiegenden Qualitäten der Menschen des ersten
Strahles sind Wille, Macht, Mut, Entschlossenheit, Menschenführung,
Würde, Unabhängigkeit, Majestät, Risikofreudigkeit und die Fähigkeit,
eine Führungsposition einzunehmen. Diese Menschen sind die geborenen
Herrscher und Führer, Staatsmänner, Soldaten, Forscher und Pioniere; sie
erbauen Weltreiche und kolonisieren sie.

Der zweite Strahl – Hier sind die Haupteigenschaften Weisheit, Liebe, Intuition, Einsicht, Menschenliebe, Einheit, spirituelles Mitfühlen, Mitgefühl, Loyalität und Großzügigkeit. Diese Menschen sind der Weise, der Philanthrop, der Reformer, Lehrer, Menschenfreund und Heiler; sie inspirieren die Menschen und dienen der Menschheit; sie sind durchdrungen von universeller Liebe, die bis in die niederen Naturreiche reicht.

Der dritte Strahl – Die Haupteigenschaften dieses Strahles sind: das Erfassen von Grundprinzipien, Verständnis, ein durchdringender Geist, der Interpretationen ermöglicht; Anpassungsfähigkeit, Takt, Würde, Erkennen der Kraft und des Wertes der Stille, Fähigkeit zu kreativen Ideen. Diese Menschen sind Philosophen, Organisatoren, Diplomaten, Strategen, Taktiker, Studierende, Wirtschaftsfachleute, Bankfachleute, Schachspieler, Richter, sie interessieren sich für Allegorien, sind Übersetzer oder Karikaturisten.

Der vierte Strahl – Die Haupteigenschaften vom vierten Strahl sind kreative Ideen, Harmonie, Ausgeglichenheit, Schönheit, Rhythmus; die Menschen sind begabt mit der Fähigkeit, das Prinzip der Schönheit in allen Dingen durch ihr Leben und durch die Kunst auszudrücken. Sie haben einen ausgeprägten Sinn für Formen, Symmetrie, Gleichgewicht und künstlerische Darstellung.

Der fünfte Strahl – Hier regiert der analytische, schlußfolgernde, formale Geist. Die Menschen dieses Strahles erwerben und vermitteln Fachwissen, sie sind unerschütterlich geduldig, methodisch und genau, speziell wenn es um die wiederholte Prüfung und Bestimmung von komplizierten und winzigen Details geht. Sie sind Wissenschaftler, Mathematiker, Rechtsanwälte, Polizeikommissare, Physiker oder beschäftigen sich mit okkultem Wissen oder Metaphysik.

Der sechste Strahl – Die Qualitäten dieses Strahles sind: opferbereite Liebe, glühender Enthusiasmus für die gute Sache, Glut, Zielgerichtetheit, selbstlose Hingabe, Anbetung, intensives Mitfühlen mit dem Leiden anderer Menschen, Idealismus verpackt in praktischen Dienst und Loyalität. Diese Menschen sind Mystiker, Jünger, Heilige, Philanthropen, Märtyrer, Evangelisten, Missionare und Reformer.

Der siebte Strahl – Die Haupteigenschaften dieses Strahlen sind: Edelmut, Ritterlichkeit (sowohl was den Charakter als auch das Verhalten angeht); Pracht im Bereich des Hauses wie auch der eigenen Person; geordnete Aktivität, Präzision, Geschicklichkeit, schöne Bewegungen, Würde, großes Interesse an Politik und den Künsten; dieser Mensch liebt große Auftritte, Zauberei, Entdeckungen sowie die Kontrolle und Freisetzung der verborgenen Kräfte der Natur. Er ist Politiker, Regisseur, inszeniert große Auftritte und Rituale, ist Magier, Okkultist oder Priester in zeremoniellen Orden. Sein Leben ist gut organisiert, er hält Termine pünktlich ein.

Weitere Informationen über die Strahlen

Die nächste Auflistung aus Alice Baileys Buch *Esoterische Psychologie* gibt noch detailliertere Informationen über die Strahlen. Diese Informationen habe ich in meinem ersten Buch *Das komplette Aufstiegshandbuch* im Kapitel über die Wissenschaft der Strahlen noch nicht weitergegeben. Auch diese Tabelle ist sehr klar, kurz und leicht verständlich und wird Euch helfen, Euer Verständnis der Strahlen noch mehr zu vertiefen.

Detailliertere Informationen zur Wissenschaft der Strahlen

Erster Strahl

Die sechs Schlüsselqualitäten des ersten Strahles sind: klare Vision, dynamische Kraft, Zeitgefühl, Einzelgängertum, Zurückhaltung und Zielgerichtetheit. Die sechs Qualitäten drücken aus, wie sich der erste Strahl auf die Menschheit auswirkt, wobei es klar sein muß, daß die Strahlen ebenso ihre Auswirkung auf die anderen Reiche haben. Das Ziel des ersten Strahles ist, in allen Naturreichen, auf allen Ebenen, das Ende der Form herbeizuführen. Dabei kann es sich um das Ende eines Insekts, eines Sonnensystems, eines Sternes, einer Organisation, Religion oder Regierung, eines Urvolkes oder eines Planeten handeln. Der Kreislauf des Lebens enthält Tod und Wiedergeburt und der erste Strahl beinhaltet diese Funktion. Er führt das Ende egoistischer Werte und Institutionen herbei, damit wir in das Goldene Zeitalter der von der Seele inspirierten Institutionen und Wertauffassungen eintreten können.

Zweiter Strahl

Die Schlüsselqualitäten sind: göttliche Liebe, Ausstrahlung, Anziehung, Kraft zur Rettung, Weisheit, Ausweitung oder alles zu umfassen.

Dritter Strahl

Die Schlüsselqualitäten sind: Manifestationskraft, Entwicklungsfähigkeit, mentale Erleuchtung, Ausdauer, Synthese auf der physischen Ebene; wissenschaftliche Forschung; Gleichgewicht.

Vierter Strahl

Die Schlüsselqualitäten sind: Der Doppelaspekt der Wünsche; die Kraft, den Weg zu weisen; die Kraft, Göttlichkeit und Wachstum auszudrücken; die Harmonie der Sphären; die Synthese der reinen Schönheit.

Fünfter Strahl

Die Schlüsselqualitäten sind: in die und aus der Form zu kommen; die Kraft, die Stimme der Stille hörbar zu machen; die Kraft, Aktivitäten anzuregen und den Weg zu weisen; Reinigung durch das Feuer; die Manifestation des großen weißen Lichtes.

Sechster Strahl

Die Schlüsselqualitäten sind: die Kraft, das Verlangen zu überwinden, das Zurückweisen all dessen, was nicht wünschenswert ist; Ausdauer und Furchtlosigkeit; Die Kraft, sich selbst zurückzunehmen; die Bewältigung der Emotionen.

Siebter Strahl

Die Schlüsselqualitäten sind: die Kraft, etwas zu erschaffen; die Kraft zur Zusammenarbeit; die Kraft zum Denken; die Enthüllung der Schönheit Gottes; mentale Kraft; belebende Kraft.

Zusammenfassende Auflistung aller bereits besprochenen Qualitäten

Die nächste Auflistung geht mehr in die Tiefe und faßt für jeden Strahl die Stärke, die Schwäche und die Tugend, die er mit sich bringt, zusammen. Auch hier empfehle ich wieder, zuerst einmal die eigene Zusammensetzung zu ergründen, damit Ihr für das, was auf Euch zukommt, vorbereitet seid. Wenn Ihr das Gefühl habt, bereits mehr als genug von diesen Eigenschaften gehört zu haben, dann überfliegt diesen Text und kehrt zu einem späteren Zeitpunkt, wenn Ihr Euch frischer fühlt, zu einem intensiveren Studium des Inhaltes zurück. Diese Auflistung, aus Alice Baileys Buch *Esoterische Philosophie,* ist eine wunderbare Synthese aller Informationen.

Erster Strahl des Willens oder der Macht

Besondere Tugenden:
Stärke, Mut, Beständigkeit, Wahrhaftigkeit - aus absoluter Furchtlosigkeit entspringend -, Macht zum Regieren, die Fähigkeit, wichtige Fragen in großzügiger Denkweise zu erfassen, Menschen zu behandeln und Verfügungen zu treffen.

Untugenden des Strahls:
Stolz (Dünkel), Ehrgeiz, Eigensinn, Härte, Arroganz, die Neigung, andere zu beherrschen, Halsstarrigkeit, Zorn.

Tugenden, die erworben werden müssen:
Zarte Gefühle, Demut, Mitgefühl, Toleranz, Geduld.

verführt zu:
Liebe zu Macht und Autorität, Stolz, selbstsüchtigem Ehrgeiz, Ungeduld, Gereiztheit, egozentrisches Verhalten, Getrenntsein, Distanziertheit.

Luther, Carlyle, Walt Whitman, Kitchener 1+7, Napoleon 1+4.

Dieser Menschentyp liebt Lobeshymnen. Erkämpft sich das Himmelreich mit dem Schwert in der Hand.

Zweiter Strahl der Liebe-Weisheit

Besondere Tugenden:
Ruhig und friedlich, kraftvoll, geduldig und ausdauernd, wahrheits-
liebend, treu und zuverlässig, mit Intuition, klarem Verstand und heiterem
Temperament ausgestattet.

Untugenden des Strahls:
Vertieft sich zu sehr in Studien, Gefühlskälte, Gleichgültigkeit gegen
andere, blickt verächtlich auf geistige Begrenzungen anderer.

Tugenden, die erworben werden müssen:
Liebe, Mitleid, Selbstlosigkeit, Energie.

verführt zu:
Angst, Negativität, Minderwertigkeitsgefühl, Depression, dauernde
Nervosität und Unruhe, Selbstmitleid, extreme Zurückhaltung,
Untätigkeit, nicht imstande, etwas zu leisten.

Der Zweite Strahl gehört zu den Welt-Lehrern. Der Schüler, welcher
diesem Strahl angehört, ist niemals mit sich zufrieden, so groß seine
Erfolge auch sein mögen. Er richtet seinen Geist ständig auf das
Unbekannte aus, auf die Gipfel, welche noch zu erklimmen sind. Er ist
meist taktvoll und besitzt Weitsicht. Er ist ein ausgezeichneter Botschafter,
Lehrer oder Direktor eines Bildungsinstitutes. Als Künstler schafft er
Werke, die der Bildung dienen.

Heilmethode:
Sowohl das Temperament des Patienten wie auch die Art seiner Krankheit
erforschen, um die Willenskraft optimal einzusetzen.

Weg:
Ernstes und genaues Studieren, Überschreiten des rein intellektuellen
Wissens.

Dritter Strahl der höheren Denkkraft

Besondere Tugenden:
Großzügige Ansichten über alle abstrakten Fragen, Aufrichtigkeit in seinen Absichten, klarer Verstand, die Fähigkeit, sich in philosophische Themen zu vertiefen, Geduld, Vorsicht, das Fehlen jeglicher Tendenz, sich selbst oder andere über Nichtigkeiten aufzuregen.

Untugenden des Strahls:
Verstandesdünkel, Kälte, Isolierung, Ungenauigkeit in Einzelheiten, Zerstreutheit, Halsstarrigkeit, (Dickköpfigkeit), Selbstsucht, zu viel Kritik an anderen.

Tugenden, die erworben werden müssen:
Mitgefühl, Toleranz, Hingabe, Genauigkeit, Energie und gesunder Menschenverstand. Ist gut in höherer Mathematik.

Heilmethode:
Verwendung von Heilmitteln und Kräutern, die dem gleichen Strahl unterstehen wie der Patient.

Weg:
Tiefes Nachdenken und Studium philosophischer und metaphysischer Richtungen.

verführt zu:
Übertriebene Geschäftigkeit, materialistisch, bleibt im Detail hängen, weiß alles besser, ist dadurch tüchtig und von sich selbst überzeugt. Intrigiert und manipuliert andere, unehrlich und nur an sich selbst interessiert.

Vierter Strahl der Harmonie durch Konflikt

Besondere Tugenden::
Starke Gemütsbewegungen, Mitgefühl, physischer Mut, Freigebigkeit, Hingabe, schnelles Verstehen und Auffassen.

Untugenden des Strahls:
Egozentrisch, von Sorgen und Ärger geplagt, ungenau, moralisch nicht fest, voller Leidenschaften, arbeitsscheu und schlapp, extravagant (überspannt).

Tugenden, die erworben werden müssen:
Gemütsheiterkeit, Vertrauen, Selbstbeherrschung, ein geläutertes Leben, Selbstlosigkeit, Genauigkeit, mentales und moralisches Gleichgewicht.

verführt zu:
Interessen- und Energiezerstreuung; unpraktisch veranlagt; fällt auf die eigenen Vorstellungen herein; ändert dauernd seine Ansichten; vage und wenig objektiv; ständige Konflikte, innen wie außen. Diese Menschen erzeugen Streit und Bitterkeit; wegen ihrer Empfindlichkeit auf Schönheit und alles, was besser und edler ist, sind sie ständig unzufrieden; dies ist der Strahl des Kampfes, in dem Rajas (Aktivität) und Tamas (Untätigkeit) sich die Waage halten; der Mensch ist hier ständig hin und her gerissen, was zur „Geburt des Horus" führt, also zur Geburt des Christus aus Leid und Schmerz. Er ist imstande, brillante Konversation zu machen, verfällt aber immer wieder in dumpfes Schweigen. Liebt Farben.

Heilmethode:
Fachmännische Massage und magnetische Behandlung.

Weg:
Selbstbeherrschung - dies führt zu Gelassenheit und bringt die widerstreitenden Naturkräfte ins Gleichgewicht. Angeblich ist Hatha Yoga für diesen Strahlen-Typus sehr schädlich.

Fünfter Strahl der niederen Verstandeskräfte

Besondere Tugenden:
Genaue, zutreffende Angaben, Gerechtigkeitsgefühl (ohne Gnade), Ausdauer, gesunder Menschenverstand, Aufrichtigkeit (Rechtschaffenheit), Unabhängigkeit, scharfer Intellekt.

Untugenden des Strahls:
Unerbittliche Kritik, Engherzigkeit, Anmaßung, unversöhnliches Naturell, kein Mitgefühl und keine Ehrfurcht, Vorurteile.

Tugenden, die erworben werden müssen:
Gefühl für Verehrung, Hingabe, Mitempfinden, Liebe, Weitherzigkeit.

verführt zu:
Ständigem Analysieren, „Haarspaltereien"; Kritisieren, Überbetonung von Formen, kaltes Abwägen und Verachtung von Gefühlen; intellektueller Stolz; Vernunft; Intellekt und Beweise stehen an erster Stelle. Dies ist der Strahl von Wissenschaft und Forschung. Der Mensch ist ordentlich und pünktlich. Berufe: Chemiker, Ingenieure, Chirurgen.

Heilmethode:
Chirurgie und medizinisch-elektrische Behandlung.

Weg:
Wissenschaftliche Forschung bis an ihre Grenzen bringen und daraus Rückschlüsse ziehen.

Sechster Strahl der Devotion

Besondere Tugenden:
Hingabe, Aufrichtigkeit, Liebe, Zärtlichkeit, Intuition, Treue, Verehrung.

Untugenden des Strahls:
Selbstsüchtige und eifersüchtige Liebe, stützt sich zu sehr auf andere, ist parteiisch, täuscht sich selbst, hat Vorliebe für Sektenwesen, ist abergläubisch, hat Vorurteile, macht übereilte Beschlüsse und gerät in heftigen Zorn.

Tugenden, die erworben werden müssen:
Charakterstärke, Opferbereitschaft, Reinheit, Wahrheit, Duldsamkeit, Heiterkeit, inneres Gleichgewicht und gesunder Menschenverstand.

verführt zu:
Fanatismus, besitzergreifend, übermäßige Hingabe, engstirnig, liebt die Vergangenheit und „alles, was immer schon so gewesen ist"; verändert sich ungern, ist starr und reagiert gefühlsmäßig übertrieben. Die Menschen dieses Strahles sind übertrieben fromm und haben ein starkes persönliches Gefühlsleben. Alles ist entweder perfekt oder unerträglich. Sie haben immer ihren persönlichen Gott. Die besten der Menschen dieses Strahles werden zu Heiligen, die schlechtesten sind voll Bigotterie, Fanatismus und Märtyrertum. Religiöse Kriege und Kreuzzüge haben immer als Hintergrund die Energie des sechsten Strahls. Wie Tennyson kann solch ein Mensch ein Poet der Emotionen sein; er gibt sich an die Schönheit und die Farbe hin.

Heilmethode:
Glaube und Gebet.

Weg:
Gebet und Meditation mit dem Ziel, sich mit Gott zu vereinigen.

Siebter Strahl der zeremoniellen Ordnung oder Magie

Besondere Tugenden:
Kraftvolle Stärke, Ausdauer, Mut, Gefälligkeit (Höflichkeit), größtes Interesse für Einzelheiten, Selbstvertrauen.

Untugenden des Strahls:
Förmlichkeit, Blindgläubigkeit, Stolz (Standesdünkel), Engherzigkeit, oberflächliches Urteil, eine zu hohe Meinung von sich selbst.

Tugenden, die erworben werden müssen:
Erkennen der Einheit, Großzügigkeit, Toleranz, Demut, Güte, Liebe.

verführt zu:
Klammern an Recht und Ordnung, Organisation ist für ihn sehr wichtig und er liebt Geheimnisse und das Geheimnisvolle, das Übersinnliche, und glaubt fest daran, daß Zeremonien und Rituale etwas bewirken; stark an der Aussagekraft von Omen interessiert.
Dies ist der Strahl des Court Chamberlain und des Hohenpriesters. Die Menschen dieses Strahles sind geborene Organisatoren, perfekte Krankenschwestern oder geniale Bildhauer. Sie lieben Aufmärsche aller Art, Zeremonien, Militär- und Marineparaden sowie Familien-Stammbäume.

Heilmethode:
Extreme Genauigkeit bei der Anwendung orthodoxer Heilmethoden.

Weg:
Genaues Befolgen von Gesetzen, Riten und Bräuche; Anrufung und Kontrolle der Elementarwesen.

Methoden zur Klärung der negativen Verblendungen der Strahlen und der Archetypen

Selbstbefragung

Wie bereits in den vorhergehenden Kapiteln besprochen, ist dies die wichtigste Methode überhaupt. Dabei werden beständig die eigenen Gedanken und Gefühle kontrolliert. Wenn eine negative Strahlenqualität versucht, in Euer Bewußtsein oder Eure Gedanken einzudringen, dann „verwehrt ihr den Eintritt und werft sie hinaus". Konzentriert Euer Bewußtsein und Eure Aufmerksamkeit sofort auf die positive Strahlenqualität, die der negativen entgegengesetzt ist. Diesen Vorgang nennt man Verweigerung und Bestätigung oder das Heilen der Einstellung. Er erfordert ständige Wachsamkeit und persönliche Kraft, sowie das Verständnis, daß es 21 Tage braucht, um eine neue Gewohnheit im Unterbewußtsein zu verankern.

Schriftliche Kontrolle

Die nächste Methode, die Verführungskünste der Strahlenqualitäten des negativen Ego zu bekämpfen, ist die Auflistung aller Strahlenqualitäten, welche auf Euch selbst passen. Ich schlage vor, daß Ihr diese Liste in positiver Form verfaßt, d.h. daß Ihr die negativen Qualitäten umformuliert, so daß es sich dann dabei um Eigenschaften handelt, die Ihr erst entwickeln müßt. Wenn also z.B. „Überheblichkeit" auftaucht, dann macht daraus „Gleichheit", denn dies ist die Qualität, die Ihr in diesem Falle entwickeln müßt. Gebt Euch dann dreimal pro Tag eine prozentuelle oder Punkte-Bewertung, um zu sehen, wie Ihr mit der Darstellung dieser Qualität vorwärts kommt. Ein Kontrollblatt dieser Art zwingt Euch dazu, bewußter zu werden. Außerdem ist es ein positiver Wettbewerb mit Euch selbst, da Ihr dabei versucht, so hohe Bewertungen wie nur möglich zu erreichen. Führt dies 21 Tage lang durch und die neuen Qualitäten werden sich als positive Angewohnheiten manifestieren.

Die Symbole der Strahlen

Die folgenden sieben Symbole entsprechen den sieben großen Strahlen und können zur Meditation verwendet werden, um Zugang zu der dem Augenblick entsprechenden Strahlenenergie zu finden bzw. um diese Energie bei Bedarf auszugleichen.

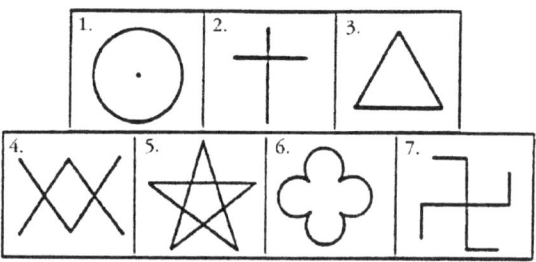

Diese Methode zielt mehr auf die rechte Gehirnhälfte ab. Sie absorbiert den positiven Archetypus, indem sie über alle oder auch nur eines der Symbole meditiert. Diese Symbole lösen durch Autosuggestion in der Art der rechten Gehirnhälfte den positiven Strahlen-Aspekt aus.

Persönliche Strahlen-Auswertung von Djwhal Khul

In dieser Auswertung, welche von einem qualifizierten Channel-Medium durchgegeben wird, sagt Euch Djwhal Khul etwas über die Strahlen Eurer Monade, der Seele, des Charakters, des Geistes, der Emotionen und des Körpers. Ihr könnt Fragen stellen, in wie weit Euch diese Strahlenbereiche zum jetzigen Zeitpunkt beeinflussen und wo die Fallstricke für Euch ausgelegt sind. Manchmal können die Meister Dinge sehen, die uns nicht bewußt sind. Ihr könnt auch fragen, wie Ihr alle Strahlen integrieren könnt und wie Ihr ihre negativen Aspekte los werdet. Wenn Ihr daran interessiert seid, setzt Euch mit mir in Verbindung.

Das Zwiegespräch

Wie bereits besprochen, kann dies ein sehr wertvolles Hilfsmittel sein. Kurz zur Wiederholung: Stellt Euch zwei bzw. drei Stühle vor oder schreibt einen Dialog. Auf einen der Stühle „setzt" ihr die Eigenschaft, die Euch immer wieder verführt, auf den anderen die gegenteilige Christus-Strahlenqualität, welche die negative Qualität korrigiert. Ob Ihr es so durchführt oder als Dialog niederschreibt, ist egal. Ihr müßt nur jede Seite für sich sprechen lassen, so als würdet Ihr diese unterbewußten Anteile Eures Charakters channeln. Sie sollen sich zuerst selbst beschreiben, damit Ihr seht, wie sie innerhalb von Euch wirken. Manchmal ist es hilfreich, diese Übung mit einem Freund/einer Freundin durchzuführen, der/die diesen Anteilen von Euch Fragen stellen kann, um noch mehr Informationen zu erhalten. Sobald sich jeder Anteil ausführlich beschrieben hat, geht zurück zu Eurem bewußten Verstand, der sich sozusagen auf einem dritten Stuhl, in der Mitte zwischen den beiden entgegengesetzten Qualitäten befindet. In Eurer Funktion als „Vorsitzender" sprecht dann mit beiden Qualitäten und teilt ihnen mit Hilfe Eurer persönlichen Kraft mit, wie Ihr, als Aufgestiegener Meister, Euren Charakter in Ordnung bringen werdet. Genaugenommen verabschiedet Ihr Euch von den Qualitäten, die Euch immer wieder verführen. Wenn Ihr wollt, könnt Ihr noch einmal zu ihnen zurückkehren, um zu sehen, was sie noch zu sagen haben. Wenn Ihr Eurer Kraft sicher seid und es ernst meint, werden sie allerdings keine andere Möglichkeiten haben, als zu gehen. Seid Ihr jedoch in der Energie des ersten Strahles schwach besetzt, dann werden diese Qualitäten dagegen reden. Wenn Ihr Gott erkennen wollt, müßt Ihr Euer negatives Ego überwinden.

Das Matrix-Entfernungsprogramm der Kernangst

Bittet, daß Euch Eure mächtige ICH BIN - Gegenwart in den Synthesis Ashram von Djwhal Khul auf den Inneren Ebenen bringt. Ruft dann Djwhal Khul und Vywamus und bittet sie, das Matrix- Entfernungsprogramm der Kernangst in Euch zu aktivieren. Es handelt sich dabei um ein Lichtnetz, welches in Eurem Vierkörper-System alle Unausgeglichenheiten aufscheinen läßt. Lest Eure Liste durch und bittet Djwhal Khul, Vywamus und Eure mächtige ICH BIN - Gegenwart, daß sie alle Eigenschaften, die Euch immer wieder verführen, entfernen, so wie ein Staubsauger den Staub aufsaugt oder ein Gärtner das Unkraut in seinem

Garten entfernt. Gebt den Meistern für jede unerwünschte Eigenschaft zwei bis drei Minuten Zeit, sofern es Euch nicht anders eingegeben wird. Wenn Ihr nicht hellsichtig seid, werdet Ihr trotzdem spüren, wie sie auf energetischem Wege sanft aus Eurem Kronen-Chakra herausgezogen werden. Vertraut darauf, daß dies auch geschieht, denn der Vorgang gelingt jedes Mal und Ihr braucht nur darum zu bitten. Ihr könnt auch drei Wochen lang ein umfassendes Programm, das alle von mir aufgelisteten unerwünschten Eigenschaften enthält, durchführen und Euch vollständig reinigen lassen, wenn Euch der Sinn danach steht. Es würde Euch verblüffen, wie viel „Unkraut" und dunkle Energien dabei zum Vorschein kommen. Sie sind ja nicht nur während dieses Lebens in Eurem Vierkörper-System angesammelt worden, sondern sie stammen aus allen zweihundertfünfzig vergangenen Leben. Beendet den Prozeß immer damit, daß Ihr das Herabströmen der Herzensliebe bzw. des weiß-goldenen Aufstiegslichtes erbittet.

Die Weisheits-Throne der sieben Ashrams des Christus

Es gibt sieben große Ashrams des Christus Maitreya, deren Leitung den sieben Chohans oder Herren der Strahlen obliegt.

Diese Chohans sind:

* El Morya: Erster Strahl
* Djwhal Khul: Zweiter Strahl
* Serapis Bey: Dritter Strahl
* Paul der Venezianer: Vierter Strahl
* Hilarion: Fünfter Strahl
* Sananda: Sechster Strahl
* Saint Germain: Siebter Strahl

Jeder der Ashrams besitzt einen Thron der Weisheit, der dazu dient, andere Menschen dieses Planeten zu beobachten, und zu sehen, wie sie den Strahl des jeweiligen Ashrams, den Ihr besuchen dürft, positiv oder eben auch negativ verwenden. Um dies tun zu können, bittet Eure mächtige ICH BIN - Gegenwart, Euch zum Ashram Eurer Wahl zu bringen und Euch zu gestatten, auf dem Weisheits-Thron Platz zu nehmen. Wenn Ihr hellsichtig und hellhörig seid, werdet Ihr, wenn Ihr auf diesem großen, schweren Thron Platz nehmt, eine Art Bildschirm vor Euch sehen. Der

Chohan des Strahles oder ein hoher Initiat des Ashrams der Inneren Ebenen wird als Führer fungieren und Euch positive und negative Fallbeispiele im Zusammenhang mit dem Strahl des Ashrams, in dem Ihr Euch gerade befindet, zeigen. Das dauert üblicherweise ca. dreißig Minuten. Seid Ihr nicht hellsichtig und hellhörend, spielt das keine Rolle, da Euer spirituelles Selbst die Information absorbiert und Ihr sie fühlen könnt, statt sie zu hören und zu sehen. Alle Techniken, die ich in meinen Büchern empfehle, funktionieren – und zwar jedes Mal. Wenn Ihr nicht hellsichtig und hellhörend seid, braucht es dazu ein bißchen Vertrauen. Wenn der Vorgang beendet ist, bittet darum, den Raum des holographischen Bildschirmes betreten zu dürfen. Dort könnt Ihr dann Eure eigene Anwendung des Ashram-Strahles beobachten. Wenn Ihr, z.B., Djwhal Khuls Ashram besucht, könnt Ihr dort, in diesem Raum, sehen, wie Ihr in all Euren vergangenen Leben und in diesem Leben den zweiten Strahl eingesetzt habt. Zuerst zeigt man Euch, wo Ihr Fehler gemacht oder den Strahl mißbräuchlich angewendet habt. Dann seht Ihr, wie die falsche Anwendung korrigiert wird und der Strahl richtig eingesetzt werden kann. Damit wird das, was Euch immer wieder verführt, umprogrammiert.

Dieser holographische Bildschirm erinnert zunächst an eine Kinoleinwand. Wenn man jedoch genauer hinsieht, erkennt man, daß es sich um eine 3-D-Projektion handelt, in der Ihr Euch selbst aufhaltet. Es ist, als würdet Ihr innerhalb eines Films direkt über Euch schweben und zusehen, was Ihr falsch macht, um es dann richtig zu machen. Der erste Weisheits-Thron ist also dazu da, anderen zuzusehen. Der holographische Thron und der dazugehörige Raum dienen dazu, Euch selbst zu betrachten und jede falsche Anwendung des Strahles auszumerzen. Das Ashram des zweiten Strahles ist darum so wichtig, weil dort die Synthese aller anderen Strahlen durchgeführt wird. Der holographische Bildschirm dieses Ashrams ist durch Lichtkabel mit den holographischen Bildschirmen und Akasha-Aufzeichnungen aller anderen sechs Ashrams verbunden. Der enorme Nutzen dieser Weisheits-Throne und der Throne der holographischen Räume kann nicht oft genug betont werden. Die Meister empfehlen, daß Ihr ca. fünfzehn Minuten auf dem holographischen Thron verbringt, damit es Euch nicht zu viel wird oder Ihr „spirituelle Bauchschmerzen" bekommt. Darum ist es sicher besser, öfter dorthin zu gehen, bis Ihr die vollständige Reinigung und Neuprogrammierung erreicht habt. Im Zusammenhang mit der Reinigung im holographischen Raum könnt Ihr gerne auch um das Matrix-Entfernungsprogramm der Kernangst bitten, allerdings solltet Ihr dies nicht mit dem Weisheits-Thron koppeln. Ich empfehle Euch, Euch einen Weisheits-Thron und holographischen Raum nach dem anderen vorzunehmen, um so alle unerwünschten Eigenschaften und Archetypen der sieben Strahlen zu bearbeiten. Es gibt noch etwas, was ich zwar noch nicht besprochen habe, das aber wichtig für die Vollendung des Prozesses ist. Geht also zunächst zum Weisheits-Thron, dann zum holographischen Raum und dessen Thron – als drittes, und um Eure Erfahrung wirklich abzuschließen, ruft die Energie des Strahles an, der zu dem jeweiligen Ashram gehört. In El Moryas Ashram ist dies der erste Strahl, also die rote Energie. Sie strömt durch Euren Kopf in Euer Herz und in alle Chakren. Das hilft, die Arbeit, die Ihr an diesem Tage in diesem Ashram geleistet habt zu reinigen und zu vertiefen. Beschließt Euren Besuch immer damit und wendet dafür fünf bis zehn Minuten auf. Dies, in Zusammenhang mit dem Matrix-Entfernungsprogramm der Kernangst sowie all den anderen Übungen und dem Studienmaterial, das ich Euch hier zur Verfügung gestellt habe, sollte die nötige Wirkung erzielen. Es handelt sich dabei um vollkommen neue Hilfen und Techniken der Aufgestiegenen Meister, die der Menschheit noch nie vorher übermittelt worden sind. Nur darüber zu lesen, hilft natürlich nicht. Ihr müßt die Selbstdisziplin entwickeln, die empfohlenen Übungen auch wirklich durchzuführen. Sie sind sehr angenehm, Ihr könnt sie bequem daheim machen, und sie kosten auch nichts. Ihr braucht dazu nur Eure Liebe, Eure Hingabe und Euren Einsatz.

5 Wie man sich vom negativen Ego durch den Ausgleich der weiblichen und männlichen Energien befreit

Eine weitere Möglichkeit, sich vom negativen Ego zu befreien, besteht im Ausgleich der weiblichen und männlichen Energien. Wenn diese beiden sich ergänzenden Aspekte des Selbst im Ungleichgewicht sind, dann entwickeln sich Qualitäten des negativen Ego. Die Energien haben, genau so wie die Archetypen, die Strahlen, die Sternzeichen, die Häuser und die Planeten, jeweils einen positiven und einen negativen Aspekt. Bevor wir jedoch den negativen Aspekt verstehen können, müssen wir den positiven Aspekt von Yin und Yang betrachten. Der Ausgleich von Yin und Yang ist die Basis des Taoismus. Wenn Yin und Yang ausgeglichen sind, leben wir im Tao. Unausgeglichenheit und negatives Ego sind, von dieser Warte aus betrachtet, das selbe. In der folgenden Auflistung sind die positiven Aspekte von Yin und Yang zu finden:

weiblich	männlich
liebevoll	kraftvoll
offen	verschlossen
sensitiv	strukturiert
nährend	eigenwillig
nicht konzentriert	konzentriert
Vorgangsweise wichtig	Ziel wichtig
zuhören	sprechen
warmherzig	zielgerichtet
fließend	stark
fühlend	denkend
im Fluß	rational
flexibel	diszipliniert
gefällig	arbeitsam
rechte Hirnhälfte betont	linke Hirnhälfte betont

Jeder Mann und jede Frau muß in sich selbst diese Eigenschaften ins Gleichgewicht bringen – das nennt man androgyn sein. Fehlt dieses Gleichgewicht in uns, dann suchen wir es außerhalb, in einem anderen Menschen. Darum gibt es die Vater-Tochter, Mutter-Sohn etc. Beziehungen.

Um zu zeigen, wie man im Tao lebt, verwende ich gerne das Beispiel des Wellenreitens. Ist man dabei zu schnell, wird man von der Welle abgeworfen, ist man zu langsam, erreicht man den Wellenkamm nicht. Man muß im Tao bleiben und zwar in jedem Aspekt des Lebens. Es gibt eine Zeit zum Reden und eine zum Schweigen. Es gibt eine Zeit des Bestimmens und eine des Annehmens. Es gibt eine Zeit zum Denken und eine zum Fühlen, eine für die rechte Hirnhälfte und eine für die linke. Verhält man sich im Yin, wenn Yang angesagt wäre, dann ist man im Ungleichgewicht. Verhält man sich im Yang, wenn es Yin sein müßte, ist man ebenso im Ungleichgewicht. Sich „angemessen" zu verhalten, ist hier der Schlüssel. Für jede Situation, für jeden Augenblick des Lebens gibt es ein passendes Verhalten, das uns von unserer Seele und der mächtigen ICH BIN - Gegenwart vorgegeben wird. Wenn Ihr ständig auf Euer Höheres Selbst ausgerichtet seid, werdet Ihr in jeder Situation wissen, wie Ihr Euch richtig verhaltet. Seid Ihr jedoch vom negativen Ego geleitet, dann werdet Ihr Euch falsch verhalten. Den meisten Menschen ist nicht klar, daß Yin und Yang, das Weibliche und das Männliche, auch negative Entsprechungen besitzen. Dies zeigt sich erst dann, wenn man eine der Eigenschaften überbetont.

negatives Yin

Minderwertigkeitskomplex	geringes Selbstwertgefühl
leicht zu verletzen	schwach
wird oft zurückgewiesen	traurig
depressiv	ängstlich
Opfer	bedürftig
abhängig	klammert
zu sentimental	zu offen
übersensibel	genußsüchtig
meditiert zu viel	zu anpassungsfähig
zu sehr von der rechten	
Hirnhälfte beeinflußt	wenig Selbstliebe

negatives Yang

wütend	gewalttätig
starr	zu intellektuell
„Arbeitstier"	zu sehr strukturiert
zu viel Energie des 1. Strahles	redet zu viel
zu verschlossen	zu sehr von der linken Hirnhälfte beeinflußt
fühlt sich allen überlegen	kritisiert
ungeduldig	angriffslustig
kontrolliert andere	manipuliert andere
streitet gerne	intolerant
schüchtert andere ein	aggressiv
hasserfüllt	fordernd
grob	

Yin-Energie verdirbt ohne den entsprechenden Ausgleich durch Yang-Energie – und umgekehrt. Das Ungleichgewicht in Euren weiblichen und männlichen Energien wird als Emotion und Gefühl des negativen Ego statt des Christus sichtbar. Ungleichgewicht ist gleich negatives Ego und entspricht fehlender Göttlichkeit. Man kann natürlich die Göttlichkeit nicht wirklich verlieren, denn sie gehört zu den Dingen, welche unverlierbar sind. Man kann jedoch die Erkenntnis der eigenen Göttlichkeit dann verlieren, wenn man dem Glanz, der Maya, der Illusion nachgibt, wie einem bösen Traum. Das Männliche und das Weibliche in uns auszugleichen fällt in den selben Bereich, wie der Ausgleich unserer vier Körper (physisch, emotional, mental und spirituell) und der drei Verstandesebenen (bewußt, unterbewußt und überbewußt). Diese Notwendigkeit, das Männliche und das Weibliche auszugleichen, ist auch in Carl Jungs „Typenlehre" zu finden, wo er von vier Menschentypen spricht.

intuitiv

fühlend   denkend

empfindsam
funktional

125

Die Menschen tendieren zu einem oder zwei dieser Typen, wenn sie sich selbst betrachten. Ohne dies zu kritisieren, das Ziel bleibt jedoch immer alle auszugleichen. In der Astrologie und der chinesischen Medizin heißt es, daß die vier Elemente ausgeglichen werden müssen.

Feuer

Wasser   Luft

Erde

In der Natur ist dieser Ausgleich in den vier Jahreszeiten erkennbar: Frühling, Sommer, Herbst, Winter.

Auch rechte und linke Hirnhälfte müssen ausgeglichen werden:

linke Hirnhälfte	rechte Hirnhälfte
logisch	Vorstellungskraft
schlussfolgernd	Träume
rational	Intuition
verbal ausdrucksfähig	übersinnlich
	(Telepathie, Hellsehen)
beobachtungsfähig	kreativ
	induktives Denken
	Fragen stellen und zuhören

Es ist nicht so, daß die eine Seite des Gehirns besser wäre als die andere, der Mensch braucht beide, um Gott zur Gänze erkennen zu können und um das negative Ego zu überwinden. Auch hier muß man nach dem Gleichgewicht streben und versuchen, alles immer zu integrieren und auszugleichen. Auch muß man auf den Heiligen Geist und das eigene

Höhere Selbst hören statt auf die Stimme des negativen Ego und des niederen Selbst. Um dies zu erreichen, müßt Ihr Eure Energien beherrschen und imstande sein, auf die leise Stimme in Euch zu horchen. Die männliche Seite liefert Euch die Macht, Eure Energien in den Griff zu bekommen. Die weibliche hingegen gibt Euch die Fähigkeit, auf die intuitiven Ratschläge zu hören, die Euch in jeder Situation gegeben werden. Das gibt Euch auch die Möglichkeit, den ersten und den zweiten Strahl miteinander zu verbinden, das heißt, Macht, Liebe und Weisheit eins werden zu lassen. Macht ohne Liebe ist wie das Nazi-Regime in Deutschland. Liebe ohne Kraft führt zu emotionalen Fehlfunktionen.

Eine Frau liebt einen Mann, der stark, aber gleichzeitig auch sensibel und liebevoll ist. Ein zentrierter Mann wünscht sich eine liebevolle und sensible Frau, die gleichzeitig auch Stärke besitzt. Diese beiden Seiten, welche man als die Ur-Archetypen bezeichnen könnte, nähern sich einander immer mehr an. Unsere Gesellschaft wird sich erst dann verändern, wenn zunächst jeder in sich selbst diese Verbindung und diese Verschmelzung durchführt. Lord Melchizedek, unser Universeller Logos, ist dafür das deutlichste Beispiel!

Ausgleichung der männlichen und weiblichen Seite

männlich	weiblich
Vorsicht	Mut
Sonne	Mond
Selbstvertrauen	Demut
bestimmend	annehmend
beeinflußt von der linken Hirnhälfte	beeinflußt von der rechten Hirnhälfte
wissenschaftlich	musisch
logisch	intuitiv
Heilkraft	Akzeptanz
kann alles annehmen	kann Unterschiede machen
Denken	Fühlen
interessiert sich für Okkultes	interessiert sich für Mystisches
psychologisch	übersinnlich (Telepathie, Hellsehen)
konzentriert	fließend
verschlossen	offen

dezidiert	liebevoll
distanziert	sensibel
auf das Ziel ausgerichtet	auf die Vorgangsweise ausgerichtet
Arbeit	Spiel
Reden	Zuhören
fixiert	flexibel
Luft	Wasser
Feuer	Erde
diszipliniert	spontan
organisiert	durchlässig
Gebet	Meditation
eigenwillig	zulassend
schlußfolgernd	induktiv
stellt Fragen	hört zu
mathematisch	künstlerisch
aktiv	passiv
Yang	Yin
Innerer Vater / Mutter	Inneres Kind
unpersönlich	persönlich
apollinisch	dionysisch
Struktur	freier Fluß
Asket	Genußmensch
Patriarch	Matriarchin
Himmlischer Vater	Erdmutter
Göttliche Mutter	Göttlicher Vater
geradliniges Denken	Vorstellungskraft
Wachsein	Träumen
horizontale Realität	vertikale Realität
Form	Formlosigkeit
Tun	Sein
Kontrollieren	Nachgeben
Ich-bezogen	selbstlos
Yogi	Aphrodite
Intuition	über das Gefühl empfindend
zurückhaltend	ausdrucksvoll
hart	nährend
Vater	Mutter
ernsthaft	humorvoll
Priester	Priesterin
Abenteurer	liebt das Heim
Lehrer	Schüler

gehorchend	beherrschend
blitzartige Schnelligkeit	Umsicht
besitzlos	fordernd
keine Beziehungen	unverbrüchliche Treue
Todesverachtung	achtet das Leben

Dualität der Gehirnfunktionen

linke Körper- und Kopfseite	rechte Körper- und Kopfseite
nicht dominierend	dominierend
unbewußt	bewußt
räumliches Verständnis	sprachliches Verständnis
Bilder	Sprache
Vorstellungen	Worte
symbolisch	wörtlich
metaphorisch	definierend
intuitiv	logisch
Synthese	Analyse
akzeptierend	unterscheidend
abstrakt	konkret
musisch	mathematisch
künstlerisch	wissenschaftlich
Gleichzeitigkeit	Folge
ganzheitlich	linear

Wie man Informationen erhält

Linke Hirnhälfte - Yang	Rechte Hirnhälfte - Yin
1. logisch	1. Vorstellungskraft,Träumen,innere Sinne
2. Schlussfolgerungen	2. intuitiv, übersinnlich (Telepathie, Hellsehen)
3. physisch beobachtbar	3. kreativ
4. rational	4. induktives Denken
5. verbal	5. Fragen stellen und zuhören

Yin und Yang

Positives Yin

liebevoll,
Mitgefühl
vergebend
freudig
Mitarbeit
Selbstliebe
Selbstwertgefühl
Akzeptanz
Demut
Bescheidenheit
Sanftmut
friedlich
flexibel
sensitiv
annehmend
offen
intuitiv
fühlend

Positives Yang

persönliche Kraft
Disziplin
bestimmend
unterscheidungsfähig
zentriert
Selbstbeherrschung
verantwortungsvoll
Distanz
Geduld
Vertrauen
Entscheidungsfreude
organisiert
Durchhaltevermögen
gebend
logisch
vertrauend
Mitschöpfer
verurteilt nicht

Negatives Yin

verletzlich
depressiv
Ablehnung
launenhaft
defensiv
ängstlich
unsicher
macht sich Sorgen
faul
geringes Selbstwertgefühl
Schuldgefühle
Opfer
bedürftig
Selbstmitleid
Einsamkeit
scheu, zögert

Negatives Yang

starr
neurotisch
Wut
gewalttätig
verkrampft
angriffslustig
kritisiert
überheblich
ungeduldig
Hass
Rachegefühle
intolerant
stolz
Ressentiments
Eifersucht
selbstsüchtig, „Arbeitstier"

6 Das negative Ego und die Gefahren des niederen Psychismus

Eine weitere Gefahr bzw. ein Stolperstein auf dem spirituellen Weg ist der niedere Psychismus. Viele Menschen sind zwar fasziniert davon, es muß jedoch ganz klar und deutlich gesagt werden, daß diese Fähigkeiten nichts mit Spiritualität zu tun haben. Für manche Lichtarbeiter ist das sehr schwer zu begreifen. Mediale Fähigkeiten haben nichts mit spiritueller Entwicklung zu tun, sondern mit der Entwicklung von Fähigkeiten, die dem Unterbewußtsein angehören und nicht dem Überbewußtsein. Es ist kaum zu glauben, doch ich erinnere mich an ein Medium, das ich selbst vor ca. 20 Jahren besuchte und das nicht einmal an Gott glaubte, obwohl es all diese phantastischen Fähigkeiten besaß. Oft sind Menschen mit medialen Gaben sehr stark vom Unterbewußten beeinflußt, eben weil sie diese Gaben einsetzen. Das ist sehr oft ein Segen, jedoch gleichzeitig auch ein Fluch. Damit sie nicht ständig das Opfer des Unterbewußtseins und des Astralkörpers sind, müssen sie mitunter sogar auf diese Fähigkeiten verzichten und lernen, ihr gesamtes Programm spirituell neu zu gestalten.

Ich kenne sehr viele Lichtarbeiter, die entzückt über solche Fähigkeiten wären. Dabei ist ihnen gar nicht bewußt, um wieviel weiter sie spirituell entwickelt sind, als die Leute, die sie bewundern. Die niederen medialen Fähigkeiten sind eine der großen Fallen, die es auf dem spirituellen Weg gibt. Den meisten Lichtarbeitern ist nicht klar, daß spirituelle Eigenschaften wie spirituelle Unterscheidungsfähigkeit, Verständnis, Heilen, göttliche Vision, Intuition, Idealismus, Seligkeit, aktiver Dienst, Erkenntnis, Perfektion und das Wissen wesentlich fortgeschrittener sind, als die medialen Fähigkeiten. Die niederen medialen Wahrnehmungen sind eine Fähigkeit, die der Astralebene zuzuordnen ist. Wenn man Medium bleibt, statt spiritueller Lehrer zu werden, so bleibt man sozusagen auf der Astralebene stecken, die, als Ebene, für die Aufgestiegenen Meister überhaupt nicht existiert. Die Lichtarbeiter sollten sich viel mehr bemühen, die Fähigkeiten ihres höheren Geistes, des Buddha, des Atman, der Monade und des Logos zu entwickeln, statt sich voll Entzücken ihren astralen medialen Fähigkeiten hinzuwenden. Nochmals: gegen diese Fähigkeiten selbst ist nichts einzuwenden – man muß sie nur in das Verständnis der totalen Selbsterkenntnis integrieren, um sie richtig einzusetzen. Mediale Fähigkeiten bedeuten auch nicht, daß man den Aufstieg erlangt und die sieben Stufen der Initiation durchläuft. Ein Medium, dessen Gaben zwar stark ausgeprägt sind, das jedoch psychologisch und spirituell nicht klar ist, wird immer nur ungenaue und verzerrte Informationen erhalten.

Ich selbst kenne unglaublich viele Menschen, die in ihren medialen Fähigkeiten sehr stark entwickelt sind und trotzdem zu den verwirrtesten, unausgeglichensten Leuten gehören, die mir in dieser Lebenszeit begegnet sind. Laßt Euch nicht von der Faszination für diese Art des Lebens einfangen, denn das bringt Euch nur von Eurer eigentlichen Mission ab. Ich möchte überhaupt nichts gegen mediale Menschen sagen, denn sie besitzen eine wunderbare Gabe, sofern sie diese auf integrierte Weise ausschließlich für die Ziele der Seele und Monade einsetzen. Ist das nicht der Fall, wird diese Gabe zu einer Verführung und Falle des negativen Ego, in welcher sie dann durch die Faszination für und das Bestreben nach Weiterentwicklung ihrer niederen Medialität gefangen sind. Djwhal Khul sagt, daß ein Teil der Gefahr darin liegt, daß man sich mit der Geistigen Welt anfreundet, einem aber gleichzeitig das negative Ego das Gefühl der Wichtigkeit eingibt. Was geschieht, ist, daß man das Ganze überbewertet und die Perspektive verliert und daß einem die Medialität dann eher schadet, weil man Astralwesenheiten anzieht und sozusagen zu einem Schattenmeister wird.

Andererseits gibt es wieder die brillanten Psychologen, die zwar absolut nicht medial im klassischen Sinne sind, jedoch durch ihre ausgezeichneten psychologischen Fähigkeiten wie Magier wirken – also wieder Schattenmeister sind. Im Bereich der Psychologie gehören viele der führenden Persönlichkeiten zu dieser Kategorie, weil sie einfach noch nicht die volle Verbindung zu ihrer Seele gefunden haben. Sie sind zwar Meister auf der psychologischen Ebene, nicht jedoch auf der spirituellen. Sie mißbrauchen sowohl ihre niederen wie auch ihre höheren mentalen Sinne in ähnlicher Weise, wie die medialen Menschen dies tun. Man könnte beide Gruppen als den niederen Ausdruck des Mystikers und des Okkultisten bezeichnen. Diesen niederen Ausdruck des Okkultisten habe ich oft bei Leuten gefunden, die mit NLP, Psychologie, Hypnose und den Erfolgs- und Geistestraining-Methoden zu tun haben, wie sie in den einschlägigen Sendungen im Fernsehen gezeigt werden. Diese Leute sind zwar brillant, dienen jedoch zwei Meistern - dem negativen Ego und dem Geist - , da sie Seele und Monade noch nicht entsprechend verbinden konnten. All dies läuft normalerweise völlig unbewußt ab. Bei beiden – dem niederen Mystiker und dem niederen Okkultisten - , klinkt sich die Dunkle Bruderschaft ein und benutzt den Menschen, ohne daß diesem dies bewußt wird. Die Schuld liegt dabei immer beim negativen Ego. In vielen Fällen werden mediale Menschen bei ihrer Arbeit von negativen Astralwesen und von negativen Außerirdischen attackiert und wissen gar nicht warum. Sie erkennen nicht, daß sie in einer niederen Form der Medialität stecken geblieben sind; sie wissen überhaupt nicht, was es bedeutet, ein wahrer Meister seines Unterbewußtseins, des Emotional- körpers und des Begierdenkörpers zu sein. Der niedere Ausdruck des Okkultisten verfängt sich im Gespinst der „Macht über andere", im Manipulieren und der Machtkontrolle. Da die Verschmelzung mit der Seele hier nicht stattgefunden hat, ist die Motivation mit Vorsicht zu betrachten. Djwhal Khul sagt, daß in solchen Fällen sehr oft ein Kampf zwischen dem Höheren und dem niederen Selbst stattfindet. Dies ist ein Kampf zwischen dem Wunsch des Menschen, sich mit seinem Höheren Selbst zu verbinden und nur ein Werkzeug des höheren Bewußtseins zu sein, und dem Wunsch, andere zu manipulieren, sie zu kontrollieren, von ihnen Aufmerksamkeit und Hochachtung zu erhalten, weil man eben imstande ist, ihr Schicksal zu lenken – kurz, derjenige zu sein, der weiß, wo es langgeht.

Wir alle kennen den Spruch „ein bißchen Wissen ist gefährlich". Da sind Menschen mit astralen und mentalen Sinnen, Fähigkeiten und Gaben, die jedoch, was ihre spirituelle Reife angeht, noch wie Kinder sind. Da hier in beiden Fällen das negative Ego das Sagen hat, verstopft und verzerrt es den Kanal und zieht dadurch bestenfalls astrale und mentale Wesenheiten an, die dann die inneren Führer sein sollen. Diese Wesenheiten behaupten oft, ihr Ursprung sei in höheren Dimensionen und sie selbst bereits aufgestiegen – dabei sind sie ebenso verwirrt und negativ in ihrer Manipulation wie die Leute, zu denen sie sich hingezogen fühlen. Was der Mensch channelt hängt von der Stufe der eigenen Klarheit ab. In manchen Fällen gibt es sogar ganz bewußte Absprachen mit der Dunklen Bruderschaft, und dies passiert öfter als man meinen sollte.

Wir alle kennen Filme, in denen ein Mensch seine Seele dem Teufel verkauft. Hier verkaufen sie ihre Seelen an die Dunkle Bruderschaft und gewinnen, als deren Schüler, Ruhm, Macht, Reichtum und Anerkennung auf der Persönlichkeitsebene. Auch dies geschieht meist unbewußt. Den meisten Menschen ist nicht klar, daß die mentalen Sinne sehr viel Macht besitzen, genau so wie die medialen Sinne. Ein Aufgestiegener Meister ist jedoch in den Sinnen des Buddha, des Atman, der Monade und des Logos am weitesten entwickelt. Jede Bewußtseinsebene enthält was wir als „Über"-Sinne bezeichnen könnten. Wie uns die folgende Auflistung beweist, liegt hier die Gefahr vor allem darin, daß die Menschen von der Kraft der niederen Sinne fasziniert sind und darin hängen bleiben. Dies ist wie bei den Menschen, welche die Inneren Ebenen bewohnen und der Meinung sind, die höheren Astralebenen der höheren mentalen Welten sind die am weitesten entwickelten des Universums – und daher sind sie glücklich und zufrieden dort bis in alle Ewigkeit zu verbleiben. Ihr könnt in jedem esoterischen Buchladen Zeitschriften finden, die nur von solchen Phänomenen der niederen Medialität sprechen: von Menschen, die andere mit Flüchen belegen u.ä., also von Dingen, die nichts anderes sind, als negative Manipulation anderer. Das sind Erfahrungen aus einem medialen, einem übersinnlichen Bereich – das ist nicht Spiritualität.

Im Bereich der Psychologie sieht es nicht anders aus. Dort werden Situationen auf der Persönlichkeitsebene ausgelotet, von Seele und Spiritualität ist weit und breit nichts zu sehen. Unzählige Leute werden jahrelang in diesem Bereich festgehalten, weil sie zu Lebensberatern und Psychologen gehen, die ihrerseits dort festhängen. Sie sind beileibe keine schlechten Menschen, sie sind nur unbewußt und festgefahren im Bewußtseinszustand der dritten und vierten Dimension. Im Idealfall entwickelt man alle Sinne auf allen Ebenen, welche zu diesem Zeitpunkt vom Höheren Selbst und der mächtigen ICH BIN - Gegenwart verwendet werden, mit dem Ziel des spirituellen Wachstums und dem Dienst an der Menschheit. Daß man sich in den Astralsinnen, der astralen Welt sowie in den niederen mentalen Sinnen und der niederen Mentalwelt festfahren kann, ist ein Lernprozeß, in welchem die meisten Menschen des Planeten bei weitem noch nicht die Gefahren und Verführungen erkannt haben, so wie sie es eigentlich sollten. Dieses Kapitel soll dazu dienen, dieses Thema zu beleuchten.

Die Sinne und die Übersinne

Atmische Sinne / Atmische Ebene

Alles Wissen, Perfektion, Realisation
Aktiver Dienst, Schönheit

Buddhische Sinne / Buddhische Ebene

Idealismus, Intuition, Göttliche
Vorsehung, Heilung, Verständnis

Höhere Mental-Sinne / Höhere Mentalebene

Spirituelle Telepathie
Antwort auf Gruppenschwingungen
Spirituelles Gespür

Niedere Mental-Sinne / Niedere Mentalebene

Unterscheidungsfähigkeit
Erhöhte Hellsichtigkeit
Planetare Psychometrie
Erhöhte Hellhörigkeit

Astrale Sinne / Physisch-ätherische Ebene

Emotionaler Idealismus
Imagination, Hellsichtigkeit
Psychometrie, Hellhörigkeit

Physische Sinne / Physische Ebene

Riechen / Tasten
Sehen, Fühlen, Hören

7 Das System der Aufstiegsfreunde als Hilfsmittel zur Befreiung vom negativen Ego

Dieses Hilfsmittel zur Befreiung vom negativen Ego ist vielleicht das wichtigste von allen. Wir alle kennen den Spruch, daß man vor lauter Bäumen den Wald nicht mehr sieht. Es ist viel leichter, Fehler bei anderen zu erkennen als bei sich selbst – und niemand ist eine Insel. Das Hauptprinzip des New Age heißt „Gruppenbewußtsein". Wenn sich ein Lichtarbeiter oder Initiat einer hohen Stufe von den anderen Lichtarbeitern und der gesamten spirituellen Gemeinschaft absetzt, dann bedeutet dies immer, daß er in Schwierigkeiten steckt. Es ist viel einfacher, allein in einer Höhle zu leben, als in der Öffentlichkeit mit anderen Lichtarbeitern zusammenzuarbeiten. Ich kann Euch daher nichts besseres empfehlen, als gemeinsam mit Euren engsten spirituellen Freunden eine Aufstiegsgruppe zu gründen. Ihr verpflichtet Euch dabei, als Team Euren Aufstiegsweg zu gehen.

Das bedeutet vielleicht, miteinander zu meditieren, gemeinsam zu dienen und zu arbeiten. Es bedeutet auch, Erfahrungen auszutauschen, miteinander zu sprechen, zu lernen und Informationen zu sammeln. Im Grunde bedeutet es, einander so viel wie möglich zu helfen, so als hättet Ihr beschlossen, Euer spirituelles Wachstum als Team durchzuführen. Der Erfolg des einen ist gleichzeitig auch der Erfolg des anderen und umgekehrt. Hat nicht Jesus davon gesprochen, daß Er immer dabei ist, wo „zwei oder mehrere in seinem Namen versammelt sind"? Diese Vereinbarung wird Eure Entwicklung beschleunigen und ist absolut nicht nur auf zwei Personen beschränkt. Setzt Eure Intuition ein: es können drei Leute involviert sein oder eine ganze Gruppe. Dieses Aufstiegs-Freunde-System wird auf seiner höchsten Stufe zu einem ätherischen Gruppen-Körper, einem dreifaltigen Organismus, der in einem einzigen größeren Körper enthalten ist, wobei jeder Beteiligte seine persönliche wie auch die Gruppen-Identität besitzt. Dies kann jedoch nur dann geschehen, wenn die Freundesgruppe schon längere Zeit besteht und wenn es spirituell der rechte Zeitpunkt ist. Die nächste Frage ist: Wie kann diese Freundesgruppe dabei helfen, sich vom negativen Ego zu befreien? Durch Rückmeldungen, durch „Feedback". Es ist immer schwierig, die eigenen Fehler zu sehen –

sie bei anderen zu entdecken, ist viel einfacher. Die Idee ist, Aufstiegsfreunde oder auch enge Freunde zu besitzen, die Euch gut kennen und selbst spirituell ausgerichtet sind, und die Euch sagen, wenn Ihr mit Eurem Verhalten daneben seid. Für mich persönlich ist das immer ein unschätzbarer Dienst gewesen. Egal, wie sehr wir davon überzeugt sind, vollkommen klar zu sein – es gibt immer wieder Situationen, in denen wir „stolpern". Wir alle haben unsere „blinden Flecken" und unsere Charakterschwächen. Wir alle besitzen ein negatives Ego. Es gibt keinen einzigen Menschen auf der Welt, und die Avatare sind hier nicht ausgenommen, der vollkommen rein wäre. Selbst Sanat Kumara und Vywamus sprachen davon, daß sie immer noch kleine Reste des negativen Ego zu beseitigen hätten. Wenn bei ihnen noch negatives Ego zu finden ist, dann bei uns ganz bestimmt.

Da es so schwierig ist, die eigenen Fehler zu sehen, kann das System der Aufstiegsfreunde und der spirituellen Freunde in dieser Hinsicht wirklich lebensrettend wirken. Versprecht Euch gegenseitig in Eurer Aufstiegs-Freundesgruppe, immer bereit zu sein, dem anderen zu sagen, wenn er mental, emotional oder hinsichtlich sich selbst bzw. anderen daneben steht. Solch eine Gruppe besitzt eine psychologische und eine spirituelle Komponente. Dieses Versprechen, das Ihr Euch gebt, gibt Euch nämlich das Recht und die Erlaubnis, Euch gegenseitig, ohne „Ego-Empfindlichkeit" (Beleidigt-Sein) mit der nötigen Konsequenz, aber auch mit Liebe, die Meinung zu sagen. Manchmal brauchen wir Menschen, die uns mit einem kurzen, liebevollen Tritt wieder in die richtige Richtung bringen, uns sozusagen „aufwecken". Deswegen braucht man nicht beleidigt zu sein, es ist eher etwas, wofür man dankbar sein muß. Setzt Euch mit Euren Aufstiegsfreunden und Euren spirituellen Freunden zusammen und versprecht, Euch gegenseitig diesen Dienst zu erweisen. Wir besitzen innere Feedback-Mechanismen, die uns dabei helfen, wie Träume, Gefühle, Intuitionen, Ideen, Schmerz und Leid, Synchronizitäten und das Leben als solches. Doch Ihr könnt so bemüht sein wie Ihr wollt, ohne Menschen, die Euch hilfreich zur Seite stehen, sind die Fallen der Täuschung, von Maya und Illusion kaum zu vermeiden. Wir alle sind voneinander abhängig, und dies ist auch gut so. Die Bildung einer Aufstiegsgruppe von Freunden ist gleichzeitig eine sehr gute Übung um das eigene Bewußtsein zu erweitern und auf allen Ebenen die nur auf sich selbst ausgerichtete Natur des negativen Ego zu überschreiten. Im Laufe unserer Entwicklung führt uns unser Weg zu einer immer stärkeren Identifikation mit der Gruppe und immer weiter weg vom eigenen Selbst. Diesen Prozeß jetzt zu beginnen ist eine wunderbare Übung. Seht, ob es

Euch wirklich gelingt, jegliches Konkurrenzdenken und Eigeninteresse beiseite zu lassen und das Wohl Eurer Aufstiegsfreunde in einem Ausmaß dem Euren gleichzusetzen, daß ihr Leiden zu Eurem wird, und ihr Erfolg auch der Eure ist, und umgekehrt. Der erste Schritt dazu ist, Gott in Euch selbst zu sein. Der zweite, Gott sein zu können innerhalb der Gruppe oder in einer Beziehung. Darum wird immer wieder gesagt, daß die wahre Prüfung Eurer spirituellen Entwicklung darin liegt, eine Liebesbeziehung oder Ehe zu führen. Denn das stellt uns gnadenlos auf den Prüfstand, das wissen wir alle. Es ist durchaus möglich, daß Euer Aufstiegsfreund auch gleichzeitig Euer Partner oder Gatte/Gattin ist. Es gibt aber vielleicht noch andere, die sich Euch anschließen.

Das Angenehme bei diesen Aufstiegs-Freundes-Gruppen ist, daß sie, abgesehen von den vorher erwähnten Situationen, keine Liebesbeziehung voraussetzen. Es ist ein Gruppenbewußtsein, welches auf Freundschaft, ähnlichen spirituellen Zielen und mitunter auch auf beruflichen oder den Dienst betreffenden Interessen beruht. Das ist eine phantastische Möglichkeit, unseren Charakter zu bilden. Wir brauchen die Rückmeldungen von unseren Freunden, um zu sehen, wo wir schief liegen. Die animalische Natur in uns läßt es uns nicht selbst erkennen, und das negative Ego würde es nie zugeben.

Ich möchte noch hinzufügen, daß diese Rückmeldung auch nicht immer laut erfolgen muß. Das kann auf telepathischem Weg geschehen, durch Affirmationen oder Visualisationen. Manchmal kann einem ein Beispiel vor Augen geführt werden, es kann durch einen Brief, eine kleine Botschaft, ein Geschenk, eine spirituelle Heilbehandlung oder durch eine sanfte Berührung geschehen. Ideal ist jedoch, wenn diese Kommunikation offen genug ist, um verbal geäußert zu werden, und wenn dabei alle Empfindlichkeit des Ego beiseite gelassen werden kann. Diese Ego-Empfindlichkeit führt zu Defensivverhalten, zu Ablehnung und unnötigem Verletztsein, weil es an persönlicher Kraft, an Selbstliebe und Selbstgefühl mangelt und man sich den Zustand einer allgemeinen psychologischen Schwäche und Zerbrechlichkeit leistet. Die Befreiung vom negativen Ego besteht aus einer Kombination von Selbsterkenntnis, Selbstwahrnehmung, Selbstbefragung und der Öffnung und couragierten Haltung, sich der Kritik der Aufstiegsfreunde, der spirituellen Freunde und des Lebens selbst auszusetzen. Oft läßt uns Gott oder das Leben eine Rückmeldung über Menschen zukommen, die wir kaum kennen. Unser Ego ist jedoch viel zu verschlossen und in Verteidigungsstellung, um Gottes Stimme in diesen Menschen bzw. den Lehren, die das Leben erteilt, zu erkennen.

Es gibt noch etwas, das wir hier bedenken müssen. Wenn Ihr Euch Eure Aufstiegskumpel und spirituellen Freunde aussucht, achtet darauf, daß es sich dabei um ausgeglichene Persönlichkeiten handelt, ohne Ecken und Kanten. Ich betone dies, weil es mir schon öfter aufgefallen ist, daß sich Lichtarbeiter spirituelle Freunde und Aufstiegskumpel aussuchen, die ganz genau die gleichen Schwachpunkte haben wie sie selbst. Sie identifizieren sich, meiner Meinung nach, alle zu sehr mit dem Emotionalkörper und unterstützen daher gegenseitig die Schwäche des anderen. Das soll keine Kritik sein, sondern nur zum Nachdenken anregen. Genau das gleiche kann passieren, wenn sich eine solche Gruppe zu sehr auf den mentalen Bereich konzentriert, wenn sie zu abgehoben oder zu materialistisch ist. Dieses Phänomen zeigt sich in jedem Bereich des Vierkörper-Systems, wo ein Ungleichgewicht auftritt. Die Gefahr liegt dann darin, daß die gesamte Gruppe die gegenseitigen Projektionen und Neurosen unterstützt. Das System der Aufstiegsfreunde schafft genau genommen eine Situation, in welcher Euch in Liebe ein Spiegel vorgehalten wird. Man kann es nicht deutlicher ausdrücken. Es ist wichtig, seine Kritik liebevoll anzubringen und nicht zu urteilen. Man muß auch genau unterscheiden können, wann es notwendig ist, seine Kritik zu äußern und wann nicht.

Ich habe Gruppen kennengelernt, die wie naive Kinder das Bedürfnis hatten, „schrankenlos ehrlich" miteinander zu sein. Wir müssen in dieser Situation wie Erwachsene handeln, Reife zeigen und nicht unbedingt immer eine Rückmeldung geben. Es gibt Situationen, in welchen Dinge am besten ungesagt bleiben oder im Inneren abgehandelt werden. Der Mensch mit Gotteserkenntnis tut das, was in der jeweiligen Situation „passend" ist und dem Wohl aller dient. Dieser Prozeß hat noch eine dritte Stufe, die man, im größeren Zusammenhang betrachtet, als „spirituelle Gemeinschaft" bezeichnen könnte. Viele Lichtarbeiter besitzen nicht nur das System der Aufstiegskumpel und spezielle spirituelle Freunde, sie können auch auf eine größere spirituelle Gemeinschaft zurückgreifen. Aus den Reihen dieser „spirituellen Gemeinschaft" kommt ebenfalls ein Feedback, dem gegenüber man offen sein muß. Das können andere Schüler sein, andere Lichtarbeiter oder Menschen, die ebenfalls in diesem Bereich eine führende Rolle übernommen haben. Mich erinnert das ein bißchen an die Vier Edlen Wahrheiten der buddhistischen Lehre, in der man vom Buddha spricht, von der Lehre, dem Lehrer und der spirituellen Gemeinschaft/Gemeinde. Die Vier Edlen Wahrheiten zur Überwindung des negativen Ego, welche ich hier ansprechen möchte, sind Selbsterkenntnis, das System der Aufstiegskumpel, die spirituellen

Freunde und die spirituelle Gemeinschaft. Wenn unser negatives Ego im Wege ist, dann spricht Gott zu uns durch eines dieser vier Systeme, darauf könnt Ihr Euch verlassen. Das Problem liegt meist darin, daß die Lichtarbeiter sich wegen ihres negativen Ego in einem Zustand der „Verweigerung" befinden und ein Feedback nicht annehmen können. Ideal ist, ein starkes Selbstgefühl zu entwickeln und offen zu sein. Im umgekehrten Falle kann jedoch ein Lichtarbeiter auch zu offen für Kritik sein, einfach weil er sich selbst zu wenig liebt und wertschätzt und ihm dieses von mir angesprochene Selbstgefühl fehlt. Hier muß ein Gleichgewicht geschaffen werden. Das gesamte Universum ist genau genommen nichts anderes als ein riesiges Kommunikations-Netzwerk. Es ist daher wichtig, alle diese Kommunikationskanäle in sich und für das Leben frei zu halten und trotzdem voll Kraft, Zentriertheit und Meister des eigenen Selbst und des Lebens zu sein.

Wenn Lichtarbeiter ihr negatives Ego überwinden wollen, ist es für sie ein großer Vorteil, zu wissen, daß sie innerhalb der Gruppe der Aufstiegskumpel und der Freunde, sowie in der spirituellen Gemeinschaft, „gefahrlos" den Einfluß des negativen Ego realisieren können, ohne daß sie dabei von irgend jemandem heruntergemacht, verurteilt oder kritisiert werden, sondern daß man sie unterstützt, ihnen vergibt und bedingungslose Liebe zukommen läßt. Die Menschen verweigern sich ja nur, weil sie sich nicht sicher fühlen. Die Aufstiegskumpel, die Freunde und die spirituelle Gemeinschaft dienen dazu, eine Atmosphäre der Sicherheit zu schaffen, welche die meisten von uns weder in ihrer Kindheit noch später, innerhalb der Gesellschaft, kennengelernt haben. Ein weiterer Punkt bei der Gruppe der Aufstiegskumpel ist die Tatsache, daß man die spirituellen Gaben und Fähigkeiten der anderen nutzen kann und daß man einander hilft. In solch einer Gruppe – auch in der spirituellen Gemeinschaft, natürlich – kann der eine vielleicht channeln, der andere ist ein ausgezeichneter Berater, der dritte ist hellsichtig, der vierte telepathisch begabt, der nächste ist Heiler, ein anderer wiederum Okkultist und sehr belesen, der nächste ist ein gutes Medium usw. Scheut Euch nicht, Euch helfen zu lassen und Eurerseits auch Eure Hilfe anzubieten. Das ist das Faszinierende bei diesem System der Aufstiegsfreunde: es sind alle verschiedenen Talente in einem Gruppenbewußtsein zusammengefaßt. Dabei ist keine Gabe besser oder weniger gut als die andere. Alle diese Gaben sind vonnöten, um ein hochentwickeltes Modul des Dienens, sozusagen das Gehirn des Gruppenbewußtseins zu schaffen. Nutzt die Eigenschaften der anderen innerhalb Eurer spirituellen Gruppe und schenkt Eure Fähigkeiten von Herzen allen, die sie brauchen. Wir sind hier auf der Erde um einander zu helfen. Jeder Mensch ist ein Sonnenstrahl Gottes und bringt damit seine einzigartigen, besonderen Qualitäten der göttlichen Perspektive und der Christus-Qualitäten mit ein. Die Basis des Systems der Aufstiegskumpel ist, einander zu unterstützen, damit jeder selbstverantwortlich agieren lernt. Daß man die spirituellen Gaben, seien sie mystischer oder okkulter Natur, miteinander teilt, führt jedes Mitglied der Gruppe in diese Richtung.

8 Wie man sich vom negativen Ego mit Hilfe einer gesunden Psycho-Epistemologie befreit

Dieses Kapitel ist vielleicht das wichtigste des gesamten Buches. Es handelt sich dabei um ein Thema, über welches ich schon lange schreiben wollte und das ein vollständig neues, revolutionäres Konzept in den Bereich der Psychologie und Spiritualität einbringt. Die Bezeichnung Psycho-Epistemologie las ich das erste Mal in einem recht obskuren Werk eines Mannes mit Namen Nathaniel Branden, der vor kurzem verstorben ist. In seinem Buch verwendete er diesen Terminus. Ich las das Buch vor etwa zwanzig Jahren und habe diesen Begriff nirgendwo sonst gefunden, weder im Bereich der Psychologie, der Spiritualität oder der Religion. Ich habe keine Ahnung, ob der Begriff seine eigene Wortschöpfung war, das Konzept dahinter ist jedoch genial. Es handelt sich dabei um ein Konzept, das zwanzig Jahre lang mein Begleiter war und es ist, meiner Meinung nach, das wesentlichste Konzept im gesamten Bereich der Psychologie. Hier werde ich diesen Begriff vielschichtiger verwenden, als Nathaniel Branden das in seinem Buch getan hat – trotzdem bin ich ihm sehr dankbar, daß er mich darauf gestoßen hat.

Den Begriff Psycho-Epistemologie kann man in seine beiden Teilwörter aufspalten: „Epistemologie" ist ein gebräuchliches Wort im Zusammenhang mit der „Art, Dinge zu erkennen". Hängt man das Wort "Psycho-" daran, ist es die „psychologische Art, Dinge zu wissen". Das heißt, jeder Mensch hat eine psychologische Art des Wissens bzw. eine psychologische Art, die Erfahrungen zu filtern. Anders ausgedrückt heißt das, daß jeder Mensch eine Philosophie oder ein Glaubensgebäude besitzt, mit dessen Hilfe er die Realität filtert oder interpretiert. Der Begriff Psycho-Epistemologie ist so wichtig, weil er sich auf genau jene Gedanken und Glaubensgrundsätze bezieht, welche diesen Filter darstellen. Diese Schlüssel-Gedanken oder Glaubensgrundsätze dienen als Filter für alle Erfahrungen und Informationen, welche in Euer Leben einströmen. Versteht Ihr, worauf ich hinaus will? Jeder Mensch auf der Erde hat eine Psycho-Epistemologie. Das Problem ist bloß, daß sie bei 99% der Menschen nicht im Lot oder nur unbewußt vorhanden ist. Da ich dieses Thema im Detail behandeln möchte, bitte ich Euch, meinen Ausführungen mit

Geduld zu folgen. Es gibt unendlich viele Spielarten der Psycho-Epistemologie. In diesem Kapitel möchte ich die, meiner Meinung nach, wichtigsten bearbeiten. Ich möchte nochmals daran erinnern, daß sie meist für die Person, der sie zugehörig ist, unbewußt abläuft – und das schafft Probleme. Der Durchschnittsbürger, welcher zur Arbeit geht, abends sein Bierchen trinkt, Sport im Fernsehen ansieht, Kinder großzieht und nicht bewußt einem spirituellen Weg folgt, hat eine völlig unbewußte Epistemologie. Sie wird mehr oder minder nur vom Unbewußten gesteuert und enthält jede Menge Überzeugungen, die ihren Ursprung in vergangenen Leben, der elterlichen Erziehung, im gesellschaftlichen Hintergrund, der Schule, dem Fernsehen, dem Massenbewußtsein, den Massenmedien, den Großeltern, der Meinung von Freunden etc. haben. Hier tut der Mensch, was immer ihm sein Unterbewußtsein vorgibt – d.h. diese Art der Psycho-Epistemologie ist nicht sehr entwickelt.

Viele Menschen leben allerdings schon viel bewußter und besitzen einen angelernten philosophischen und psychologischen Hintergrund, der ihnen hier als Filter dient. Statt dauernd Epistemologie zu sagen, verwende ich lieber den Ausdruck Filter. Der Filter jedes Menschen beruht auf der Ausgleichung und dem zueinander Stehen der drei Verstandesebenen, der vier Körper, dem Gleichgewicht zwischen männlich und weiblich, zwischen Himmel und Erde sowie auf der Polarität Christus-Denken gegen negatives Ego. Ferner gehören hier noch die Beziehung der Chakren zueinander dazu, die gesellschaftlichen Blickwinkel, die persönliche Kraft, die Selbstliebe, die vorhandene oder fehlende Einstimmung auf die Seele, das Bewußtsein Meister bzw. Opfer zu sein sowie der Selbstschutz bzw. dessen Fehlen. Alle diese Einzelheiten, wie sie integriert und im Gleichgewicht sind, bestimmen die Filterqualität für die Erfahrungen des jeweiligen Menschen.

Die Chakren sind ein sehr gutes Beispiel: Hängt ein Mensch sehr stark in seinem ersten Chakra fest, dann filtert er seine Realität durch die Linse des Überlebens. Überlebensdenken ist seine Psycho-Epistemologie und bestimmt alle seine Gedanken. Es kann sich hier um einen Obdachlosen handeln. Ein Mensch, der stark im zweiten Chakra verhaftet ist, filtert alle Erfahrungen durch die Sexualität. Freud ist da ein sehr gutes Beispiel. Ohne ihn zu kritisieren muß jedoch festgestellt werden, daß viele seiner Theorien durch den Einfluß des zweiten Chakras entstanden sind.Hängt jemand im dritten Chakra fest, dann bestimmen die Emotionen seine Erfahrungen, etwas, was in unserer Gesellschaft sehr häufig vorkommt. Das ist noch ein Überrest unserer atlantischen Herkunft, wo der

Emotionalkörper das stärkste Identifikationsmerkmal war. Für solch einen Menschen besteht alles aus Gefühlen, aus Emotionen. Er versteht nicht, daß es die Gedanken sind, welche die Realität erschaffen, und daß die Gefühle und Emotionen entweder vom negativen Ego oder von der Seele und dem Christusbewußtsein beherrscht werden. Was ihm sein Gefühl eingibt, das tut er, und er betrachtet seine Emotionen als die Wahrheit schlechthin. Es ist erschreckend, wie viele Menschen auf dieser Welt dieser Theorie folgen. Es ist auch erschreckend, wie viele Menschen zu den vier bereits angeführten Typen gehören: dem unbewußt beherrschten Menschen, dem Überlebenstypus, dem von der Sexualität getriebenen und dem Typus, der sich übermäßig mit den Gefühlen identifiziert.

Menschen, die von der Sexualität getrieben werden, findet man überall, wie z.B. den Bauarbeiter, der hinter jeder Frau herpfeift. Solche Menschen sehen ihr Leben vom Standpunkt des Gehirns des zweiten Chakren, wenn man so sagen will. Und die Anzahl der Menschen, bei denen es bloß ums Überleben geht, ist alarmierend. Die Menschen, welche aus dem Emotionalkörper und dem Unterbewußtsein leben, machen wahrscheinlich die Hälfte der Menschheit aus. Und Lichtarbeiter sind hier nicht ausgenommen. Das vierte Chakra filtert alles durch das Herz. Obwohl es hier bereits zu einem höher entwickelten Verständnis kommt, ist es trotzdem immer noch ein Filter. Was ich meine, ist, daß eine gesunde Epistemologie imstande sein sollte, im Dienste der Seele in ausgeglichener Art und Weise durch alle Chakren, Körper und Anteile des Geistes hindurchzusehen. Ein „gesunder" Mensch bleibt nicht in einem Filter stecken, selbst wenn es sich dabei um bedingungslose Liebe handelt, die ja eine sehr wünschenswerte seelische Qualität darstellt und gepflegt werden sollte. Menschen dieser Kategorie sind sehr herzbetont, immer noch stark auf die Gefühle ausgerichtet und weniger an mentalen Prozessen interessiert.

Das Hals-Chakra hat mit dem Willen und der Kommunikation zu tun. Jemand, der sein Leben durch diesen Filter betrachtet, ist vielleicht wie besessen von der Kommunikation und/oder dem Einsatz seines Willens. Alles, was ihm im Leben widerfährt, ist ein Kampf, ein Krieg, und er hat möglicherweise sein Bewußtsein und sein Leben darauf ausgerichtet, Herausforderungen für sich selbst zu schaffen. Der Filter des Dritten Auges hat mehr mit dem Geist zu tun und damit, wie man Weisheit und Einsicht erlangt. Nichts dagegen einzuwenden – man muß jedoch die Gefahr erkennen, daß man zu intensiv und unausgeglichen wird, wenn dieser Filter nicht entsprechend im Gleichgewicht mit den anderen

Chakren ist. Das siebte Chakra ist der Filter für das erwachende Überbewußtsein oder Gott. Wenn sich jemand zu stark damit identifiziert, ist alles für ihn Gott und er verliert die eigene oder die psychologische Entwicklung aus den Augen. Dann wird er zu kopflastig, d.h., er identifiziert sich zu stark mit dem Himmel und ist nicht mehr richtig geerdet. Solch ein Mensch meint, daß Gott alles für ihn tut, was nicht stimmt. Wir haben den freien Willen und tun daher sehr viel selbst mit Hilfe unserer persönlichen Kraft. Hier ist für viele fundamentalistisch Suchende die Endstation.

Das Gleichgewicht und die Integration aller Chakren ist die am weitesten entwickelte, sozusagen „gesündeste" Psycho-Epistemologie. Begreift Ihr, was ich hier aufzeigen will? Könnt Ihr erkennen, welche Filter bzw. Psycho-Epistemologien es gibt, in denen wir uns festfahren können und durch welche wir dann unser Leben betrachten? Etwas vom wichtigsten, das ein Mensch tun kann, ist wirklich seine eigenen Gesichtspunkte zu studieren und im Detail zu erkennen. Stimmt es hier nicht, gerät auch Euer Leben aus dem Gleichgewicht. Wie innen so außen, wie oben so unten.

Betrachten wir nun in diesem Zusammenhang die weiblichen und männlichen Energien. Manche Menschen sind hier stärker weiblich betont, andere wieder stärker männlich. Der weiblich eingefärbte Filter über-identifiziert sich mit Gefühlen, Emotionen und dem Begierde-Körper. Solch ein Mensch hat ständig emotionale Krisen, sein Leben ist wie eine Achterbahn. Er kauft zwanghaft Dinge und kann seine Essens-gewohnheiten nur schwer in den Griff bekommen, weil er sich zu stark mit dem Astralkörper identifiziert. Die etwas weiter entwickelte Spielart dieses Typus ist der Mensch, welcher sich zu stark als Mystiker betrachtet und die okkulte Seite des Lebens verweigert. Das kommt sehr oft bei Lichtarbeitern vor. Das gleiche gilt auch im umgekehrten Fall. Der männlich eingefärbte Filter ist zu stark auf den Mentalkörper bezogen und betrachtet alles im Leben von dieser Warte aus. Er weiß nicht, wie er mit Gefühlen umgehen soll, genauso wie der Mensch mit emotionalem Filter nicht weiß, wie das Denken einzusetzen ist. Die höher entwickelte Form dieses Filters ist der Mensch, welcher sich zu stark dem Okkulten zuwendet, dafür aber die mystische Seite des Lebens nicht genügend würdigt. Er beschäftigt sich zu sehr mit Lesen, Studieren, dem Sammeln von Informationen und ist sehr oft psychologisch äußerst unklar. Auch hier ist Gleichgewicht und Integration das Ideale. Weitere Beispiele einer unausgeglichenen Psycho-Epistemologie beziehen sich auf den Ausgleich zwischen Himmel und Erde. Die auf den Himmel ausgerichtete Psycho-

Epistemologie ist wenig geerdet und filtert alles durch den dringenden Wunsch, das Rad der Wiedergeburt zu durchbrechen und der Erde zu entfliehen. Diese Menschen lieben die Erde nicht und leben auch nicht wirklich hier, trotz ihres physischen Körpers. Diese Menschen haben oft gesundheitliche Probleme und sind psychologisch unausgeglichen. Auf der anderen Seite haben wir die Psycho-Epistemologie des Materialisten. Hier betrachtet der Mensch alles vom Gesichtspunkt der „Wissenschaft" aus – wahr ist nur, was man mit seinen fünf Sinnen überprüfen kann. Diese Haltung ist typisch für unsere Lehrer der traditionellen Schulen und Universitäten. Es ist nicht zu begreifen, wie viele Menschen in dieser Haltung festgefahren sind. Ihre einzige Wahrheit ist die, welche wissenschaftlich bewiesen werden kann – mir tun solche Menschen unendlich leid!

Gehen wir nun weiter zu den drei Verstandesebenen. Vom Typus, welcher vom Unterbewußtsein gelenkt wird, haben wir bereits gesprochen. Des weiteren gibt es den Menschen, der alles durch die „Brille" der traditionellen Psychologie betrachtet. Auch dies ist ein klassischer Fall. Solch ein Mensch kann zwar akzeptieren, daß es ein Bewußtsein und ein Unterbewußtsein gibt, glaubt jedoch nicht an das Überbewußte oder Gott. Ich möchte meinen, daß 98% der Menschen dieses Landes, welche mit Psychologie zu tun haben, sich so verhalten. Es ist tragisch! Als ich auf der Universität meinen Magister und danach das Doktorat machte, war das Ganze – vielleicht mit der Ausnahme von Jung und ein bißchen Abraham Maslow – eigentlich eine recht gottlose Angelegenheit. Der Rest der „großen Psychologen" hatte mit Gott nicht viel am Hut und betrachteten daher das Leben von diesem Gesichtspunkt aus.

Als nächstes haben wir den Menschen, der sich zu stark mit dem Bewußten identifiziert. Sein wichtigstes Ziel ist Kontrolle und Machtausübung, und er ist nicht daran interessiert, das Unterbewußte oder Gott zu erforschen. Solche Konzepte sind ihm eigentlich fremd. Die höher entwickelte Version dieses Typus sind Leute, die mit Hypnose arbeiten. Sie meinen, das Unterbewußtsein sei „das Gelbe vom Ei", verstehen die Funktion des Bewußtseins überhaupt nicht und glauben sehr oft nicht an Gott. Sie geben zu viel Energie in das Unterbewußtsein und erkennen dabei nicht, daß die treibende Kraft in ihrem Leben der bewußte Geist mit seinem Willen und der persönlichen Kraft ist. Alle grundlegenden Bücher über Hypnose weisen auf dieses Ungleichgewicht hin.

Der nächste Typus sieht das Leben durch das Bewußtsein und das Überbewußtsein und lehnt das Unterbewußte ab. Das kommt sehr häufig vor. Die Fundamentalisten der meisten Religionen gehören dazu. Sie beschäftigen sich vorwiegend mit Gott und setzen ihre Kraft dazu ein, den Teufel zu bekämpfen. Was man ihnen jedoch nicht beibringt, ist, ihre Programmierung im Unterbewußten zu überprüfen. Daher gibt es zwar eine Entwicklung im Bereich des Spirituellen, jedoch nicht im psychologischen Bereich. Auch dieser Typus ist ein klassischer Fall bei den New Age-Lichtarbeitern. Man findet bei ihnen eine totale Über-Identifikation mit dem Spirituellen, dem Himmlischen und dem Ätherischen, der psychologischen und Charakter-Entwicklung, dem Zurechtkommen mit dem Leben hier auf Erden, wird jedoch kein Augenmerk geschenkt. Sie sind viel mehr an den Aufgestiegenen Meistern, den eigenen Initiationen und dem Aufbau des Lichtquotienten interessiert, als an der Befreiung vom negativen Ego. Solange dieses Ungleichgewicht nicht ausgeräumt ist, wird es nach der siebten Initiation zu einem vollständigen Stillstand in ihrer spirituellen Entwicklung kommen. Wahre Gotteserkenntnis ist auf allen Ebenen ausgeglichen und integriert.

Es gibt natürlich auch Menschen, welche das Leben durch die Epistemologie ihres Landes betrachten. Das heißt, für sie ist das maßgebend, was die Menschen dort, z.B. in den Vereinigten Staaten, glauben. Wenn Ihr meint, daß so etwas die Menschen nicht beeinflußt, dann denkt doch einmal darüber nach, wie Menschen, die in der Sowjetunion aufgewachsen sind, früher das Leben betrachtet haben. Das, was die Augen sehen und das, was durch den Filter des Gedanken- oder Glaubenssystems betrachtet wird, sind zwei paar Schuhe – könnt Ihr das verstehen? In den USA gibt es den Filter der Demokratie; in der Sowjetunion den des Kommunismus, Deutschland hatte den Filter des totalitären Regimes des Nationalsozialismus. Hitler überredete die Deutschen, alles durch den Filter der Herrenrasse zu betrachten, was die Juden zu Untermenschen machte. Und die Menschen haben das tatsächlich geglaubt! Wie, meint Ihr, ist denn Euer Filter beschaffen? Ist das Wasserglas halb voll oder halb leer? Seid Ihr optimistisch oder pessimistisch? Seht Ihr das Leben durch den Filter der Trennung oder der Einheit? Was Ihr denkt, erschafft Euch nicht die Wahrheit, doch es entsteht daraus die Realität, in der Ihr lebt. Begreift Ihr nun, daß ein Großteil der Welt in einer falschen Hypnose befangen ist? Wir sind hypnotisiert worden, das Leben durch Unausgeglichenheit und unter dem Einfluß des negativen Ego zu betrachten statt durch die Augen der Seele, der Monade und des gesalbten Christus-Überselbstkörpers. Allgemein ist es so, daß unausgeglichene Psycho-Epistemologie bedeutet, daß wir das Leben durch das negative Ego statt durch das Christus- bewußtsein betrachten. Und dies ist die eigentliche Ursache für alle unsere Probleme, ohne Ausnahme. Das negative Ego verursacht die Unausgeglichenheit und verzerrt unsere Wahrnehmung. Alles, was wir wahrnehmen, ist ein Traum – es sollte jedoch Gottes Traum und damit der Spiegel/das Fenster zur ultimativen Realität sein.

Im Zusammenhang mit dem Thema Psycho-Epistemologie gibt es auch einen hochrangigen Guru mit Namen Rajneesh, der sich zwar mit dem Überbewußtsein und dem Unterbewußtsein identifizierte, nicht jedoch mit Bewußtsein. Alle spirituellen, auf die Liebe zur Menschheit ausgerichteten Psychologen suchten Zuflucht in seinem Ashram. Diese Psychologen über-identifizieren sich mit der weiblichen Seite der Psychologie, was hier zu einer Verbindung der weiblichen Psychologie mit der Spiritualität führte. Die Self-Realization-Fellowship, deren Arbeit ich unterstütze, ist das genaue Gegenteil. Auch hier befindet sich eine starke Spiritualität, jedoch verbunden mit dem Anspruch, sich ausschließlich auf die Arbeit zu konzentrieren und keine Privatkontakte zu pflegen. Hier sehen wir ein deutliches Beispiel für die spirituelle männliche Psycho-Epistemologie.

Ein weiteres Beispiel sind die Anonymen Alkoholiker. Auch sie sind eine wunderbare Einrichtung, die ich sehr unterstütze. Allerdings ist in ihrer Philosophie und damit auch in der Psycho-Epistemologie ein Ungleichgewicht vorhanden. Die grundsätzliche Lehre besagt, daß alle Macht bei Gott ist und der Alkohol daher keine Macht besitzt. Das stimmt zwar, ist aber gleichzeitig eine gefährlich falsche Ansicht. Diese Organisation versucht, dem Menschen dabei zu helfen, sein negatives Ego aufzugeben, was wirklich fantastisch ist. Das Problem ist, daß sie nicht ausreichend erklären, daß es drei Ebenen der Kraft gibt, welche der Mensch erarbeitet haben muß, um erfolgreich zu sein. Es handelt sich dabei um die Gotteskraft, die persönliche Kraft auf der Ebene des Bewußtseins, und die Kraft des Unterbewußten, welche durch Affirmationen und kreative Visualisation genutzt werden kann. Um das Bewußtsein des negativen Ego zu überwinden, muß man persönliche Kraft besitzen – Gott nimmt Euch diese Arbeit nicht ab. Die Organisation der AA meint es wirklich gut, ich unterstütze sie, aber im Bereich ihrer Philosophie müßten Dinge noch verdeutlicht werden. Es gibt noch anderes psycho-epistemologisches Ungleichgewicht in einer spezifischeren und isolierteren Form. So z.B. das männlich/weibliche Gleichgewicht im Bereich des Lebens, ausgedrückt durch die Bezeichnungen „offen" oder

„verschlossen". Ideal wäre, beide Aspekte innerhalb des Selbst auszugleichen. Viele Menschen sind der psycho-epistemologischen Überzeugung, daß sie immer „offen" sein sollten. Das ist der direkte Weg zum Nervenzusammenbruch, und ein psychischer und psychologischer Übergriff der ärgsten Sorte. Es gibt für alles den richtigen Zeitpunkt, auch für das „offen" oder „verschlossen" sein.

Wenn man sich im Bereich negativer Energie befindet muß man sein Energiefeld aus Selbstschutz verschließen. Im Idealzustand ist jeder Mensch in eine halbdurchlässige Membrane gehüllt, welche Liebe und positive Energie aufnimmt, negative Schwingungen jedoch nicht eindringen läßt. Es gibt sehr verstörte Menschen, welche das Leben nur von einem geschlossenen Energiefeld aus betrachten. Das kommt daher, daß diese Menschen tief verletzt und mißbraucht worden sind. Wenn dieser Zustand der Verschlossenheit andauert, dann wird der Druck irgendwann einmal zu groß und es kommt zu einem Ausbruch und sie werden zu Massenmördern o.ä. Ein anderer weitverbreiteter New Age-Irrtum hinsichtlich der Psycho-Epistemologie ist, daß man meint, alle eigenen Anteile in seinem Wesen integrieren zu müssen. Das klingt zwar gut, ist jedoch eine falsche Vorspiegelung des negativen Ego. Es stimmt, daß man die Archetypen, die Strahlen, die astrologischen Zeichen, die Chakren, Unterpersönlichkeiten, Seelenausdehnungen, Aspekte vergangener Leben, die vier Körper etc. integrieren soll. Was dabei jedoch nicht passieren sollte, und ich wiederhole es: NICHT passieren sollte, ist, daß man das negative Ego dabei mit einschließt. Wie sagt Sai Baba: „Gott = Mensch minus Ego." Ihr müßt die Identifikation mit Eurem negativen Ego und seiner falschen Lebensphilosophie ablegen, damit Ihr Euer Christusbewußtsein und Gott erkennen könnt. Um Gott wirklich zu erkennen, müßt Ihr Euer niederes Selbst verweigern und Euch vollständig mit Eurem Höheren Selbst identifizieren.

Eine weitere beliebte Psycho-Epistemologie, die unter den Lichtarbeitern sehr verbreitet ist, habe ich in meinem Buch *Seelenpsychologie* als die „falsche holistische Theorie" bezeichnet. Diese Theorie postuliert, daß alles im Leben im Gleichgewicht sein muß. Das klingt wunderbar und richtig, bezieht aber nicht ein, daß es absolut nicht wünschenswert ist, niederes und Höheres Selbst im Gleichgewicht zu haben. Auch zwischen dem Denken des negativen Ego und dem des Christusbewußtseins gibt es kein Gleichgewicht. Ihr glaubt gar nicht, wie viele Menschen auf diesem Planeten auf diesen Irrtum hereinfallen und meinen, dies sei eine Philosophie, welche dem System entspricht. Dabei ist es nicht anders, als würde man sagen: „Die Hälfte der Zeit liebe ich die Menschen, die andere Hälfte der Zeit verbringe ich damit, sie anzugreifen." Oder ich habe die Hälfte der Zeit ein hohes Selbstwertgefühl und die andere Hälfte verachte ich mich. Ihr seht, wie unsinnig das ist. Es müssen alle eigensüchtigen Qualitäten und Eigenschaften abgelegt werden. Sie in sich aufzunehmen und ins Gleichgewicht zu bringen ist nicht Sinn der Sache.

Ich habe die hier beschriebenen Fallen im Verlaufe meines Lebens immer wieder kennengelernt und bin auch immer wieder hinein gestolpert. Deshalb kann ich sie so ausführlich beschreiben. Ich bitte Euch, meinem Gedankengang zu folgen. Warum solltet Ihr die dunklen und hellen Anteile des Selbst ins Gleichgewicht bringen wollen? Das ist doch das klassische Beispiel für eine falsche Psycho-Epistemologie und zeigt nur, wie leicht wir von der dunklen Seite der Macht, wie Meister Yoda das nennen würde, verführt werden können. Wir sind nicht hier, um die Dunkelheit zu verkörpern. Im Buch *Ein Kurs in Wundern* heißt es, daß wir das Licht der Welt sind. Unser wahres Identifikationsziel sollte das Licht, Gott, Liebe, Freude, Glücklichsein, Entzücken, innerer Friede, Gelassenheit und persönliche Kraft sein, und wir sollten uns immer als Söhne und Töchter Gottes sehen. Die Dunkelheit wird vom negativen Ego geschaffen, nicht von Gott. Dunkelheit ist nur ein anderer Name für das negative Ego. Die Meister haben mich beauftragt, dieses Buch zu schreiben, weil die Lichtarbeiter diesen Punkt so schwer verstehen. Wenn Ihr allen Ernstes daran glaubt, daß Ihr zwischen Dunkelheit und Licht ein Gleichgewicht herstellen sollt, dann werdet Ihr kraft Eures Geistes die Dunkelheit auch bekommen, denn Eure Gedanken erschaffen Eure Realität.

Jeder Mensch lebt in seinem selbst geschaffenen Himmel oder der entsprechenden Hölle. Unser Geist legt uns Fesseln an oder bringt uns die Freiheit. Was Ihr denkt, erschafft Euch zwar nicht die Wahrheit, aber die Realität, in welcher Ihr lebt. Die Menschen haben immer noch nicht die unglaubliche Macht der Gedanken begriffen. Im besten Falle führen sie Euch in die lichten Höhen der Gotteserkenntnis. Im schlimmsten Falle, d.h., wenn Ihr sie nicht meistern könnt, äußern sie sich als Psychosen und Schizophrenie. Dies sind die beiden Seiten der selben Münze. Es gibt eine Art des Denkens, welche Euch dauernden Frieden, Glückseligkeit, Freude und Licht bringt. Und es gibt eine andere Art des Denkens, die das Gegenteil bewirkt. Wir sind nicht auf dieser Welt, um Positives und Negatives darzustellen. Wir sind hier, um *ausschließlich* das Positive zu leben, also Liebe statt Angst, Freude statt Traurigkeit, Frieden statt Krieg und Selbstbewußtsein statt mangelndes Selbstwertgefühl. Bleibt nicht in dem falschen Denken verhaftet, daß Ihr Dunkelheit und Negativität in Euch haben müßt. Die Bibel sagt, daß wir das Ebenbild Gottes sind und „Gott ist vollkommen und wir sind es auch". Die ultimative Realität besagt, daß jeder von uns Christus, das Ewige Selbst, Buddha oder Atman ist, wie Sai Baba dies bezeichnet. Wir sind manifestierte Vollkommenheit. In dem Buch *Ein Kurs in Wundern* heißt es: „Nichts Wirkliches (also unsere wahre Identität als der Christus) kann bedroht werden. Nichts Unwirkliches (das negative Ego) existiert. Hierin liegt der Frieden Gottes"; und „Den Sündenfall hat es in Wahrheit nie gegeben, das nehmen wir nur an." Das geschieht durch die unwahrscheinliche Kraft der Gedanken. In Wahrheit brauchen wir nirgendwohin zu gehen, wir brauchen auch nichts zu tun, denn wir sind bereits das, was wir suchen. Wir sind bereits der Christus und das Ewige Selbst. Wir müssen bloß den Schleier, die Idee von Täuschung, Maya und Illusion von uns weisen, die uns dazu gebracht hat, zu glauben, daß wir etwas anderes seien als Gottes vollkommene Schöpfung.

Der spirituelle Weg ist nichts anderes als die Erkenntnis dieser Tatsache, das Sehen, daß andere Menschen auch so sind und die Umsetzung dieser Erkenntnis in unserem täglichen Leben. Wir brauchen gar nicht erst zu versuchen, eins zu sein mit Gott, wir sind es ja schon, sind es immer gewesen und werden es immer sein. Haltet nicht an der Dunkelheit fest, Eure wahre Identität ist das Licht. Laßt das strahlende Licht, das Ihr seid, nicht von falschen Psycho-Epistemologien und Filtern trüben. Gott, Christus, Liebe und Licht sind Worte, die im Grunde das gleiche bedeuten. Wir sollen ja nicht unseren Quotienten der Dunkelheit anheben, sondern den des Lichtes. Wenn jemand meint, er müsse Dunkelheit und Licht ins Gleichgewicht bringen, oder wenn er von der Notwendigkeit überzeugt ist, an negativen Emotionen festzuhalten, dann „verführt ihn die dunkle Seite der Macht". Erinnert Euch an den letzten Teil der Star Wars-Trilogie, in der der böse Herrscher zu Luke Skywalker sagt: „Gib deiner Wut und deiner Angst nach". Wut/Angst, Überheblichkeit/Minderwertigkeit, Angriff/ Verteidigung, Licht/Dunkelheit sind sozusagen die beiden Seiten der Münze des negativen Ego. Das negative Ego ist in der Dualität festgefahren.

In der Philosophie des Ostens wird geraten, jederzeit in Gelassenheit, Frieden, Freude, Liebe und Licht zu verbleiben. Man ist immer der selbe, ob man gewinnt oder verliert, ob man Freude oder Schmerz erfährt, gesund ist oder krank, ob man Sieger ist oder Verlierer oder ob einen die Menschen loben oder kritisieren. Dies ist das Geheimnis der

Gottes-Erkenntnis. Es gibt eine Art des Denkens, die einen dazu befähigt, immer im inneren Frieden zu verbleiben, unabhängig davon, was außerhalb des Selbst geschieht. Es ist ein Bewußtseinszustand, der vom Lärm der Welt und der Negativität anderer Menschen nicht beeinflußt wird. Djwhal Khul nennt diesen Zustand die „göttliche Gleichgültigkeit". Ein anderer Name ist auch „engagierte Distanz". Genaugenommen ist es ein Zustand, in welchem man die Dualität transzendiert. Sai Baba und Yogananda bezeichnen es als den göttlichen Nektar, den die Welt so dringend nötig hat. Es ist auch der göttliche Nektar, den Buddha in seinen Vier Edlen Wahrheiten erwähnt.

Bleibt nicht in den Psycho-Epistemologien der Persönlichkeitsebene hängen. Seid mutig und transferiert Euer Bewußtsein von den Psycho-Epistemologien der Persönlichkeitsebene zu denen der Seele und der Monade. Sucht die Wahrheit, nicht veraltete Glaubenssysteme, aus denen Ihr herausgewachsen seid wie aus Eurer Bekleidung. Greift nach dem Höchsten, das in Euch enthalten ist. An Dunkelheit und Licht als Philosophie festzuhalten, heißt, sich auf das Spiel des negativen Ego einzulassen und sich in seinem Spinnennetz zu verfangen. Fritz Pearls sagt: „Die einzige Art, den Überheblichkeits- und Minderwertigkeits-komplex loszuwerden ist, ihn auszulachen." Die einzige Art, wahren inneren Frieden zu finden ist, das gesamte System des negativen Ego zu transzendieren. Man muß für sich eine transzendentale Philosophie entwickeln. Und genau das ist das Problem mit der traditionellen Psychologie: Sie schließt die spirituellen Aspekte nicht mit ein. Sie bietet keine Möglichkeit, das transzendentale Potential zu erkennen. Daher lehrt sie die Menschen, sich selbst zu heilen, ohne sich jedoch vorher von den Grundregeln des negativen Ego zu lösen. Die traditionelle Psychologie kann daher im besten Falle nur eine Teilheilung bewirken. Wahrer innerer Friede, Glücklichsein, Freude und Entzücken sind darin nicht enthalten. Melchizedek lehrt uns, daß wir Konzepte wie gut/schlecht, licht/dunkel loslassen müssen. Und das selbst in unseren Beziehungen, weil es einer Kritik gleichkommt. Spirituelles Unterscheidungsvermögen ist seiner Meinung nach gut, Kritik jedoch nicht.

Melchizedek geht noch einen Schritt weiter mit seiner Aussage, daß selbst jene Seelen, welche sich der Dunklen Bruderschaft verschrieben haben, in Wahrheit immer noch Lichtarbeiter sind. Alle sind Lichtarbeiter, wie weit oder wenig weit entwickelt sie auch erscheinen mögen. Melchizedek sagt, es sei zwar in Ordnung die Bezeichnung Große Weiße Bruderschaft und Dunkle Bruderschaft für die beiden opponierenden Regierungsformen auf den Inneren Ebenen zu verwenden, andere Menschen damit zu klassifizieren sei jedoch nicht angebracht. Jeder Mensch hat die Chance, sich weiter zu entwickeln. Aus der Sicht der Seele ist alles gut, und alles ist Licht, denn nichts geschieht ohne Grund. Deshalb hat uns Melchizedek auch gelehrt, immer das System des Segnens einzusetzen, d.h. alles zu segnen, was geschieht oder unseren Lebensweg kreuzt. Sai Baba sagt dasselbe, wenn er davon spricht, daß wir schwierige Situationen willkommen heißen sollen. Auch Edgar Cayce spricht dies in seinen Durchgaben des Universellen Geistes an und bezeichnet es als eine weitere Stufe, die im Wachstum der Seele nach oben führt.

Wenn wir das Leben aus dieser Perspektive betrachten, dann ist alles gut, dann ist alles Licht, dann ist alles, was geschieht, positiv – denn es ist Gott, der uns mit Hilfe des Universums lehrt, was wir wissen müssen. Manchmal erteilt uns sogar unser Höheres Selbst die Lektionen. Und manchmal ist es das karmische Gesetz, welches uns die Rechnung für Taten aus diesem oder vergangenen Leben präsentiert. Egal, was passiert, es ist immer ein Segen, wenn wir es von diesem Gesichtspunkt aus betrachten. Das Glücklichsein ist aus der Sicht der Seele eine Geisteshaltung und keine äußere Erfahrung. Damit kommen wir wieder auf das Prinzip der Vorlieben statt der Verhaftungen zurück. Wenn Ihr Euch für Dinge in Eurem Leben selbst entscheidet, statt nur an ihnen festzuhalten, dann kann Euch niemand das Gefühl des Glücklichseins wegnehmen. Das ist der Kernpunkt von Buddhas Lehre. Gott verlangt jetzt von Euch einen gewaltigen Schritt vorwärts in Eurem spirituellen Fortschritt und daß Ihr damit beginnt, die Dualität und das Bewußtsein des negativen Ego samt all seinen Interpretationen hinter Euch zu lassen. Statt dessen sollt Ihr das Leben aus dem Bewußtsein des Christus, des Buddha, des Krishna, der Seele, der Monade und des Atman, sowie aus dem Geist Eurer eigenen mächtigen ICH BIN - Gegenwart interpretieren.

Wenn der Geist von der mächtigen ICH BIN - Gegenwart geführt wird, ist er ständig in Vollkommenheit und kennt keine Begrenzungen. Dann ist er ein Geist, der alle Vortäuschungen durchschaut und in aller Unschuld in allen Dingen nur Christus sieht. Er findet Liebe statt Fehler. Er ist optimistisch statt pessimistisch. Er denkt positiv statt negativ. Laßt Euch nicht von der dunklen Seite der Macht verführen. Der Geist ist ein phänomenales Instrument, das jedoch genau so geschickt vom negativen Ego und der Dunklen Bruderschaft eingesetzt werden kann, wie von der Seele und der Bruderschaft des Lichtes. Laßt Euch nicht durch die Täuschungen, Tricks und Fallen des negativen Ego in die Irre führen. Um

Gott und seinem Reich zu dienen, ist ständige Wachsamkeit erforderlich. Dieses Kapitel ist sicherlich eines der wichtigsten überhaupt. Die Entscheidung, welche Ihr heute bezüglich der Psycho-Epistemologie, die Ihr einsetzen wollt, trefft, ist vielleicht die wesentlichste Eures ganzen Lebens. Ist Eure Psycho-Epistemologie im Ungleichgewicht, dann zeigt sich dies in Eurem gesamten Leben und in Euren Beziehungen. Ist sie durch das negative Ego befleckt, dann zeigt sich dies ebenso in Eurem Leben, in Eurem Vierkörper-System und in all Euren Beziehungen. Jetzt ist die Zeit, um wirklich Klarheit in Eurem Leben zu schaffen, mehr als je zuvor. Hört nicht auf mich, sondern auf das, was Euer Höheres Selbst und Eure mächtige ICH BIN - Gegenwart Euch zu dem, was ich Euch als Wahrheit präsentiere, sagen. Wenn ich die Wahrheit sage, was wir ja alle wollen, dann werden Eure Seele, die Monade und die Aufgestiegenen Meister in Eurem Selbst diese Wahrheit klar und deutlich mit einem „Ja" bestätigen.

Ich habe mir mit diesem Buch viel vorgenommen, da wir hier direkt den Kern der seit langer Zeit bestehenden Kontrolle des negativen Ego und der Dunklen Bruderschaft über die Menschen berühren. Wir kommen voll Kraft mit dem „Schwert der Unterscheidungsfähigkeit" und greifen damit jedes einzelne Täuschungsmanöver der negativen Psycho-Epistemologie an. Wir möchten nicht, daß Ihr auf uns hört, sondern daß Ihr die höchste Wahrheit in Euch selbst sucht. Viele von Euch werden großen Mut und viel Unterscheidungsfähigkeit brauchen, um sich aus dem Klammergriff des negativen Ego zu befreien. Der Schlüssel dazu ist, die eigene Psycho-Epistemologie zu betrachten.

Ist das negative Ego einmal in diesem Bereich überwunden, dann ist sein Ende nicht aufzuhalten. Jeder, der sich auf dem spirituellen Weg befindet, muß irgend wann einmal den Tod des negativen Ego erfahren, um wiedergeboren zu werden. Ich meine damit nicht das Wiedergeboren-Werden im fundamentalistisch-christlichen Sinne, sondern im wahren spirituellen Sinn des Wortes. Wir müssen für das negative Ego gestorben sein, um wiedergeboren zu werden in der Erkenntnis, daß jeder von uns Christus ist, und wir die Identität mit dem Ewigen Selbst teilen. Gott hat einen einzigen Sohn und eine einzige Tochter und wir alle haben gleichen Anteil an dieser Kindschaft Gottes. Wir müssen wiedergeboren werden, um vollständig zu erkennen, daß jeder von uns das Licht der Welt ist, Gottes Ebenbild und eins mit Ihm. Wir müssen wiedergeboren werden, um zu wissen, daß wir, als Geschöpf Gottes, vollkommen sind. In diesem heiligen Augenblick erwachen wir aus dem Alptraum des negativen Ego, der negativen Hypnose, in welcher wir so viele Jahrhunderte gefangen waren.

Was Ihr so lange gesucht habt, ist bereits in Eurem Besitz – es gibt nichts mehr, nach dem Ihr suchen müßtet. „Sei still und wisse, daß ich Gott bin." Ihr braucht Gott nicht zu suchen, denn Ihr seid Gott. Wenn das negative Ego und die Dualität sterben, werdet Ihr in diesen neuen Zustand hineingeboren. Im Buch *Ein Kurs in Wundern* lautet der Anfang: „Nichts Wirkliches kann bedroht werden. Nichts Unwirkliches existiert. Hierin liegt der Frieden Gottes." Anders ausgedrückt verschwinden in diesem heiligen Augenblick alle Illusionen des negativen Ego. Die Alpträume des negativen Ego haben Euch sehr oft bedrückt, und doch sind sie in diesem Moment alle vergessen und vergeben. Eure wahre Identität als Christus wird von diesen bösen Träumen, die Euch im Wachzustand des Bewußtseins heimsuchen, nicht beeinflußt. „Nichts Unwirkliches existiert" bedeutet, daß das negative Ego nicht wirklich existent ist, Ihr erweckt es nur in Euren Gedanken zum Leben. In dem heiligen Augenblick, wenn das negative Ego den Tod erleidet, wird Eure wahre Identität als Gott nicht wirklich geboren, sondern Ihr erinnert Euch wieder daran. Sie wird nicht geboren, weil Ihr sie immer hattet – Ihr seid nur dem Zauber der Täuschung, der Maya und der Illusion des negativen Ego erlegen. Der Sinn des Lebens ist, aus dieser Täuschung zu erwachen und das Christusbewußtsein auf Erden zu leben. Der erste Schritt dazu ist dieses Erwachen. Der zweite, dieses Christusbewußtsein auch in anderen zu sehen. Könnt Ihr das nicht, werdet Ihr es auch in Euch wieder verlieren. So wie Ihr Christus und eins mit Gott seid, so ist dies auch Euer Bruder und Eure Schwester, egal, wie weit ihr Bewußtsein entwickelt ist. Der dritte Schritt ist, diesen Bewußtseinszustand immer und immer wieder zu zeigen. Ohne Unterlaß. Wenn Ihr diese Psycho- Epistemologie festhaltet und lebt, dann sind die Initiationen einfach zu erlangen.

Wenn Ihr Eure wahre Göttlichkeit lange Zeit hindurch immer wieder zeigt, werden letztlich die Fähigkeiten der Aufgestiegenen Meister, quasi als Nebenprodukt, ebenfalls entwickelt. Ob Euch das gelingt, weist sich erst in Eurer Reaktion auf das Leben und die Menschen, auf Euer Dasein inmitten von anderen, in Liebesbeziehungen und bei der Kindererziehung. All diese Situationen sind die Abschlußprüfungen für unsere spirituelle, psychologische und physische Entwicklung, da dieses Bewußtsein der fünften Dimension letztlich in der dritten Realitätsdimension gelebt werden muß. Wenn Ihr Eurer Seele, Monade und den Aufgestiegenen Meistern, die verantwortlich für Euch sind, Eure Fähigkeiten bewiesen habt, dann kommt Ihr in die nächste Klasse, dann erlangt Ihr den Aufstieg und vollendet die sieben Stufen der Initiation; dann dient Ihr eine Zeitlang als Bodhisattva, um letztlich, befreit von erneuter physischer Existenz, in die spirituelle Welt zurückzukehren. Die Darstellung Eurer Göttlichkeit hat Euch die Fahrkarte „nach oben" gebracht, zu den solaren, galaktischen und kosmischen Ebenen des Bewußtseins. Ihr werdet weiterhin Eure Göttlichkeit leben und Euren Dienst leisten, allerdings auf erweiterten Bewußtseinsebenen und innerhalb viel subtilerer, feinerer Energieschwingungen. Das ist unser aller Schicksal. Um es zu leben, müssen wir jedoch das Bewußtsein des negativen Ego hinter uns lassen. Das ist das Stichwort für noch weitere Informationen, wie das negative Ego unsere Psycho-Epistemologie durchdringt.

Weitere Informationen

Wenn Ihr die Dunkelheit in Euch aufnehmt, dann wollt Ihr leiden. Buddha sagte, daß alles Leiden von unseren Abhängigkeiten kommt, d.h. von unserem Denken. Er sagte auch: „Alles Leiden wird vom Festhalten an falschen Standpunkten ausgelöst." Klingt doch sehr vertraut! Genau das ist nämlich der Inhalt dieses Kapitels – herauszufinden, welche Standpunkte eingeschränkt oder unausgeglichen sind und uns nicht gestatten, die Dinge so zu sehen, wie Gott dies eigentlich von uns wünscht. Meint Ihr allen ernstes, daß Gott dunkel ist? Welche dunklen Eigenschaften schreibt Ihr ihm zu? Die nächste falsche Psycho-Epistemologie behauptet, daß negative Emotionen gut sind und auch nicht vermieden werden können. Dieser Punkt taucht immer wieder auf, weil die Menschen den Unterschied zwischen dem Denken des negativen Ego und dem Christus-Denken nicht erkennen. Wenn Ihr nicht versteht, wie sich das Denken des negativen Ego zum Christus-Denken verhält, dann könnte bei Euch durchaus die Meinung entstehen, daß es falsch ist, sich der negativen Emotionen zu entledigen. Tatsache ist jedoch, daß negative Emotionen vom negativen Denken geschaffen werden so wie die positiven vom Christus-Denken.

Die meisten Menschen haben keine Ahnung davon, wie man seine Haltung verändert und heilt. Niemand hat ihnen das jemals gezeigt. Die traditionelle Psychologie, die Psychologie der Persönlichkeitsebenen, sowie 90% aller Berater, Psychologen, Ehe- und Familienberater, Sozialarbeiter und Psychiater werden Euch sagen, daß es falsch ist, die negativen Emotionen nicht auszuleben. Der eigentliche Fehler ist, zu behaupten, man hätte solche Emotionen nicht. Man muß sie erkennen und dann gehen lassen. Wenn Ihr Euch ausschließlich mit der Persönlichkeitsebene der Existenz identifiziert, ist das, was die Psychologen sagen, sicher ein guter Rat. Wenn Ihr jedoch Eure Seele, Monade und mächtige ICH BIN - Gegenwart und den wahren Aufstieg erkennen wollt, dann wird sich dieser „Glaube" verändern müssen. Er harmoniert nicht mit dem, was Eure eigene Seele Euch vorgibt. Die Seele wünscht, daß Ihr in jeder Situation mit Eurem Christusbewußtsein reagiert. Und das heißt, mit bedingungsloser Liebe, Vergebung, Geduld und dem Erkennen, daß es sich um Lektionen handelt, die man lernen muß. Ihr sollt nicht an Situationen festklammern, sollt der Situation entsprechend handeln statt nur zu reagieren, Eure Feinde lieben, den inneren Frieden trotz aller äußeren Umstände bewahren und die Dualität überwinden.

Seid Ihr allen ernstes der Meinung, daß eine Reaktion aus Wut, Abwehr, Ärger, Angst, Depression, Angriffslust, Gewalt und Rache einem Sohn/einer Tochter Gottes wirklich entspricht? Betrachtet doch das Beispiel, das die großen Meister wie Buddha, Jesus, Mohammed, Krishna, Moses, Laotse, Konfuzius, Sai Baba, Yogananda, Sri Rama Ramakrishna, Gandhi, Mutter Theresa, der Dalai Lama, Zoroaster, Peace Pilgrim und die Jungfrau Maria uns vorgelebt und welche Lehre sie uns hinterlassen haben. Möchtet Ihr Eurem traditionellen Berater oder den großen Heiligen und spirituellen Meistern nacheifern? In diesem Kapitel wiederhole ich immer wieder jede einzelne unausgeglichene Psycho-Epistemologie, an der die Menschen im allgemeinen, aber auch die Schüler und Initiaten zur Zeit festhalten. Ich übe keine Kritik damit. Wir alle müssen den Mut haben, die höchste Wahrheit zu suchen und bereit sein, wie Buddha es vorschrieb, auf unser Festhalten an falschen Standpunkten zu verzichten, um wirklich das höchste für uns erreichbare spirituelle Ziel zu erlangen.

Am Anfang schuf uns Gott als das reine Licht, und die Dunkelheit entstand, weil wir unsere Gabe der freien Wahl missbrauchten. Das ist etwas, was wir jetzt wieder reinigen und in Ordnung bringen müssen. So wie wir physische Giftstoffe aus unserem physischen Körper entfernen müssen, müssen die mentalen Gifte aus dem Geist, und die emotionalen Gifte aus dem Emotionalkörper verschwinden. Wenn man das Leben aus der Sicht des Christusbewußtseins betrachtet, ist dies ganz einfach – man braucht nur zu wissen, welche Gedanken Emotionen hervorrufen. Manche Menschen halten an der Psycho-Epistemologie fest, die der Philosophie entspricht, die ihre Eltern hatten. Andere verwenden wiederum einen kulturellen Filter, wie z.B. die jüdische oder indische Kultur. Es gibt spezielle Glaubens-Grundsätze und Gefühle, die in jeder Kultur einzigartig sind. Andere wiederum betrachten das Leben durch den Filter der eigenen Rasse, sei sie nun schwarz, weiß, gelb oder rot. Es gibt auch sozioökonomische Filter, oder den Filter unseres Sonnenzeichens im Horoskop. Wir können das Leben auch durch den Filter unserer Strahlenstruktur oder gewisser Archetypen betrachten. Man könnte sogar behaupten, daß wir das Leben durch den Filter unseres Planeten betrachten, der ganz unterschiedlich zu denen der anderen Planeten ist. Wir sehen das Leben auch durch den Filter unseres Sonnensystems, der Galaxie und des Universums, der seinerseits wiederum bloß einen Filter des unendlichen Kosmos, wie Gott ihn sieht, darstellt. Jedes Universum hat ein anderes kosmisches Thema und ein anderes Ziel. Allerdings brauchen wir uns darum erst dann zu kümmern, wenn wir die Ebenen im Universum des Melchizedek, welches unseres ist, durchschritten haben. Wir betrachten das Leben durch unsere jetzige Ur-Rasse, die arische, die für uns eher einen mentalen und hohen geistigen Konzentrationspunkt darstellt. Wir sehen das Leben durch die Planetenstrahlen, welche diesen Planeten beeinflussen. Melchizedek hat mit uns gearbeitet, damit wir versuchen, uns von all diesen Filtern und der Wolke astralen Mülls, welche den Planeten umgibt, zu befreien. Des weiteren gibt es politische Filter, wie die Zugehörigkeit zu den Demokraten, Republikanern oder den Unabhängigen, welche unsere Sicht und das, was wir glauben, einfärben. Versteht Ihr jetzt, warum Psychologie aus der Sicht der Seele und Monade so wichtig ist? Es gibt Millionen von Büchern über Psychologie, die meisten jedoch sind auf der Stufe der Selbstverwirklichung der Persönlichkeit stecken geblieben – Selbstverwirklichung der Seele und Monade kommen darin nicht vor. Deshalb fanden die Meister und auch ich es so wichtig, dieses Buch zu schreiben.

Auch religiöse Erziehung und Indoktrinierung in unserer Jugend ist ein Filter. Der christliche Filter ist vollständig unterschiedlich vom moslemischen oder hinduistischen. Selbst die Stadt und der Bundesstaat, in dem man groß wird, beeinflußt. Betrachtet nur den Glauben, welcher einem beim Aufwachsen in New York City, Los Angeles, Kalifornien oder im mittleren Westen anerzogen wird. Was gibt es dazu noch zu sagen! Dann ist da noch der Filter all unserer vergangenen Leben, mit denen wir ins Reine kommen müssen, der Einfluß unserer weiteren elf Seelen- ausdehnungen unserer Seelen-Familie sowie der einzigartige Filter unserer eigenen Seele und ihrer Mission. Dann kommt der Filter der Schule, der Massenmedien wie Fernsehen, Zeitschriften, Tageszeitungen und Radio, die alle materialistisch eingefärbt und von der spirituellen Realität abgeschnitten sind. Dann sind da noch die Verwandtschaft, in der wir groß wurden, die Großeltern sowie Freunde und Geliebte. Die Liste ist endlos, und alles hat seine Auswirkung. Wir möchten alle das Gefühl haben, frei davon zu sein, werden jedoch wesentlich stärker davon beeinflußt, als wir uns vorstellen können. Je weiter man in seinem Entwicklungsprozeß voranschreitet, desto mehr muß man diese Filter ablegen.

Und was ist mit dem Menschen, der kein Selbstwertgefühl und keine Selbstliebe besitzt? Dies ist ein sehr häufiges psycho-epistemologisches Ungleichgewicht. Wir betrachten alles im Leben durch den Filter des Geliebtwerdens und der Wertschätzung, die uns andere zukommen lassen. Jede der unterschiedlichen Arten der Psychologie betrachtet das Leben von einem anderen Standpunkt aus. Details könnt Ihr im Kapitel "Seelenpsychologie im Vergleich zur traditionellen Psychologie" in meinem Buch *Seelenpsychologie* nachlesen. Ein Beispiel dafür wäre die Gestalt-psychologie als weibliche Form der Psychologie, und die kognitive Psychologie als männliche Form. Der klassische Filter ist, ob Ihr Euch als physischen Körper oder als Gott, der in einem physischen Körper lebt, betrachtet. Mir ist gerade noch ein Filter eingefallen, obwohl die meisten Menschen ihn nicht als solchen betrachten würden. Es handelt sich dabei um den spirituellen Lehrer, die spirituelle Ausbildung, welcher ihr Euch unterzieht. Dies wäre zwar der am weitesten entwickelte Filter von allen, die hier erwähnt wurden, aber dennoch ein Filter. Nicht ein einziger spiritueller Lehrer kann das ganze Bild sehen. Je fortgeschrittener der Lehrer, desto weiter entwickelt ist auch der Filter.

Der Meister mit dem besten Filter unseres gesamten Universums wäre Melchizedek, denn er ist der Universelle Logos, d.h. der Präsident unseres gesamten Universums. Nehmen wir als Beispiel einen spirituellen Lehrer wie Paramahansa Yogananda, der, wie mir alle zustimmen werden, ein Mensch mit außerordentlicher Selbstverwirklichung war. Seine Lehren sind jedoch vollständig unterschiedlich von denen von Djwhal Khul oder Kuthumi. Das hat mit ihrem Typus der Strahlen zu tun, aber das ist bei weitem nicht alles. Ehrlich gesagt ist das einer der Gründe, warum ich es vorziehe, den Pfad der Vielfalt und Universalität zu gehen, obwohl meine Arbeit aus dem Ashram des zweiten Strahles der Spirituellen Hierarchie erfolgt. Ein weiteres gutes Beispiel sind *Die Schlüssel des Enoch*. Wie unterschiedlich ist doch dieser Filter im Vergleich zu, sagen wir *Ein Kurs in Wundern* oder zur Theosophie. Selbst Sai Baba, der ein Kosmischer Avatar ist, ist ein Filter. Er wäre einer der am weitesten fortgeschrittenen, doch hat seine Lehre einen absolut östlichen Einschlag. Dies ist keine Kritik. Um wirklich einen Gesamtüberblick über die Filter zu bekommen, ist es sicher gut, sich mit allen Religionen, alles spirituellen Wegen, allen spirituellen Lehrern und allen Mysterienschulen zu beschäftigen. Alle haben sie auf ihre Weise eine leicht unterschiedliche Einfärbung. Dies habe ich versucht, in meinem mehrbändigen Werk, das gerade im Entstehen ist, zu verdeutlichen. Ich habe in dieser leicht zu lesenden Enzyklopädie die besten Schulen, das beste Channeling sowie meine eigenen Channelingtexte und die derjenigen Menschen, mit denen ich zusammenarbeite, zusammengefaßt. Das ergibt eine abgerundete Perspektive und einen weitgefaßten Filter. Es gibt auch das Gefühl, daß alles inkludiert ist und daß zusammengearbeitet wird. Es zeigt auf, wo jeder hinpaßt und hingehört und daher arbeitet jeder dann auch gerne mit den anderen auf das große Ziel hin.

Aus eigener Erfahrung kann ich sagen, daß das Betrachten meines Lebens und Gottes durch all diese Filter mir viele Freude gebracht und mein Leben bereichert hat. Jeder einzelne ist so wunderschön, daß es kaum möglich ist, einem den Vorzug zu geben. Sie alle miteinander zu verbinden schafft den perfekten, den am weitesten fortgeschrittenen Filter, der zur Verfügung steht, und das führt uns wieder zum wichtigen Thema der Synthese und Integration zurück. Auch ob man sich selbst als Meister und Ursache für das eigene Leben, oder als Wirkung und Opfer betrachtet, schafft einen klassischen Filter. Es ist erstaunlich, wie stark die Opferhaltung in der Gesellschaft vertreten ist. Ich sehe das immer wieder in Gerichtsprozessen, welche die Leute aus den bizarrsten Gründen gewinnen. Wie in dem McDonalds-Prozeß, bei dem die Frau zwei Millionen Dollar Schmerzensgeld erhielt, weil sie ihren Kaffee verschüttete. Ich könnte mein Hemd im Schlafzimmer auf dem Boden liegen lassen, darüber stolpern und bei einem Prozeß gegen den Hemdenhersteller eine Million Dollar zugesprochen bekommen. Solche Absurditäten entstehen aus dem Opferbewußtsein! Die Menendez-Brüder gestehen, daß sie ihre Eltern umgebracht haben - dennoch sind sie unschuldig, weil sie als Kinder mißbraucht worden sind. Rodney King wird von der Polizei verprügelt, das Ganze ist auf Video aufgezeichnet, und die Geschworenen können sich nicht entscheiden, wer der Verursacher und wer das Opfer ist. Wir haben hier vielleicht das beste Geschworenensystem der Welt, und doch zieht man nicht in Erwägung, wie verwirrt und unklar die Geschworenen selbst sind. Man sieht nicht durch die Augen, man sieht durch die Gedanken. Bei der Abstimmung betreffend den Prozeß von O.J. Simpson, betrachteten ihn die meisten Farbigen als unschuldig, die meisten Weißen jedoch als schuldig. Ob da wohl ein Filter mit im Spiel war? Wahrscheinlich bei beiden Seiten! Ein sehr guter religiöser Filter ist, ob man sich selbst als mit der Erbsünde behafteten, elenden Wurm oder als den vollkommen Sohn Gottes betrachtet und weiß, daß alles andere nur eine Illusion ist. Eine weitere sehr häufige psycho-epistemologische Fehlfunktion ist, wenn man das Leben durch den Filter des kritischen Vaters/Mutter betrachtet. Dies ist die Psycho-Epistemologie des „Fehlerfinders". Im Idealfall findet die Seele hier nur Liebe. Auch das sehr häufig vorkommende Überheblichkeit-/ MinderwertigkeitSyndrom gehört hier herein. Wenn ein Mensch in den Klauen des negativen Ego ist, dann pendelt er ununterbrochen zwischen diesen beiden Extremen hin und her. Die Seele nimmt die Arbeit auf sich, beide Extreme zu transzendieren, sie „auszulachen" bis sie verschwinden und die den Menschen innewohnende Qualität zu erkennen, denn alle sind das Ewige Selbst, also Gott. Ein weiterer Filter ist, wenn man das Leben nicht durch die Liebe, sondern durch Angst und Angriffslust betrachtet. Das Bewältigen des Bewußtseins des negativen Ego ist für die Erde so neuartig, daß die meisten Menschen noch nie damit konfrontiert wurden. Sie sehen keine Möglichkeit, sich von den Polaritäten und der Dualität zu befreien, was wiederum ihre Sicht und ihre Beziehungen total verdunkelt. Ich könnte noch Hunderte von Beispielen bringen, ihr könnt jedoch alles im Detail im Buch *Seelenpsychologie* nachlesen, um Euch noch mehr Klarheit zu verschaffen.

Zusammenfassend kann man sagen, daß die ideale Psycho-Epistemologie darin besteht, die drei Verstandesebenen, die vier Körper, die sieben Chakren, die männlichen und weiblichen Aspekte sowie die himmlischen und irdischen Aspekte auszugleichen. Man muß mit sich selbst und mit Gott im Reinen sein, bevor man dies mit einem anderen Menschen sein kann. Ideal ist, alle Gedanken des negativen Ego zu bewältigen und gehen zu lassen und sie durch das Christus-Denken zu ersetzen. „Laßt den Geist, der in Christus war, auch in Euch wohnen." Versucht Euer Bestes, um Euch von allen Filtern dieses und vergangener Leben zu befreien, die Eure Wahrnehmung trüben könnten. Keine leichte Arbeit, wie Ihr gerade gesehen habt! Betrachtet das Leben aus der Haltung und Perspektive der Seele, der Monade, des Heiligen Geistes, der mächtigen ICH BIN - Gegenwart und dem Überselbst-Körper des gesalbten Christus. Überidentifiziert Euch mit keinem der zwölf Archetypen, der sieben Strahlen oder der zwölf Tierkreiszeichen, Häuser oder Planeten. Seid diesbezüglich integriert und ausgeglichen und seid vor allem der absolute Meister und die Ursache Eurer Realität im Dienste Gottes, im Dienste der Liebe und im Dienste der Menschheit und aller Reiche Gottes. Meiner bescheidenen Meinung nach bringt Euch dies zu einer gesunden Psycho-Epistemologie, die Euch gestattet, Göttlichkeit in Eurem Alltag zu zeigen und die Euch den Weg des Aufstiegs, der Initiation und der Gotteserkenntnis weist.

Psychologische Filter

Das Studium der Psychologie von Jung bringt einen weiteren Filter zutage, der die Menschen irreführt, und zwar das weitverbreitete Konzept des eigenen „Schattens". Ich respektiere Carl Jung, er war jedoch ein Mensch ohne Gotteserkenntnis. Er war ein traditioneller Psychologe, allerdings der spirituellste aller großen Psychologen. Das Problem ist, daß sich viele Menschen der Spiritualität über die Psychologie annähern. Alle Großen wie Freud, Adler, Maslow, Pearls, Carl Rogers und B.F. Skinner betrachteten das Leben durch einen ganz speziellen, ihnen entsprechenden Filter. Die Leute gehen zu Beratungen oder studieren Psychologie und werden dann von einem dieser Filter indoktriniert. In meinem Buch *Seelenpsychologie* habe ich eine vergleichende Übersicht der verschiedenen Formen der Psychologie zusammengestellt und sie dann mit der spirituellen und Seelenpsychologie verglichen. Man muß all diese Filter überwinden und jeden davon als Stück eines großen Kuchens betrachten, wobei einige Stücke eben besser, d.h. weiter entwickelt sind als andere. Jung war einer der fortschrittlichsten psychologischen Theoretiker, weil er bereits die spirituelle Komponente mit einbrachte. Das Problem mit ihm ist, daß er sich nicht so weit vorgewagt hat, wie das ein Yogananda, Sai Baba oder Aufgestiegener Meister täte. Er war ein Katalysator, in seinem eigenen Verständnis jedoch nicht vollkommen selbstverwirklicht. Trotzdem war er wie eine frische Brise im gottlosen Studium der Psychologie seiner Zeit.

Laßt uns zum Konzept des „Schattens" zurückkehren, an das so viele Lichtarbeiter glauben. Es ist ein falsches Konzept, ein Trick und eine Irreführung durch das negative Ego. Das Konzept besagt, daß jeder Mensch seinen Schatten integrieren muß. Aber das ist, verzeiht meine Sprache, Mist. Gott ist Licht und wir sind Licht. In Wahrheit gibt es keinen Schatten in uns. Gott ist Liebe, Licht, Freude, Positivität, innerer Friede, und Christusbewußtsein. Jeder Schatten entsteht durch das negative Ego. Gott hat das negative Ego nicht geschaffen, das haben wir selbst getan. Deshalb dürfen wir es nicht verschweigen, sondern müssen es sehen, wissen, daß es da ist, die Verantwortung dafür übernehmen und es loslassen. Der Sinn des Lebens ist, das negative Ego zu überwinden, und nicht, es zu verkörpern. Den eigenen Schatten zu verkörpern ist, als wollte man Dunkelheit, Krankheit oder Negativität im eigenen Sein darstellen. Das ist ganz genau die falsche, ganzheitliche Theorie, von der ich in meinem Buch *Seelenpsychologie* spreche. Das Buch *Ein Kurs in Wundern* drückt es so aus: „Jeder von uns ist das Licht der Welt" und „Verweigert jedem Gedanken, der nicht Gottes ist, den Zutritt zu Eurem Denken." Die Idee hierbei ist, den Schatten zu verweigern und ihn nicht im eigenen Sein mit einzuschließen. Wenn Ihr in einem dunklen Zimmer das Licht einschaltet, vertreibt es die Dunkelheit. Carl Jung war sicher ein großer Psychologe und Lehrer, hatte jedoch keine Ahnung vom Unterschied zwischen dem Denken des negativen Ego und dem Christus-Denken. Deshalb herrscht diesbezüglich bei ihm große Verwirrung. Sein Konzept des Selbst war gut, doch seine Psychologie entsprach dem Selbst und der Seele nicht ganz. Er kam der Sache zwar näher als irgend ein anderer Psychologe, war jedoch von der Psychologie, wie sie sich aus der Sicht eines wahren Aufgestiegenen Meisters darstellt, noch meilenweit entfernt. Er entwickelte eine Mischung aus Seelenpsychologie und einer Psychologie auf der Persönlichkeitsebene, was allerdings gegenüber den Theorien der anderen, die ja ebenfalls auf der Persönlichkeitsebene arbeiteten, ein gewaltiger Fortschritt war. Darum bezeichne ich ihn als Katalysator. Seid in diesem Punkt ganz klar: Ihr seid Gott, Ihr seid das Licht, Ihr seid die Liebe, Ihr seid positiv und es gibt keine Dunkelheit in Euch außer der, die Ihr selbst in Euch eindringen laßt. Es ist sehr wichtig, daß Ihr versteht, daß jeder Mensch das Potential zur Negativität in sich trägt, genauer gesagt, daß jeder das negative Ego in sich hat, welches er noch nicht bewältigen konnte. Es gibt irregeführte Seelen, die behaupten, daß es Satan, den Teufel, die Dunkle Bruderschaft oder das negative Ego nicht gibt, und das ist sehr gefährlich. Ideal wäre, wenn jeder Mensch ganz klar sehen könnte, wie das negative Ego einerseits und das Christus-bewußtsein andererseits in ihm wirkt. Wenn ein Mensch das Denken des negativen Ego nicht als Realität betrachtet, dann wird er ihm ganz sicher zum Opfer fallen. Man darf das Denken des negativen Ego, den Schatten nicht manifestieren. Gleichzeitig ist es sehr wichtig, niemanden dafür zu kritisieren, daß er das Bewußtsein des negativen Ego lebt.

Menschen, die den Ausdruck „Schatten" verwenden, behaupten oft, daß wir unseren Schatten auf andere projizieren, wenn wir ihn nicht als den unseren anerkennen. Hitler wird dafür gerne als Beispiel hergenommen. Hitler wurde vom negativen Ego und seinem Machtkomplex überwältigt und projizierte den Minderwertigkeitskomplex auf die Juden. Wie Fritz Pearls sagt: das beste ist, den Über- bzw. Untermenschen in sich mit Gelächter zu vertreiben. Ihm war klar, daß man das negative Ego überwinden, loslassen und ihm den Zutritt in das Denken und das Bewußtsein verweigern muß. Wir wollen den Schatten und/oder das negative Ego – ich verwende die Ausdrücke hier als Synonym – nicht in uns einschließen, sondern erkennen, daß sie potentiell in uns vorhanden sind. Wir müssen lernen, für Gottes Reich stets wachsam zu sein und diese potentielle negative Fähigkeit nicht zum Ausdruck kommen zu lassen. Das heißt, es darf niemals Euer Ziel sein, den Schatten als Euch zugehörig anzuerkennen, sondern vielmehr zu verstehen, daß er sich möglicherweise in Euch zeigen könnte, wenn Ihr es an Aufmerksamkeit fehlen laßt. Laßt es mich anders erklären: Ihr besitzt, Ihr verkörpert den Schatten nicht, sondern nur das Potential dazu, das dann zum Tragen kommt, wenn Ihr im Autopiloten lebt. Ihr müßt auch schonungslos ehrlich mit Euch selbst sein, wenn es um Bereiche in Eurem Charakter und Eurer Persönlichkeit geht, auf die das negative Ego noch Zugriff hat. Es gibt kein Wesen auf dem ganzen Planeten, das sein gesamtes negatives Ego bereits bewältigt hat. Sai Baba und Lord Maitreya kommen diesem Ideal vielleicht am nächsten.

Erkennt, daß jeder von Euch ein potentieller Hitler oder sonst einer der negativen Menschen, die man tagtäglich miterlebt, sein könnte; erkennt, daß es immer noch Anteile von negativem Ego in Euch zu bewältigen gilt. „Wer ohne Sünde ist, der werfe den ersten Stein." Wenn Ihr das verinnerlicht, dann fällt es Euch leichter, weniger Kritik zu üben, die Schwarz/Weiß-Sicht abzulegen, weniger selbstgerecht zu sein und statt dessen mitfühlender und liebevoller mit den Menschen in Eurem täglichen Umfeld umzugehen, die psychologisch unklar und verwirrt sind. Unrecht geschieht, wenn man den eigenen Schatten und das negative Ego lebt. Hitler ist hier das typische Beispiel und erinnert uns daran, daß dieses Potential, das in alles Söhnen und Töchtern Gottes vorhanden ist, niemals wieder manifestiert werden darf. Ihr müßt lernen, nicht Euren Schatten zu verkörpern, sondern darauf zu achten, daß ihr ihn loslaßt, denn sonst könnte das Hitler-Potential in Euch zum Tragen kommen. Das wirkt sich dann auf Eure Beziehungen, im Geschäftsleben oder im Umgang mit Euren Kindern aus. Das Ziel in Eurem Leben ist, das gesamte negative Ego, alle Dunkelheit, alle Negativität und allen Schatten loszulassen, und nur das Licht und Liebe Gottes auf Euch selbst und die anderen strömen zu lassen! Wenn man weiß, wie leicht das negative Ego unser Bewußtsein durchdringen kann, wenn wir nicht wachsam sind, übt man viel weniger Kritik an anderen Menschen. Ich halte mir immer den Bibelspruch vor Augen: „Durch die Gnade Gottes lebe ich." Wäre jeder von uns in einem fremden Land oder in einem Land der Dritten Welt geboren und wäre unter dem Regime dieses Landes aufgewachsen, dann wäre uns das Thema des negativen Ego vielleicht nicht so klar. In dieser schwierigen, mystischen Schule, die wir Erde nennen, ist es wahrlich nur durch die Gnade Gottes möglich, unsere Reifeprüfung und den Aufstieg zu erlangen.

Weitere psychologische Filter

Wenn jemand sich mit transaktionaler Analyse beschäftigt, wird er alles durch den Filter der Eltern, des Erwachsenen oder des Kindes betrachten. Bei der Psychologie Freuds ist es das zweite Chakra, der Kampf zwischen dem Es, dem Ich und dem Überich, das die Sicht bestimmt. In der humanistischen Psychologie sieht man alles durch den Filter des Emotionalkörpers und des Ausdrucks der Gefühle. Bei der Gestalt-Therapie zählt nur die Erfahrung und der Intellekt ist nebensächlich, in der Therapie von Adler ist es die Sozialpsychologie. In der Familienberatung geht es um die Familie als solche und nicht um die Psyche des einzelnen, und die Lehre von Abraham Maslow postuliert Extremerfahrungen und Selbstverwirklichung. Im Behaviorismus beruht alles auf positive oder negative Verstärkung oder Auslöschung und auf den Einfluß der Umwelt auf das Verhalten. Der Mensch ist wie die Ratte im Versuchskäfig. Der Psychiater betrachtet alles als medizinisches Modell, und psychologische Probleme beruhen aus seiner Sicht auf einem chemischen Ungleichgewicht. Der Ernährungswissenschaftler schreibt alles der Ernährung zu, und der kognitive Psychologe sieht in allem nur die Auswirkung des Denkens auf das Verhalten. Man wird in jedem Beruf in einer bestimmten Richtung ausgebildet. Der Darsteller komischer Rollen sieht alles durch den Filter der Situationskomik und versucht, daraus eine Komödie zu machen oder einfach die Leute zum Lachen zu bringen.

Der Rechtsanwalt sieht alles aus der Sicht des Ego-Kampfes gegen den gegnerischen Anwalt und folgt damit einer Gewinnen/Verlieren-Orientierung, und der Künstler betrachtet alles durch den Filter der Schönheit. Das hängt damit zusammen, daß wir den Auswirkungen der Strahlen unterliegen, d.h. jeder der sieben großen Strahlen hat seine Auswirkung auf die Seele und Monade. Für den Heiler ist es die Energie, für den Sozialarbeiter die sozialen Umstände, für den Familienberater die Einheit der Familie im Sinne von Partnerschaft und Kindern und für den Astrologen das Horoskop, welche hinter den Erfahrungen stehen. Egal, welchen Beruf man ergreift, man wird immer in Richtung auf den jeweiligen Filter ausgebildet, sei es als Lehrling oder in einer Schule. Ich sage nicht, daß dies schlecht ist. Das Problem entsteht erst dann, wenn die Menschen hinter ihrem Filter, sei es nun Psychologie, Religion, spirituelles Lehren, Beruf, Horoskope, der eigene Strahl, das kulturelle Erbe, das eigene Land, der Staat, die Stadt etc., selbstgerecht werden.

Viele Filter schließen sich sehr oft zu einem größeren zusammen – es bleibt jedoch immer ein Filter. Meiner Meinung nach ist es das Beste, sich ganz klar darüber zu werden, welche Filter das eigene Bewußtsein beeinflussen und zu versuchen, alle diese Filter einzuschließen und als Teil des Ganzen zu behandeln. Vielleicht geht es, wenn man beginnt, alles ultimativ, also durch einen universellen und eklektischen Filter zu betrachten. Das höchste Ideal wäre, alles durch den Filter Gottes, des Christus/Buddha und des Heiligen Geistes zu sehen, anders ausgedrückt, sich die Sicht des Melchizedek, des höchsten Wesens unseres Universums, anzueignen. Geht man noch weiter, kann man mit den Augen Gottes sehen. Dies ist die Bewältigung, an der wir arbeiten, und die große Innenschau, Selbsterforschung und Wachsamkeit erfordert. Die Filter sind in einer Art wie die Archetypen, deren jeden man als eine Art von Filter betrachten kann. Ideal ist, sie alle zu integrieren und sie dann einzusetzen, wenn es passend ist. Wir blicken immer durch einen Filter. Ideal ist, sich mit keinem davon zu identifizieren, sie jedoch zur Verfügung zu haben, sie zu verstehen, weil man dann mehr Mitgefühl und Verständnis für andere Menschen entwickeln kann. Manche Filter sind weiter entwickelt als andere – versucht, den feinsten Filter zu finden, der für Euch erreichbar ist. Der Filter von Sai Baba ist Millionenmal weiter entwickelt als derjenige von David Koreish von den Branch Dividians in Waco, Texas. Wenn man verschiedene Filter untersucht, dann wird das eigene Gesamtverständnis enorm erweitert. Jeder Mensch ist gewissermaßen ein Beobachter, der die verschiedenen Filter für das eigene spirituelle Wachstum erforschen und nutzen kann. Niemand kann jemals alle Filter hinter sich lassen, genau so wie es niemandem auf dieser Ebene möglich ist, das gesamte negative Ego hinter sich zu lassen. Das Bestreben muß jedoch sein, so klar wie möglich zu werden und so weit ein kosmischer Bürger zu sein, wie man dazu imstande ist.

Wenn Ihr Euch mit diesem Planeten und der Menschheit identifiziert, so ist auch dies ein Filter, denn wir sind in Wahrheit viel mehr als das. Im ultimativen Sinne sind wir kosmische Bürger. Zum jetzigen Zeitpunkt mag der Filter des Melchizedek unser äußerstes Ziel sein – ein Filter, der kosmisch und eklektisch ist. Das Problem mit vielen Menschen dieser Erde ist, daß sie so sehr an ihrem kleinen, egoistischen Filter haften, daß sie meinen, ihre spezielle Religion, Psychologie, Philosophie, ihr Strahl, ihr Archetypus usw. seien die allein selig machenden. Wie ein Sandkorn, welches meint, alles Wissen zu enthalten. Die Welt ist erfüllt von Glanz, Maya und Illusion. Laßt uns alle ernsthaft daran arbeiten, diese verschiedenen Filter abzulegen und durch den Filter des Melchizedek, des

Christus, des Buddha und des Heiligen Geistes das Leben so klar und unbefleckt wie nur irgend möglich zu sehen. Laßt uns das höchste Ideal anstreben. Wahrscheinlich ist es unmöglich, alle Filter abzulegen und zu überwinden; es muß jedoch unser Ziel sein, so klar und gottesbewußt zu werden, wie wir nur können.

Es besteht die große Gefahr, daß man in bezug auf den eigenen speziellen Filter selbstgerecht wird, oder daß man sich unbewußt in der eigenen Filterkonfiguration verhängt, ohne es überhaupt zu bemerken. Wahres Gottesbewußtsein, ohne jeglichen Filter, zu erreichen ist schon ein erstrebenswertes Ziel. Wenn wir, auf unserer Ebene, imstande wären, uns von unserem planetaren Filter zu lösen, dann wäre das bereits ein großer spiritueller Erfolg. Dabei kann die Philosophie der Auswahl, was den spirituellen Weg angeht, und der kosmischen Einstellung sehr hilfreich sein. Alle Religionen, alle spirituellen Wege, alle Gurus, Heilmethoden, Arten der Psychologie, alle Länder, Kulturen und politischen Systeme, alle Ashrams, alle Strahlen, Archetypen, Sternzeichen, Häuser und Planeten, alle Sonnensysteme, alle Galaxien, alle Aufgestiegenen Meister und alle Menschen werden zu Euren Lehrern. Mit all den Filtern, welche überwunden werden müssen, ist es viel einfacher, Demut zu lernen. Demut, die uns überkommt, wenn wir daran denken, welche enorme Aufgabe vor uns liegt, bis wir wirklich zur Gottes- und Melchizedek-Erkenntnis gelangen können. Melchizedek selbst hat uns diese Filter erst vor kurzem aufgezeigt. Bis zu diesem Zeitpunkt hatte ich dieses Thema noch nie so detailliert bearbeitet wie jetzt in diesem Kapitel. Das Studium der Filter hat mir wirklich erst die Augen geöffnet und war auch eine ausgezeichnete spirituelle Übung für mich. Bis zu den vor kurzem erteilten Belehrungen durch Melchizedek und dem Schreiben dieses Kapitels wußte ich überhaupt nicht, durch wie viele Filter die Menschen beeinflußt werden. Diese spirituelle Arbeit hat dazu beigetragen, meinen Bewußtseinshorizont ungemein zu erweitern. Ich habe immer schon mit den Filtern von Psychologie, Religion, spirituellen Lehrern usw. gearbeitet. Soziologie, Kultur, Ausbildung, Rasse, Land, Staat, Stadt, Archetypus, die Strahlen sowie Mann- oder Frau-Sein zog ich dabei niemals stark genug als Filter in Betracht. Ich habe sie in der Vergangenheit viel eher als philosophische Filter betrachtet und bei weitem nicht so umfassend wie jetzt.

Ich stamme aus einer Familie von Psychologen, daher ist mir jetzt klar, daß dies für mich einen Filter darstellte. Ich habe diesen Filter nie aus der Sicht soziologischer Faktoren betrachtet, ein typisches Beispiel dafür, wie man „betriebsblind" werden kann, bzw. wie man einen Filter los wird und sich gleichzeitig einen anderen einhandelt. Ideal wäre, wenn man je nach

Bedarf durch die Filter sehen und sie entsprechend auch loslassen könnte. Der Künstlertypus des vierten Strahles hat seine Mühe, durch den Filter des spirituellen Lehrers des zweiten Strahlen zu blicken und umgekehrt. Jetzt muß die Menschheit lernen, alle Typen, alle Berufe, gar alles in sich aufzunehmen, statt sich mit nur einem einzigen Inkarnationsthema zu identifizieren. Gott beinhaltet alles. Wenn wir Gott wahrlich erkennen wollen, dann müssen wir unsere Strahlen-Programmierung, die Ashram-verbindung, das Sternzeichen, welches uns in diesem Leben regiert sowie unsere Archetypus-Präferenz loslassen.

Es ist eigentlich recht aufregend und macht auch viel Spaß, sich mit den verschiedenen Filtern auseinanderzusetzen. Ich kenne dies von meinen Studien in Richtung Psychologie, Spiritualität und Religion und weite es jetzt auf die Bereiche Kultur, Strahlen, Astrologie, Archetypen, Politik, Ökonomie, Länder, Staaten, Städte, Rasse und Geschlecht aus. Wenn man durch alle Filter blickt, ist es wahrlich, als würde man durch Gottes Augen sehen, denn Gott inkarniert sich in allen Menschen jeglicher Art und Herkunft. Wie viel könnten wir alle lernen, wenn wir das Leben durch den Filter der Indianer, der Buschmänner der Kalahari oder sogar der Völker Russlands oder Indiens betrachten würden. Die meisten von uns haben sich, genau so wie ich, bereits mit diesen Ideen beschäftigt. Der einzige Unterschied ist, daß dieses Konzept heute viel breiter gefächert ist, damit wirklich alle Filter erfasst werden und wir verstehen, daß dies die wichtigste Übung im Bereich des spirituellen Wachstums ist. Dann können wir wirklich versuchen, mit den Augen Gottes und Melchizedeks zu sehen. Wendet dies zunächst einmal auf die Strahlen an. Betrachtet das Leben durch den zweiten Strahl der spirituellen Bildung. Dann wechselt den Filter und betrachtet alles durch den Künstler. Dann geht zum siebten Strahl und seht durch den Filter des Geschäftsmannes. Danach geht zum ersten Strahl und betrachtet die Dinge mit den Augen des Politikers. Versucht dies mit allen Ländern der Welt, mit den politischen Systemen. Danach nehmt die Sternzeichen her, die zwölf Archetypen, die Religionen, die spirituellen Lehrer und alle Arten der Psychologie. Versucht es dann auch mit unterschiedlichen Berufen.

Jeder Filter ist wie ein neuer Hut oder eine neue Brille. Wenn wir die verschiedenen Hüte anprobieren und wieder abnehmen, erweitert das sehr stark unser Bewußtsein und wir werden „abgerundeter", weniger kritikfreudig und mitfühlender. Wir erlangen tiefe Einsichten in uns selbst und in unsere Brüder und Schwestern. Dieses Konzept führt die Idee des universellen und eklektischen Denkens zu einem wesentlich weiteren

Verständnis als jemals zuvor. Das Ego hat uns allen einen Zaun ohne Durchblick vor die Nase gesetzt, ohne daß uns dies aufgrund der kollektiven planetaren Programmierung aufgefallen wäre. Es müßte schon jemand wie Melchizedek mit seiner kosmischen Sicht kommen, um dies den Menschen zu erklären, die vollauf damit beschäftigt sind, sich darauf zu konzentrieren, den planetaren Aufstieg zu realisieren. Unsere Herausforderung liegt darin, das Leben durch die Augen des Überselbst-Körpers des gesalbten Christus oder des kosmischen Körpers zu betrachten. Wenn wir diese Körper in uns aktivieren und verwirklichen wollen, dann müssen wir beginnen, durch ihre Augen zu sehen. Dieses Kapitel will Euch dabei helfen. Es handelt sich hier um die psychologische Komponente des kosmischen Aufstiegsprozesses! Viele Menschen dieses Planeten realisieren ihren Aufstieg auf einem Strahl, doch in allen anderen Strahlen sind sie nicht gut bewandert. Sie folgen der natürlichen Vorliebe ihrer Seele und ihres Strahlentypus der Monade. Der nächste Schritt und gleichzeitig eine Weiterentwicklung im Verständnis des Aufstiegs-prozesses ist es, wenn man sich über das hinaus entwickelt, was Euer Strahlenplan und Euer Horoskop Euch vorgibt. Dies ist dann der Schritt von der planetaren zur kosmischen Aufstiegsverwirklichung.

Ich nehme an, daß einer der Gründe, warum so vielen Menschen meine Bücher und Workshops gefallen, darin liegt, daß sie so universell und eklektisch sind. Mein Guru beinhaltet alle Gurus, und meine Religion alle Religionen. Mein spiritueller Weg setzt sich aus allen spirituellen Wegen zusammen, und die einzigen Lehren, denen ich folge, sind alle spirituellen Lehren zusammengenommen. Die einzige Psychologie für mich ist die Anwendung aller Arten der Psychologie. Mein Ashram besteht aus allen Ashrams. Drei davon (Djwhal Khul, Lord Maitreya und Melchizedek) bilden meinen Hintergrund, doch ich bin in allen daheim. Auf diese Weise vermitteln meine Bücher und meine Workshops das Beste von allen Welten. Alle sind darin enthalten, niemand ausgeschlossen. Jeder gehört zum Team, und alle arbeiten mit. Der Inhalt dieses Kapitels macht dieses Konzept noch umfassender und inklusiver. Es zeigt den Schritt von der Selbstverwirklichung zur Gottesverwirklichung. Das eigene Leben und der spirituelle Pfad bekommt, meiner Meinung nach, viel mehr Tiefe, wenn man offen sein und von allen Filtern und psycho-epistemologischen Systemen lernen kann, solange sie nicht durch das negative Ego verunreinigt sind. Doch selbst Verunreinigungen können hilfreich sein, weil sie uns zeigen, was man nicht tun sollte und damit die Möglichkeit eröffnen, daß man den anderen Menschen aufzeigt, daß sie in einer Form des Glanzes, der Maya und der Illusion festhängen.

Darum habe ich auch manchmal Religionen, spirituelle Wege und psychologische Theorien studiert, von denen ich weiß, daß sie sehr wohl vom negativen Ego befallen und unklar sind, wie z.B. die Christlichen Fundamentalisten, Scientology und Bücher von Autoren, die kein völlig klares Verständnis besitzen. Für mich ist es faszinierend, wie das negative Ego die Wahrheit verdreht. In meinem Buch *Verborgene Mysterien* schrieb ich ein Kapitel mit dem Titel „Die Beschmutzung der Kirche durch das Ego". Es war eine faszinierende spirituelle Übung, zu erforschen, wie die Lehre des Christus durch die traditionelle Religion verzerrt wird. Es genügt nicht für das Leben, nur das Christusbewußtsein zu verstehen. Um ein Meister zu werden, muß man gleichermaßen versiert im Studium des negativen Ego sein, um zu wissen, worauf man achten und welche Fallen man vermeiden muß. Selbst wenn ich jetzt nicht mehr viel Zeit damit verbringe, war diese Übung absolut der Mühe wert und hat mich zu einem besseren spirituellen Lehrer und Psychologen gemacht. Auf eine Weise habe ich alle verschiedenen unausgeglichenen Psycho-Epistemologien studiert, welche das negative Ego als Falle aufstellt, um damit die Menschen in Glanz, Maya und Illusion einzufangen. So lange man sich nicht selbst in dieser Falle verfängt, ist das Studium der unausgeglichenen Filter eine hilfreiche Übung. Es ist vielleicht eine Übung des zweiten Strahles, sie war jedoch gut als Training und ich möchte sie Euch für Eure Forschungsarbeit ans Herz legen. Am wichtigsten ist, nicht zu kritisieren, sondern Mitgefühl zu zeigen, wenn man sieht, welchen Schaden das negative Ego anrichtet. Vergeßt niemals, daß das negative Ego ein Meister der Täuschung ist, so wie der Heilige Geist ein Meister der schlichten Wahrheit.

Wir haben noch nicht über einer weitere Gruppe von Filtern gesprochen, welche schon immer eine enorme Auswirkung auf die Menschheit hatte, nämlich die Philosophie. Psychologie, wie wir sie kennen, gibt es seit dem späten 19. Jahrhundert, die Philosophie jedoch existiert seit undenklichen Zeiten. Jeder philosophische Standpunkt bildet einen eigenen Filter. Es gibt buchstäblich Tausende davon, genau so wie Psycho-Epistemologien. Die Philosophie der Wissenschaft zum Beispiel, welche die Ansicht vertritt, daß nur das existent ist, was man mit seinen fünf Sinnen wahrnehmen kann. Eine Theorie, welche allen Fähigkeiten der rechten Gehirnhälfte Hohn spricht. Diesen Filter würde ich nicht leben wollen: Nichts ist, es sei denn, es wäre experimentell bewiesen! Der Existentialismus wiederum spricht von der freien Wahl und der grundsätzlichen Einsamkeit des Menschen. Irgendwie fehlt hier die Einheit mit Gott. Sokrates, Plato und Aristoteles hatten ihre speziellen Filter, wobei Aristoteles sich stärker mit dem rationalen Denken identifizierte als die beiden anderen. Die Hypnose betrachtet alles durch den Filter des Unterbewußten. Ayn Rands Antwort auf die Probleme des Lebens war eine Philosophie der Selbstsucht, der ganz sicher die Seele fehlte. Unsere Filme und Fernsehprogramme zeigen eine ähnliche Tendenz. Die Fernsehserie „Roseanne" betrachtet alles aus der Sicht Unterschicht, ganz ähnlich wie „Home Improvement". Bei „Frazier" finden wir einen intellektuelleren Filter. In Talkshows haben wir dasselbe Problem. Oprah Winfrey blickt mehr durch den Filter des Herzens, während Sally Jesse Raphael eher gefühlsbetont und Donahue eher intellektuell vorgeht. Die Show von Geraldo Revera ist vom niederen Selbst und den Randgruppen der Gesellschaft angetan. Man sieht das auch bei den verschiedenen Filmregisseuren. Die Filme von Tarantino sind normalerweise äußerst brutal und verherrlichen die dunkle Seite des Lebens. Der Regisseur des Films „Ghandi" wiederum zeigt, was das höchste Ziel der Menschheit ist. Von diesen Filtern werden wir mehr beeinflußt, als uns bewußt ist; je nach dem Stand unserer spirituellen und psychologischen Entwicklung sind uns auch andere Filter wichtig. Jedes Buch, das wir lesen, enthält einen Filter und einen gewissen philosophischen Trend, den es vermittelt. Das gilt auch für die großen Dichter. Die ganze Welt ist ein gewaltiger Mischmasch von Filtern: Die einen betonen die Gefühle, andere das Denken, manche die Intuition; andere sprechen die fünf Sinne an, andere wieder die rechte oder die linke Gehirnhälfte; manche greifen nach dem Himmel, für andere ist die Erde das Thema, manche beinhalten Gott, die anderen die ICH BIN - Gegenwart, oder die Seele oder die Persönlichkeit; andere wiederum betonen das erste oder das zweite, dritte, vierte, fünfte, sechste oder siebte Chakra.

Andere Menschen identifizieren sich mit dem Inneren Kind oder dem inneren Vater/der Mutter. Diese spiegeln das niedere Selbst, jene das höhere. Für einige ist es das Überbewußtsein, für andere das Bewußtsein und für wieder andere immer noch das Unterbewußtsein. Es gibt Menschen, die alles durch den Filter von Beziehungen betrachten, oder durch die Familie, das Channeling oder den Intellekt. Einige benutzen die okkulte Sicht der Dinge, andere wieder die mystische. Es könnte auch einer der zwölf Archetypen, einer der sieben Strahlen, die Sternzeichen, Häuser und Planeten verwendet werden; oder vielleicht die Psychologie, die Philosophie, die Religion oder die New Age-Bewegung. Bei manchen Menschen läuft das Denken bzw. der Filter, durch den sie das Leben sehen, vollkommen unbewußt ab. Sie leben einfach, die Innenschau ist für sie nicht von Interesse. Das ist für mich der Automatik-Filter. Dann kommen noch die drei Filter des Atheisten, des Agnostikers (ein Mensch, der nicht weiß, ob es Gott wirklich gibt) und des Gläubigen. In den vielen Jahren der philosophischen Entwicklung taucht immer wieder der Rationalist und der spirituelle Mensch auf, und derjenige, der versucht, die beiden miteinander zu verbinden.

Es gibt noch viele andere berühmte Philosophen, welche die westliche Wahrnehmung der Realität beeinflußt haben: Emerson, Thoreau, Hegel, Spinoza, Orpheus, Pythagoras, Cicero, Blake, Maimonides, Hermes und Philo, um nur ein paar zu nennen. Dann gab es noch moderne Autoren, wie Hermann Hesse, welche wie besessen davon waren, die dunkle Seite des Lebens zu integrieren und die dann letztlich durch Selbstmord endeten. Edgar Allan Poe war sicherlich von der dunklen Seite der Dinge erfüllt. Alle diese Menschen haben auf ihre Weise ein bißchen die Gedanken der westlichen Philosophie eingefärbt. Und doch haben sie auch zu Schönheit und Verständnis beigetragen, wie z.B. Hermann Hesse mit „Siddhartha". Es ist hier ganz wichtig zu verstehen, wie sehr diese verschiedenen Philosophien das Bewußtsein „fragmentieren" und nicht das ganze Bild betrachten. Sie identifizieren sich mit bestimmten Wissens- und Erfahrungswerten, welche Gott uns gegeben hat, statt das ganze, integrierte und ausgeglichene Bild zu sehen. Es ist faszinierend, all diese „Tortenstückchen" zu studieren, welche sich in philosophisch-psychologischen und spirituellen Bewegungen äußern.

Das Problem ist daraus entstanden, daß alle, die so ein Stückchen geschaffen haben, meinen, ihr Stückchen sei der ganze Kuchen und die gesamte Wahrheit. So kann einen das negative Ego in die Irre führen. Wie ich immer sage, das Leben ist wirklich ein enormer Mischmasch aus unausgeglichenen Philosophien und Filtern. Darum gibt es so viele Menschen, die krank und unglücklich sind. Unlängst sah ich im Fernsehen eine Show mit Maria Shriver zum Thema Glücklichsein. Es ist unglaublich, was die Menschen für Dinge tun, um ihr Glück zu finden. Meiner Meinung nach hatte keiner der Leute oder Prominenten, die sie interviewte, auch nur die geringste Ahnung. Glücklichsein ist ganz einfach – es ist ein Geisteszustand, eine Einstellung oder Perspektive in bezug auf das Leben. Genauer gesagt, ist es das Betrachten des Lebens durch die Wahrnehmung und Einstellung des Christus statt durch die Perspektive des negativen Ego. Die Bibel sagt: „Laßt den Geist in Euch sein der in Jesus Christus war." Ihr könnt es auch den Geist des Buddha oder des Krishna nennen, es ist der selbe – es ist der Geist Gottes.

In einer Fernsehshow wurde berichtet, daß man eine Umfrage zum Thema Glücklichsein durchgeführt hatte und daß bloß 29% der Menschen in den USA sagen konnten, daß sie glücklich waren. Ich bin jedoch davon überzeugt, daß selbst diese glücklichen 29% in großer Gefahr sind, diesen Zustand zu verlieren, denn er beruht auf Dingen, die im Außen liegen, also auf Beziehungen, Familie, Beruf, Geld, Sicherheit etc. Wenn Euer Glück auf etwas anderes als der Hingabe an den Geist besteht, dann ist der Absturz programmiert. Wie Sai Baba es ausdrückt: „Es ist der Geist, der Fesseln erzeugt und es ist der Geist, der Freiheit schafft." Buddha sagt: „Alles Leiden entsteht aus der falschen Sicht der Dinge." Und in der Bibel steht: „Wie der Mensch denkt, so ist er."

Zusammenfassung

Zum Abschluß dieses umfangreichen Kapitels über Filter und Psycho-Epistemologien fragte ich Melchizedek, wie wir es zusammenfassen könnten und ob er noch etwas hinzufügen wollte. Ich war froh, diese Frage gestellt zu haben, denn ich wußte, seine Antwort würde die Krönung des Themas und eine perfekte Zusammenfassung sein. Melchizedek sagte, wir sollten uns vorstellen, wie es wäre, das Leben durch das winzige Auge einer Fliege zu sehen. Tut das jetzt und stellt Euch vor, wie das Leben dann aussieht. Melchizedek meinte, genau so würden viele Menschen dieser Erde das Leben betrachten. Das Gottesbewußtsein ist unendlich groß und endlos und das Erbe jedes Menschen. Und doch betrachten die Menschen das Leben durch einen winzig kleinen Filter. Dann sagte Melchizedek noch, es wäre das Beste, wie „durch einen Kristall/ein Prisma zu sehen und alle Spiegelungen gleichzeitig wahrzunehmen". Dies entspräche dann dem Gottesbewußtsein. Wenn Ihr durch einen geschliffenen Kristall hindurch seht, könnt Ihr die vielen Facetten und Farben, die durch die Lichtbrechung entstehen, erkennen. Es gibt Tausende von Facetten, wie bei einem Diamanten. Was für ein wunderbares Beispiel! Was jedoch normalerweise passiert, ist, daß wir das Leben nur durch einen einzigen Farbstrahl des Prismas oder ein kleines Grüppchen von Facetten betrachten, statt den Kristall in seiner Ganzheit wahrzunehmen. Melchizedek sagte, daß er selbst, wie auch Lord Arcturus, durch ein Prisma blicke. Melchizedek ist der am weitesten entwickelte Filter unseres Universums und doch immer noch ein Filter in bezug auf Gott, der unendlich viele Universen in sich enthält. In Gottes kosmischem Kristall ist jedes Universum eine Facette, durch die Er blicken kann. Bei uns ist es, allerdings in einem viel, viel kleineren Maßstab, das gleiche. Deshalb können wir auf unserer Ebene auch niemals vollständig diesen Prozeß meistern, denn es gibt auf jeder Stufe der Initiation immer wieder einen neuen Filter, den man überwinden muß. Melchizedek, der Universelle Logos, durchläuft den gleichen Prozeß wie wir, allerdings ist sein Maßstab der Kosmos.

Das Beispiel des Kristalls ist eine wunderbare Metapher. Er enthält alle nur möglichen Facetten, durch welche man zu jeder Zeit blicken kann, kehrt jedoch nach Beendigung der Betrachtung wieder zu einer Art kosmischen Bewußtseins zurück. Leider verhängen sich die meisten Menschen dieser Erde in einem der Filter oder Facetten und meinen, sie hätten das höchste Ziel erreicht – sie blicken jedoch in Wahrheit nur durch das Auge der Fliege. Dies gehört zum Glanz, zur Maya und zur Illusion des negativen Ego mit seiner nur auf sich selbst ausgerichteten Perspektive. Wenn man alle Spiegelungen innerhalb des Kristalls wahrnehmen und aus ihnen heraustreten kann, ohne sich darin zu verhängen, dann hat man die vollständige Integration, Einheit und das Bewußtsein des Einssein erreicht, das unser höchstes Ziel darstellt. Damit hat man auf unserer Ebene eine Art kosmischen psychologischen Bewußtseins erreicht, nämlich das Leben nach bestem Vermögen durch Gottes Augen statt durch das Auge der Fliege zu sehen.

Meditation zur emotionalen, mentalen und physischen Reinigung

Laßt ein weißgoldenes Licht spiralförmig durch Euer Kronenchakra einströmen und durchstrahlt damit Euer gesamtes Vierkörper-System und Euer Energiefeld. Führt den Lichtstrom ein paar Mal durch Euren Körper und verwendet den Atem dazu, um der Bewegung Energie zu verleihen. Durchströmt Eure gesamte Zentralchakrensäule damit, die vier Körper und auch den physischen Körper. Ein jeder spiralförmiger Lichtstrom wird kräftiger und erfüllt Eure gesamte Aura. Erbittet nun den Schutz von Djwhal Khul, Vywamus und/oder vom Meister Eurer Wahl. Ruft Eure Überseele und Monade an, damit sie Euren Astral- und Emotionalkörper erleuchten. Bittet um die Entfernung allen Unbehagens aus Euren vier Körpern. Wenn sich der Stau löst, ist Verjüngung eine ganz natürliche Erscheinung. Dann bittet um die Heilung Eures Herzchakras und aller anderen Chakren. Klopft, während des Vorgangs leicht auf Euer Herz und summt dazu, wenn Ihr wollt. Dann ruft eine glühende Lichtsäule des

Kosmischen Christus mit ca. 8 cm Durchmesser auf die Krone Eures Kopfes herab. Ihre Farbe ist Champagner/Weiß. Laßt sie herabkommen. Dies bringt den Schläfen- und Craniumbereich wieder ins rechte Lot und steigert Eure persönliche Schwingung in einem Ausmaß, daß Ihr alte emotionale Programme loslassen könnt. Dehnt Euch aus und öffnet die Rückseite Eures Herzchakras. Nutzt dazu die Atmung und bittet die Meister um Hilfe. Jetzt geht in den Solarplexus-Bereich, der das emotionale Zentrum ist. Laßt alle unerwünschten Energien aus diesem Bereich in die Erde fließen, in der sie sich auflösen. Befreit Euch von aller Last oder emotionalen Verankerungen.

Ruft die Engel an, vor allem jene, die sich auf emotionale Reinigung und Heilung spezialisiert haben. Bittet sie, Euren gesamten Solarplexus-Bereich zu reinigen und auszubalancieren. Ihr müßt gar nicht wissen, was hier entfernt wird – überlaßt alles, was nicht Christusschwingung besitzt, den Engeln. Über dem Solarplexus entsteht ein kristallklares Energiefeld, eine neue Chakren-Säule und ein neues Vierkörpersystem. Ihr bittet hier sozusagen um eine neue Seite im Buch Eures Lebens. Drückt auf die „Entfernen"-Taste und löscht Euer ganzes Programm, damit Ihr einen Neustart wagen könnt. Entfernt alle Programme mit Hilfe aller Meister und Engel, die mit den Programmierungen des negativen Ego befaßt sind. Diese Programme werden dann durch die einzig wahre Emotion, die Liebe, ersetzt.

Dann seht, wie Ihr über einem wunderschönen, ruhigen, friedlichen See von zauberhafter blauer Farbe schwebt. Bringt Euch in einen tiefen Zustand der Meditation, gemeinsam mit dem Buddha, der mit Euch über dem See schwebt. Fühlt, wie Eure Gedanken und Emotionen ganz ruhig werden, so ruhig wie dieser klare blaue See. Und so ruhig und friedvoll wie der Mental- und Emotionalkörper des Buddha. Konzentriert Euch auf das Dritte Auge und spürt darin das blaue Licht, das aus dem Dritten Auge des Buddhas zu Euch strahlt.

9 Die Befreiung von speziellen Krankheiten aus der Sicht der Meister

Die Idee für dieses Kapitel kam mir, als ich eines Tages mit meinem Auto unterwegs war. Ich beschloß, einen Blick in das DSM-III Diagnose-Handbuch zu werfen, einige der häufigsten psychologischen und/oder physischen Erkrankungen herauszuschreiben und sie während unserer Meditationen den Meistern vorzulegen. Wir baten die Meister, uns mitzuteilen, was aus ihrer Sicht, statt aus der doch recht beschränkten Sicht der traditionellen Psychologie, der Grund für die Erkrankung sei und wie man sie heilen könne. Was ich suchte, waren kurze, präzise Antworten, die mentale, emotionale, physische oder karmische Gründe beinhalteten. Man könnte Bücher über jede dieser Erkrankungen schreiben. Bitte nehmt die folgenden Erklärungen nicht als endgültige und unwiderrufliche Antwort auf diese Fragen; was Euch hier gesagt wird, kann jedoch Hilfestellung zur Selbstmeisterung und Heilung in diesen Bereichen leisten. Meine erste Frage beinhaltete die multiplen Persönlichkeiten, ein Thema, das mich schon immer sehr interessiert hat.

Multiple Persönlichkeiten

Es könnte sich hierbei um Wesenheiten handeln, die durch ein durch Traumata geschaffenes Loch in der Aura Zutritt gefunden haben. Es könnten aber auch abgetrennte Unterpersönlichkeiten sein, die sich aus Angst fragmentiert haben. Oder beides. Es könnten jedoch ebenso Aspekte aus vergangenen Leben sein, die sich noch auf fragmentierte, nicht integrierte und ungeheilte Weise bemerkbar machen. Um ein Beispiel zu geben: Hat jemand in einem früheren Leben einen Mord begangen, kann sich das zu einem Trauma entwickeln und den Menschen dazu bringen, daß er sich in eine Persönlichkeit fragmentiert oder abspaltet, welche diese Tat immer wieder durchspielt. Das kann Wesenheiten, Implantate, Parasiten (negative Elementale) anziehen, die dann den gesamten Organismus befallen. Diese Abspaltung kann auf einer Zweifach-Ebene geschehen, oder sich mehrfach (drei oder mehr) zeigen, was bedeutet, daß eine ganze Gruppe von anfälligen Teilen sich abgespalten hat, so wie das in den Filmen „Sybil" und „The Three Faces of Eve" dargestellt ist. Dabei brechen die Teile alle Verbindungslinien ab und diese wetteifern um die Beherrschung der Persönlichkeit, des Organismus. Um eine Heilung herbeizuführen, muß dieser Mensch einen konstanten Fluß zwischen der Seele (dem Höheren Selbst) und der Persönlichkeit herstellen, der dafür sorgt und darauf schaut, daß alle Teile integriert und ausgeglichen werden, so wie wir alle unsere Archetypen, Strahlen und astrologischen Aspekte ausgleichen und integrieren müssen. In unserem Falle haben sich diese Teile jedoch weder abgespalten noch fragmentiert, wie dies bei der multiplen Persönlichkeit der Fall ist und wir gehen auch mit den Astral-Wesenheiten, Implantaten und Parasiten anders um. Eine Mehrfachpersönlichkeit kann dann als geheilt betrachtet werden, wenn alle Implantate, Parasiten, Astral-Wesenheiten und die Kernangst entfernt, und die verschiedenen Persönlichkeiten oder Archetypen in ein integriertes Ganzes umgewandelt worden sind.

Die Entfernung der Kernangst, der Implantate, Parasiten und Astral-Wesenheiten, das rechte philosophische Verständnis der Notwendigkeit von Integration sowie die Leitung durch das Bewußtsein erleichtern die Heilung außerordentlich. Menschen, die diese Fehlfunktion haben, werden mit der Hilfe eines qualifizierten Therapeuten oft wieder gut integriert und funktionsfähig. Oft ist ein schweres Trauma, wie z.B. Kindesmißbrauch, der Auslöser. Das bedeutet jedoch nicht, daß jeder Mensch, der als Kind mißbraucht worden ist, später zu einer multiplen Persönlichkeit wird. Dieses Phänomen ist eher selten.

Definition bekannter negativer Emotionen

Der nächste Teil wurde von einem meiner früheren spirituellen Lehrer, Paul Solomon, der bereits in die Geistige Welt weitergegangen ist, gechannelt. Paul war ein phantastischer spiritueller Lehrer – und ist es immer noch. Viele bezeichneten ihn als den nächsten Edgar Cayce. Im Anschluß findet Ihr aufgelistet, was für Einstellungen die Menschen haben und wovon sie überzeugt sind, was dann zu den bekannten negativen Emotionen führt. Einige Erklärungen sind recht verblüffend und erstaunlich exakt.

Wut:

Verlust der Kontrolle über andere und der Versuch, sie wieder zu erlangen. (Daraus ergibt sich: Frustration, Irritation, Ärger, Entrüstung, Ungeduld etc.).

Angst:

sich eine Gefahr vorstellen, die es noch nicht gibt.

Haß:

falsch angewandter Ausdruck von Selbstliebe oder –schutz, weil mir die Meinung, die der andere von mir hat, sehr viel bedeutet, obwohl ich mich in seiner Gesellschaft unbehaglich fühle.

Sorge und Nervosität:

hindert das Selbst daran, eine Situation zu vermeiden oder sich darauf vorzubereiten.

Schuldgefühle:

das Wühlen in Gedanken an eine vergangene Situation, um jetzt nicht aktiv werden zu müssen.

Verletzung:

Verweigerung, die Verantwortung für die eigenen Gefühle zu übernehmen. Das Gefühl, daß der andere nicht das tut, was ich von ihm möchte.

Verwirrung:

Trägheit des Geistes, um einer Entscheidung oder dem Umgang mit einer Situation aus dem Wege zu gehen.

Selbstmitleid:

das genußvolle Schwelgen in Hilflosigkeit (Ersatz für Selbstliebe).

Kummer:

Verlust der Kontrolle über eine Quelle der Aufmerksamkeit oder Zuneigung.

179

Abneigung:

Wut und Verletztsein.

Eifersucht:

Fehlidentifikation und das Gefühl, des Nicht-Entsprechens und der Unsicherheit gegenüber einem bekannten oder nicht bekannten Konkurrenten; auch Angst vor Verlust.

Selbstgerechtigkeit, Entrüstung, Verachtung, Geringschätzung:

Überheblichkeit, um sich selbst besser als die anderen zu empfinden.

Langeweile:

der Mensch übernimmt keine Verantwortung für sein eigenes Glück oder die eigene Unterhaltung.

Einsamkeit:

man legt die Verantwortung für das eigene Glück in die Hände anderer Menschen.

Ablehnung:

es gelingt dem Menschen nicht, von anderen anerkannt zu werden.

Schüchternheit:

ich warte darauf, daß mir jemand sagt, wie gut ich bin.

Heimweh:

Verlust der Quelle der Aufmerksamkeit und der Selbst-Identität.

Peinlichkeit:

Gefühl, daß mich jemand für einen Idioten halten könnte.

Bedauern:

Minderwertigkeitsgefühl, weil man mit einer Situation nicht in entsprechender Weise umgegangen ist.

Die folgende Information wurde während unserer Sonntagmorgen-Meditation von Djwhal Khul, Lord Maitreya und Melchizedek unter der Leitung von Djwhal Khul durchgegeben.

Migräne

„Migränen entspringen aus unintergriertem Material, welches durch die Psyche aufsteigt; der Mensch hat seine Seelenverbindung nicht zur Kenntnis genommen und ist daher nicht imstande, das Verhaltensmuster aufzunehmen und fühlt sich durch den blockierten Energiefluß unter Druck. Es spielen hier karmische Themen aus diesem und aus vorherigen Leben mit, was einen Druck auf das Gehirn und seine Umgebung, die Schläfen, den Nacken und die Schultern auslöst. Die richtige Integration der Seele bewirkt, daß man nicht versucht, das eigene Karma zu vermeiden, bzw. eine Last auf den Schultern zu tragen, die einem zu schwer ist." Djwhal sagte auch, daß es dafür umweltbedingte oder durch Chemikalien bedingte Gründe geben kann, ebenso wie karmische Gründe aus vergangenen Leben.

Migränen stehen nahezu immer mit psychischem Druck in Zusammenhang. Er sagte, es könne jedoch auch ein Druck im Kopf entstehen, weil hohe Schwingungsenergien spiritueller Art einströmen. Diese hohen Schwingungsenergien können bewirken, daß die Gehirnflüssigkeit entgiftet, d.h. von niederen Frequenzen, Unreinheiten und Störfaktoren befreit wird, was wiederum zu einer Erweiterung des Energiefeldes innerhalb des Gehirns führt und die Gehirnwindungen vermehrt. Das kann manchmal einen sehr starken Druck erzeugen, speziell im Bereich des Dritten Auges und der Schläfen. Manche Bereiche des Gehirns sind wie zugefroren oder geschlossen, besonders im Bereich der Nebenhöhlen. Die neue Energie muß langsam, aber sicher das alte Energiefeld durchdringen. Djwhal Khul sagte, daß dieser Prozeß für manche Menschen recht unangenehm sein kann. Es ist jedoch ein natürlicher Entwicklungsprozeß und hat nichts mit der Trennung von der Seele, wie ich sie im vorhergehenden Teil beschrieben habe, zu tun. Ihr könnt die Arcturianer, die Meister oder die Heilungsmeister der Inneren Ebenen bitten, daß sie bei der Energieanpassung im Kopfbereich behilflich sind.

Arthritis

Djwhal Khul sagt, daß es sich dabei um den „spirituellen wie psychischen Rückgang der Lebensenergie handelt; um einen Rückgang der Liebe und die Unfähigkeit, Liebe und Wärme auszustrahlen". Das verursacht eine Ansammlung und einen Stau bzw. Ablagerungen von psychischem Material im Bereich der Gelenke. Wenn Liebe und Akzeptanz ausgestrahlt werden, gibt es keine Versteifungen.

Asthma

Laut Djwhal sind dies sehr oft Reaktionen auf Umstände bei der Geburt oder in der frühen Kindheit, die mit Ersticken zu tun hatten. Es kann sich dabei auch, bildlich gesprochen, um Ersticken handeln, d.h., der Mensch hatte keine Bewegungsfreiheit. Möglicherweise hatte die Mutter Schwierigkeiten, ihre Mutterschaft zu leben, was zum unbewußten Versuch führte, das Kind zu ersticken, die kindliche Energie zu verringern, das Kind unter Kontrolle zu halten. Das Kind reagiert darauf mit dem Gefühl erstickt zu werden. Das Gefühl nicht atmen zu können kann auch auf ein tatsächliches Ersticken oder Ertrinken in einem vergangenen Leben zurückzuführen sein.

Das Kind hat weder als Fötus noch als kleines Kind ausreichend Lebenskraft zugeführt bekommen. Das schafft eine Aura der Krankheit bzw. des Atems oder der Energie. Asthma kann nicht nur mit physischen Methoden geheilt werden, sondern auch mit Rückführungen. Man geht zurück bis zum Zeitpunkt der eigenen Geburt und erlebt sie erneut. Dabei bittet man, daß man die Beziehung zur Welt durch die spirituelle Mutter erfährt, statt von der eigenen, leiblichen Mutter sozusagen „erstickt" zu werden. Vergebung hat einen großen Anteil an diesem Prozeß. Das erinnert mich an eine der Sitzungen von Edgar Cayce, in der das Asthma eines Kindes von einer tiefsitzenden Schuld in einem vergangenen Leben ausgelöst wurde. Genaugenommen war die Unfähigkeit, sich selbst den längst vergangenen Fehler zu vergeben, der Grund für die Beschwerden.

AIDS

Djwhal sagte, daß Viren wie AIDS oder ähnliche entstehen, weil zum jetzigen Zeitpunkt die Ebene der dritten Dimension total im Ungleichgewicht ist. Die neuen Energien strömen ein, um die Evolution voranzutreiben und verursachen damit einen Kampf zwischen dem Alten und dem Neuen. Man könnte sie auch die Energien des Christus und des Antichristen nennen, oder Energien der Liebe und des Hasses, der Kontrolle. Dieser Kampf gibt niederen Astralwesenheiten der vierten Dimension die Möglichkeit, sich von diesem ätherischen Konflikt zu ernähren. Alle Krankheiten beginnen zunächst in der unsichtbaren Dimension, sei es der ätherische, der Astral- oder der Mentalkörper. Zusammen mit den astralen Wesenheiten kommen negative Elementale, welche ebenfalls ihre Energie aus diesem Kampf beziehen. Viruserkrankungen gedeihen am besten in einem Umfeld von Angst. Das auf Angst begründete Programm des kollektiven Massenbewußtseins wirkt sich sehr nachträglich auf das Immunsystem der Menschheit aus. Viren beginnen als astrale, ätherische oder mentale Viren und bewegen sich dann in den physischen Bereich. Wenn man die feinstofflichen Körper rein erhält, kann der physische Körper nicht von Krankheit befallen werden. Entsprechende Essensgewohnheiten und die Umwelt sind wichtig, um physische Gifte fernzuhalten. Wenn das Vierkörpersystem im Grunde sauber ist, haben Viren und Bakterien keine Lebensgrundlage. Es gibt überall Viren und Bakterien, aber davor brauchen wir uns nicht zu fürchten. Wenn ein Mensch sein Vierkörpersystem entsprechend ausgeglichen hat und es von der Seele und Monade erfüllt wird, dann haben die Krankheitserreger keine Chance. Aus der Perspektive der Meister ist AIDS auch ein Katalysator für bestimmte Menschen, damit sie den Planeten verlassen können, wenn sie an einem anderen Ort eingesetzt werden sollen – schließlich ist die physische Existenz nicht das endgültige Ziel allen Lebens. Wie ich bereits in meinen anderen Büchern erwähnt habe, hat Hanna Kroeger mit ihren Kräutern ein wirksames Heilmittel für AIDS entwickelt. Andere New Age-Ärzte haben mit Schwingungsmedizin und Homöopathie großartige Erfolge beim Aufbau des Immunsystems. HIV und AIDS sind nicht unbedingt ein Todesurteil. Die Symptome mancher Menschen resultieren aus dem, was sie über AIDS wissen und nicht aus der Krankheit selbst. Andere Symptome sind Nebenwirkungen der Medikamente, welche sie bekommen und die ihr Immunsystem angreifen. AIDS ist wie alles im Leben an sich nicht schlecht. Es ist eine Lektion, wie so viele andere, und muß als Lehrmeister und Katalysator für spirituelles Wachstum betrachtet werden.

Katatonie

Hier, so sagt Djwhal Khul, hat ein Mensch aus Angst einen Hemmschuh, eine dunkel-graue Barriere zwischen sich und sein Gott-Selbst gelegt. Er ist sich des Lebens vollkommen unbewußt und reagiert auch ganz schwach, kaum merkbar. Ein katatonischer Mensch ist kaum bei Bewußtsein, das geht fast bis zum Gehirntod. Er hat sich eine Situation geschaffen, in der die Trennung ganz klar spürbar ist. Solch einen Menschen zu erreichen, erfordert unendlich viel Geduld und bedingungslose Liebe. Es ist fast wie bei Besessenen. Es braucht dazu einen Menschen mit starkem Glauben, um in so einem Fall wieder die dreifaltige Flamme der Liebe, Weisheit und Kraft zu entzünden und den Patienten dazu zu bringen, sich und sein Leben wieder anzunehmen.

Ein katatonischer Mensch ist im wahrsten Sinn des Wortes starr vor Angst. Das kann von einem Ereignis aus einem früheren Leben, welches an die Oberfläche drängt, ausgelöst werden oder von einer extremen Mißbrauch-Situation in diesem Leben. Djwhal sagt, das kann auch passieren, wenn jemand in einem vergangenen Leben in einem Krieg getötet wurde und sich, trotz seines extrem geschwächten ätherischen Körpers und ohne eine Heilung in der Zwischenlebenszeit abzuwarten, sofort für eine Wiedergeburt entscheidet. Jeder Lichtarbeiter muß verstehen, wie verletzt und angekränkelt ein ätherischer Körper sein kann. Diese Situation ist äußerst schwierig, da der physische Körper vor dem Aufstieg den ätherischen Körper als Vorbild nimmt. Ist der Ätherkörper geschädigt, besteht kaum eine Möglichkeit, zu einer wahren Heilung zu gelangen. Wir alle hatten traumatische Erlebnisse in unseren vergangenen Leben. Darum ist es allen zu empfehlen, die Heilungsmeister der Inneren Ebenen, das ätherische Heilungsteam und die Engel, welche sich auf den Ätherkörper spezialisiert haben, anzurufen, damit dieser Körper vollkommen geheilt werden und sich dem Monadenplan entsprechend verhalten kann.

Die traditionelle Psychologie und die westliche Medizin ziehen diesen Aspekt nicht in Betracht. Das ist sehr schade. Der Katatoniker ist wie in einem Niemandsland. Physisch zwar nicht tot, doch psychologisch auch nicht lebendig. Solch ein Mensch befindet sich in der gleichen Situation wie ein Schwerstkranker, der ins Koma fällt. In solch einem Fall, sagt Djwhal Khul, ist es am besten, wenn der zuständige Heiler dem Menschen hilft, die Verbindung zu seinen Engeln herzustellen. Vor kurzem sah ich einen interessanten Fernsehbericht, in welchem ein junger Mensch gezeigt wurde, der nach einem Autounfall ins Koma fiel. Ärzte und Familie konnten tun was sie wollten, der Junge wachte nicht auf. Erst als sie von seinem geliebten Hund sprachen, reagierte er. Die Liebe zu seinem Tier hatte das bewirkt. Als man den Hund zu ihm ins Spital bringen konnte, war die vollständige Heilung kein Problem mehr. Die Liebe zu einem Tier, und dessen Liebe zum Menschen, speziell zu Kindern, kann unendlich heilsam sein.

Narkolepsie

Ein Mensch mit dieser Krankheit schläft dauernd ein. Djwhal Khul sagt, daß solch ein Mensch Schwierigkeiten hat, fest mit der Realität der dritten Dimension verbunden zu sein. Dies ist ein unbewußter Schutzmechanismus, um die Lektionen der dritten Dimension zu vermeiden. Djwhal sagte, daß solche Menschen oft in eine Art Traum-Realität der vierten Dimension flüchten. Andere wieder gehen schnell in Trance, sind leicht zu hypnotisieren oder Schlafwandler. Hier sind die psychischen Grenzen geschwächt und es fehlt die Fähigkeit, sich vor „Einflüsterungen" zu schützen. Eine andere Möglichkeit ist noch, daß solch ein Mensch Umweltgiften ausgesetzt war und allergisch darauf reagiert - sein Körper setzt dann die Bewußtlosigkeit als Schutzmaßnahme ein.

Wir sehen also, daß bei der Narkolepsie und allen anderen Formen psychologischer oder physischer Erkrankungen, es mentale, emotionale, physische, von der Umwelt bedingte und karmische, aus vergangenen Leben stammende Gründe gibt, welche eine Auslöserfunktion haben können. Es gibt keine schnelle eindeutige Antwort oder einen einzigen Grund für diese Krankheit. Ein Mensch, der diese Krankheit hat, kann unter Umständen ausgezeichnet meditieren und hat Zugang zu multidimensionalen Bereichen, wenn es ihm gelingt, die übersinnlichen Erfahrungen in kontrollierter Form zu machen. Grund für die Narkolepsie ist hier die „unbewußte Verweigerungs-Reaktion". Manche Menschen werden einfach krank, wenn sie etwas nicht tun wollen oder vermeiden möchten, an einen bestimmten Ort zu gehen. Hilfreich ist hier, den harten Entscheidungen des Lebens nicht aus dem Wege zu gehen und alle Energien einzusetzen, um die getroffene Entscheidung auch durchzuziehen.

Schlaflosigkeit

Bei Schlaflosigkeit haben wir genau die gegensätzliche Situation. Statt zu allen passenden und unpassenden Gelegenheiten einzuschlafen, wie bei der Narkolepsie, kann hier der Mensch nicht einschlafen, auch wenn es angebracht wäre. Djwhal sagte, das habe oft damit zu tun, daß der Mensch nicht loslassen kann, daß er Angst vor der Ruhe hat und Angst, sich hinzugeben. Es kann auch mit Erinnerungen im Bewußten oder Unbewußten zu tun haben, die ihn verfolgen. Diese Erinnerung kann aus diesem oder aus einem vergangenen Leben stammen. Es kann auch die Angst sein, im eigenen Leben macht- und kraftlos zu sein. Auch Neurosen, die durch Überbelastung hervorgerufen werden, weil der Mensch den Eindruck hat, er könne sich Ruhe und Schlaf zeitmäßig und verantwortungsmäßig einfach nicht leisten, können hier der Auslöser sein. Wie bei allen anderen hier aufgeführten Erkrankungen ist natürlich auch hier die Angst involviert. Es könnte die Angst vor dem Kampf oder dem Davonlaufen sein – der Mensch ist dauernd in höchster Alarmbereitschaft, möglicherweise aufgrund der traumatischen Erfahrung in einem vergangenen Leben, deren er sich überhaupt nicht bewußt ist.

Endokrine Erkrankungen

Endokrine Erkrankungen haben mit den Drüsen zu tun: Zirbeldrüse, Hypophyse, Schilddrüse, Thymusdrüse, Nebennieren, Nieren und Geschlechtsdrüsen. Diese Erkrankungen äußern sich meist in einer Über- oder Unterfunktion dieser Drüsen und stehen im direkten Zusammenhang mit einer Unter- oder Überfunktion eines der sieben Chakren, was ursächlich zur Fehlfunktion der Drüsen führt. Die Fehlfunktion der Chakren kann ihren Grund in unausgeglichener Philosophie oder Psycho-Epistemologie haben oder kann sich aus einem Ungleichgewicht innerhalb der Funktionsfähigkeit der drei Verstandesebenen oder der vier Körper entwickeln. Diese Entwicklung kann auch aus der unbewußten Überidentifizierung des Menschen mit einem oder mehreren seiner Chakras geschehen. Das kommt sehr häufig vor. Im Gegenzug gibt es natürlich auch die zu geringe Identifikation mit einem der Chakren. Ein emotionaler Mensch überidentifiziert sich z.B. mit dem Solarplexus-Bereich und dem Herzen und setzt das Dritte Auge nicht ein. Das belastet dann die Organe und Drüsen, welche im Zusammenhang mit dem Solarplexus stehen und bewirkt, daß sich die Hypophyse zu wenig entwickelt.

Nesselausschlag

Gefühle der Ablehnung, Ressentiments oder unfreundliche Gedanken sind hier meist der psychologische Grund.

Kinderlähmung

Edgar Cayce führte einmal eine Sitzung in bezug auf das vergangene Leben eines kindergelähmten Mannes durch. Dabei stellte sich heraus, daß dieser in jenem vergangenen Leben sich über andere Menschen lustig gemacht und sie verspottet hatte. Bei einer ähnlichen Sitzung stellte sich heraus, daß der Patient – ein Kind - , gelähmt war, weil es in einem vergangenen Leben Drogen und Hypnose eingesetzt hatte, um anderen zu schaden.

Verstopfung

Hier gibt es meist physische oder ernährungsbedingte Gründe, kann aber auch psychologische Ursachen haben. Der Mensch, welcher unter Verstopfung leidet, hat meist Angst, daher ist er verkrampft und in seiner Psychologie viel zu kontrolliert. Bei Durchfällen ist es gerade umgekehrt – hier ist die Psychologie zu stark yin-gefärbt. Wir alle kennen die Bezeichnung „der Mund läuft über". Ohne Selbstkontrolle, Unterscheidungsfähigkeit und die entsprechend richtige Reaktion, kreieren unsere Gedanken den physischen Körper. Wir sind, was wir essen, aber auch, was wir denken!

Manisch-depressive Zustände

Sie entstehen dann, wenn ein Mensch es zuläßt, daß er vom Emotional-körper, dem negativen Ego und dem Unterbewußtsein in eine Opferhaltung verstrickt wird. Hier ist es ganz wichtig, persönliche Kraft zu entwickeln und die dreifaltige Persönlichkeit (physisch, emotional, mental) zu beherrschen. Wenn Emotionalkörper und das Unbewußte die Meister des Bewußtseins sind, übernimmt das negative Ego die Programmierung der emotionalen Realität und die emotionale Berg-und Talfahrt beginnt. Selbstbeherrschung ist hier gefragt. Erkennt, daß Eure Gedanken die Basis Eurer Realität sind und entwickelt in Euch Gleichmut, Gelassenheit, unveränderliche Freude und inneren Frieden, egal was um Euch herum geschieht.

Angstzustände

Ganz einfach ausgedrückt entstehen Angstzustände dadurch, daß das negative Ego die Kontrolle übernimmt. Die Basis des negativen Ego ist die Angst. Der Mensch wird zu den unpassendsten Zeiten, oder auch, wenn er harte Zeiten durchmacht, dauernd vom negativen Ego mit Angstzuständen überfallen. Es ist ein dauernder Kampf, wer die Kontrolle über die Persönlichkeit übernimmt. Um eine Lösung herbeizuführen, muß hier die persönliche Kraft in den Dienst der Liebe gestellt werden und die Führung übernehmen. Ob die Ängste aus diesem oder einem vergangenen Leben stammen, ist nebensächlich.

Zwanghaftes Getriebensein

Ein Mensch, dessen Verhalten zwanghaft/getrieben ist, wird von einer Unterpersönlichkeit im Unterbewußtsein regiert, welche der Ordnung und Struktur bedarf. Das Gegenteil dazu wäre jemand, den man, salopp ausgedrückt, als „Chaot" bezeichnen könnte. Solch ein Mensch lebt in krasser Unordnung und hält nichts von Sauberkeit. Auch hier ist wieder entweder ein Übermaß an Yang oder an Yin vorzufinden. Man darf hier nicht das Opfer des eigenen Denkens werden. Beim zwanghaften/getriebenen Menschen hat das Denken die Zügel in der Hand und leitet den Menschen, statt umgekehrt. Die Lektion, welche hier zu lernen ist, besteht darin, daß das Bewußtsein diesen Anteil nicht eliminieren, sondern entscheiden soll, wann es auf ihn hören will.

Sobald hier der freie Wille ins Spiel kommt, löst sich die gestörte Qualität dieses Teils auf. Wir erkennen aus dieser Lektion, wie auch aus allen in diesem Kapitel beschriebenen Symptomen, daß sie alle ihren Ursprung in der „Unausgeglichenheit der Psyche" haben: also zu yin oder zu yang sind, zu sehr dem Himmel oder zu stark der Erde verbunden, unausgeglichen im Vierkörpersystem, unausgeglichen in den drei Verstandesebenen, unausgeglichen in der Beziehung zwischen dem Inneren Kind und den inneren Eltern. Man versteht auch nicht, daß es notwendig ist, zu transzendieren, nicht für das negative Ego zu leben und gedanklich nur im Christusbewußtsein zu verbleiben. Man ist Opfer statt Meister und begreift nicht, daß es die Gedanken sind, welche die Realität erschaffen.

Wenn diese grundlegenden und schlichten Prinzipien nicht als Ideal vor Augen stehen, dann manifestieren sie sich als Symptome psychologischer oder physischer Erkrankungen. Diese Symptome, pathologischen Zustände, psychologischen und physischen Erkrankungen sind im Grunde nicht schlecht, sie sind Lektionen, die zu lernen sind. Im richtigen Lichte gesehen sind sie eigentlich Geschenke, welche Euch Gehorsam gegenüber Gottes Gesetzen beibringen. Sie sind Wegweiser, die Euch sagen, daß in Eurer Philosophie oder Psycho-Epistemologie eine Anpassung ansteht. Sie sind der Lehrer, welcher Euch aufzeigt, daß in diesen Prinzipien ein besseres Gleichgewicht erforderlich ist. Diese Symptome sind das Leiden und das Feuer des Lebens, welche jeden Menschen unaufhörlich auf den Aufstieg und die Gotteserkenntnis zutreiben.

Senilität

Wenn ein alter Mensch senil wird, kehrt er in gewisser Weise in den Zustand des Kindes zurück. Das kann sowohl physische wie auch psychologische Ursachen haben. Ein Kind wird im Grund nur vom Unbewußten geleitet. Wenn der Mensch erwachsen wird, übernimmt das Bewußtsein die Kontrolle. Der senile Mensch wird erneut vom Unbewußten geleitet, was auf das Versagen des Körpers, auf das hohe Alter, Krankheit, Umweltgifte und/oder psychologische Gründe, wie Aufgeben bzw. den Verlust der persönlichen Kraft und der Selbst-meisterung zurückzuführen ist. Es ist die Rückkehr in einen Zustand, in welchem der Mensch das Opfer des Unbewußten sowie des Emotional-, Mental- und des physischen Körpers ist. Das kann aus einer falschen Philosophie stammen, sehr oft auch aus der Ziel- und Bedeutungslosigkeit.

Melancholie

Melancholie ist ein dauernder Zustand der Traurigkeit und Depression. Hier wird der Mensch immer das Opfer des Emotionalkörpers, wie z.B. durch die Unfähigkeit, die Wut, welche sein Leben erfüllt, loszulassen. Auch starkes Festhalten an Dingen oder Situationen gehört hier dazu. Buddha sagte: „Alles Leiden entsteht aus der Verhaftung." In diesem Zustand fühlt sich der Mensch als Opfer, er hat kein Ziel und wühlt im Selbstmitleid.

Besessenheit

Bei der Zwanghaftigkeit machen einen die Subpersönlichkeiten zum Opfer. Bei der Besessenheit dagegen sind es Astralwesenheiten. Es ist immer die Psychologie und Philosophie der Person, welche dies zuläßt und dazu einlädt. Das kommt sehr häufig vor und ich kritisiere es auch nicht. Es ist nur notwendig, die unerwünschte Wesenheit so schnell wie möglich wieder zu loszuwerden. Verwendet dazu das Matrix-Entfernungsprogramm; gleichzeitig geht auch zu Djwhal Khuls Ashram der Inneren Ebenen und bittet die Meister, daß sie diese Wesenheiten entfernen. Die einzigen Wesenheiten, denen Ihr Zutritt gewähren sollt, sind die vom Christusgeist erfüllten und aufgestiegenen Wesen der fünften oder noch höherer Dimensionen. Wenn ein Mensch vom negativen Ego regiert wird, zieht er oft diese niederen Astralwesen an. Drogenabhängige und Alkoholkranke sind da in großer Gefahr. Hier muß man aus der Opferrolle heraustreten und Meister werden, von der Wirkung zur Ursache gehen – dann werden sie Euch niemals mehr belästigen. Wir alle müssen uns gelegentlich mit Wesenheiten der niederen Astralebene oder der dunklen Macht auseinandersetzen, welche um uns herum sind. Besessenheit ist eine Extremform dieser Situation.

Agoraphobie

Wenn das negative Ego, also die Angst, in die Gedanken projiziert, daß es gefährlich ist, das Haus zu verlassen, so nennt man dies Agoraphobie. Wie alle Phobien ist auch diese eine Ausgeburt des eigenen Denkens. Es sind Eure Gedanken, welche die Realität erschaffen. Man kann die Angst, genau so wie die Liebe, in alle und alles projizieren. Es gibt nur zwei Arten des Denkens. Diese Angst kann in diesem Leben aufgebaut werden oder aus einem vergangenen Leben stammen. Hier ist es wahrscheinlich gut, eine Rückführung zu machen, um zu sehen, woher sie kommt. Dies geschieht in einem hypnoseähnlichen Zustand, in welchem das Problem meist sofort gelöst wird, wenn man die auslösende Situation teilweise oder zur Gänze neu durchlebt. „Auslösend" ist hier nur bedingt richtig, denn der wahre Grund liegt immer im eigenen Denken und nicht im Außen. So lange der Mensch seine persönliche Kraft und Selbstbeherrschung nicht erarbeitet hat, so lange er nicht imstande ist, das negative Ego, das Unbewußte, den Mentalkörper, den Emotionalkörper, den physischen Körper und das Innere Kind anzuerkennen und zu beherrschen, so lange werden Angstprojektionen und Phobien auftreten. Angst und Phobien sind Gottes Methode, Euch dazu zu bringen, entweder Eure Funktion aufzugeben oder zu Meistern mit Gotteserkenntnis zu werden. Im Buch *Ein Kurs in Wundern* heißt es: „Es gibt keine neutralen Gedanken." Entweder sind sie vom Christusgeist oder vom negativen Ego erfüllt. Man wird dazu gezwungen, mit dem Christusgeist denken zu lernen und das Bewußtsein der Angst mit Liebe statt mit Angriffen zu überhäufen. Die Welt ist nur ein Spiegel Eures eigenen Denkens. Ihr müßt damit aufhören, Angst zu projizieren und statt dessen Liebe ausstrahlen.

Anämie

In den Berichten von Edgar Cayce wird von einem Mann erzählt, dessen Anämie ihre Ursache in einem vergangenen Leben hatte. Er hatte damals jemanden umgebracht.

Leukämie

In einem Edgar Cayce Bericht wird auch von einem Mann erzählt, der in diesem Leben Leukämie hatte. Diese hatte ihre Ursache in einem vergangenen Leben, in welchem er aus niedrigen Beweggründen jemanden mit dem Messer erstochen und sein Blut vergossen hatte. Edgar Cayce sagte, daß das Gesetz immer bis zum letzten Jota erfüllt werde. Diese beiden Beispiele sind ganz sicher nicht die einzigen Gründe für die Erkrankung, jedoch ein großer Ansporn, in diesem Leben jede Anhäufung von Karma zu vermeiden.

Leberprobleme

Leberprobleme haben sehr oft mit übermäßiger negativer Wut und/oder zu viel planen oder zu viel denken zu tun. Auf der physischen Ebene lagern sich Drogen jeglicher Art in der Leber ab.

Probleme mit der Bauchspeicheldrüse

Dies kann sehr viele Ursachen haben. Eine davon ist das Fehlen oder ein Zuviel an Süße und Freuden im Leben des Menschen, bzw. das dauernde Denken daran. Interessanterweise hat die Bauchspeicheldrüse auch mit dem Einsatz des Willens zu tun. Auch hier beeinflußt ein Zuviel oder Zuwenig die Bauchspeicheldrüse in negativer Weise. Ähnlich wie bei der Leber geht es auch hier um die richtige Integration des dritten Chakras in der Balance zu den anderen. Auf der physischen Ebene kann zu viel Zucker, Stärke oder sogar Öl in der Ernährung diese Probleme auslösen.

Herzprobleme

Hier ist der Grund offensichtlich: Der Mensch ist entweder nicht imstande sich selbst oder andere zu lieben, oder unfähig, Liebe von sich selbst, anderen oder Gott anzunehmen.

Homosexualität

Ich führe den Punkt hier an, obwohl er, aus Sicht der Hierarchie überhaupt kein Ungleichgewicht darstellt. Es handelt sich hier um einen ganz normalen Teil von Gottes Schöpfung, der eben für eine gewisse Anzahl von Menschen Gültigkeit hat. Würde man hier versuchen, eine Änderung herbeizuführen oder nach psychologischen, spirituellen oder karmischen Gründen suchen, wäre das falsches Denken.

Soziopathie

Dies ist ein höchst interessanter psychopathologischer Fall. Ein Soziopath ist ein Mensch, der kein „Gewissen" besitzt. Er wird ausschließlich vom negativen Ego angetrieben, und sagt und tut Dinge ohne Rücksicht auf andere Menschen. Was er verspricht, hält er nicht. Er ist komplett von seinem Höheren Selbst und der Überseele getrennt. Ein Grund dafür liegt darin, daß er nie etwas vom Unterschied zwischen dem Christus-Denken und dem Denken des negativen Ego gehört hat. Was ich erschreckend finde, ist, daß es eine Menge Leute gibt (und ich kenne einige davon), die sich auf dem spirituellen Weg befinden und Beschäftigungen nachgehen, die mit dem New Age zu tun haben, und die ich trotzdem als Soziopathen einstufen würde. Es ist für mich völlig unbegreiflich, wie diese Menschen an all die New-Age-Dinge und sogar an die Meister glauben können und trotzdem so unglaublich stark vom negativen Ego angetrieben werden. Solch ein Mensch ist meist von sehr starker Wut erfüllt und es sieht fast so aus, als wollte er die Welt bestrafen. Das kann karmische Hintergründe haben, wenn z.B. der Ätherkörper in einem vergangenen Leben sehr stark verletzt wurde, und der Mensch wieder inkarniert ist, ohne auf der Astralebene die Heilung seiner Verletzungen abzuwarten. In solchen Fällen treten auch viele Implantate und psychische Parasiten auf.

Plötzlicher Kindstod

Der plötzliche Kindstod beruht auf dem Phänomen, daß eine Seele inkarnieren will und sich dann, bei der Geburt, im letzten Augenblick dagegen entscheidet. Das kann ein spontaner Entschluß, oder aus karmischen Gründen für die inkarnierende Seele oder die Eltern von langer Hand geplant sein. Ohne eine lebende Seele im Inneren ist es dem physischen Körper nicht möglich zu leben.

Angst, Nervosität und Paranoia

Dies sind alles Ergebnisse des negativen Ego und können generell als von Angst beeinflußtes Denken bezeichnet werden. Es gibt im Grunde nur zwei Emotionen, Angst und Liebe – alle anderen Emotionen entstammen diesen beiden. Vollkommene Liebe läßt die Angst vergehen. Es gibt das auf der Liebe und das auf der Angst beruhende Denken. Angst ist projizierter Angriff. Wenn der Mensch davon überzeugt ist, daß nur „Angriff, die beste Verteidigung" ist, dann lebt er dauernd in Angst. Edgar Cayce sagte: „Warum sich sorgen, wenn man beten kann?" Und ich würde noch hinzufügen: „Warum sich sorgen, wenn man beten, Affirmationen sprechen, visualisieren und die eigene Kraft besitzen kann?" Die Angst vergeht, wenn man sich selbst und andere ständig liebt. Angst vergeht, wenn man auf Angriff verzichtet. Angst vergeht, wenn man betet, Affirmationen spricht und persönliche Kraft entwickelt. Angst vergeht, wenn man dem negativen Ego widersagt und das Christusbewußtsein in sich aufnimmt. Paranoia ist ein Angstzustand in extremer Form. Hier wird die Angst auf alle und alles projiziert. Die Welt und die Menschen sind nichts anderes, als ein Spiegel und eine Projektionsleinwand für das eigene Denken. Die einzig wirklich wichtige Lektion, die man im Leben lernen muß, ist, auf diese Leinwand, auf diesen Spiegel nur Christus-Gedanken zu projizieren. Ungefähr 1% unserer Gedanken besteht aus realitätsbezogenen Ängsten, welche eine Schutzfunktion für den physischen Körper darstellen. 99% Prozent unserer Ängste jedoch sind aus der Illusion und aus falschem Denken geboren.

Alkoholismus und Drogenabhängigkeit

Hier handelt es sich immer um Fluchttendenzen, Drogen zu nehmen, um emotionalen und psychologischen Problemen auszuweichen. Was der Mensch wirklich brauchen würde, ist ein spiritueller Lehrer, der ihm zeigt, wie er den Sinn seines Lebens erkennen und sich mit Hilfe der Dinge, welche ich in meinen Büchern anspreche, heilen kann. Was das Problem noch verstärkt, ist, daß alles, was aus einer psychologischen oder emotionalen Fehlfunktion entsteht, sich in einer physischen Abhängigkeit äußert. Deshalb muß solch ein Mensch sehr oft zuerst auf der physischen Ebene entgiftet werden, bevor die wahre psychologische Heilung erfolgen kann. Alkoholismus und Drogenabhängigkeit ziehen Astralwesenheiten, negative Elementale und außerirdische Implantate an, welche zuerst entfernt werden müssen, bevor eine endgültige Genesung einsetzen kann. Es müssen alle drei Verstandesebenen völlig integriert sein und die Kraft im Namen Gottes, die persönliche Kraft sowie die Kraft des Unterbewußten erarbeitet werden.

Narzißmus

Auch dies ist ein Charakterfehler, den ich immer wieder bei Lichtarbeitern kennengelernt habe. Narzißmus ist eine Extremform des Ich-Bezogenseins und hat wahrscheinlich auch mit dem starken Einfluß des Inneren Kindes zu tun. Ein narzißtischer Mensch filtert alles durch die Anschauung „wie geht es mir dabei". Es ist eine zu intensive Beschäftigung mit den eigenen Angelegenheiten. Wahre Gotteserkenntnis ist das genaue Gegenteil. Um eine Selbstverwirklichung herbeizuführen braucht es nur ganz wenig Zeit für die Selbstreflexion, den Rest der Zeit und seines Lebens kann man gut dafür einsetzen, anderen, denen es weniger gut geht als einem selbst, behilflich zu sein. Ich habe sehr viele hochgradige Initiaten mit hohen Initiationsstufen kennengelernt, die ebenso hochgradig mit dieser Charakterschwäche behaftet sind. Es erstaunt mich immer wieder! Dies beweist aber nur, welche Kluft zwischen der eigenen spirituellen Entwicklung und der psychologischen Entwicklung bestehen kann. Der narzißtische Mensch betrachtet alles vom Standpunkt der eigenen Befindlichkeit, er fragt nie danach, wie es den anderen gehen könnte. Er verhält sich wie ein Fünfjähriger! Der physische Körper ist zwar erwachsen geworden, das mentale und emotionale Bewußtsein jedoch ist in diesem ich-bezogenen und sich selbst alles zugestehenden Zustand stecken geblieben.

Alzheimer-Krankheit und Amnesie

Als Alzheimer'sche Krankheit wird ein Krankheitsbild bezeichnet, bei welchem der Mensch nach und nach sein Gedächtnis und seine kognitiven Fähigkeiten verliert. Es gibt in bezug auf diese Erkrankung interessante Forschungsergebnisse, welche besagen, daß eine mögliche Ursache dafür Aluminium-Vergiftung ist. Amerikaner verwenden sehr viel Aluminium-Kochgeschirr und Alufolie. Ich kann mich erinnern, daß ich eine Zeitlang zwei- oder dreimal die Woche Fisch in Alufolie zubereitete und mir mein Homöopath, der einen Bioenergetiktest bei mir durchführte, sagte, daß ich eine Aluminium-Vergiftung hätte, ohne daß ich ihm vorher etwas über die in Alufolie gebratenen Fische sagte. Bei vielen Krankheiten müssen wir Giftstoffe als Ursachen annehmen, obwohl natürlich offensichtlich auch psychologische und spirituelle Krankheitsverursacher mit im Spiel sind. Ein Mensch mit Amnesie setzt das fehlende Erinnerungsvermögen vielleicht als Schutzmechanismus ein, was durch ein Ereignis aus einem vergangenen Leben oder durch ein Gehirntrauma hervorgerufen sein kann. Es ist ein faszinierendes Phänomen, daß Menschen, die in ihrer Kindheit sexuell mißbraucht worden sind, sich überhaupt nicht daran erinnern können und die Erinnerungen daran erst auftauchen, wenn sie erwachsen geworden sind. Dies ist ein gesunder Abwehrmechanismus der menschlichen Psyche, der es dem Menschen ermöglicht, mit der Situation fertig zu werden.

Schlafwandeln

Djwhal Khul sagt, daß beim Schlafwandeln eine Verschmelzung des Astralkörpers mit dem physischen Körper stattfindet und daß ein Mensch mit solchen Zuständen eigentlich in seinem Astralkörper unterwegs ist. Durch die enge Verschmelzung wird der physische Körper einfach mitgenommen. Normalerweise ist während der Nacht der Astralkörper auf seiner eigenen Existenzebene unterwegs. Ich werde niemals die Geschichte einer meiner Klienten vergessen, die sich vor zwölf Jahren ereignet hat. Mein Klient war ein Jugendlicher, der sehr viele Dinge auslebte. Eines Tages kam er zu mir zur Sitzung und erzählte mir, er habe vor, in der Nacht das Auto seiner Eltern zu stehlen, um damit seine Freundin zu besuchen während seine Eltern schliefen. Er verbrachte den ganzen Abend damit, sich einen genauen Plan zurechtzulegen, entschied sich aber im letzten Moment, kurz vor dem Zubettgehen dagegen. Das einzige Problem war, daß all das Planen sein Unterbewußtsein programmiert hatte. Nach dem Einschlafen stand er während seines Schlafes auf, stahl die Autoschlüssel seiner Eltern, öffnete die Garagentür und rollte, ohne die Zündung einzuschalten, das Auto bis auf die Straße. Er befürchtete, daß das Starten seine Eltern wecken würde. Er rollte das Auto bis zur nächsten Kreuzung, dann stieg er ein um es zu starten und „erwachte". Solche Dinge werden tatsächlich auf der Astralebene ausgeführt, wobei der Mensch überhaupt nicht mitbekommt, daß er seinen physischen Körper mit dabei hat.

Epilepsie

Djwhal sagt, daß die Epilepsie ein Kurzschluß im Körper und im Nervensystem sei, welcher auch einen Kurzschluß in den Gehirnströmen bewirke. Dies hat oft damit zu tun, daß psychische und spirituelle

Energien überladen sind. Das kann dadurch geschehen, daß die Bereitschaft des Vierkörpersystems zur Aufnahme dieser Energien nicht überall gleich hoch ist. Eine Heilung ist möglich, wenn der Mensch stärker auf die Monade und Seele eingestimmt wird, und der Ätherkörper stärker wird und sich besser an das göttliche Muster anpaßt. Es ist gut, in solchen Fällen Vywamus als Heil-Meister anzurufen und ihn zu bitten, gemeinsam mit Lord Arcturus und den Arcturianern das elektromagnetische System in Ordnung zu bringen. Es gibt auch karmische Gründe für Epilepsie. In zwei verschiedenen Behandlungsberichten spricht Edgar Cayce davon, daß der Mensch sich in einem vergangenen Leben zu stark sexuellen Betätigungen hingegeben hatte; auch waren in einem Fall die medialen Kräfte des Menschen für böse Zwecke mißbraucht worden.

Dyslexie

Dyslexie tritt auf, wenn innerhalb des Nervensystems elektrische Leitungen und der ätherische Körper sich kreuzen. Dann verwechseln die Menschen Zahlen und Buchstaben. Mir ist aufgefallen, daß diese Menschen meist sehr begabt sind. Djwhal meint, daß der Mensch möglicherweise in einem vergangenen Leben mehr auf die rechte Hirnhälfte ausgerichtet war, und in diesem Leben dafür die andere Hälfte stärker einsetzt. Im Unterbewußten hat er es nicht geschafft, die frühere Programmierung loszulassen, was dazu führt, daß manchmal das bestehende Programm davon „überfahren" wird. Dies hängt auch mit einer Blockade der dritten Dimension zusammen. Die rechte Hirnhälfte blockiert mitunter den Einsatz der linken Hälfte.

Diese in einem vergangenen Leben stattgefundene Entwicklung der rechten Hirnhälfte wäre auch eine gute Erklärung für meine Beobachtung, daß solche Menschen oft sehr begabt sind. Sie stehen mit einer total anderen Intelligenzebene in Verbindung. In unserer Gesellschaft ist es jedoch leider so, daß sie dafür bestraft und ausgegrenzt werden, weil sie der klassischen Norm der linken Hirnhälfte nicht entsprechen. Die Meister sagen, daß Dyslexie damit zu tun hat, daß die rechte Hirnhälfte dominanter ist und man kaum Zugang zur linken Hirnhälfte findet. Im Gegensatz dazu gibt es die Menschen, welche stärker von der linken Hirnhälfte beeinflußt sind und nur schwer Zugang zur rechten Hirnhälfte finden. Dieser Fall ist in unserer Gesellschaft weniger auffällig – der Mensch wird als völlig normal angesehen und ist z.B. der klassische Fall des Wissenschaftlers, welcher Gott-los und völlig abgeschnitten von Seele und höherem Geist ist. Hier ist es der Intellekt, der verehrt wird – Intuition, Vorstellungskraft und mediale Sinne werden hier nicht mit einbezogen. Menschen mit Dyslexie entsprechen auch nicht dem herkömmlichen Bild des Schülers, sie lernen, wie dies in einer spirituellen Schule gefordert wird. Es ist ja nicht so, daß eine Gehirnhälfte besser wäre als die andere; das Ideal wäre daher, beide in ihrem vollständigen Potential zu integrieren und auszugleichen. Anders ausgedrückt haben Linkshänder einfach Mühe, in einer Welt der Rechtshänder zurecht-zukommen. Stress beeinflußt natürlich die Stärke der Dyslexie. Nach Aussage der Meister gehört hier auch der Stress dazu, welcher durch Wettbewerb und Konkurrenzkampf entsteht.

Fehlgeburt

Nach Aussage der Meister ist dies eine Lektion für die Frau, welche die Fehlgeburt hat, und der Grund kann physischer, psychologischer, karmischer oder energetischer Natur sein. Das neue Kind inkarniert erst kurz vor der eigentlichen Geburt, deshalb kann man annehmen, daß die Lektion eher für die Mutter und ihren Mann, als für die neue Seele gedacht ist. Ähnlich wie beim plötzlichen Kindstod kann manchmal eine Ablehnung oder Unverträglichkeit auf der Emotionsebene zwischen der Mutter und dieser Seele bestehen. Es gibt natürlich auch medizinische Gründe für diese Situation. So habe ich z.B. einmal in einem Vortrag von einer Frau und ihrer Familie gehört, welche einen Elektrozaun um ihr Haus hatten. Diese Frau hatte mehr als elf Fehlgeburten. Sobald sie diesen Zaun entfernten, konnte sie das nächste Kind austragen. Ein karmischer Grund wäre vielleicht der Fall einer Mutter, die in einem vergangenen Leben ihr Kind verlassen hat und das Kind jetzt sie verläßt, um ihr bei ihrem spirituellen Wachstum behilflich zu sein. Eine Fehlgeburt ist eine Hilfe für spirituelles Wachstum, sofern das Bewußtsein imstande ist, sie als solche anzuerkennen. Viele Menschen der dritten Dimension sehen statt Gott und ihren spirituellen Weg, nur Familie und Kinder als ihren alleinigen Lebenszweck an. Solch ein Mensch ist ein Spitzenkandidat für eine Fehlgeburt, weil hier eine Überidentifikation mit dem Bekommen eines Kindes vorliegt. Grundgesetz des Lebens ist, daß einem all das genommen wird, an dem man sich festklammert. Man muß lernen, voll im Leben zu stehen, jedoch ohne daran festzuhalten. Man muß lernen, seine eigenen Präferenzen zu kennen ohne dabei in Abhängigkeit zu geraten.

Schizophrenie

Als ich nach dieser Krankheit fragte, zeigte man mir einen Blitzstrahl, welcher die Person und ihr Bewußtsein spaltet. Diese Spaltung kann von einem Trauma aus diesem oder einem vergangenen Leben stammen, oder kann mit dem Ungleichgewicht zwischen den männlichen und den weiblichen Anteilen des Menschen zu tun haben. Es kann auch sein, daß negative außerirdische Implantate mehr in der einen Seite des Gehirns abgelagert werden, als in der anderen. Dasselbe gilt für negative Elementale. Diese Faktoren bringen die elektromagnetischen Kreisläufe zum Zusammenbrechen, was das Nervensystem in hellen Aufruhr versetzt und letztlich zu Psychosen oder Nervenzusammenbrüchen führt. Das wird, zum Teil zumindest, von Löchern und Spalten innerhalb der Kreisläufe im ätherischen und nervösen Energiefeld hervorgerufen, was total unregelmäßige Muster entstehen läßt. Bei Schizophrenie brechen psychische Mauern nieder. Bei der multiplen Persönlichkeit werden psychische Mauern aufgebaut.

Depression

Depression ist der Verlust der persönlichen Kraft und gleichzusetzen mit einem unbewußten, oder sogar bewußten, Aufgeben und sich Abhängen vom Archetypus des spirituellen Kriegers. Die Meister sagen, daß Depression auch oft mit dem Unverständnis für die natürlichen Zyklen von Leben und Tod innerhalb einer Lebenszeit zu tun hat. Jede Initiation entspricht dem Prozeß des Sterbens und der Wiedergeburt, was Menschen auf der Emotionalebene sehr oft stark verwirrt. So löst sich der Mensch z.B. bei der vierten Initiation von seinem Höheren Selbst, welches ihm seit ewigen Zeiten als Lehrer gedient hat. Dafür verbindet er sich dann mit der Seele oder Monade, einem hochentwickelten Lehrer. Wenn dieser Prozeß nicht richtig verstanden wird, ist das für den Mental- und Emotionalkörper sehr belastend. Andere Arten der Depression kommen aus anderen Lebenszeiten, in denen man falsche Entscheidungen getroffen hat. Dies führt zu tiefsitzenden Schuldgefühlen, die so schwer werden, daß sie eine Depression des gesamten Systems auslösen. Man kann das innerhalb der Aura als dunkle, wolkenähnliche Formationen erkennen. Dies sind die Stellen, an denen sich Schmerz aus diesem oder vergangenen Leben angesammelt hat. Es zeigt sich auch als rote Flecken in der Aura, als Irritation und Druck, weil der Mensch weiß, daß er etwas unternehmen muß, um karmische Lektionen der Vergangenheit in Ordnung zu bringen.

Sehr oft gibt es hier einen Zusammenhang mit der manisch-depressiven „Berg- und Talbahn", bei welcher eine Überidentifikation mit dem Emotionalkörper, dem Unbewußten und dem negativen Ego stattfindet, und der Mensch nicht gelernt hat, seine Emotionen durch die Veränderung seiner Lebenseinstellung zu heilen. Der depressive Mensch könnte versuchen, sich eine rote Leiter vorzustellen, um sich mit der Kraft des ersten Strahles aus dem schwarzen Loch herauszuziehen. Oft steht die Depression auch im Zusammenhang mit einer ätherischen Wunde oder einem negativen Eindruck (z.B. ein Schwert im Herzen). Auch Implantate, Elementale und Astralwesenheiten können hier eine Rolle spielen. Und wiederum muß bemerkt werden, wie viel die traditionelle Psychologie von dem, was tatsächlich geschieht eigentlich übersieht. Oft hört man, daß Depression nichts anderes sei, als nach innen gerichtete Wut. Wut und Depression gehen immer Hand in Hand. Ein Mensch, der konstant wütend ist, wird während der Perioden größerer Aufnahmebereitschaft auch konstant deprimiert sein. Der depressive Mensch kann negative Wut nicht brauchen – was er braucht, ist die positive Wut, die persönliche Kraft und die Energie des spirituellen Kriegers, welche ihm aus dem Loch heraushilft. Wut und Depression sind die beiden Seite der Münze des negativen Ego. Das einzige Gegenmittel ist persönliche Kraft und Liebe.

Je mehr Schicksalsschläge Euch das Leben bereitet, desto stärker und in Euch gekräftigt müßt Ihr werden. Hier liegt die tiefe Bedeutung des Archetypus des spirituellen Kriegers und des positiven Einsatzes des Archetypus des Zerstörers. Cayce nannte das die positive Wut. Hier wird die Energie des ersten Strahles in Krisenzeiten dazu eingesetzt, daß man nicht am Boden zerstört zurückbleibt. Die Hingabe, das sich Ergeben ist solange eine Christusqualität, als sie mit persönlicher Kraft und Liebe gekoppelt ist. Der manisch-depressive Mensch muß lernen, trotz aller äußeren negativen Umstände gleichmütig, gelassen, voll des inneren Friedens und der Freude zu sein. Der depressive Mensch sucht seine Zufriedenheit immer außerhalb von sich selbst statt in der eigenen geistigen Einstellung. Depression kann tatsächlich nach innen gerichtete Wut oder eine nach außen gerichtete negative Wut sein. Die Wut sollte nicht blockiert, sondern als Kraftquelle gezielt auf die Liebe und die Christusideale ausgerichtet werden. Die ätherischen Verletzungen, von denen ich vorher gesprochen habe, wie das Schwert, oder andere Gegenstände, die im ätherischen Körper eingeschlossen sind, müssen entfernt werden, weil sie das System noch zusätzlich belasten. Irgendwann wird es so weit sein, daß in den Krankenhäusern Heilteams eingesetzt werden, welche medizinisch, ernährungswissenschaftlich, psychologisch, medial, spirituell, ätherisch, geistig und emotional arbeiten, um dem Patienten eine vollständige Gesundung zu ermöglichen. Wenn man bedenkt, wie viel negative Energie in den Wänden der Krankenhäuser eingelagert ist und daß auch nur die physische Ebene angesprochen wird, erstaunt es, daß Menschen dort überhaupt gesund werden. Selbst auf der physischen Ebene ist die Behandlung nicht sehr wirkungsvoll, weil man Dinge wie Homöopathie, Kräuter, Akupunktur, gesunde Ernährung, Radionik etc. eigentlich ablehnt. Die verwendeten Medikamente schädigen die Leber und den Körper generell, und sie haben Nebenwirkungen. So betrachtet hat diese Art der Behandlung eigentlich nur in Notfällen ihre Berechtigung. Ich würde auch niemals zu einem Arzt gehen, es sei denn, es wäre ein Notfall.

Ronald Beasely, der große, nicht mehr verkörperte, spirituelle Meister aus England, sagte immer, daß man Krankenhäuser aufgrund der Ansammlung negativer Energie alle fünf Jahre niederbrennen sollte. In solch einer Atmosphäre zu heilen ist äußerst schwierig. Was dort an Heilung tatsächlich erreicht wird, ist nur die Spitze des Eisbergs. Könnt Ihr Euch vorstellen, wie phantastisch das in der Zukunft sein wird, wenn ein Mensch, der einen Krankenhausaufenthalt vor sich hat, von einem ganzen Team umgeben ist, das seine vollständige Heilung bewirken möchte? Dieses Team besteht aus Ärzten, spirituellen Beratern, spirituellen Heilern, Ernährungsfachleuten, Massagetherapeuten, Radionik-Spezialisten, Natur- heilern oder Homöopathen, Sozialarbeitern, Familienberatern, Medien, Astrologen, Hellsichtigen und Heilern, die sich miteinander absprechen, um die vollständige Heilung des Patienten herbeizuführen.

Psychosen

Ein psychotischer Mensch wird zur Gänze vom Unterbewußten und dem negativen Ego geleitet. Er hat keine bewußte Kontrolle. Hier kann man immer Löcher in der Aura erkennen und der Mensch ist meist besessen, was sich in Mord- oder Selbstmordabsichten äußern kann. Solch ein Mensch ist von negativen Elementalen und außerirdischen Implantaten erfüllt. Es braucht bei ihm einen Klinikaufenthalt, um eine langsame Heilung und Gesundung herbeizuführen. Die Aura eines solchen Menschen ist oft ganz schwarz.

Neurosen

Dem neurotischen Menschen geht es nicht ganz so schlecht wie dem schizophrenen oder dem psychotischen. Dieses Krankheitsbild ist sehr häufig und die Aura des Patienten meist grau gefärbt, statt schwarz. Der neurotische Mensch kann innerhalb seines Umfeldes durchaus funktionieren, was bei Schizophrenie und Psychosen nicht mehr möglich ist. Die elektromagnetischen Leitungen sind oft schwach, vermischt, verwirrt, grau oder wolkig und oft von ätherischem Schleim erfüllt. Der neurotische Mensch zeigt oft verschiedene Arten zwanghaften Verhaltens, die alle daraus entstehen, daß das Unterbewußte das Bewußtsein zu stark kontrolliert. Hier beherrscht der Mensch viel zu wenig den mentalen, emotionalen und physischen Körper, vom negativen Ego ganz zu schweigen.

Der Zustand hat auch damit zu tun, daß das Innere Kind einfach zu wenig gut erzogen wurde. Der Neurotiker „dreht nicht durch", er hat keine Nervenzusammenbrüche oder eine gespaltene Persönlichkeit. Sein Krankheitsbild ist eher als leichte Erkrankung einzustufen. Manchmal wird dies auch durch das unerwartete und unvorbereitete Aufsteigen der Kundalini bewirkt. Lichtarbeiter sind dafür anfällig, wenn ihr spiritueller Körper weiter fortgeschritten ist als der psychologische. Die Energie steigt auf, das Licht strömt mit stärkerer Intensität ein, und das psychologische Selbst ist noch nicht imstande, diese Energie richtig durch den Mental- und Emotionalkörper strömen zu lassen. Daraus entstehen Angst, negative Emotionen, unkontrolliertes Sexualverhalten und niedere Begierden. Darum ist es so wichtig, alle drei Ebenen (die physische, die psychologische und die spirituelle) zu verfeinern und zu entwickeln. Wenn der Mensch in seinem allgemeinen Verständnis nicht entsprechend ausgeglichen ist, kann sich das Aufsteigen der Kundalini in allen hier angeführten Symptomen äußern.

Ansteckende Krankheiten

Eine der großen Illusionen der westlichen Medizin besteht in der Auffassung, daß es ansteckende Krankheiten gibt. Es gibt sie nicht! Es gibt nur Menschen mit zu geringer Widerstandskraft. Das gilt für die physische wie auch für die psychologische Ebene. Die Idee der ansteckenden Krankheiten wurde von einem Menschen mit Opfer-Einstellung entwickelt. Wir alle sind Gott und damit immer die Ursache aller Dinge, die außerhalb von uns geschehen, und nicht die davon Beeinflußten. Das gilt für die Negativität anderer Menschen, wie auch für Bakterien- und Virusinfektionen, die sie in sich tragen. Wenn Ihr im Gleichgewicht seid und Euer Immunsystem daher entsprechend stark ist, gibt es keine Ansteckung für Euch. In einem gesunden Körperumfeld hat Krankheit keine Chance. Das gilt auch für AIDS – nicht jeder, der dieser Krankheit ausgesetzt ist, bekommt sie auch.

Krebs

Krebs ist im Prinzip der Auflösungsvorgang verschiedener Zellen im Körper. Dieses Buch hat in erster Linie die Notwendigkeit zur Ausgleichung und Integration der eigenen Psycho-Epistemologie, der Archetypen, der Strahlen, der weiblichen und männlichen Energien etc. zum Thema. Wenn ein Mensch spirituell, psychologisch und physisch nicht wirklich ausgeglichen und integriert ist, dann zeigt sich das aufgrund des Hermetischen Gesetzes („wie innen so außen, wie oben so unten") innerhalb der Zellen. Wenn spirituell und psychologisch Integration und Gleichgewicht längere Zeit fehlen, so wird sich das letztlich im physischen Bereich äußern. Es gibt sehr viele Ursachen für Krebs. Einige sind die physischen Gifte, wie z.b. Pestizide oder Strahlung. Andere Formen dieser Krankheit entstehen durch Energiegifte, wie z.B. Einfluß von elektrischen Hochspannungsleitungen oder durch den ständigen Gebrauch von Mobiltelefonen oder Radarpistolen, wie die Polizei sie verwendet. Andere Ursachen entstammen dem Emotionalkörper, so kann z.B. die dauernde Beeinflussung durch negative Emotionen zu einer Zerstörung der Zellstruktur führen.

Auch der Mentalkörper, d.h. das negative Denken hat Auswirkungen in dieser Hinsicht. Das gleiche gilt für den spirituellen Körper, wenn er lange Zeit nicht integriert oder mit der Seele und dem Geist verbunden ist. Eine mühsame Ehe oder eine ungeliebte Arbeit können ebenso ihren Zoll fordern. Falsche Ernährung, Alkohol- oder Drogenmißbrauch gehören hier auch dazu. Jedes dieser Dinge oder eine Mischung von mehreren dieser Art können eine Ursache für Krebs sein. Manchmal ist Krebs auch eine karmische Lektion aus einem vergangenen Leben. Die Meister sagen, daß Krebs manchmal die Reaktion des Körpers auf Auswirkungen außerirdischer Implantate und negativer Elementale ist. In den Bereichen, wo sie angesiedelt sind, entstehen oft Tumore. Hier zeigt sich wiederum die Schwäche der westlichen Medizin, welche zwar den Krebs operiert, das andere jedoch nicht in Erwägung zieht, was bedeutet, daß der Krebs wieder entstehen kann.

Die Meister sagten, daß diese Krankheit im Grund von negativen Elementalen und fehlerhaften Gedankenformen verursacht wird. Krankheit ist die Manifestation des Denkens des negativen Egos auf der physischen Ebene. Vollkommene Gesundheit dagegen ist, auf dieser Ebene, die Manifestation des Christusdenkens. Negative Gedanken des negativen Ego entstehen im Mentalkörper, was ein negatives Gefühl im Emotionalkörper auslöst, aus welchem wiederum ein Aufbau negativer Energie im Ätherkörper entsteht, der sich letztendlich irgendwann in der physischen Struktur bemerkbar macht. Hier zeigt sich wirklich das „Gesetz der Manifestation" in seiner negativen Umkehrung. Als Söhne und Töchter Gottes können wir gar nicht anders, als jeden Augenblick unseres Lebens zu manifestieren. Krankheit zu manifestieren ist überhaupt nicht schwierig – es ist nur eine Sache der Einstellung. Im Buch *Ein Kurs in Wundern* heißt es: „Krankheit ist nichts anderes, als eine Abwehrhaltung gegen die Wahrheit". Wir alle sind in Wahrheit der Christus, der Buddha, das Ewige Selbst; Vollkommenheit steht uns als unser Geburtsrecht zu, wir müssen sie nur einfordern. Krebs kann auch genetisch bedingt sein. Eine Möglichkeit der Heilung besteht darin, die Meister zu bitten, die gesamte Erblinie zu reinigen; auch solltet Ihr verstehen, daß Ihr niemals ein Opfer der in der Familie vererbten Krankheitsanfälligkeit seid. Auch dies ist eine Entscheidung der Menschen, selbst wenn sie es nicht wahrhaben wollen. Eine ausgezeichnete Krebsvorsorge besteht darin, die Arcturianer zu bitten, alle Krebsarten innerhalb des gesamten Körpers aus dem ätherischen, mentalen, emotionalen und physischen Energiefeld zu entfernen. Edgar Cayce empfiehlt das Essen von sechs Mandeln täglich als Krebsvorsorge. Offensichtlich beinhalten Mandeln einen Stoff, der Krebs abweist. Hanna Kroeger, die berühmte Kräuterkundige, behauptet, daß Krebs durch einen Pilz entsteht, welchen sie mit Hilfe ihrer Kräuter innerhalb von Wochen beseitigen kann. Das wichtigste ist, daß man auf allen Ebenen auf holistische und synergetische Weise arbeitet.

10 Psychologische Hintergründe von Erkrankungen aus der Sicht von Djwhal Khul

An den Anfang dieses Kapitels möchte ich ein Zitat aus Alice Baileys Buch *Esoterisches Heilen* stellen. Es handelt sich dabei um Djwhal Khuls erstes Gesetz des Heilens, in welchem es heißt: „Jede Krankheit ist das Ergebnis gehemmten Seelenlebens; das gilt für alle Formen in allen Reichen. Die Kunst des Heilers besteht darin, die Seele freizumachen, so daß ihr Leben durch die Organismen-Aggregate strömen kann, aus denen jede Form besteht." Alle Initiaten der Großen Weißen Bruderschaft sind Heiler. Nicht jeder von ihnen arbeitet mit der Heilung des physischen Körpers, sie sind jedoch alle Überträger von Energie. Die vier Körper, welche der Heilung bedürfen, sind der physische-, der ätherische-, der astrale- und der mentale Körper. Laut Djwhal Khul liegen 90% der Gründe für physische Erkrankungen im Bereich des ätherischen- und astralen Körpers. Das ist darum so, weil die meisten Menschen dieser Welt emotional polarisiert oder identifiziert sind. In einer Million von Jahren, von jetzt an gerechnet, wird man den Grund für Erkrankungen im Bereich des Geistes suchen müssen, weil dann nämlich die menschliche Aufmerksamkeit gesamthaft auf den Geist ausgerichtet sein wird.

Jede Gruppe von Heilern muß sich zuerst in den Zustand der Liebe versetzen und innerhalb der Gruppe Verständnis und Einheit herbeiführen. Die beiden wichtigsten Qualitäten jeden wahren Heilers sind „Magnetismus und Strahlung". Er muß mit der eigenen Seele wie magnetisch verbunden sein, in gleicher Weise jedoch auch mit dem Menschen, welcher der Heilung bedarf, und mit den Energien, welche im Patienten die Veränderung hervorrufen. Des weiteren muß der Heiler imstande sein, Seelenenergie auszustrahlen, die dann die Seele des Menschen, der geheilt werden soll, stimuliert. Die Ausstrahlung der Gedanken des Heilers erleuchtet wiederum Gedanken und Willen des Patienten. Die Ausstrahlung von Gesundheit des Astral- und Ätherkörpers des Heilers wirkt sich dann in gleicher Weise auf den Patienten aus. Alle Krankheiten entstehen durch das Fehlen von Harmonie, das Fehlen der Anpassung von Seele und Form und/oder subjektiver und objektiver Realität. Dieses Fehlen von Harmonie, also Krankheit, betrifft alle vier

Reiche der Natur und nach Djwhal Khuls Aussage gibt es vier äußere, umweltbedingte Ursachen für Krankheitszustände: Unfälle, Infektionen, Fehlernährung und die Gene.

Es gibt auch vier psychologische Ursachen für Erkrankungen:

1. Diejenigen, die aus der emotionalen und gefühlsbetonten Natur entstehen.
2. Diejenigen, die im Ätherkörper entstehen.
3. Diejenigen, die aus falschem Denken entstehen.
4. Diejenigen, welche einzig Schüler und Initiaten betreffen.

Es gibt vier Gründe, warum Heilmethoden, wie sie normalerweise eingesetzt werden, nicht funktionieren:

1. Weil der Heiler nicht weiß, welcher der vier Körper die Probleme erzeugt.
2. Weil der Heiler nicht weiß, auf welcher Entwicklungsstufe der Patient sich befindet.
3. Weil der Heiler nicht unterscheiden kann, ob die Erkrankung von inneren, persönlichen Zuständen, von einer Erbkrankheit oder einem Gruppenkarma hervorgerufen wird.
4. Weil der Heiler nicht imstande ist, zu erkennen, wie er das Problem behandeln soll, ob allopathisch, homöopathisch, durch innere Neueinstellung, durch Seelenkraft oder durch okkulte Methoden, welche die Hilfe eines Meisters anrufen.

Djwhal sagt, daß die Heilung auf drei Arten zustande kommen kann:

1. Durch die Methoden der traditionellen Medizin und/oder Chirurgie.
2. Durch die Anwendung von Psychologie.
3. Durch die Aktivität der Seele.

Für die Mehrheit der Menschen ist der Astralkörper die hauptsächliche Ursache für schlechte Gesundheit. Dieser Körper hat sehr große Auswirkungen auf den Ätherkörper des Menschen, welcher der

Energiekörper und damit die Batterie für den physischen Körper ist. Im Grunde sprechen wir hier von unkontrollierten oder schlecht regulierten Emotionen wie Angst, Ärger, Wut, Kritik, Haß, Überheblichkeit, Minderwertigkeitsgefühl etc. Die im Astralkörper angesiedelten Begierden des niederen Selbst bringen die Menschen z.b. dazu, zu viel zu essen und zu trinken, ernährungsbedingte Erkrankungen haben daher ihren Ursprung im Astralkörper. Erkrankungen, welche durch den Begierdenkörper ausgelöst werden, sind Geschlechtskrankheiten und ein Übermaß an sexueller Betätigung, was sich auf den physischen Körper und den Ätherkörper schwächend auswirkt.

Ein wahrer Heiler sollte nicht nur in Heilmethoden, sondern gleicherweise in Psychologie, Medizin und esoterischem Wissen bewandert sein. Der Durchschnittsmediziner hat keine Ahnung vom Ätherkörper oder den Chakren, von der Seele ganz zu schweigen. Der esoterische Heiler muß sehr viel mehr „irdisches" Wissen besitzen, als der Arzt dies hat. Krankheit ist, esoterisch betrachtet, ganz sicher ein Reinigungsprozeß. Vertreter der traditionellen Medizin müssen verstehen, daß eine Erkrankung ein schrittweiser und langsamer Rückzug der Seele vom Körper sein kann, weil andere Aufgaben auf sie warten. Dieser vorrangige Wunsch der meisten Ärzte, den Körper am Leben zu erhalten, ist nicht immer passend. Der Astralkörper löst die meisten Erkrankungen aus. Der Grund dafür ist, daß die Menschheit als Gesamtheit ihr Bewußtsein in diesen Körper lenkt. Er ist auch der am weitesten fortgeschrittene Körper, da er sich als letzter innerhalb des Menschheitskollektivs entwickelte. Seinen Entwicklungshöhepunkt hatte er zur Zeit von Atlantis. Das wird auch noch durch die Energie der Tiere gefördert, die ja in ihrer Art dem Astralbereich angehört. Obwohl wir arische Wurzeln besitzen, ist es der Menschheit noch nicht gelungen eine mentale Polarisation und Identifikation zu erreichen.

Die drei hauptsächlichen Krankheitsgruppen

Nach Djwhal Khul sind die drei hauptsächlichen Krankheitsgruppen Tuberkulose, durch Geschlechtsverkehr übertragene Krankheiten (Geschlechtskrankheiten, Syphilis, AIDS) und Krebs. Zwei weitere Erkrankungsgruppen, die in der Häufigkeit über dem Durchschnitt liegen, sind laut Djwhal Khul die Herz- und Nervenerkrankungen. Diese fünf Hauptgruppen (inklusive ihrer unzähligen Untergruppen) sind für die meisten Erkrankungen der menschlichen Rasse verantwortlich. Die Diagnose muß in der Hauptsache psychologisch, endokrin und medizinisch erfolgen.

Die Menschheit hat sozusagen vier Erbkrankheiten, die durch die folgenden Punkte bedingt sind:

1. Ereignisse aus der eigenen Vergangenheit in diesem und vorherigen Leben.
2. Rassenbedingte Umstände, welche die gesamte Menschheit betreffen.
3. Umstände, die gesamthaft das Leben des Planeten betreffen.
4. Familienbedingte Erbanlagen.

Wenn die Chakren oberhalb des Zwerchfells sich öffnen, erfährt der Mensch eine große Anzahl von Lebenszeiten, in welchen er Herz- und Nervenerkrankungen durchmachen muß. Diese Art von Krankheiten hat man immer schon als die Krankheiten der Mystiker bezeichnet. Die durch Geschlechtsverkehr übertragenen Krankheiten (AIDS ausgenommen: hier war ein außer Kontrolle geratener chemischer Kampfstoff der ursächliche Grund) sind Überreste der Ausschweifungen der lemurischen Zeiten, als man in bezug auf den Körper noch vollkommen polarisiert war. Krebs stammt von der atlantischen Urrasse und hat einen astralen und emotionalen Zusammenhang. Er ist eine Erkrankung, die durch Beschränkung entsteht, so wie extreme Selbstdarstellung und extremer Genuß syphilitische Erkrankungen auslösen. Tuberkulose gehört zur arischen Rasse, obwohl sie bereits in den Zeiten von Atlantis zu finden war. Sie wird durch eine Verschiebung der Polarisation vom Emotional- zum Mentalkörper verursacht, bzw. durch die Verschiebung vom atlantischen zum arischen Bewußtsein. Sie ist eine Krankheit, welche den Emotionalkörper schwächt. Krebs ist durch die Verschiebung der Lebenskraft von der physischen zur emotionalen Polarisation, bzw. vom lemurischen zum atlantischen Bewußtsein entstanden. Wenn die Menschheit lernt, sich emotional besser zu beherrschen, wird auch der Krebs verschwinden, sagt Djwhal Khul. Viele Probleme der Menschheit entstehen dadurch, daß man verseuchte, kranke Körper im Boden vergräbt statt sie zu verbrennen. Djwhal Khul sieht voraus, daß im New Age nur noch Verbrennungen stattfinden und Erdbestattungen vom Gesetz verboten sein werden.

208

Krankheiten, die durch Sorgen und Gereiztheit entstehen

Diese Erkrankungen wirken sich auf die Menschen folgendermaßen aus:

1. Je schwächer die Vitalität des jeweiligen Menschen, desto anfälliger ist er für diese Erkrankung.
2. Die Verbindung ist in ihrer Art sehr schwach.
3. Die Verbindung zwischen dem ätherischen und dem physischen Körper ist so schwach, daß die Seele ihren Körper kaum kontrollieren kann.
4. Der Ätherkörper ist viel zu stark mit der Persönlichkeit und dem physischen Körper verbunden.

Eine weitere Ursache für Krankheiten innerhalb des Ätherkörpers ist eine zu starke Stimulation der Chakren. Das wirkt sich sehr schädlich auf die Drüsen aus, was seinerseits wieder negative Auswirkungen auf das Blut und die Organe hat.

Erkrankungen, die vom Mentalkörper verursacht werden

Ein Grund für das Entstehen von Krankheiten ist hier die „falsche mentale Haltung". Der zweite Grund ist Fanatismus im Bereich der Mentalebene und ein Übermaß an Gedankenformen. Der dritte Grund ist frustrierter Idealismus.

Erkrankungen, die bei Schülern auftreten

Die meisten dieser Krankheiten entstehen, weil die Energie des Solarplexus in das Herz verlagert wird. Diese Übertragung führt zu Problemen im Bereich des Magens, der Leber und der Atemorgane. Djwhal meint, daß alle diese Erkrankungen und körperlichen Probleme ihren Ursprung in einer der drei Ursachen haben:

1. Ein entwickelter Seelenkontakt, welcher eine Belebung aller Chakren herbeiführt, was selbstverständlich den physischen Körper stark belastet.
2. Der Versuch der Persönlichkeit, sich der Kontrolle durch die Seele zu entziehen. Auch hier ist die körperliche Belastung offensichtlich.
3. Eine Verschiebung der Lebenskraft von der Persönlichkeit zur Kontrolle durch die Seele bzw. vom niederen zum Höheren Selbst, was innerhalb des physischen Körpers zu Anpassungs schwierigkeiten führt.

Die Medizin des nächsten Jahrhunderts

Die Medizin des nächsten Jahrhunderts wird sich auf die folgenden fünf Punkte konzentrieren:

1. Vorsorge
2. Bessere Hygiene
3. Verabreichung der passenden Chemikalien
4. Ein besseres Verständnis, was die Vitalität, die Vitamine, Mineralien und den Einfluß der Sonnenstrahlung angeht.
5. Verstärkte bis ausschließliche Anwendung der Gedankenkraft und des Geistes im Bereich des Heilens.

Die Heiler

Laut Djwhal Khul werden sich die folgenden vier Gruppen von Heilkundigen in Zukunft einer wesentlich stärkeren Synthese und gegenseitigen Integration unterziehen müssen, wie man im Buch *Esoterisches Heilen* von Alice Bailey nachlesen kann:

1. Ärzte und Chirurgen.
2. Psychologen, Neurologen und Psychiater.
3. Mentale Heiler, Arbeitende im Bereich des neuen Denkens, Unity-Denker und christliche Wissenschaftler.
4. Ausgebildete Schüler und Initiaten, welche mit der Seele der Menschen arbeiten.

Befreiung und Freiheit

Damit ein Mensch, und die Menschheit insgesamt, vollständig gesunden kann, muß zuerst das Ideal der Befreiung und der Freiheit erreicht werden. Djwhal sagt, daß es in diesem Zusammenhang in den vergangenen 2.000 Jahren vier große symbolische Ereignisse gegeben hat, welche die Befreiung zum Thema hatten:

1. Das Leben Christi selbst.
2. Die Unterzeichnung der Magna Charta.
3. Die Sklavenbefreiung.
4. Die Befreiung der Menschheit durch die Vereinten Nationen.

Karma und Gesundheit

Djwhal nennt neun Arten des Karma:

1. Elementares Gruppenkarma des einfachen Menschen.
2. Individuelles Karma des selbstbewußten, sich entwickelnden Menschen.
3. Das Karma in Verbindung mit der Schülerschaft.
4. Das hierarchische Karma.
5. Das Karma der Vergeltung.
6. Das Karma der Belohnung.
7. Das nationale Karma.
8. Das Rassenkarma.
9. Das Karma der zu lernenden Lektionen.

Karma ist weder unvermeidbar noch unveränderlich. Im Zusammenhang mit Krankheit können vier Dinge eine Veränderung bewirken:
1. Festzustellen, was die Ursache der Erkrankung ist und aus welchem Bewußtseinsbereich sie stammt.
2. Qualitäten zu entwickeln, die das Gegenteil der verursachenden Qualitäten sind.
3. „Friedfertigkeit/Harmlosigkeit" üben.
4. Die Krankheit annehmen, kluge medizinische Behandlung einleiten und die Unterstützung durch einen Heiler/Heilgruppe suchen; dazu kommt noch die klare Vorstellung des positiven Ergebnisses/der vollzogenen Heilung. Das könnte zu vollkommener Gesundheit führen und die Vorbereitung für den Dienst auf den Inneren Ebenen sein.

Wie man Blockaden feststellt

Traditionelle medizinische Tests sind äußerst begrenzt in ihrer Wirkung, sehr teuer und haben mit den feinstofflichen Körpern oder dem psychologischen Zustand des Patienten nichts zu tun. Sie sind daher zur Auffindung von Blockaden nur schlecht geeignet. Djwhal empfiehlt drei Methoden, die in Zukunft immer öfter zum Einsatz kommen werden:

1. Hellsehen.
2. Hell-Wissen – dies ist eine Fähigkeit der Seele.
3. Okkulte Transferenz bzw. okkultes Mitfühlen – hier nimmt der Heiler die Beschwerden des Patienten im eigenen Körper wahr.

Die Ursachen für bestimmte Krankheiten, wie z.b. Arthritis oder Diabetes, liegen im Astralkörper begründet. Diabetes entsteht, wenn man falsche innere Begierden hat, meint Djwhal. Das kann etwas aus diesem oder einem vergangenen Leben sein. Syphilis und Arthritis stammen aus einem Übermaß an Erfüllung „physischer Begierden". Masern, Scharlach, Windpocken und Cholera entstammen dem Emotionalkörper. Fieber zeigt Schwierigkeiten an und dient der Reinigung. Es zeigt nur an, es ist an sich keine Krankheit. Meist ist es am besten, wenn man dem Fieber, zumindest eine Zeitlang, seinen Willen läßt und es nicht bekämpft. So lange die Temperatur nicht zu hoch steigt und der gesamte Schub nicht zu lange dauert, ist Fieber absolut therapeutisch wirksam. Extreme Gefühlsschübe sind die astrale Entsprechung zu Fieberschüben. Auf der Mentalebene ist es das „zu sehr im Kopf sein".

Bakterien

Wenn im physischen Körper eine Schwachstelle vorhanden ist, zeigt sich im Ätherkörper die Lebenskraft gleicherweise schwach. Innerhalb dieser Blockade bzw. der Stelle eingeschränkter Entwicklungsmöglichkeit, finden Bakterien einen guten Nährboden. Bei starker Vitalität und fließender Seelen- und Lebenskraft haben Bakterien keine Chance. Ich sage es nochmals: Ansteckende Krankheiten als solche gibt es nicht! Es gibt nur Menschen mit schwacher Widerstandskraft! Die Menschheit besteht aus Menschen, egal ob ihre Körper östlicher oder westlicher Natur sind, und sie alle sind für die selben Krankheiten anfällig.

Mentale Erkrankungen

Laut Djwhal Khul liegen die Gründe dafür im folgenden:

1. Krankheiten des Gehirns.
2. Störungen im Bereich des Solarplexus.
3. Beherrschtsein durch die Astralnatur.
4. Zu früh entwickelte Hellsichtigkeit und Hellhörigkeit.
5. Besessenheit.
6. Geistesabwesenheit.
7. Seelenlosigkeit.

Die zukünftigen Ausbildungsstätten für Heiler

Die folgende Liste stammt aus dem Buch *Esoterisches Heilen* von Alice Bailey.

1. Psychologische Besserungen und Heilungen.
2. Magnetisches Heilen.
3. Allopathisches Heilen.
4. Homöopathisches Heilen.
5. Chirurgisches Heilen in seinen modernen Formen.
6. Elektrotherapie.
7. Wassertherapie.
8. Heilung durch Farbe, Ton und Strahlung.
9. Vorbeugende Medizin.
10. Osteopathie und Chiropraktik.
11. Wissenschaftliche Neurologie und Psychiatrie.
12. Die Heilung von Besessenheiten und Geisteskrankheiten.
13. Die Pflege von Auge und Ohr.
14. Stimmkultur.
15. Mentale und Glaubensheilung.
16. Seelenharmonisierung und Seelenkontakt.

Der Zusammenhang zwischen den Strahlen und Erkrankungen

Syphilitische Erkrankungen haben ihren Ursprung im Mißbrauch der Energie des dritten Strahles, Tuberkulose in dem des zweiten Strahles. Krebs entsteht aus dem fehlerhaften Gebrauch der Energie des ersten Strahles.

Was grundsätzlich erforderlich ist, um eine Heilung zu bewirken

Djwhal Khul hat zehn grundsätzliche Erfordernisse definiert:

1. Anerkennung des großen Gesetzes von Ursache und Wirkung.
2. Korrekte Diagnoseerstellung durch einen kompetenten Arzt und einen spirituellen Hellsichtigen.
3. Der Glaube an ein unmittelbares Karma, d.h. das Wissen, ob das eigene Schicksal die Heilung oder den Übergang auf die spirituelle Ebene vorsieht.
4. Die Erkenntnis, daß eine Heilung des physischen Körpers vom Standpunkt der Seele aus absolut nicht wünschenswert sein könnte, d.h. es könnte der Wunsch der Seele sein, daß der Körper stirbt.
5. Aktive Zusammenarbeit zwischen Heiler und Patient.
6. Der Patient muß das, was seine Seele ihm vorschreibt, vollkommen annehmen.
7. Das Bemühen des Heilers und des Patienten, die "Harmlosigkeit" (den Willen, niemandem zu schaden), vollständig zum Ausdruck zu bringen.
8. Der Patient muß sich bemühen, statt einer negativen, ich-bezogenen Haltung eine spirituelle Haltung anzunehmen.
9. Das gezielte Weglassen aller Eigenschaften, Gedankengänge und Wünsche, welche dem Einströmen der spirituellen Kraft hinderlich sein könnten.
10. Heiler wie Patient müssen imstande sein, sich in die Seelengruppe, mit der sie beide verbunden sind, einzugliedern.

Es ist für die Menschen im allgemeinen und für Patienten im besonderen unbedingt notwendig, zu erkennen, daß das Weiterleben im physischen Körper durchaus nicht als das höchste Zielt zu betrachten ist.

Die fünfzehn erforderlichen Qualitäten des Heilers

Im Buch *Esoterisches Heilen* von Alice Bailey hat Djwhal Khul fünfzehn Qualitäten aufgelistet, welche ein Heiler besitzen muß. Vergeßt nie, daß alle Schüler dieses Weges gleichzeitig auch Heiler sind, weil alle Schüler spirituelle Energie channeln.

1. Die Fähigkeit, mit der Seele in Verbindung zu kommen und als Seele zu wirken. „Die Kunst des Heilers besteht darin, die Seele freizumachen".

2. Die Fähigkeit, den geistigen Willen zu beherrschen.

3. Die Fähigkeit, eine telepathische Verbindung herzustellen. Das bedeutet, daß der Heiler intuitiv weiß, was der Patient in seinem Inneren denkt und wünscht.

4. Er muß genaues Wissen haben. Das bedeutet, daß er verstehen muß, wie man die Seele anruft, Kontakt mit ihr aufnimmt und ihre Informationen wahrnimmt.

5. Die Fähigkeit, das Bewußtsein des Patienten umzukehren, neu zu orientieren und zu erheben. Der Heiler muß imstande sein, „die zu Boden gerichteten Augen (des Patienten) wieder der Seele zuzuwenden".

6. Die Fähigkeit, Seelenenergie an die Stelle zu leiten, wo sie benötigt wird.

7. Die Fähigkeit, magnetische Reinheit und die notwendige Strahlung zum Ausdruck zu bringen.

8. Die Fähigkeit, die Funktion des Mechanismus im Kopf zu überwachen. Das bedeutet, er muß imstande sein, die Zentren im Kopf miteinander verbunden zu halten.

9. Macht über die eigenen Chakren.

10. Die Fähigkeit, sowohl exoterische wie esoterische Methoden bei der Heilung anzuwenden.

11. Die Fähigkeit, magnetisch zu wirken. Das bedeutet, die Kraft der Seele und des Geistes magnetisch in sich hereinzuholen, um damit ein Kanal für die Heilung des Patienten zu sein.

12. Die Fähigkeit, mit Strahlung zu wirken. Das bedeutet, Seelenenergie nicht nur wahrzunehmen, sondern sie weiterzugeben.
13. Die Fähigkeit, stets absolut harmlos zu leben.
14. Die Fähigkeit, den Willen zu beherrschen und durch Liebe zu wirken.
15. Die Fähigkeit, schließlich mit dem Gesetz des Lebens umgehen zu können.

Diese Fähigkeit zeigt sich, wenn es dem Menschen gelungen ist, sich mit der spirituellen Triade (spiritueller Wille, Intuition, höherer Geist) zu verbinden. Die spirituelle Triade verbindet sich mit der dreifaltigen Persönlichkeit. Die dritte Initiation entspricht der Seelenverschmelzung. Bei der fünften und sechsten Initiation ist es dann die Verschmelzung mit der Monade.

Die Ausrichtung des Heilers

Der Heiler im Neuen Zeitalter besitzt die Fähigkeit, problemlos die folgenden Kontakte aufzubauen:

1. Mit seiner eigenen Seele.
2. Mit der Seele des Patienten.
3. Mit der speziellen Energie, die sich entweder im Seelen- oder im Persönlichkeitsstrahl des Patienten befindet.
4. Mit dem eigenen, für die Heilung benötigten Chakra, welches die spirituelle Energie überträgt.
5. Mit dem Chakra im Ätherkörper des Patienten, welches den Bereich kontrolliert, in dem die Krankheit angesiedelt ist.

Die Krankheit eines Menschen unterliegt drei Beeinflussungen:

1. Den vergangenen Fehlern des Menschen.
2. Der Erbmasse.
3. Dem von ihm mit allen Lebewesen geteilten Schicksal, welches der Herr des Lebens seinem Körper auferlegt.

Der Heiler und seine Fähigkeit zur Diagnose

Die Fähigkeit des Heiler, die richtige Behandlung für die Krankheit seines Patienten zu finden, beruht auf vier grundsätzlichen Dingen:

1. Der Heiler muß sich darin üben zu erkennen, ob der Patient mental oder emotional ausgerichtet ist.
2. Er muß imstande sein, das psychologische Problem der Erkrankung zu erkennen.
3. Daraus entsteht dann seine Fähigkeit, herauszufinden, wo die Krankheit angesiedelt ist.
4. Dies läßt ihn erkennen,welcher Bereich zu heilen ist und welches Chakra im Ätherkörper diesen Bereich kontrolliert.

Wenn ein Patient mental ausgerichtet ist, muß man sich ihm über ein höheres Zentrum im Kronenchakra nähern. Der Heiler muß die folgenden acht Prinzipien in Relation zu sich selbst erlernen:

1. Rasche Angleichung zwischen Seele, Verstand, Kronenchakra und physischem Gehirn.
2. Die Anwendung des von der Seele erleuchteten Verstandes bei der psychologischen Diagnose.
3. Methoden,um eine sympathische Beziehung zum Patienten herzustellen.
4. Methoden, um sich vor jeglicher Übertragung zu schützen, die durch diese Verbindung entstehen könnte.
5. Den Aufbau einer richtigen Beziehung zum Patienten.
6. Physische Diagnose und die Feststellung der zu heilenden Region, auf dem Wege über das sie beherrschende Chakra.
7. Die Kunst, mit der Seele des Patienten so zu kooperieren, daß der Ätherkörper alle Energien, welche auf ihn einströmen, bündelt, um dem erkrankten Bereich Erleichterung zu bringen.
8. Die Methode, die eigene Heilkraft zurückzuziehen, wenn der Patient stabilisiert ist.

Das Dritte Auge und der vollendete Mensch

Wie im Buch *Esoterisches Heilen* von Alice Bailey beschrieben, finden sich im vollendeten Menschen folgende Verbindungen:

1. Das Auge der Seele - Werkzeug der Geistigen Triade - Wille
2. Das Dritte Auge - Werkzeug der Seele - Liebe
3. Das rechte Auge - Verteiler der buddhischen Energie
4. Das linke Auge - Übermittler rein manasischer Energie
5. Das Ajnazentrum - Sammel- und Leitungsstelle für alle diese Energien

Beim Schüler, der als Seele zu wirken beginnt, finden wir folgendes:

1. Das Dritte Auge - Verteiler der Seelenenergie
2. Das rechte Auge - Werkzeug der Astralenergie
3. Das linke Auge - Werkzeug der niederen Mentalenergie
4. Das Ajnazentrum - Sammelstelle für diese drei Energien

Gesetze und Regeln des Heilens

Hier zitiere ich ohne zusätzliche Erklärung die zehn Gesetze und sechs Regeln des Heilens, wie sie von Djwhal Khul durchgegeben und im Buch *Esoterisches Heilen* von Alice Bailey niedergeschrieben wurden. Einige der Gesetze sind recht esoterisch und manchmal schwierig zu verstehen, doch sind die dort angesprochenen Wahrheiten so tiefgründig, daß es wohl wert ist, sie zu lesen. Deshalb habe ich sie in diesem Kapitel untergebracht. Wenn sich jemand intensiver damit auseinandersetzen möchte, möge er bitte Alice Baileys Buch lesen.

I. Gesetz
Jede Krankheit ist das Ergebnis gehemmten Seelenlebens; das gilt für alle Formen in allen Reichen. Die Kunst des Heilers besteht darin die Seele freizumachen, so dass ihr Leben durch die Aggregate von Organismen strömen kann, aus denen jede Form besteht.

II. Gesetz
Krankheit entsteht durch drei Einflüsse und ist diesen unterworfen. Es sind dies:

1. Des Menschen eigene Vergangenheit, womit er den Preis für weit zurückliegenden, uralten Irrtum (Reinkarnationsgeschichte) zahlt.
2. Das allen Menschen gemeinsame Erbteil an jenen verdorbenen Energieströmen, die Gruppenursprungs sind (Rassenbedingte kulturelle Geschichte).

3. Er hat, wie alle Naturformen, teil an dem, was der Herr des Lebens seinem Körper auferlegt. - Diese drei Einflüsse nennt man «Das Urgesetz des Teilhabens am Übel». Dieses Gesetz muss eines Tages jenem neuen, «seit Urzeiten herrschenden Gesetz des Guten» weichen, das hinter allem steht, was Gott geschaffen hat. Dieses Gesetz muss durch den geistigen Willen des Menschen zur Wirksamkeit gebracht werden.

I. Regel
Der Heiler soll sich darin schulen, die innere Gedanken- oder Begierdenstufe des Patienten zu erkennen. Dadurch kann er erfahren, aus welcher Quelle die Störung kommt. Er soll Ursache und Wirkung miteinander in Beziehung setzen und dann genau die Stelle erkennen, durch welche die Abhilfe kommen muss.

III. Gesetz
Krankheiten entstehen dadurch, dass sich die Lebensenergie eines Menschen grundlegend zentralisiert. Von der Ebene, auf der diese Energien konzentriert sind, gehen auch jene bestimmenden Bedingungen aus, die zu schlechter Gesundheit führen und die sich daher als Krankheit, oder aber als Freisein von Krankheit auswirken.

IV. Gesetz
Sowohl physische wie psychologische Krankheit hat ihren Ursprung im Guten, Schönen und Wahren; sie ist nur ein verzerrtes Spiegelbild göttlicher Möglichkeiten. Die gehemmte Seele, die nach voller Ausdrucksverleihung eines göttlichen Wesenszuges oder einer inneren, geistigen Realität strebt, erzeugt in der Substanz ihrer Hüllen eine Reibungsstelle. Auf diesen Punkt konzentrieren sich die Augen der Persönlichkeit und das führt zur Krankheit. Die Kunst des Heilers besteht nun darin, die nach unten gerichteten Augen nach oben, auf die Seele, den wahren Heiler innerhalb der Form zu lenken. Dann lenkt das geistige oder dritte Auge die Heilkraft und alles ist gut.

II. Regel
Der Heiler muss durch Reinheit des Lebens magnetische Reinheit erlangen. Er muss sich jene austreibende Strahlung aneignen, die sich in jedem Menschen dann zeigt, wenn er die Zentren im Kopf miteinander verbunden hat. Sobald dieses magnetische Feld hergestellt ist, dringt auch die Strahlung hinaus.

V. Gesetz

Es gibt nichts als Energie, denn Gott ist Leben. Im Menschen begegnen sich zwei Energien, jedoch sind noch fünf andere anwesend. Für eine jede gibt es eine zentrale Kontaktstelle. Der Widerstreit dieser Energien mit den Kräften und der Kräfte untereinander verursacht die körperlichen Beschwerden des Menschen. Der Widerstreit zwischen der ersten und zweiten dauert viele Zeitalter lang, bis einmal der Berggipfel - die erste grosse Bergspitze - erreicht ist. Der Kampf zwischen den Kräften erzeugt alle Krankheiten, alle Übel und körperlichen Schmerzen, die Erlösung im Tod suchen. Die zwei, die fünf und somit die sieben samt dem, was sie erzeugen, besitzen das Geheimnis. Dies ist das fünfte Heilgesetz in der Welt der Form.

III. Regel

Der Heiler konzentriere die nötige Energie in dem benötigten Zentrum. Dieses Zentrum soll demjenigen entsprechen, das bedürftig ist. Die beiden sollen im Einklang schwingen und miteinander die Kraft vermehren. So soll die wartende Form zu ausgeglichener Betätigung gebracht werden. So sollen die beiden und die eine unter rechter Leitung heilen.

VI. Gesetz

Wenn die Bilde-Energien der Seele im Körper tätig sind, besteht Gesundheit, ungetrübtes Wechselwirken und rechte Funktion. Wenn jedoch die Lunarherren und jene Wesen, die unter der Herrschaft des Mondes und auf Geheiss des niederen persönlichen Selbstes wirken als Bildekräfte auftreten, so führt dies zu Krankheit, Siechtum und Tod.

VII. Gesetz

Wenn Leben oder Energie unbehindert und infolge rechter Lenkung zu ihrer äusseren Erscheinungsform (der angeschlossenen Drüse) strömt, dann spricht die Form darauf an und die Beschwerde verschwindet.

IV. Regel

Eine sorgfältige Krankheitsdiagnose, die sich auf die festgestellten äusseren Symptome gründet, wird bis zu dem Grad vereinfacht werden, dass man, wenn einmal das betreffende Organ erkannt und damit isoliert ist, das ihm zunächst liegende Zentrum im Ätherkörper bestimmten

Methoden okkulten Heilens unterwirft, daneben werden jedoch auch die gewöhnlichen medizinischen oder chirurgischen Heilverfahren zur Anwendung kommen.

VIII. Gesetz

Krankheit und Tod sind die Folge zweier wirkender Kräfte. Die eine ist der Wille der Seele, der zu seinem Instrument sagt: Ich ziehe die Lebensessenz zurück. Die andere ist die magnetische Kraft des planetarischen Lebens, die zu dem Leben in dem atomischen Gefüge sagt: Die Stunde der Wiederaufnahme ist da. Kehre zu mir zurück! So handeln alle Formen nach dem zyklischen Gesetz.

V. Regel

Der Heiler muss versuchen, seine Seele, sein Herz, sein Gehirn und seine Hände zu verbinden. So kann er die lebendige Heilkraft über den Patienten ausgiessen. Das ist magnetisches Wirken. Entweder heilt es die Krankheit oder es verschlimmert den schlechten Zustand, je nach dem Wissen des Heilers. Der Heiler muss versuchen, seine Seele, sein Gehirn, sein Herz und seine aurische Ausstrahlung zu verbinden. So kann seine Gegenwart das Seelenleben des Patienten stärken. Dies ist Wirken durch Ausstrahlung. Die Hände sind nicht nötig. Die Seele erweist ihre Kraft. Des Patienten Seele reagiert, da sich seine Aura für die aus der Aura des Heilers kommende, von Seelenenergie durchflutete Strahlung empfänglich zeigt.

IX. Gesetz

Vollkommenheit ruft Unvollkommenheit ans Tageslicht hervor. Das Gute treibt stets das Böse aus der Form des Menschen in Zeit und Raum aus. Die Methode, die sowohl vom Vollkommenen als auch vom Guten verwendet wird, ist Harmlosigkeit. Das ist keine negative, passive Geisteshaltung, sondern vollkommene Ausgeglichenheit, eine abgeschlossene Weltanschauung und göttliches Verstehen.

VI. Regel

Der Heiler und die Heilergruppe müssen ihren Willen im Zaum halten. Nicht der Wille soll angewandt werden, sondern die Liebe.

X. Gesetz

Höre, o Jünger, auf den Ruf, der vom Sohn an die Mutter ergeht, und gehorche dann. Das Wort geht hinaus, dass die Form ihren Zweck erfüllt hat. Das Denkprinzip passt sich an und wiederholt dann das Wort. Die wartende Form gibt Antwort und löst sich ab. Die Seele ist frei. Folge, o Aufsteigender, dem Ruf, der aus dem Reich der Verpflichtung kommt; erkenne den Ruf, der vom Ashram oder aus der Ratskammer kommt, wo der Herr des Lebens Selbst wartet. Der Ton geht hinaus. Seele und Form müssen beide zusammen dem Lebensprinzip entsagen und so der Monade erlauben, frei zu werden. Die Seele antwortet. Dann zerbricht die Form die Verbindung. Das Leben ist jetzt befreit und besitzt die Eigenschaft bewussten Wissens, die Früchte aller Erfahrung. Dies sind die Gaben, die Seele und Form gemeinsam schenken.

Bemerkung zum X. Gesetz: Mit diesen Worten wird ein neues Gesetz verkündet, das an die Stelle des Todesgesetzes tritt und nur für diejenigen gilt, die sich auf den letzten Stufen des Pfades der Jüngerschaft und auf dem Pfad der Einweihung befinden.

Zusammenfassung

Ich möchte mich nochmals dafür bedanken, daß die Information zu diesem Kapitel durch Ausschnitte aus Alice Baileys Buch *Esoterisches Heilen* ergänzt werden konnten, welches ich allen, die sich für dieses Thema interessieren, wärmstens empfehlen möchte. Wir alle mögen Alice Bailey für die wunderbare telepathische Information, die sie von Djwhal Khul zu diesem Thema gechannelt hat, von Herzen dankbar sein.

11 Wie man sich vom negativen Ego mit Hilfe der Astrologie befreit

Vorweg muß ich zunächst einmal sagen, daß ich kein Experte in Astrologie bin. Ich habe mich jedoch trotzdem entschlossen, dieses Kapitel hinzuzufügen, um zu zeigen, in welcher Beziehung die Sternzeichen zu den Strahlen und den Archetypen stehen und welche Ähnlichkeiten sie aufweisen. Diese drei Wissenschaften sind sehr gut zur Selbsterkenntnis geeignet und um das negative Ego zu überwinden. Die zwölf Tierkreiszeichen müssen ebenso gemeistert und integriert werden, wie die zwölf Archetypen und die zwölf Strahlen. Daß man unter einem der Zeichen geboren wurde, hat genau den gleichen Einfluß wie der Strahl, dem man untersteht. Trotzdem müssen auch hier alle anderen Zeichen gemeistert werden. Darum verbringen wir viele Lebenszeiten damit, unter den verschiedenen Sternzeichen geboren zu werden und damit eine vollkommene Sicht des eigenen Selbst zu erarbeiten. Die Sonnenzeichen könnte man den Haupt-Archetypen gleichsetzen. Damit ist die Astrologie gleich zu behandeln wie im Kapitel der Archetypen und der Strahlen beschrieben.

Ich habe einmal in einem Buch gelesen, daß das Geburtszeichen das gleiche ist, wie das, welches der Mensch in seiner letzten Inkarnation bei seinem Ableben hatte. Wie die Strahlen und Archetypen besitzen auch die Sonnenzeichen einen höheren und einen niederen Aspekt. Daher bezeichne ich das Studium dieser Wissenschaft als die zwölf Schulstufen und Herausforderungen des Lebens. Wenn Ihr dies durcharbeitet, möchte ich Euch erneut empfehlen, zunächst bei Euch selbst zu beginnen und herauszufinden, wo Ihr schon weit entwickelt seid und wo noch Verbesserungen nötig sind. Der Schlüssel zur Astrologie liegt in der Erkenntnis, daß sie, bei entsprechender Interpretation, eine perfekte Wissenschaft darstellt – allerdings mit einer Ausnahme. Das ist der Grund, warum wir uns frei entscheiden können. Wenn Ihr in Eurem Leben eine Opferrolle spielt und nicht wirklich Eure persönliche Kraft in Euch tragt, dann werden die Sterne Eure Entscheidungen demgemäß beeinflussen. Doch selbst wenn in Eurem Gesamthoroskop viele negative Aspekte zu finden sind, vergeßt niemals, daß Ihr in Wahrheit Gott seid und daß Gott die Sterne erschaffen hat, nicht umgekehrt. Selbst wenn Euch noch niemals ein Horoskop erstellt worden sein sollte, ist es doch interessant herauszufinden, welche Einflüsse vorhanden sind. Wenn Ihr das versteht, könnt Ihr leicht erkennen, wie die Sterne für Euch oder gegen Euch arbeiten. Es gibt im gesamten Universum keine stärkere Kraft als Euren Willen. So betrachtet seid Ihr der Meister der Astrologie. Um Gott zu erkennen, müßt Ihr alle zwölf Schulstufen und Herausforderungen des Lebens meistern. Die meisten Menschen sind ausschließlich auf ihr Sonnenzeichen konzentriert und nutzen die Astrologie nicht als Wegweiser zur Meisterung der zwölf Archetypen und der Aspekte des Lebens. Mit diesem Gedanken wollen wir nun beginnen.

Die zwölf Schulstufen und Herausforderungen des Lebens

Steinbock (22.12. – 20.1.) – „Ich benutze"
Der Steinbock muß versuchen herauszufinden, wie er Dinge und Menschen in seinem Leben am besten nutzt. Positiv betrachtet dient dies nicht nur ihm selbst, sondern auch dazu, anderen Menschen zu helfen.

Positive Eigenschaften: Geduld, Ausdauer, Effizienz, praktische Einstellung, Ehrgeiz, Fleiß, Integrität, Stärke; er ist Einzelgänger, verläßlich, zielstrebig, hat Führungsqualitäten, Bescheidenheit, Zuversicht, liebt sein Heim und die Mutter, ist diszipliniert. Die wesentlichste Lektion für den Steinbock liegt in der Liebe und im Dienen.

Gefahrenzonen: hält an der Vergangenheit fest, auch an der Mutter; falscher Stolz, Selbstgerechtigkeit; es fehlt an Mitgefühl, er ist kalt, selbstsüchtig, arrogant, schöne Fassade nach außen aber schwierig im eigenen Heim, materialistisch in seiner Einstellung.

Wassermann (21.1. – 19.2.) – „Ich weiß"
Die Herausforderung für den Wassermann besteht darin, jenes tiefere innere Wissen zu entwickeln, das den bloßen Glauben überschreitet.

Positive Eigenschaften: geistiger Pionier, zukunftsorientiert, geht auf Menschen zu, „distanziertes Engagement", freundlich zu allen (ohne sich dabei auf bestimmte Menschen zu fixieren), hat Selbstvertrauen, setzt das

Denken über das Gefühl, ist auf die Arbeit konzentriert, auf das Heim konzentriert, Individualist, kreativ, hat Erfindungsgeist und einen starken Willen, kann Menschen führen und gut organisieren.

Gefahrenzonen: geistige Kälte, Grausamkeit, kritisiert, ist fordernd, es fehlt Liebe und Barmherzigkeit, es fehlt die Selbstkontrolle, manchmal ein schwieriger Ehepartner.

Fische (20.2. – 20.3.) – „Ich glaube"

Der Fisch muß sich die rechte Beziehung zu sich selbst und Gott über seinen Glauben erarbeiten. Die höhere Form der Fische zeigt die folgenden Eigenschaften: Glaube, Sensitivität, Innenschau, ist gerne allein, medial begabt, hat den inneren Frieden, Mitgefühl, Hingabe, er hat Gefühl für Musik und starke, tiefe Emotionen.

Gefahrenzonen: sich selbst zu stark nachgeben, Minderwertigkeitskomplex, Unwertgefühl, Arbeitstier, beschränkt sich selbst, launisch, schwer zu verstehen, ist immer bereit, dem Fluß der Dinge zu folgen, selbst wenn die Richtung negativ ist.

Widder (21.3. – 20.4.) – „Ich bin"

Der Widder muß ebenfalls den rechten Bezug zu sich selbst finden und die eigene wahre Identität verstehen. Liegt die Identität in der Persönlichkeit, dem Körper, in dem, was man tut, im Inhalt des Bewußtseins oder ist sie das „ich", das Bewußtsein, derjenige, der Entscheidungen trifft, die Seele, das spirituelle Wesen?

Positive Eigenschaften: zielgerichtet, bestimmend, stark, er ist ein Pionier, voll Energie, erfüllt von guten Ideen, kann Menschen führen. Was er lernen muß ist koordinieren, sich seine Energie einteilen und vervollständigen.

Gefahrenzonen: Ungeduld, impulsives Reagieren, Arroganz, Egoismus, Dominanz.

Stier (21.4. – 20.5.) – „Ich habe"

Der Stier muß den rechten Bezug zu den Dingen und zu seinen Besitztümern finden. Liegt Deine Identität in den Dingen, die Du besitzt, oder bist Du nur, mit dem nötigen Abstand, daran interessiert?

Positive Eigenschaften: bedächtig, gleichmütig, freundlich, sanft, schätzt Besitztümer und materielle Güter. Er muß lernen, zwar engagiert, jedoch gleichzeitig distanziert zu sein.

Gefahrenzonen: zu besitzergreifend, eifersüchtig, gierig, fürchtet Verluste und ist stur.

Zwilling (21.5. – 21.6.) – „Ich denke"
Der Zwilling muß den rechten Bezug zu seinem Geist finden. Bist Du Herr Deines Geistes oder ist es umgekehrt? Der Zwilling entspricht der dualistischen Gegnerschaft der himmlischen und irdischen Energien und seine Aufgabe liegt darin, sein spirituelles und sein irdisches Leben in Einklang zu bringen.

Positive Eigenschaften: Logik, Witz, Humor, Unabhängigkeit, Freiheit, Meister der Kommunikation. Er muß lernen anderen zu dienen und sich eine Einstellung des Loslassens und des „Ich überlasse es Gott" anzueignen.

Gefahrenzonen: geringe Konzentrationsfähigkeit und Ausdauer, extreme Unruhe, hat zwei Gesichter, liebt das Drama, neurotisch, sehr stark mit sich selbst beschäftigt, „Schmetterling" – flatterhaft.

Krebs (22.6. – 22.7.) – „Ich fühle"
Hier muß der richtige Bezug zu den eigenen Gefühlen und Emotionen hergestellt werden. Verstehst Du wirklich, daß es Deine Gedanken sind, welche Gefühle und Emotionen in Dir auslösen? Hast Du Deine Gefühle und Emotionen unter Kontrolle oder treiben sie Dich an?

Positive Eigenschaften: mütterlich, nährend, konzentriert auf Haus und Heim, passiv, aufnahmefähig, medial begabt. Wichtigste Lektion ist, die persönliche Kraft, das In-sich-Ruhen, Vernunft und Unterscheidungsfähigkeit zu finden.

Gefahrenzonen: zu emotional, besitzergreifend, unsicher, auf sich selbst ausgerichtet, selbstsüchtig; zähe Energie, körperliche Faulheit.

Löwe (23.7. – 23.8.) – „Ich will"
Beim Löwen muß der Einsatz des Willens bzw. der Lebenskraft richtig
entwickelt werden. Setzt Du Deine Kraft ein, um allen anderen Deinen
Willen aufzuzwingen und selbst im Rampenlicht zu stehen? Oder kann
Kraft und Wille auch spirituell eingesetzt werden, um bedingungslose
Liebe, Gleichheit und Wohlbefinden für alle zu schaffen?

Positive Eigenschaften: ehrlich, direkt, verläßlich, treu, würdevoll,
respektiert sich selbst, Mut, Energie, Selbstvertrauen, königliche Haltung.
Zu lernen sind die nicht auf einen einzelnen Menschen bezogene Liebe, die
aus dem Herzen kommt; Distanz und der Dienst am spirituellen Selbst
statt am Selbst des Ego.

Gefahrenzonen: Unfähigkeit, Macht abzugeben; Beherrschung anderer
Menschen und das Festklammern an Menschen, die man liebt.

Jungfrau (24.8. – 23.9.) – „Ich analysiere"
Die Jungfrau muß den rechten Bezug zum analysierenden Geist herstellen.
Richtig eingesetzt, befähigt er sie Querverbindungen herzustellen, Dinge
zu verarbeiten und Fakten im Dienste eines spirituellen Zieles zu sammeln.
Die negative Seite ist das Analysieren zum Zwecke des Verurteilens und
der Kritik an sich selbst und anderen.

Positive Eigenschaften: Idealismus, Liebe zum Detail, zur Arbeit und zum
Dienen; Konzentration, praktische Lebenseinstellung, „gesunder
Hausverstand"; legt Wert auf das Heim, ist feinsinnig, ruhig und
sanftmütig. Sie muß lernen mehr zu lieben, statt der Negativität und dem
Kritisieren nachzugeben.

Gefahrenzonen: Reizbarkeit, Schüchternheit, Nervosität, übervorsichtig,
Minderwertigkeitskomplex, Selbstsucht; hat Schwierigkeiten, ihre inneren
Gedanken und Gefühle zu äußern.

Waage (24.9. – 23.10.) – „Ich gleiche aus"
Die Waage muß ihre innere und die äußere Welt ausgleichen. Dieses
Sternzeichen ist auf Beziehungen fixiert, doch muß trotz des starken
Wunsches am Leben teilzuhaben darauf geachtet werden, daß man sich
nicht innerhalb einer Beziehung oder im Leben selbst verliert.

Positive Eigenschaften: freundlich, geht auf Menschen zu, verantwortungs-
bewußt, gerecht; hat den Wunsch, Gutes zu tun; bereit zur
Zusammenarbeit; die Ehe ist ihr wichtig, ebenso die Liebe und der
Zusammenhalt; reist gerne, ist diplomatisch.

Gefahrenzonen: versucht zu gefallen; sucht die Zustimmung anderer, ist
aber insgeheim dominant.

Skorpion (24.10. – 22.11.) – „Ich erschaffe"

Der Skorpion muß den Bezug zu den eigenen kreativen Energien
herstellen. Dienen sie Deiner eigenen Persönlichkeit, Deinem
ich-bezogenen Selbst, oder dem höheren, spirituellen Selbst?

Positive Eigenschaften: stark, ruhig nach außen, wird respektiert, kreativ,
ideenreich, leidenschaftlich; nicht leicht durchschaubar, zurückhaltend,
sehr stolz; zeigt seine Emotionen nicht, dynamisch, majestätisch. Was er
lernen muß: Dienen, Reinheit, Mitgefühl, Zusammenarbeit.

Gefahrenzonen: ist überkritisch, verurteilt andere, stur, rachsüchtig,
eifersüchtig, ablehnend, sarkastisch; Einzelgänger, schwierig in
Beziehungen.

Schütze (23.11. – 21.12.) – „Ich nehme wahr"

Hier muß die Intuition und das Verständnis des höheren Geistes und der
spirituellen Aspekte des Lebens erarbeitet werden.

Positive Eigenschaften: freundlich, geht auf Menschen zu, optimistisch,
extrovertiert; liebt Sport und Glücksspiel und läßt sich auf Risiken ein; ist
unabhängig, zukunftsorientiert, direkt und liebt das Reisen.

Der niedere Ausdruck dieses Zeichens äußert sich in Oberflächlichkeit,
Starre, Nervosität, Taktlosigkeit, schlechter Organisation und mangelnder
Disziplin.

Grundsätzliches über die Astrologie

Wenn man es vom Standpunkt der kosmischen Selbstfindung betrachtet, dann steht mehr hinter der Astrologie als nur die zwölf Tierkreiszeichen. Die Zeichen stehen für „die Haltung des Bewußtseins", die Häuser repräsentieren den „Bereich der Erfahrungen", die Planeten sind die „Form des Bewußtseins". Die nachstehende Information hinsichtlich der Häuser zeigt uns einen anderen Wegweiser, um uns selbst zu finden. Sie zeigt uns die Erfahrungsbereiche, welche wir in unserem Leben meistern müssen.

Lest die Information durch und seht, wie es Euch mit allen zwölf Häusern geht. Ihr könnt Euch dies wie einen Kreis vorstellen, dessen Mittelpunkt Ihr selbst seid und von dem zwölf Abschnitte ausgehen, wie die Speichen eines Rades. Mit Hilfe der Innenschau findet dann heraus, ob Ihr tatsächlich diese zwölf Bereiche Eures Lebens gemeistert habt. Die zwölf Häuser sind, abgesehen von den Sonnenzeichen, wie zwölf neue Archetypen, die integriert werden müssen, damit Ihr wirklich ganz und vollständig, und ein Gott-Mann / eine Gott-Frau sein könnt. Um ein umfassenderes Verständnis zu vermitteln, füge ich nachfolgend zwei verschiedene Auflistungen an.

Haus Schlüsselwort	Beschreibung
1 Ich bin	Persönlichkeit – Selbst
2 Ich habe	Besitz, Geld
3 Ich denke	Beziehung zu anderen, Wachstum, Intellekt, Kommunikation, Verständnis
4 Ich fühle	Vergangenheit, Heim, Familie, Ursprung, Emotionen

5 Ich will	Selbstausdruck, Kreativität, Kinder, Vergnügen, Verantwortung
6 Ich analysiere	Entwicklung, Produktivität, Dienen, Gesundheit, Nahrung
7 Ich gleiche aus	Liebe, Partnerschaft
8 Ich wünsche/begehre	Medialität, Sexualität, Tod, Karma, Vermächtnis
9 Ich verstehe	spirituelles Verständnis, Erkenntnis, Reisen, Philosophie, Systeme
10 Ich benutze	Vervollkommnung, Beruf, die Aufgabe im Leben erfüllen
11 Ich weiß	Gemeinschaft, Freundschaften
12 Ich glaube	Medialität, innerer Raum, Gefängnis, das Unterbewußte

Pars Fortuna: materielles Glück und Erfüllung (hängt vom Haus ab).
Nordpunkt: notwendige spirituelle Entwicklung, Weg der Erfahrung des Mond-Widerstandes.

Die zweite Auflistung stammt von Djwhal Khul und ist im wunderbaren Buch *Esoterische Astrologie* von Alice Bailey erschienen. Diese Liste hat eine eher esoterische Richtung, die Ähnlichkeiten sind jedoch unübersehbar.

Erstes Haus: Ursprüngliche oder unmittelbare Projektion/ das Selbstbild oder die Persönlichkeit.

Zweites Haus: Ressourcen finanzieller oder psychologischer, physischer oder spiritueller Art.

Drittes Haus: Das Verständnis von Kommunikation und Interaktion.

Viertes Haus: Die Persönlichkeit und darüber hinaus (Heim, Vergangenheit, Familie).

Fünftes Haus: Der Ausdruck dessen, was du mitgebracht hast/ die Suche nach Vergnügen, Liebe, Erfahrungen.

Sechstes Haus: Innenschau und Verbesserung/ dienen und arbeiten - innerliche Vorbereitung auf den anderen.

Siebentes Haus: Beziehungen – die Partnerschaft.

Achtes Haus: Umsetzung von Beziehungen/ Intimität und Sexualität, Tod/Wiedergeburt-Kreislauf der okkulten Lehren.

Neuntes Haus: Das philosophische und abstrakte Verständnis von Beziehungen zum Zwecke der Kommunikation und Ausweitung.

Zehntes Haus: Die soziale Struktur/Rolle innerhalb der Gesellschaft und Gemeinde, im geschäftlichen und öffentlichen Bereich.

Elftes Haus: Verhalten anderen gegenüber, Loyalität, Verantwortungssinn.

Zwölftes Haus: Innere Entwicklung, Verdrängung, Zurückgezogenheit.

In Alice Baileys Buch *Esoterische Astrologie* beschreibt Djwhal Khul die Häuser wie folgt:

„Die Häuser sind in ihrer Bedeutung den Zeichen ähnlich. Die ersten sechs Häuser beziehen sich auf die Person, die restlichen auf kollektive bzw. beziehungsorientierte Themen. Die Häuser sind fix und jedes hat sein ganz eigenes Umfeld; zwölf „Himmelshäuser", wenn man so will, welche zu speziellen Zeiten im Leben auf dieser Ebene ihren Einfluß geltend machen. Das Hineingehen und Heraustreten aus diesen Häusern entspricht den zwölf „Tierkreiszeichen". Jedes Zeichen hat, entsprechend dem Haus, in welchem es sich auf seiner Reise gerade befindet, seine eigene Bedeutung. Der Aszendent steht für den Beginn der Erfahrung – er ist das astrologische Zeichen, welches zum Zeitpunkt der Geburt des Menschen über dem Horizont aufsteigt, wobei die zehn Planeten um das Sternzeichen diesem und den Häusern noch eine besondere Bedeutung geben. Das Grundhoroskop jedes Menschen setzt sich aus dem Haus, dem Zeichen und den Planeten zusammen, wie sie sich zum Zeitpunkt seiner Geburt am Himmel zeigen."

Zeichen und Haltungen des Bewußtseins

Das folgende beinhaltet Djwhal Khuls Interpretation der zwölf Tierkreiszeichen und stammt aus dem Buch *Esoterische Astrologie* von Alice Bailey. Die Information gibt einen guten, klaren Überblick über die zwölf Zeichen, welche jeder Mensch in sich integrieren muß.

Zeichen / Haltungen des Bewußtseins

Widder wird von Mars regiert (21. März bis 20. April)

* Zeichen des Führers, des Pioniers, des Schöpfers / des neuen Lebens und der Erreichung eines Ideals
* voll Energie und Vitalität
* beeinflußt den Kopf und das Gesicht
* steht für die Umsetzung von Ideen

Stier wird von der Venus regiert (21. April bis 20. Mai)

* steht für materiellen Besitz
* hat ein großes Herz, strahlt Wärme aus
* beeinflußt Nacken und Hals
* gibt der Idee die praktische Möglichkeit zur Verwirklichung

Zwilling wird von Merkur regiert (21. Mai bis 21. Juni)

* das Zeichen der Dualität, der Geist (Persönlichkeit) mit vielen Seiten, der aufnahmebereite und entwickelte Intellekt
* analytisch
* beeinflußt Schultern, Arme und Kopf
* steht für das Experimentieren mit Ideen und Ressourcen

Krebs wird vom Mond regiert (22. Juni bis 22. Juli)

* Zeichen des Heims / der Mutter-Kind-Beziehung
* sensitiv, intuitiv, mitfühlend und emphatisch
* beeinflußt Brust und Magen
* steht für die Errichtung der Basis, von welcher man
  in die Welt hinausgehen kann

Löwe wird von der Sonne regiert (23. Juli bis 23. August)

* Zeichen der Liebe zu Genuß, Abenteuer und Affären
* großzügig, willensstark, ein Perfektionist
  (charismatische Persönlichkeit)
* enge Verbindung zu den eigenen Kindern
* beeinflußt das Herz
* steht für das Verlassen der Basis und das aktive Handeln

Jungfrau wird von Merkur regiert (24. August bis 23. September)

* Das Zeichen von Arbeit und Dienst / Pflicht,
  Gesundheitsfürsorge / ehrliches Dienen
* ruhig, fleißig (gute Kombination von Hausverstand und Intellekt)
* beeinflußt die Därme
* steht für introspektive Analyse des aktiven Selbstausdrucks
  zur Verbesserung von Situationen

Waage wird von Venus regiert (24. September bis 23. Oktober)

* Das Zeichen für Partnerschaft / diplomatischer Natur oder
  Liebesbeziehung; Harmonie / Gleichgewicht ist wichtig
* künstlerisch begabt, denkt viel nach, edle Haltung
* beeinflußt die Nieren und die Eierstöcke
* steht für das Entstehen der Beziehung zum Du

Skorpion wird von Pluto regiert (24. Oktober bis 22. November)

* Das Zeichen für Stirb und Werde, Wiedergeburt / Übergang
* dominierend; besitzt einen starken, konstruktiven Geist
  und ist leidenschaftlich
* beeinflußt die Sexualorgane
* steht für den Tod der individuellen Persönlichkeit zugunsten
  der Ausdehnung und Zusammenarbeit innerhalb einer Beziehung

Schütze wird von Jupiter regiert (23. November bis 21. Dezember)

* Das Zeichen für Philosophie, Religion und universelle Liebe
* großes Herz, extravagant und beweglich
* beeinflußt Hüften und Schenkel
* steht für das Verständnis kosmischer Prinzipien
und ihre Umsetzung innerhalb einer Beziehung

Steinbock wird von Saturn regiert (22. Dezember bis 20. Januar)

* Das Zeichen für väterliche Autorität, Regierung
und Erfolg in der Welt
* streng, ernsthaft und konservativ
* beeinflußt die Knie
* steht für die Schaffung von Strukturen oder sozialen Formen

Wassermann wird von Uranus regiert (21. Januar bis 19. Februar)

* Das Zeichen der Freundschaft und des Teilens (Agape),
sozialer Gerechtigkeit und Menschlichkeit
* idealistisch und eher kosmisch als persönlich ausgerichtet
* beeinflußt die Beine
* steht für dynamische Kraft und revolutionäre Ideen

Fische werden von Neptun regiert (20. Februar bis 20. März)

* Das Zeichen des Geheimen, des Unbekannten/Okkulten
und Esoterischen
* einzelgängerisch, opferbereit; unterdrückt, doch
mit grenzenlosem Mitgefühl für sich selbst und andere
* beeinflußt die Füße
* steht für den Feinschliff der Struktur durch genaue
Betrachtung des jeweiligen Standpunkts.

Die ersten sechs Zeichen sind subjektiv, also auf den Menschen ausgerichtet. Die anderen sind objektiv ausgerichtet und betonen die Beziehung vom Ich zum Du.

Jeweils drei Zeichen umfassen einen Zyklus von:

1. Sein
2. Benutzen
3. Lernen

Feuerzeichen: Widder, Löwe und Schütze.
Erdzeichen: Stier, Jungfrau und Steinbock.
Luftzeichen: Zwillinge, Waage und Wassermann.
Wasserzeichen: Krebs, Skorpion und Fische.

Liste der Eigenschaften

Die folgende Liste erhielt ich, als ich an einem Astrologiekurs teilnahm. Sie ist sehr leicht zu verstehen und zeigt die Sternzeichen und den dazugehörigen Regenten. Sie ist ein richtiger „Spickzettel" und gibt einen guten Überblick.

Planet	Sternzeichen	Eigenschaften
Sonne	Löwe	Selbstvertrauen, Selbstausdruck, Vitalität, bewußtes Wollen, Loyalität, Charakterstärke, Einflußnahme und Durchsetzungsvermögen
Mond	Krebs	Emotionen, Mütterlichkeit, Mitgefühl/ Empathie, Gefühlstiefe, erkennt Bedürfnisse, Anpassungsfähigkeit, Mutterschaft, Fähigkeit zu nonverbaler Kommunikation und öffentlichem Auftreten, Intuition
Merkur	Zwillinge (Jungfrau)	Denken, Intelligenz, Lernen, Schreiben; Kommunikation (verbal oder schriftlich);

Wachsamkeit, Nervosität, Verständnis,
Vielseitigkeit

Venus — Waage — Schönheit, Liebe, Kreativität, Harmonie,
(Stier) — Vergnügen, Genuß, Sinnlichkeit, Befriedigung,
liebt angenehmes Leben und Bequemlichkeit,
Affären und Süßigkeiten

Mars — Widder — Umsetzung von Energie: Sex, Wut, Mut,
Arbeit, Aggression, Initiative, Antriebskraft,
Tempo, Gewalt, Gegnerschaft, setzt sich durch

Jupiter — Schütze — Freude, Weite, Enthusiasmus, Chancen,
Wissen, soziale Unterstützung, ist extravagant;
moralisch sowohl in rechtlichen wie religiösen
Belangen; (ver)urteilt, liebt Abenteuer, ist
risikofreudig; persönliches Wachstum

Saturn — Steinbock — Einschränkung, Disziplin, Kontrolle; kristalline
Starrheit, Stabilität, Struktur, Weisheit;
Vater(figur) wichtig, Verantwortung, bedenkt
die Folgen seiner Handlungen; Kälte,
Frustration, Einengung, Erfahrung,
Zurückhaltung, Konzentration,
Sicherheitsdenken, traditionell

Uranus — Wassermann — Unabhängigkeit, Erfindungsgeist,
Rebellion, Erneuerung, Sprunghaftigkeit;
ist ungewöhnlich, spontan, zukunftsweisend;
Trennung, Inspiration, Mißgeschicke,
Loslassen

Neptun — Fische — Flucht, Phantasie, Vorstellungskraft,
Tarnung, spirituelles Leben, Irreführung,

Täuschung, Träume, Pläne, medial begabt;
Drogen, Theater und Film, sensitiv,
künstlerisch begabt

Pluto	Skorpion	Psycho-Sexualität, Tod, Karma, Regeneration, Selbstmord, zerstörerische und wieder aufbauende Kraft, Zeugung; verborgen, Psychoanalyse, Auferstehung; Selbst-erkenntnis durch Entfernung aller Dinge, die nicht mehr passen bzw. nicht mehr wahr sind

Die Planeten

Eine weitere Möglichkeit, die Planeten in das eigene Ich zu integrieren ist, sie mittels einer Seelenreise zu besuchen. Ich würde jedoch empfehlen, dies nur unter Anleitung einer der Meister zu versuchen. Ich habe diesen Vorgang in meinem ersten Buch *Das komplette Aufstiegshandbuch* beschrieben. Wir verbringen oft die Zeit zwischen Tod und der Wiedergeburt auf diesen Planeten, um uns die Qualitäten, welche sie verkörpern, anzueignen. Es gibt auch Aufstiegsplätze auf jedem dieser Planeten. Ich muß Euch jedoch warnen, daß die meisten dieser Planeten der vierten Dimension angehören und es kann sein, daß Ihr schon weiter entwickelt seid und Euer Besuch dort daher nicht mehr nötig ist. Wenn Ihr dazu Fragen habt, möchte ich Euch empfehlen, die Bücher *A World Beyond* und *A World Before* von Ruth Montgomery zu lesen.

Ein drittes Archetypen-System innerhalb der Astrologie ist die Methode, die zwölf Planeten in sich aufzunehmen. Die folgende Zusammenstellung gibt einen guten Überblick über die Bedeutung der einzelnen Planeten. Wenn Ihr dies durchlest, kontrolliert, wie es bei Euch damit aussieht und ob Ihr bereits die Energien und Qualitäten dieser Archetypen gemeistert habt. Es ist möglich, diese Energien im Rahmen einer Meditation aufzunehmen. Achtet darauf, daß Euch die Verbindung mit allen zwölf Energien möglich ist, damit Ihr sie bei Bedarf zur Verfügung habt.

Sonne

Qualität der Individualität und des Selbstausdrucks durch das Ego.
Der stärkste Einfluß im Leben des Menschen.

Mond

Instinkt und Gefühle. Das Unterbewußte trägt die Vergangenheit.
Das unbekannte Selbst.

Merkur

Qualität des analysierenden und kategorisierenden Geistes. Der rationale
Geist bzw. Intellekt, welcher die Gedanken und den Verstand regiert.

Venus

Persönliche Werte und die Qualität der Emotionen, insbesondere der
Liebe, des Magnetismus und der Harmonie. Der soziale Mensch, mit
besonderem Bezug zu Schönheit und Grazie.

Mars

Qualität der physischen, kreativen und spirituellen Energie.
Aktiver Wille. Stärke.

Jupiter

Der höhere Geist, das tiefere Wissen. Idealismus und philosophisches
Erkennen durch die Qualität der Ausweitung.

Saturn

Das Zusammenziehen, die Einschränkung als Gegengewicht zur
Überschwenglichkeit von Jupiter. Die Kraft der Reinheit des disziplinierten
Menschen. Der Lehrmeister.

Uranus

Abstrakte gedankliche Prinzipien oder der größere Geist, welcher
Strukturen zum Einsturz bringt, allgemein gültiges schafft
und revolutionäre Ideen entstehen läßt.

Neptun

Die kollektive Gefühlsebene. Visionärer oder mystischer Aspekt, der das
Gefühl der Einheit entstehen läßt. Regiert Illusion und Wahn, Träume und
Visionen.

Pluto

Erneuerung durch den Tod/die Unterwelt; bereitet auf Regeneration und
Wiedergeburt vor.

Zusammenfassung

Seht Ihr, welch riesiges Erfahrungsfeld die Astrologie für die Selbsterkenntnis darstellt? Die Zeichen, Häuser und Planeten bieten eine
umfassende Hilfestellung für das Wachstum und die Meisterung des
Selbst. Auch wenn Ihr nicht mehr über Astrologie wißt, als das, was ich
hier angesprochen habe, ist sie sehr wertvoll, weil sie Euch eine
ganzheitliche und komplette Sicht der Dinge bietet. Ich würde Euch auch
empfehlen, Euch ein Grundhoroskop von einem Fachmann erstellen zu
lassen. Ich kann Euch die Namen vertrauenswürdiger Personen geben. Die
Verbindung von Archetypen, Strahlen und Astrologie gibt Euch die
größtmögliche Chance, Euer Selbst zu integrieren und zu meistern und das
negative Ego zu überwinden. Wie ich bereits erwähnt habe, ist die Zeit
nicht mehr fern, in der jedes neugeborene Kind von diesem Gesichtspunkt
aus betrachtet werden wird. Dieser Vorgang ist ebenso wichtig, wie eine
medizinische Untersuchung. Diese Information wird irgendwann einmal
auch in den Schulen gelehrt werden, so wie Lesen, Schreiben und Rechnen.
Es ist das Lernfach des Weges zur Gotteserkenntnis auf der
psychologischen Ebene. So viele Menschen dieser Erde sind nicht integriert
und im Ungleichgewicht. Sie entwickeln sich nur in eine Richtung, andere
Richtungen werden vernachlässigt. Dies schafft Probleme, die sich in
gewissen Bereichen ihres Lebens dann wie ein Krebsgeschwür verbreiten.
Wie kann man nun, neben den Methoden der Innenschau, der
Selbstanalyse, des Selbststudiums und der Selbstbefragung, die Astrologie
dazu verwenden, das negative Ego zu überwinden?

Der Dialog

Bei dieser wunderbaren Übung, welche man schriftlich, auf jeweils
verschiedenen Stühlen sitzend oder mit einem Freund/einer Freundin
durchführen kann, wird ein laut gesprochener Dialog mit jedem
Sonnenzeichen, jedem Haus und jedem Planeten geführt. Ihr werdet
überrascht sein, was jeder dieser Aspekte oder Archetypen in Euch selbst
zu sagen hat. Ihr merkt das erst, wenn Ihr ihm die Chance gebt, sich
auszudrücken. Diese Aspekte werden fast zu Freunden, und Ihr könnt bei
Bedarf immer auf sie zurückgreifen. Wenn Ihr Kraft benötigt, dann holt
Euch den ersten Strahl, den spirituellen Krieger oder den Zerstörer, bzw.
ruft die Energie des Mars an. Am besten wendet Ihr Euch an alle vier.
Wenn Ihr Liebe wollt, dann ruft den zweiten Strahl, die Venus-Energie

oder den Weisen. Die Objektivierung dieser Aspekte gestattet Euch, sie wirklich zu verstehen und sie zu „bändigen", wobei Ihr gleichzeitig Zirkusdirektor und Dompteur seid. Wollt Ihr analysieren und auflisten, dann holt die Merkur-Energie oder den fünften Strahl der konkreten Wissenschaft oder den Suchenden. Ihr könnt monatelang Seiten in Eurem Tagebuch füllen, wenn Ihr Euch mit den Zeichen, den Häusern und den Planeten beschäftigt.

Könnt Ihr Euch vorstellen, wie es sich anfühlt, eine gut integrierte Persönlichkeit zu besitzen, eine, die all diese Aspekte gemeistert, sie ausgeglichen und auf Abruf parat hat? Begebt Euch in einen Dialog mit all den positiven und negativen Aspekten jedes Sonnenzeichens. Betrachtet jedes Zeichen, jedes Haus, jeden Planeten und seht, ob es das negative Ego ist, oder die Seele, welche hier ihren Einfluß geltend macht – das sollt Ihr ja letztendlich herausfinden. So viele Lichtarbeiter konzentrieren sich auf die Meister und auf Aufstiegstechniken und all die spirituellen Dinge - aber ihre psychologischen Schularbeiten machen sie nicht. Könnt Ihr Euch vorstellen, wie viel Freude es machen würde, wenn man diese Art der Information in den Schulen vermitteln würde? Wäre dies im Lehrplan enthalten, wären unsere Kinder viel besser im Lot.

Das astrologische Horoskop

Sich ein Horoskop erstellen zu lassen, kann sehr hilfreich sein, weil der Astrologe Euch zeigen kann, wo die Gefahrenzonen, also die Schwachstellen innerhalb der psychologischen und spirituellen Konstitution liegen, auf welche Ihr achten müßt. Ebenso kann er Euch auf Eure Stärken hinweisen. Die Liste könnt Ihr dazu verwenden, Euch auf die Verbesserung dieser Schwachstellen zu konzentrieren, so wie ich es im vorigen Kapitel beschrieben habe. Gotteserkenntnis bedeutet nicht nur das Passieren der sieben Stufen der Initiation, das Erreichen des Aufstiegs und eines höheren Lichtquotienten. Ein gut entwickeltes psychologisches Selbst und eine ebensolche Persönlichkeit gehören auch dazu. Man kann in all diesen Bereichen entwickelt und trotzdem als Mensch verwirrt sein, wie ich Euch in diesem Buch näherbringen wollte. Es ist vielleicht kaum zu glauben, daß dies möglich ist – ich garantiere Euch jedoch es ist so!Wenn man die eigenen Qualitäten anhand der astrologischen Zeichen genau überprüft, kann man sich selbst astrologisch beraten. Wenn Ihr schonungslos ehrlich mit Euch selbst seid, ist ein Astrologe oder ein

Medium gar nicht vonnöten. Dann wißt Ihr selbst, woran Ihr arbeiten müßt. Führt genau Buch und arbeitet Euch systematisch an Eure psychospirituelle Entwicklung heran. Benjamin Franklin verwendete diese Methode, um seinen „Charakter" zu bilden. Initiationen, Lichtquotient und Aufstieg garantieren nicht automatisch auch einen guten Charakter. Mir persönlich imponieren Menschen mit gutem Charakter und Integrität viel mehr, als hochrangige Initiaten, bei denen die Charakterbildung zu kurz gekommen ist. Ich kenne Initiaten der sechsten und siebten Stufe, die völlig verwirrt sind. Ich verurteile sie nicht, es ist einfach eine Tatsache. Darum schreibe ich dieses Buch. Für Lichtarbeiter gibt es kein wichtigeres Thema. Man kann den Aufstieg bereits geschafft haben – wenn jedoch das negative Ego im Leben das Sagen hat, wird davon die ganze Arbeit verdorben. Vor kurzem haben mir die Meister mitgeteilt, daß jeder Mensch, jeder Lichtarbeiter, selbst ein Mitglied der Dunklen Bruderschaft, ins Licht zurückgeführt werden kann. Gleicherweise ist jedoch jeder Lichtarbeiter hier auf Erden, unabhängig von der Stufe seiner Initiation, stets in Gefahr, von der dunklen Seite angezogen zu werden. Was uns so gefährdet sein läßt, ist, daß wir die Zusammenhänge nicht verstehen. Wir bekommen nicht mit, daß das negative Ego die negativen Archetypen, die Täuschungsmanöver der Strahlen und die niederen Aspekte der Sonnenzeichen, Häuser und Planeten gezielt einsetzt.

Das Matrix-Entfernungsprogramm

Bittet nochmals darum, in Djwhal Khuls Ashram gebracht zu werden. Ruft Djwhal Khul und Vywamus an und bittet sie, das Matrix- Entfernungsprogramm in Euch zu aktivieren. Bringt Eure eigene Liste Eurer Qualitäten mit, oder die, welche mit Hilfe des astrologischen Horoskopes oder über ein Channeling erstellt worden ist. Seht Euch die negativen Aspekte an, welche Euch Probleme bereiten und bittet die Meister, sie zu entfernen, wie Unkraut aus einem Garten. Die Meister erfüllen ganz sicher Eure Bitte. Ersucht sie, dies auch mit der Programmierung Eurer vergangenen Leben zu tun; versucht, Eure elf anderen Seelenausdehnungen dazu zu bringen, daß sie bei der Überseele die Erlaubnis einholen, auch ihre Programme verändert zu bekommen. Ihr könnt sie nur darum bitten, die Entscheidung müßt Ihr jedoch ihnen überlassen. Ihr könnt sie nicht dazu zwingen, denn das würde Euch Karma schaffen. Führt das Matrix-Entfernungsprogramm erst dann durch, wenn Ihr Euch selbst erforscht, in Gesprächen durchleuchtet und analysiert habt. Ihr müßt als erstes ganz bewußt Eure Schularbeiten machen. Wenn Ihr das erledigt habt, kann sehr viel entfernt werden, ohne daß Ihr Euch dessen bewußt werdet.

Heilung mit Hilfe des holographischen Computers von Djwhal Khul

Djwhal Khul kann sich mit dem in seinem Ashram befindlichen holographischen Computer mit dem mentalen und ätherischen Energiefeld sowie dem gesamten Vierkörper-System verbinden wann immer dies nötig ist.durch die Anwendung dieses Gerätes kommt es zu einer Ausgleichung, einer Beschleunigung oder zur Entfernung vergangener Programme. Djwhal nennt es telepathisches holographisches System. Dieser Computer kann für mehr verwendet werden, als nur zur Reinigung der Strahlen dieses Ashrams des zweiten Strahles. Es können damit alle Archetypen und die niederen astrologischen Aspekte gereinigt sowie Implantate, Astralwesenheiten und Parasiten entfernt werden; es kann eine Ausgleichung und Heilung herbeigeführt und ein Ersuchen gestellt werden, daß Euer Weg des Aufstiegs und der Initiation beschleunigt werde. Ich hoffe, daß meinen Lesern jetzt ganz klar ist, wie weitreichend dieser Dienst ist. Hier steht Euch, sofern Ihr reinen Herzens seid, die beste Technik des gesamten Universums zur Verfügung – Ihr müßt nur darum bitten. Die Meister verweigern ihre Hilfe niemandem, der sie ehrlich darum bittet. Ihr könnt jederzeit Ihre Hilfe erbitten, wenn Ihr sie braucht.zusätzlich zu diesem Dienst, den Heilmeistern der Inneren Ebenen, dem Matrix-Entfernungsprogramm, den Weisheitsplätzen und den holographischen Computern der einzelnen Ashrams, stehen Euch noch die besten Heilerteams des Universums zur Verfügung und es kostet Euch gar nichts. Es ist das Geschenk Gottes an Euch und die Gnade, welche Euch die Aufgestiegenen Meister zuteil werden lassen. Alles, was die Meister von Euch wollen, ist, daß Ihr, wenn Ihr durch ihre Gnade geheilt worden seid, ebensolche Gnade den anderen Menschen zukommen laßt und Euer Leben ihrer Hilfe widmet. Das ist keine Bedingung für Eure Heilung, sondern eine Bitte der Meister und Eurer eigenen mächtigen ICH BIN - Gegenwart.

Djwhal Khul schaltet den holographischen Bildschirm ein und der gesamte holographische Raum wird hell. Mit dieser hypermodernen Technik kann er einzelne Menschen, Gruppen, Länder, ja, den gesamten Planeten betrachten; er kann dann, mit Hilfe dieses Bildschirms, Energie verschicken oder ganzen Landstrichen, aber auch bestimmten Menschen, Gedanken eingeben und auf dem Schirm beobachten, wie sie sich innerhalb des Geistes, des Vierkörper-Systems, der Gehirnströme etc. auswirken. Er kann auch sehen, ob die Menschen das Licht oder die Gedanken, welche ihnen zugesandt worden sind, annehmen, ablehnen oder in sich speichern. Alle Initiaten, welche mit Djwhal und den anderen Ashrams arbeiten, sind an diese Computer angeschlossen. Mit Hilfe der Computer werden Profile der Schüler erstellt und man findet heraus, ob sie bereit zur Initiation sind. In gleicher Weise können wir an die arcturianischen Computer angeschlossen werden, wenn wir das wünschen. Diese Computer sind imstande, sehr komplizierte und ins Detail gehende Heilungen durchzuführen. Sie informieren auch über die Initiationsstufe, den Lichtquotienten, die Qualität der Gehirnströme sowie Stärken und Schwächen des Menschen. Diese Informationen werden in Berichten zusammengefaßt, welche an Lord Maitreya, Sanat Kumara und Buddha gehen, die ja sozusagen die Direktoren unserer Planetenschule sind.

Es gibt auch Verbindungen zu den Ashrams aller anderen Strahlen-Meister. Sollte also Djwhal Khul eine Information bezüglich eines Schülers aus dem El Morya- oder St. Germain-Ashram benötigen, kann er diese, zusammen mit den erforderlichen Seelenbeschreibungen sofort erhalten. Es ist das ultimative spirituelle Internet! Es gibt auch Verbindungen zu Kuthumis Ashram auf der zweiten Ebene, zu Lord Maitreyas Ashram auf der dritten bis hinauf nach Shamballa. Damit können unmittelbar Informationen aus allen Ebenen abgerufen werden - es erinnert ein wenig an die Rohrpostanlagen der großen Banken der Erde. Es ist, wie gesagt, ähnlich – nur daß hier die Akasha-Chronik und die Seelen-Bibliotheken in den Ashrams die Informationen liefern; das reicht bis zur Großen Weißen Loge auf Sirius und zur Goldenen Kammer des Melchizedek im Universellen Zentrum.

12 Ein Schlachtplan zur Bekämpfung chronischer Erkrankungen

Auch dieses spezielle Kapitel ist sehr wichtig. Ich möchte wetten, daß 50% aller Lichtarbeiter unter irgend einer chronischen Erkrankung leiden. In der gesamten Lebenszeit eines Menschen sind es vielleicht 99% die zu dem einen oder anderen Zeitpunkt chronisch krank sind. Jeder Mensch auf Erden, ausgenommen vielleicht die Nachkommen eines Avatars wie Sai Baba oder Lord Maitreya, hat Schwachstellen in seinem Vierkörper-System. Ich habe in meinem gesamten Leben niemanden kennengelernt, der keine Schwäche hätte, mich selbst nicht ausgenommen. Manche Menschen haben Schwächen an bestimmten Stellen ihres physischen Körpers. Andere haben sie im Emotionalkörper, andere wiederum im Mental- oder im spirituellen Körper. Bei wieder anderen ist die Schwachstelle im Bankkonto angesiedelt. Hätte man nicht irgendwo eine Schwäche, wäre man nicht auf dieser Erde inkarniert.

An den physischen Gesundheitsproblemen sind zum Teil auch spirituelle Gründe schuld. Die spirituelle Entwicklung geht derart rasch vorwärts, daß sich bestimmte gesundheitliche Probleme nicht vermeiden lassen; sie sind eine Nebenerscheinung der wachsenden Spiritualität und somit eigentlich ein gutes Zeichen. Andere Gründe für Erkrankungen sind Umweltverschmutzung, Pestizide, Abgase, Wasserverschmutzung, Metallgifte etc. Außerdem durchlaufen wir eine sehr harte Schule: Den Mental-, den Emotional-, den physischen und den spirituellen Körper immer im Gleichgewicht zu halten, ist gar nicht so einfach. Dazu kommt noch das enorme Ausmaß psychischer Negativität, mit dem wir uns als Bewohner dieser Erde auseinandersetzen müssen. Dafür sorgt schon das Fernsehen und die Massenmedien. Des weiteren ist da noch das Karma vergangener Leben, das wir aufarbeiten müssen; wenn wir dabei zu schnell dem spirituellen Weg folgen wollen, kann das den Körper ganz schön beanspruchen. Dazu kommen noch die genetischen Schwachstellen vergangener Leben und die Erbanlagen. Nicht zu vergessen die Aufarbeitung des Karma der zwölf Seelenausdehnungen unserer Überseele, sowie die Integration und Reinigung des Karma der 144 Seelenausdehnungen unserer Monade. Und letztlich ist da noch das Karma des kollektiven Bewußtseins. Wir alle leben in einer grauen Wolke astralen Mülls, die diesen Planeten umgibt. Für den ätherischen, den mentalen und den physischen Körper des Planeten gilt das ebenso. Auf der physischen Ebene spricht man dabei von Smog, Umweltverschmutzung, von riesigen Löchern in der Ozonschicht und vom Abholzen der Regenwälder. Die Nahrung, welche wir kaufen, ist tot und bearbeitet. Das Fleisch ist mit Chemikalien versetzt, Hühner enthalten Krebserreger und Salmonellen; die Nahrung wird Strahlung ausgesetzt und die Lebensmittel-Kontrollbehörde gibt dazu ihr Einverständnis. An jeder Ecke gibt es ein Fastfood-Restaurant. Die Menschen essen zu viel Zucker. Landwirtschaftliche Produkte enthalten keine Energie, weil die Naturgeister wegen der verwendeten Pestizide und der generellen Unfähigkeit des Menschen, im Einklang mit der Natur zu sein, den Bauernhöfen, den Feldern und den Obst- und Gemüsegärten fernbleiben. Jedes landwirtschaftliche Produkt enthält nur 10% der Energie, die es eigentlich enthalten sollte.

Und die Menschen energetisieren ihre Nahrung auch nicht – weder durch Gebete noch durch sonst eine Methode, welche geeignet ist, um Energie zuzuführen. Selbst wenn die Nahrung gesund aussieht, haben 90% davon die falsche Drehung, was sich mit Hilfe eines Pendels leicht feststellen läßt. Der Grund dafür sind Pestizide, die Menschen, welche diese Produkte berühren und der Scannerstrahl an der Kasse des Supermarktes. Dazu kommt, daß sehr viele Menschen ihre Nahrung in der falschen Zusammensetzung zu sich nehmen, daß sie generell zu viel essen oder einfach zu bequem und desinteressiert sind, was ihre Ernährung angeht. Dann kommt noch der enorme Stress hinzu, dem wir alle in unserer modernen Gesellschaft ausgesetzt sind, und unsere Tendenz, ein Arbeitstier zu sein. Außerdem sind da noch die außerirdischen Implantate und die gelegentlichen Angriffe der dunklen Macht. Weitere Faktoren sind noch die Auswirkungen negativen Denkens, Sorgen, Verantwortung für die Familie, Geldprobleme, negative Eindrücke, mangelnde Selbstliebe und Beziehungsprobleme. Im Laufe der Zeit führen all diese Dinge zu einer Schwächung des Immunsystems. Dann gibt es unzählige Arten von Unfällen, die den Körper belasten; auch Traumas wie Scheidungen, Todesfälle innerhalb der Familie und der Verlust des Arbeitsplatzes haben ihre Auswirkung. Der Ätherkörper hat Schädigungen aus vergangenen Leben, die noch nicht in Ordnung gebracht worden sind und damit auf dem Lebensbauplan eine Fehlkonstruktion zeigen, nach welcher der Mensch dann lebt. Unausgeglichene Psycho-Epistemologien, wie sie jeder Mensch aufweist, belasten den Körper ebenfalls. Wir müssen auch alle negativen Einflüsterungen, die in unser Unterbewußtsein dringen, bekämpfen, wie z.b. die Hinweise der Werbung im Fernsehen, daß Winter gleich Grippezeit ist. Man muß ständig auf der Hut sein, daß solche „Denkanstöße" von anderen Leuten, von Freunden, Mitarbeitern, Familienmitgliedern und von den Massenmedien einem nicht unter die Haut gehen. Die Menschen um uns haben dauernd Erkältungen, Grippe und Virusinfektionen.

Es stimmt zwar, daß es keine ansteckenden Krankheiten an sich, sondern nur Menschen mit geringer Widerstandskraft gibt – das Problem ist jedoch, daß die Menschen aus den zuvor erwähnten Gründen ein schwaches Immunsystem besitzen. Lebt man in einer großen Stadt, kommt dann noch die Lärmbelästigung hinzu, die stärkere Auswirkungen hat als man meinen sollte. Denkt nur an die Alarmanlage bei einem Auto. Wenn Klang heilende Wirkung hat, welche Wirkung hat dann das Kreischen der Alarmanlage? Viele spirituelle Menschen sind sehr sensitiv, viel stärker, als dies beim Durchschnittsmenschen der Fall ist – für sie kann das Leben in einer solchen Welt sehr schwierig sein. Viele Lichtarbeiter sind im Grunde nicht daran gewöhnt, den spirituellen Krieger zu leben und Geld zu verdienen, und doch müssen sie es tun, um irgendwie zurecht zu kommen. Leute mit Kindern sind hier noch stärker belastet. Und es gibt auch noch das moderne Äquivalent zur Pest wie z.B. AIDS etc. Das Problem ist, daß unser Umfeld uns nicht wirklich unterstützt, da so vieles auf dem Bewußtsein der dritten Dimension statt der fünften basiert. Wenn man all dies bedenkt, ist es höchst erstaunlich und nahezu ein Wunder, daß unser physischer Körper uns so gut durch das Leben trägt. Was man noch einkalkulieren muß, ist die Tatsache, daß eine schnelle Entwicklung eine schnelle Wiederkehr des Karma fördert und damit eine starke Sensitivität hervorruft. Als Kind oder Jugendlicher war es Euch kein Problem, eine ganze Tüte voller Kekse und dazu noch eine Portion Eiskrem zu essen. Heute genügt unter Umständen ein einziger Keks, daß Ihr Euch unbehaglich und unwohl fühlt. Je älter man wird, desto vorsichtiger muß man sein. In unserer gestressten Welt hat kaum jemand Zeit für Körperübungen, Spaziergänge in frischer Luft und Sonnenschein oder bewußte Ernährung.

Ihr solltet wirklich Eurem physischen Körper und Eurem Körper-Elementarwesen dazu gratulieren, wie gut es ihnen trotz aller Widrigkeiten gelungen ist, den Körper zu erhalten. Gott bewahre Euch vor Erkrankung und einem Klinikaufenthalt. Wenn man die entsetzliche Energie, das gräßliche Essen und die engstirnigen Ärzte bedenkt, ist es ein

Wunder, daß dort überhaupt jemand wieder gesund wird. Dazu kommt, je weiter man im Initiationsprozeß fortschreitet, desto mehr planetares Karma verarbeitet man in seinem System. Das gehört auch zur Verantwortung, die ein Aufgestiegener Meister tragen muß und man kann sich dem nicht völlig entziehen. Menschen in Heilberufen nehmen oft das Karma ihrer Schüler und Patienten auf sich, und zwar nicht nur in den Heilsitzungen, sondern oft auch während der Nacht, im Schlafe. Während der Nacht geschieht auf den Inneren Ebenen unglaublich viel, was die Menschen gar nicht mitbekommen.

Das wichtigste ist, daß man Erkrankungen oder eine schwache Gesundheit nicht als Übel betrachtet, denn das sind sie nicht. Sie sind nur eine Lektion, eine Herausforderung, eine Chance zum Wachstum. In jüngeren Jahren wäre ich beinahe an einer Hepatitis gestorben. Wenn ich mir diese Tatsache vom heutigen Standpunkt aus betrachte, muß ich sagen, daß ich ohne diese schwere Erkrankung niemals so weit gekommen wäre, wie ich es heute bin. Krankheit lehrt uns den Gehorsam gegenüber den Gesetzen Gottes. Diese Erfahrung hat mein Leben von Grund auf verändert. Eine der schwierigsten Lektionen überhaupt ist, mit chronischen Erkrankungen fertig zu werden. Ich habe großes Mitgefühl mit Menschen in dieser Situation, weil ich sie selbst durchgemacht habe. Jemand, der diese Situation nicht kennt, kann es kaum nachvollziehen. Wie ich zuvor bereits erwähnt habe, können aber diese Menschen ihren Lektionen auf der emotionalen, der mentalen, der spirituellen oder der finanziellen Ebene begegnen, was ebenso schwierig und mitunter sogar noch schwieriger sein kann.

Lektion 1

Die erste und wichtigste Lektion ist, daß Gesundheitsprobleme nichts Schlimmes sind. Sie sind vielmehr eine gute Sache, weil sie Euch etwas lehren. Djwhal Khul sagt, daß Krankheiten einen Reinigungsprozeß darstellen. Wenn Ihr Krankheiten also vom richtigen Standpunkt aus betrachtet, machen sie Euch nur stärker und beschleunigen Euer spirituelles Wachstum.

Lektion 2

Wenn Ihr chronisch erkrankt seid, dann nehmt das als Segen; als etwas, von dem Ihr lernen könnt und – das ist ganz wichtig! – überlaßt Eure Kraft nicht Eurem physischen Körper. Hier liegt der große Fehler, den die Menschen immer wieder machen. Sie sind der Meinung, daß ihre persönliche Kraft mit ihrer physischen Vitalität, ihrem „Wachsein" zu tun hat. Wenn sie müde oder erschöpft sind, beziehen sie das auch auf ihre persönliche Kraft. Das wichtigste im Leben ist jedoch, immer und überall die persönliche Kraft aufrecht zu erhalten, egal, was Euer physischer, astraler, mentaler oder spiritueller Körper empfindet. In der Bhagavad Gita steht: „Bleibe gelassen, ob du gewinnst oder verlierst, ob du siegst oder verlierst, ob du krank bist oder gesund." Das Gottesbewußtsein bleibt immer dasselbe, ob man gesund ist oder krank. Ich kann das nicht oft genug betonen. Wenn Ihr Euch nicht jedesmal daran erinnert und entsprechend handelt, wenn Euer Körper Euch im Stich läßt, stürzt Euer Emotional- und Euer Mentalkörper gleicherweise ab.

Lektion 3

Wenn Eure Gesundheit nicht die beste ist, heißt das noch lange nicht, daß Ihr nicht ein gutes Leben haben könnt. Es gibt viele Menschen, die Krebs haben und doch ein erfülltes und reiches Leben leben. Ebenso gibt es Menschen mit Arthritis oder chronischen Schmerzen, die ein erfülltes und aktives Leben führen. Seid nicht solche Perfektionisten! Wenn Ihr meint, nur dann gut leben zu können, wenn Ihr vollkommen gesund seid, dann geht möglicherweise das Leben an Euch vorbei. Mutter Theresa hatte schwere Herzprobleme – und was hat sie nicht alles getan! Ich hatte als Erwachsener immer einen empfindlichen Magen und habe mich davon nie abhalten lassen, das Meine zu tun. Ich nenne das die Initiation des Hl. Franziskus. Der Hl. Franziskus (Kuthumi in einem seiner früheren Leben) hatte schwere Krankheiten zu bewältigen und hat trotzdem seinen Dienst erfüllt. Das ist ein Konzept, das immer schon von großer Bedeutung für mich gewesen ist. Ich erkannte mit seiner Hilfe, daß ich von Gott geprüft wurde. Wenn Ihr Gesundheitsprobleme habt, macht es wie der Hl. Franziskus und lebt Euer Leben stolz und mit Würde. Ich erinnere mich an eine Geschichte, welche Yogananda von seiner großen Schülerin Sri Gyanaata, welche zwanzig Jahre lang an gesundheitlichen Problemen litt, erzählte. Als sie endlich starb und er ihren Nachruf hielt, sprach Gott zu ihm und sagte, er sei ganz besonders stolz auf Sri Gyanaata, weil sie ihm trotz ihrer Krankheit die letzten zwanzig Jahre lang so treu gedient hatte.

Lektion 4

Die nächste Lektion für Menschen mit chronischen Erkrankungen ist die Hiob-Initiation. Ihr kennt sicher alle die Geschichte von Hiob, den Gott prüfte, der aber auch vom Teufel auf eine Rechtschaffenheit Gott gegenüber getestet wurde. Die Geschichte des Hiob ist die Geschichte jedes Menschen, dem im Verlauf seines Lebens alles genommen wurde. Es gibt keine inkarnierte Seele, die nicht im einen oder anderen, oft sogar in den meisten ihrer Leben diese Initiation durchlaufen mußte. Sie ist ein Teil der vierten Initiation, der Initiation der Entsagung, welche die Lektion des Loslassens vermittelt. Wenn ein Mensch die Hiob-Initiation durchläuft, geht ihm alles verloren. Die Gesundheit, die Ehe, der Beruf, der innere Friede – alles, alles geht zu Bruch. Es ist eine spirituelle Prüfung. Jeder Mensch kann Gott dienen, wenn es ihm gut geht. Aber wie viele Menschen halten dann noch die Treue und die Rechtschaffenheit Gott gegenüber, wenn alles schiefläuft? Darin liegt die wahre Prüfung. Geld, Ruhm, Reichtum, Beziehung, Gesundheit und Macht sind bloß Götzen, wenn man ihnen Vorrang vor Gott gibt. Nach vielem Leiden erkannte Hiob dies und er sagte: „Nackt kam ich aus dem Leibe meiner Mutter und nackt werde ich diese Erde verlassen. Der Herr hat es gegeben, der Herr hat es genommen, der Name des Herrn sei gepriesen." Wenn Ihr alles verlieren würdet, Gesundheit, Eure Beziehung, Ruhm, Geld, Beruf, ja selbst Euer Leben, wäret Ihr dann imstande, so etwas zu sagen? Betrachtet die Dinge, die Euch im Leben widerfahren, als spirituelle Prüfungen, welche Euch Gott auferlegt, selbst wenn es sich dabei um eine chronische Krankheit handelt. Das wird Euch spirituell vorwärtsbringen, wie keine andere spirituelle Übung. Denkt daran, der Aufstieg hängt nicht von Eurer Gesundheit ab. Ich habe zwölf Jahre lang ernsthafte Probleme mit meiner Leber und Bauchspeicheldrüse gehabt. Und doch war es mir möglich, in dieser Zeit meinen Aufstieg zu erlangen und innerhalb der spirituellen Leitung einen wichtigen Posten zu übernehmen. Ich hätte niemals daran gedacht, daß mir diese Position angeboten würde. Aber ich habe meine Gesundheitslektionen dazu verwendet, mich im kosmischen Feuer zu schmieden und übermenschlich mentale, emotionale und spirituelle Fähigkeiten zu entwickeln, um die Schwäche meines Verdauungstraktes zu kompensieren.

Lektion 5

Konzentriert Euch stets auf das, was Ihr tun könnt statt auf das, was Ihr nicht tun könnt. Um mich selbst wieder als Beispiel herzunehmen: Als ich so schwer an Hepatitis erkrankt war, gab es lange Zeit viele Dinge, die ich nicht tun konnte. Statt in Selbstmitleid zu versinken und deprimiert zu sein, versuchte ich, den sauren Apfel in Apfelsaft umzuwandeln. Ich gab meine Praxis für spirituelle Beratung auf, gönnte mir eine Auszeit und konzentrierte mich auf mein spirituelles Wachstum. In dieser Zeit spiritueller Studien und Meditation machte ich Riesenschritte vorwärts in meinem spirituellen Wachstum. Meine Krankheit hatte sich zwar gebessert, war jedoch immer noch vorhanden – so beschloß ich, mich dem Schreiben zuzuwenden statt Einzelberatungen zu geben. Ihr seht jetzt einen Mann, der bereits elf Bücher geschrieben hat und ein weltberühmter Autor geworden ist. Ich hatte ursprünglich nie vor, Bücher zu schreiben, ich begann bloß damit, weil ich die Einzelberatungen aus gesundheitlichen Gründen nicht mehr durchführen konnte.

Des weiteren beschloß ich, aus energetischen Gründen nur noch mit großen Gruppen zu arbeiten. Meine schwache Gesundheit ließ Einzelsitzungen nicht mehr zu, also arbeitete ich nur noch mit Großgruppen, was sich wiederum als ein Segen erwies. Doch nach einiger Zeit war auch dies zu anstrengend für mich, daher arbeite ich jetzt nur noch ungefähr zweimal pro Jahr mit Gruppen von 1000 Personen oder mehr. Von selbst wäre ich niemals darauf gekommen, ich bin meiner schwachen Gesundheit wirklich zu Dank verpflichtet. Durch meine Krankheit habe ich Selbstdisziplin und Selbstbeherrschung gelernt – ein Absetzen meiner derzeitigen Diät würde mir sofort Karma aufladen. Durch die Krankheit war es mir auch möglich, auf der mentalen und der spirituellen Ebene Stärke und Willenskraft zu entwickeln. Hätte ich dies nicht gelernt, wäre ich gestorben. Meine Lektion hinsichtlich der physischen Gesundheit brachte mich dazu, mental, emotional und spirituell stark zu werden. Auf der irdischen Ebene könnte jemand mit dem Hintergrund der dritten Dimension meinen, daß ich in den vergangenen Jahren eigentlich nicht viel erreicht habe. Aus spiritueller Sicht machte ich allerdings Quantensprünge. Die Entwicklung war so gewaltig, daß die Meister bereit waren, mir die Leitung von Djwhal Khuls Ashram zu übergeben und mich zum Hohepriester und Sprecher für den Planeten zu ernennen; dazu kam noch die gesamte Aufstiegsbewegung und der hohe Bekanntheitsgrad durch meine Bücher und die Wesak Workshops. Ich bin überzeugt, daß 99% der Menschen, die das gleiche hätten durchmachen müssen, wie ich, bereits tot

251

oder nervliche Wracks wären. Das spirituelle Training, das ich vor meiner Erkrankung hatte, befähigte mich jedoch dazu, aus dem augenscheinlichen Nachteil einen Vorteil zu machen. Heute, nach Erlangung meines Aufstiegs, ist meine Gesundheit viel stabiler, es gibt aber immer noch gewisse Schwächen. Ich habe gelernt, mich anzupassen, kein Selbstmitleid zu haben und ich verurteile die Situation auch nicht.

Lektion 6

Alle Situationen des Lebens, Krankheiten mit eingeschlossen, können Wut, Depression oder Akzeptanz hervorrufen. So läuft das bei den meisten Menschen ab und bei mir war das nicht anders. Wut und Depression verändern im Grunde gar nichts und je früher man lernt, zu akzeptieren, desto besser ist es. Das Verrückte in meinem eigenen Leben ist, daß ich durch meine Erkrankung um vieles schneller vorangekommen bin, als es ohne sie der Fall gewesen wäre. Das ist eine unumstößliche Tatsache. Diese Lektion hat mit dem „Segnen" zu tun. Was immer Euch in Eurem Leben widerfährt, segnet es, so negativ es auch sein mag. Das negative Ego rät hier eher zu Flüchen, aber der Heilige Geist sagt Euch, daß Ihr es segnen und als Stufe zum Seelenwachstum betrachten sollt. Sai Baba sagt, daß man jede Widrigkeit im Leben willkommen heißen soll. Und Paul Solomon rät, daß man in jeder Lebenssituation sagen soll: „Nicht mein Wille, sondern der Deine geschehe, ich danke Dir für die Lektion." Jeder von uns muß sein Kreuz tragen. Meines war die Schwäche im Bereich meines Verdauungssystems, bei anderen Menschen ist es etwas anderes. Wieder andere haben ihre Schwachstellen im emotionalen oder psychologischen Körper oder innerhalb ihrer spirituellen Entwicklung. Es ist nicht die Krankheit, die Depression oder Wut hervorruft, es ist die eigene Einstellung, die das tut.

Lektion 7

Diese Lektion hat mit der Entwicklung des spirituellen Kriegers und den Energien des Archetypus des ersten Strahles zu tun. Menschen mit chronischen Erkrankungen müssen mental und emotional viel stärker sein, als der Durchschnittsbürger. Wenn einer der Körper schwächer ist, muß der Mensch persönliche Kraft und Kampfgeist in einem so großen Ausmaß entwickeln, daß er imstande ist, weiterhin Widerstand zu leisten. Ich nenne das die „Arjuna-Initiation". Arjuna war Krishnas Schüler (Buddha war in einem früheren Leben Arjuna, und Lord Maitreya war einst Krishna). Der Kampf sollte beginnen und Arjuna war deprimiert und verlor all seinen Kampfgeist. Das passiert vielen Menschen mit chronischen Erkrankungen. Krishna sprach leidenschaftlich zu Arjuna über das, was die Realität ausmacht. Unter anderem sagte er: „Steh auf, lege Deine Feigheit ab und kämpfe. Dein Selbstmitleid und Deine Nachgiebigkeit stehen einer solch großen Seele, die Du bist, nicht zu." Arjuna erhob sich, zog in den Kampf und wurde Krishnas größter Schüler. Krishna sagte noch: „Kämpfe für mich mit Liebe in Deinem Herzen und Du bis frei von Sünde." Yogananda sprach davon, daß das Leben ein Schlachtfeld sei. Das Christentum spricht von Armageddon. Entgegen der herkömmlichen Meinung ist das Leben tatsächlich ein Kampf, und zwar der Kampf zwischen dem niederen und dem Höheren Selbst, zwischen Illusion und Wahrheit, zwischen Angst und Liebe, zwischen dem negativen Ego und dem Christusbewußtsein, zwischen der Großen Weißen Bruderschaft gemeinsam mit den Aufgestiegenen Meistern und der Dunklen Bruderschaft. Ziel des Lebens ist es, diesen Kampf zu gewinnen. Was nützt es Euch, die ganze Welt zu gewinnen, dabei jedoch Eure eigene Seele zu verlieren? Der Kampf liegt darin, das Selbst zu meistern. Krankheiten können Euch nicht davon abhalten, Euch vom Rad der Wiedergeburt zu lösen. Ich weiß das, ich bin das lebende Beispiel dafür. Die Meister haben großes Mitgefühl, ihr Augenmerk gilt der Einstellung des Menschen und allem, was mit dem Geist zu tun hat.

Lektion 8

Ich nenne diese Lektion für chronisch Erkrankte die „Reader's Digest-Initiation". Ich weiß nicht, ob Ihr jemals die Reader's Digest Magazine gelesen habt, sie enthalten jedoch großartige Geschichten von Menschen, die unglaubliche Schwierigkeiten überwunden haben. Diese Geschichten sind wirklich inspirierend. Ich wollte immer so sein, wie die darin beschriebenen Menschen und mein Leben zu einer Inspiration für mich selbst, für andere und für Gott machen. Dieses Kapitel beschreibt meine eigene Reader's Digest Geschichte. Welche Probleme auch in Euer Leben treten, seien es Krankheiten, eine Scheidung, ein Todesfall, Geldprobleme, Beziehungsprobleme etc., macht Euch bereit, Eure Reader's Digest-Initiation zu durchlaufen, die ich gerade für Euch erfunden habe. Macht Euer Leben zum lebendigen Zeugnis des Triumphes des menschlichen Geistes – wie in der Geschichte des Mannes, der keine Beine hat aber trotzdem die Vereinigten Staaten zu Fuß durchquerte, oder in der des chinesischen Studenten, der sich, nur mit seinen Schulbüchern bewaffnet, den Panzern beim Massaker auf dem Tien Amin Platz entgegenstellte. Mein Leben ist der Beweis für den Triumph des Geistes und der Willenskraft in äußerst schwierigen Zeiten. Ich will mich damit nicht brüsten. Ich persönlich bin viel stolzer auf das, was ich überwinden konnte um dorthin zu gelangen, wo ich jetzt bin, als auf irgend etwas sonst. Ich möchte Euch mit den Einzelheiten aus meinem Leben nicht langweilen, ich erzähle sie nur, damit Ihr intuitiv spüren könnt, worum es eigentlich geht. Wir alle sind große Seelen, geboren, Großes zu leisten. Laßt Euer Leben Zeugnis abgeben dafür, was Euer Geist und Euer Wille geleistet hat. Nichts darf Euch daran hindern, Eure spirituellen und materiellen Ziele zu erreichen.

Lektion 9

Diese Lektion sagt den Menschen mit chronischen Erkrankungen, daß ihre schwache Gesundheit nur vorübergehender Natur ist. Sobald ein Mensch stirbt, erhält er wieder einen vollkommen gesunden Körper. Es handelt sich bei Krankheit also um eine vorübergehende Situation, die im Verlauf dieser Lebenszeit geheilt werden kann oder eben nicht. Das spielt auch keine Rolle. Es ist in Ordnung, wenn man sich die Heilung wünscht, man sollte sich jedoch an diesen Gedanken nicht festklammern. Glücklichsein ist eine Geisteshaltung, nicht ein Zustand des physischen Körpers. Tut alles, was in Eurer Macht steht, um Euch auf allen Ebenen zu heilen – vergeßt aber nicht, trotzdem glücklich zu sein, auch wenn dieser Zustand noch nicht erreicht ist.

Lektion 10

Das nächste nenne ich die „Hanna-Kroeger-Inititation". Falls Ihr noch nie von Hanna Kroeger gehört haben solltet: Sie ist eine 90-jährige Dame und eine der besten Kräuterkundigen der Welt. Sie führt ihre Arbeit mit Hilfe eines Pendels aus, mit dem sie alles energetisch austestet. Solltet Ihr ihre Bücher nicht kennen, so empfehle ich Euch dringend sie zu lesen. Sie hat Heilmethoden für AIDS, Krebs und jede andere bekannte Krankheit gefunden. Sie ist ein Genie und ihr Leben ist gänzlich Christus gewidmet. Eines ihrer Handbücher, das auch die Arbeit mit dem Pendel mit einbezieht, dient dazu, die sieben Krankheitsgruppen zu erkennen, die sich im Körper zeigen können. Es ist sehr umfassend und jede Erkrankung, die man nur haben kann, fällt unter eine dieser sieben Gruppen, die sich ihrerseits wieder in Tausende von Untergruppen aufteilt.

Nach zehn Jahren, in denen ich mich mit jeder nur bekannten Methode gereinigt habe, und nach sieben Jahren Spezialdiät geht es mir ausgezeichnet. Ich werde nicht mehr krank und das einzige, was noch an die vergangenen Zeiten erinnert, ist eine kleine Schwäche im Bereich des dritten Chakras und eine Empfindlichkeit im Randbereich der Leber, die auf meine unleugbare Lebensweise als Workaholic oder auf Diätfehler (die ich mir allerdings nicht gestatte) sauer reagiert. Davon abgesehen, meine ich, bin ich vollständig gesund. Ich habe diese Anleitung zum Auspendeln diverser Krankheiten sehr interessant gefunden. Ein Freund und ich haben mit Hilfe unserer Pendel die jeweils gegenseitige Diagnose erstellt. Das hat über eine Stunde gedauert. Was mich nach zehn Jahren Verdauungsbeschwerden infolge der Hepatitis so verblüffte, war die Tatsache, daß ich dabei so gut abschnitt. Jede Ebene war rein und klar, es gab keinerlei Parasiten, Pestizid- oder Metallrückstände, Bakterien oder Viren in mir. Es war alles perfekt, bis auf eine Sache.

Das Testergebnis wurde in ihrem Buch so formuliert, daß ich körperlich vollkommen in Ordnung war, daß jedoch alles, was noch an Restschwäche zu finden sei, „zur Ehre Gottes" wäre. Genau so stand das in ihrem Buch, was mich sehr erstaunte. All dies fand vor vier Jahren statt. In der Zwischenzeit hat sich meine Gesundheit nochmals stark verbessert; das hat mit der Vollendung meines Aufstiegs, mit meinem Lichtquotienten und der dauernden Anwendung fortschrittlichster Lichttechnologien zu tun. Die Aussage in dem Buch war jedoch sehr wichtig für mich, praktisch eine Bestätigung all dessen, an das ich immer geglaubt und für das ich mein ganzes Leben gearbeitet habe. Ich glaube, das gilt auch für viele Lichtarbeiter, die dieses Buch lesen. Darum nenne ich diese Lektion die „Hanna-Kroeger-Initiation". Was immer Euch gerade als Prüfung auferlegt ist, widmet es zur Ehre Gottes. Was spielt es schon für eine Rolle, daß Ihr vielleicht dieses oder jenes nicht tun könnt. Das Ziel des Lebens ist, den Aufstieg und die Befreiung zu erlangen und zu dienen. Das kann man auch erreichen, wenn man bettlägerig ist.

Lektion 11

Die nächste Lektion ist eine wunderbare Methode, um mit einer chronischen Erkrankung umzugehen. Dazu ruft man beständig die Heilmeister der Inneren Ebenen an. Dies ist eine sehr meditative Handlung und Ihr werdet die Präsenz der Meister fühlen können, was spirituell, emotional, mental und physisch sehr tröstlich ist. Diese Art der Heilung ist ein Geschenk Gottes, und sie hat mich x-mal gerettet, wenn ich mich kurz vor einer Vorlesung oder einem anderen öffentlichen Auftritt physisch oder emotional schlecht gefühlt habe.

Man kann bei Gesundheitsproblemen der physischen Ebene auch Lord Arcturus und die Arcturianer anrufen. Die Arcturianer sind eigentlich der Hauptgrund, warum mein Körper seine Gesundheit wiedererlangt hat. Das ist eine kühne Behauptung, sie stimmt jedoch. Ich bin sozusagen konstant an das arcturianische Energienetz angeschlossen. Ich bitte um eine 100%-ige Steigerung des Lichtquotienten und um die Heilung und Stärkung meiner Bauchspeicheldrüse und der Leber und aller anderen Organe, die der Heilung bedürfen. Danach geht es mir sofort besser. Ich habe hinsichtlich der Erhaltung meiner Gesundheit jedes Wesen des Universums „ausprobiert" – die Arcturianer sind diesbezüglich wirklich das Gelbe vom Ei. Ich bitte darum, an ihre Computer angeschlossen zu werden und an ihr Netz gehen zu dürfen. Wenn ich den ganzen Tag geschrieben oder gearbeitet habe, bitte ich sie, meine Meridiane auszugleichen. Ich liebe die Arcturianer! Sie sind so erfolgreich, weil sie für ihre Arbeit ihre Computer und fortschrittliche Technologie einsetzen. Sie sagen, daß es im gesamten Universum keine Krankheit gäbe, die ihnen nicht bekannt ist und die sie nicht heilen können. Abgesehen von der Heilung sind auch die spirituellen Vorteile ganz enorm.

Des weiteren kann man auch immer wieder in Djwhal Khuls Ashram gehen und das Matrix-Entfernungsprogramm anfordern, so wie ich das im Kapitel über negative Implantate, Elementale und Astralwesenheiten beschrieben habe. Dieses Programm erhält Euch rein und sollte, wenn möglich, täglich angewendet werden. Es ist sehr angenehm! Bittet auch um den Einsatz des Prana-Wind-Gerätes der Arcturianer, damit Eure Meridiane, Venen und Arterien ungehindert den Energiefluß durchlassen können. Ich teile Euch hier alles mit, was ich selbst als wohltuend kennengelernt habe.

Lektion 12

Begebt Euch so oft wie möglich auf die Aufstiegsplätze, welche ich in meinen Büchern *Jenseits des Aufstiegs* und *Das komplette Aufstiegshandbuch* aufgelistet habe. Diese Aufstiegsplätze, wie auch die Lichtinvokationen werden eine enorme Wirkung auf Euren physischen und ätherischen Körper haben. Ich meine damit, daß Ihr den ganzen Tag und die ganze Nacht mit den höheren Schwingungsenergien arbeiten sollt. Bittet vor dem Zubettgehen die Arcturianer, Euch die ganze Nacht „am Netz" zu halten. Sie haben mir wirklich dabei geholfen, meinen physischen wie auch meinen Ätherkörper zu heilen, die ja beide in dieser Lebenszeit ziemlich gelitten haben. Ihre Technologie ist unglaublich! Bittet sie, daß sie ständig mit Euch arbeiten.

Lektion 13

Esst, um zu leben – lebt nicht, um zu essen! Gute Ernährung ist immer wichtig, aber noch wichtiger, wenn Ihr eine chronische Erkrankung habt. Wenn Ihr Euch richtig ernährt, hat die Krankheit keine Chance stärker zu werden. Seid in dieser Hinsicht sehr diszipliniert, verzichtet auf Zucker, wo immer das möglich ist und selbstverständlich auf Drogen. Frische Luft, Bewegung und Sonne sind ebenfalls sehr hilfreich. Die Sonne erfüllt den Ätherkörper mit Energie. Macht jeden Tag einen Spaziergang, der Eurem Aufstieg gewidmet ist – Ihr könnt dabei auch den Lichtquotienten aufbauen und die verschiedenen Aufstiegsplätze anrufen. Wenn Euch die enge Verbindung zu den Aufgestiegenen Meistern einmal klar wird, dann vermisst Ihr Dinge, die Ihr aufgrund Eurer Krankheit nicht mehr tun könnt, viel weniger. Alle Übungen, die ich hier anspreche, sollten auch von Menschen ohne chronische Erkrankung als Gesundheitsvorsorge durchgeführt werden.

Lektion 14

Bittet das ätherische Heilerteam Euren ätherischen Körper vollständig wiederherzustellen und ersucht darum, daß man Euren perfekten Monaden-Blaupausen-Körper verankert, was kurz vor Eurem Aufstieg geschehen kann.

Lektion 15

Versucht in allen Dingen ausgeglichen und moderat zu sein. Wie Buddha schon sagte, ist der Mittlere Weg der Pfad zur Selbsterkenntnis.

Lektion 16

Wenn Ihr schwer krank seid, dann versucht, dieses Leben irgendwie noch zu nutzen und so viel spirituelles Wachstum für Euch zu erlangen, wie möglich. In der Zeit, wo es mir wirklich schlecht ging und ich Hepatitis hatte, da habe ich nicht wirklich gelebt, ich habe nur versucht zu retten, was zu retten war. Die Krankheit war meine Hiob-Initiation, also habe ich meine Einstellung darauf ausgerichtet, was sehr tröstlich war. Ich habe mein Leben wieder aufgebaut, indem ich mich auf meine spirituellen Studien und die Meditation konzentrierte; was ursprünglich als Rettungsmaßnahme gedacht war, entwickelte sich zu einem Fortschritt, wie ihn die meisten Menschen bei guter Gesundheit nicht erreichen können. Sollte jemals meine Gesundheit wieder schlecht werden, würde ich sofort wieder diese Haltung einnehmen und mich sicher bald wieder besser fühlen. All dies klingt vielleicht sonderbar für jemanden, der noch nie eine schwere Krankheit hatte. Es sind jedoch Hinweise und Möglichkeiten, um den Emotional- und den Mentalkörper im Gleichgewicht zu halten, selbst wenn der physische Körper Probleme und Schmerzen hat. Das wahre Problem liegt nicht so sehr in der Krankheit des physischen Körpers, sondern darin, daß der Emotionalkörper dann auch abstürzt. Gesundheitliche Probleme auf der physischen Ebene sind gar nicht so schlimm, wenn man den inneren Frieden hat. Dieses Kapitel enthält einige mentale Programme und „Selbst-Gespräche", mit denen man sich selbst in einem begeisterten und inspirierten Bewußtseinszustand halten kann. Es ist wichtig zu verstehen, daß die meisten Krankheiten geheilt werden können, speziell mit Hilfe der fortschrittlichen Technologien, welche in meinen Büchern beschrieben sind. Einige Krankheiten sind jedoch vielleicht als Lektion gedacht und daher nicht zu heilen – das ist schon in Ordnung. Wie immer dies bei Euch ist, seht dazu, daß Euer Leben für andere, für Euch selbst und für Gott eine Inspiration und ein Beispiel ist. Ich muß hier einfach an Christopher Reeve denken, der im Film „Superman" verkörperte und sich bei einem Reitunfall die Halswirbelsäule brach. Wenn Ihr das Gefühl habt, das Leben sei schwer für Euch, dann denkt an ihn und seid zufrieden mit dem, was Euch beschieden ist. Und doch hat Chriostopher Reeve einen wunderbaren kämpferischen Geist in sich, den er sich erarbeitet hat. Was immer uns passiert, ist kein Zufall, keine Laune der Natur, sondern hat seinen Grund. Alles in Gottes Universum folgt der göttlichen Ordnung, und die Schwierigkeiten, welche Euch begegnen, sind in Ordnung und genau so gemeint, denn sonst wären sie nicht da. Nutzt sie auf jeder Ebene für Euer spirituelles Wachstum, beweist mit ihnen Eure Göttlichkeit. Ich hoffe, daß die Ideen, die ich Euch hier aufgeschrieben habe, in Zeiten der Prüfung, sei sie auf der physischen, der emotionalen, der mentalen oder spirituellen Ebene, für Euch von Nutzen sind.

Lektion 17

Geht zu einem guten Homöopathen, der bioenergetische Tests durchführt und mit Vega-Technologie in seiner Behandlung arbeitet, damit Ihr von allen Restgiften wie Metallen, Chemikalien, Parasiten, quecksilberhaltigen Amalgamfüllungen, Strahlungsrückständen, Bakterien, Viren, Impfstoffen, Pilzen und Umweltgiften befreit werdet. Ohne Kräuter oder homöopathische Mittel greifen diese Gifte das Immunsystem an. Susan Bryant und Sandy Burns sind gute Freundinnen von mir und frühere Schülerinnen von Hanna Kroeger, und sie sind auf diese Arbeit spezialisiert. Obwohl sie weder mit Homöopathie noch mit der genannten Technologie arbeiten, sind ihre Ergebnisse mit dem Pendel ganz ausgezeichnet. Sie können Euch ihre Diagnosen über das Telefon oder per Post zukommen lassen und austesten, welche von Hanna Kroegers Heilmitteln für Euch gut sind. Die beiden Frauen verlangen wenig Geld für ihre Arbeit, sie sind Djwhal Khul-Initiaten und sehr integer. Radionik-arbeit ist ebenfalls ihre Stärke. Wenn man Euch in dieser Richtung noch nie ausgetestet hat, ruft sie doch an und sagt ihnen, Ihr habt von ihnen in meinen Büchern erfahren – sie werden sich ganz sicher sehr um Euch bemühen! Mit Hilfe eines Fotos oder einer Speichelprobe können sie dann die Diagnose auspendeln.

Ich empfehle dies Kranken wie Gesunden, als Vorsorge. Um in Eurem eigenen Energiefeld so rein und geläutert wie möglich zu sein, sollten alle physischen, alle emotionalen, mentalen und ätherischen Gifte aus Eurem Körper verschwinden; das gleiche gilt für außerirdische Implantate, negative Elementale, Astralwesenheiten und die Kernangst. Und fragt Susan und Sandy nach den violetten Tellern, die meiner Meinung das beste Produkt auf dem Markt sind, um der Nahrung Energie zu geben. Ich schrieb darüber in meinem Buch *Jenseits des Aufstiegs* und spreche es hier nochmals an. Diese Teller sollten in jedem Haushalt der Welt vorhanden sein. Alles, was man tun muß, ist das Essen fünf Minuten lang darauf ruhen zu lassen und danach habt Ihr garantiert positiv energetisierte Nahrung. Das ist ganz wichtig für Menschen mit chronischen Erkrankungen aber auch für alle anderen. Die Telefonnummer von Susan und Sandy in Flagstaff, Arizona, ist (520) 527-1128. Sie können alles via Telefon oder Post erledigen – Ihr könnt also gerne ihre Dienste in Anspruch nehmen, egal wo Ihr lebt. Sie werden ihre Diagnose stellen und die entsprechenden Heilmittel für Euch austesten, die sie Euch dann, mit Eurer Erlaubnis zusenden. Alles wird ausgependelt, damit Ihr sicher seid, daß Ihr diese Heilmittel auch tatsächlich benötigt. Meiner Meinung nach sind die beiden sehr exakt in ihrer Arbeit und ausgesprochen kostengünstig. Ich bin mit ihnen befreundet und würde sie sicher nicht weiter empfehlen, wenn ich von ihrer Arbeit nicht überzeugt wäre! Sie arbeiten auch mit Homöopathie – solltet Ihr jedoch selbst einen guten New Age-Homöopathen kennen, der mit Vega-Tests arbeitet (Vega ist ein Gerät, das feinstoffliche Energiefelder im Zusammenhang mit der homöopathischen Diagnose erspüren kann), dann nehmt seine Dienste in Anspruch. Diese Art der Reinigung stärkt in beiden Fällen Euer Immunsystem und die Gesamtenergie.

Lektion 18

Übt Euch darin und erlernt, wie man einen Pendel verwendet. Einige Menschen haben mehr Talent dafür als andere. Es wäre sehr gut, wenn Ihr damit arbeiten könntet, weil Ihr dann Eure Nahrung und alle Zusätze testen könnt. Ist Euch dies nicht möglich, so geht zu einem guten Ernährungsberater, möglichst zu einem, der medial oder mit dem Pendel arbeitet und seine Ratschläge nicht nur intellektuell begründet. Trinkt viel frisches Wasser.

Lektion 19

Erbittet während des Tages von Metatron, den Arcturianern, Melchizedek und anderen Meistern Eurer Wahl den Aufbau Eures Lichtquotienten. Dies liefert, gemeinsam mit den Aufstiegsplätzen, der arcturianischen Technologie, den Heilmeistern der Inneren Ebenen und Djwhals Ashram sehr viel Energie an Euren ätherischen und physischen Körper. Ich habe noch nie jemanden kennengelernt, der diesen Ratschlägen folgte und danach nicht eine wesentliche Verbesserung seiner Gesundheit erfahren hat. Je höher Eure Initiation, desto stärker ist Euer Lichtquotient und die Erkenntnis des Mayavarupa-Körpers – also verliert nie die Hoffnung! Unsterblichkeit und die vollkommene Auferstehung des physischen Körpers könnt Ihr erreichen, wenn Ihr unbeirrbar Eurem Ziel folgt.

Lektion 20

Bittet dreimal pro Tag um die planetare und kosmische axiatonale Ausrichtung. Diese Aufstiegstechnik ist besonders gut für die Gesundheit, weil sie alle Meridiane ausgleicht und auf den Geist ausrichtet. Dies sollte jeder Mensch als Vorsorge für seine Gesundheit tun – außerdem beschleunigt es das spirituelle Wachstum.

Lektion 21

„Krankheit ist ein Angriff gegen die Wahrheit" – heißt es in dem Buch *Ein Kurs in Wundern*. Die Wahrheit ist, daß wir alle Christus sind. Christus ist vollkommen und kann daher nur vollkommene Gesundheit besitzen, alles andere ist Illusion. Das negative Ego ist in Wahrheit nur Illusion und so ist dies auch die Krankheit. Unabhängig davon, wie krank Ihr seid, affirmiert mehrmals täglich Eure strahlende Gesundheit. Paramahansa Yogananda sagte, daß man dies selbst dann noch affirmieren sollte, wenn man 99 Jahre alt ist und auf dem Sterbebett liegt. Sprecht die Affirmation, visualisiert den Zustand und betet darum. Sprecht nicht dauernd mit Euren Freunden über Eure Krankheit. Das Unterbewußtsein läßt in Eurem Körper jedes Bild, jeden Gedanken als Realität entstehen, den Ihr hinein programmiert - sei er gut oder schlecht. Legt keinen Wert auf Äußerlichkeiten und konzentriert Euch ständig auf die mächtige ICH BIN - Gegenwart und den vollkommenen Zustand. Alles ist vollkommen, was existiert! Überzeugt Euer Unterbewußtsein davon, egal wie Euer Körper aussieht. Mit der Zeit bleibt dem Körper gar nichts anderes übrig, als entsprechend positiv zu reagieren. Seid Euer eigener Programmierer, seid jeden Augenblick Eures Lebens Gott, in jedem Gedanken, jedem Wort und jeder Tat. Denkt immer nur positive Gedanken, laßt Eure Emotionen spirituell werden. Seid wachsam, was Eure mentale, emotionale, physische und ätherische Nahrung angeht. Betet ständig zu Gott und den Meistern und laßt den Engel der Heilung so lange nicht gehen, bis er Euch, wie vor Zeiten den

Jakob, gesegnet hat. Wenn Ihr die Übungen, die in diesem Buch und vor allem in diesem Kapitel beschrieben sind regelmäßig macht, kann es Euch gesundheitlich nur besser gehen! Seid voller Liebe und widmet Euer Leben dem Dienst, so wie er in der momentanen Situation Eures Lebens eben durchführbar ist. Kein Selbstmitleid! Dankt Gott für alles Gute und für alles, das Ihr lernen dürft!

Lektion 22

Bleibt geerdet – speziell dann, wenn Ihr chronisch krank seid. Bringt den Himmel auf die Erde. Manche Lichtarbeiter schweben über ihrem physischen Körper und befinden sich nicht wirklich in ihm, was dem Körper die Heilung erschwert. So, wie die männlichen und weiblichen Anteile ausgeglichen werden müssen, muß auch der himmlische und irdische Aspekt integriert und ausgeglichen sein. Durch den Aufstieg strömen Seele und Monade schon hier auf Erden in den physischen Körper ein - nicht erst in der spirituellen Welt oder den himmlischen Gefilden, in denen viele Lichtarbeiter ihrer Meinung nach leben. Es ist nichts gegen die Meditation einzuwenden, solange man anschließend zurückkehrt und sich erdet. Lebt in allen Teilen Eures Körpers – auch in den Händen, den Füßen und Beinen. Es hilft, wenn man ein „Erdungskabel" hat, das einen mit dem Zentrum der Erde verbindet. Laßt Erdenergien durch Eure Füße aufwärts und gleicherweise himmlische Energie abwärts strömen. Bittet darum, daß Eure persönliche Kundalini mit der des Planeten verbunden werde und verbringt viel Zeit in der Natur und bei den Bäumen. Wenn Ihr eine gesundheitliche Krise habt, dann verbringt mehr Zeit damit, zu sein statt zu tun. Achtet darauf, daß Ihr so viel Schlaf bekommt, wie der Körper braucht. Das verändert sich je nach Alter und Lebenssituation. Findet Euren perfekten Körperrhythmus heraus. Meiner ist z.B. fünf Stunden Schlaf und ein Schläfchen von einer Stunde am späten Nachmittag. Mir gibt das enorm viel Energie, aber jeder Mensch ist anders. Wenn Ihr krank seid, bittet jeden Abend vor dem Zubettgehen um Heilung durch alle Meister. Bittet, daß sie eine Heilungsplattform errichten und 24 Stunden pro Tag mit Euch arbeiten, bis die Heilung erfolgt ist. Haltet Euch bei chronischen Krankheiten sexuell etwas mehr zurück, als Ihr das normalerweise tun würdet und nutzt diese Energie für Eure Heilung. Zu großer Einsatz von Sexualenergie wirkt schwächend.

Lektion 23

Verwöhnt Euch selbst nicht zu stark und vermeidet es, zum Hypochonder zu werden! Seid aber auch nicht zu streng mit Euch selbst, denn darunter leidet der Körper. Beide Extreme können Eurer physischen und spirituellen Gesundheit schaden.

Lektion 24

Menschen, die allergisch auf Pillen, Kräuter und/oder homöopathische Mittel reagieren, sollten es mit Radionik probieren. Ich gehöre hier dazu, und ich habe zwei Radionik-Geräte, die ich dazu verwende, mir alle homöopathischen Mittel, Kräuter, Vitamine und Mineralien auf energetischem Wege zuzuführen. Ich habe keine Ahnung, wie diese einfachen Geräte überhaupt funktionieren – sie tun es aber. Ich erhalte mit ihnen meine Gesundheit und muß niemals irgend ein Medikament schlucken. Es ist eine total verblüffende Sache und ich habe ihre Wirkung tausendfach erprobt! Wenn Ihr mehr darüber wissen wollt, ruft Susan und Sandy an. Sie können Euch bezüglich Radionik helfen, oder Euch sagen, wie Ihr eine vereinfachte Version für Euch selbst zusammenstellen könnt. Die beiden Geräte, die ich habe, heißen „Black Box" und „SE-5", was die modernere Version ist. Es ist wirklich die Technologie der Zukunft! Es wird der Tag kommen, an dem alle Menschen ein Radionikgerät daheim haben, so wie heute einen Fernsehapparat. Es ist wirklich das ultimative Gerät zur Selbstheilung. Man kann es zur Energieübermittlung durch Worte, Zahlencodes oder energetische Transfermittel programmieren. Statt das Mittel einzunehmen, wird die Aura mit der Energiesubstanz durchdrungen. Wenn Ihr daran interessiert seid, gibt es dazu jede Menge leicht zu lesende Literatur im esoterischen Buchhandel.

Lektion 25

Gebt Euch vor dem Schlafengehen wie vor dem Aufstehen die Autosuggestion der perfekten, strahlenden Gesundheit. Wählt diese Zeiten, in denen Ihr wie in Hypnose seid, weil dann dieser Auftrag viel leichter in das Unterbewußte eindringen kann. Tut das auch, wenn Ihr meditiert und einen veränderten Bewußtseinszustand erreicht habt. Es wäre auch gut, eine Tonbandkassette zum Thema Gesundheit aufzunehmen und sie die ganze Nacht auf kaum hörbarer Lautstärke laufen zu lassen.

Lektion 26

Nehmt Kontakt zu einem Science-of Mind-Praktiker auf, der Euch helfen soll, eine Heilbehandlung aufzuschreiben, die Ihr dann regelmäßig laut lesen sollt. Seid allezeit positiv eingestellt, konzentriert und auf Spirituelles bedacht, denn „ein träger Geist ist der Spielplatz des Teufels".

Lektion 27

Vergebt Euch selbst alle Fehler, die Ihr in diesem wie auch in vergangenen Leben hinsichtlich Eurer Gesundheit begangen habt. Vergebt Euch und fangt ganz neu an, so als gäbe es einen Neustart in Eurem Leben.

Lektion 28

Betet jeden Abend vor dem Zubettgehen zu Gott um eine wunderbare Heilung, so es sein Wille ist. Tut das aufrichtig, in Demut und ohne fanatisch zu sein.

Lektion 29

Bittet jeden Abend und jeden Morgen Erzengel Michael, daß er den Goldenen Schutzdom über Euch errichte und Euch nur Energien erreichen können, die in der Christusfrequenz sind.

Lektion 30

Übt ein Jahr lang alle Aufstiegstechniken und Meditationen, wie sie in den Büchern *Das komplette Aufstiegshandbuch*, *Jenseits des Aufstiegs* und *Seelenpsychologie* beschrieben sind. Wenn Ihr das tut, habt Ihr so viel Licht und fortschrittliche, von Christus beeinflußte Technologie in Eurem Energiefeld, daß Ihr Euch einfach besser fühlen müßt. Seid geduldig in Euren Übungen und macht nicht zu viel auf einmal. Teilt Euch Eure

Energie ein. Vertraut Eurer Intuition, was Ihr wann üben sollt. Ich habe Kassetten zur Aufstiegsaktivierung, die man direkt bei mir bestellen kann und die ich Euch dringend empfehle. Ich selbst habe sie besprochen, so daß Ihr die Aktivierung über meine Stimme erhalten könnt. Es sind elf aufeinanderfolgende Kassetten, die man entweder einzeln oder als Set bestellen kann. Das Set ist sehr ausführlich – wenn Ihr weitere Informationen benötigt oder bestellen wollt, ruft uns unter der am Ende des Buches angeführten Telefonnummer an.

Lektion 31

Wenn Ihr Euch mit Homöopathie, Radionik, Naturheilkunde und Bioenergetik auseinandersetzt, wird Gesundheit zu sehr viel mehr als zu einem bestimmten Wert innerhalb eines Bluttests. Die westliche Medizin ist diesbezüglich im wahrsten Sinne des Wortes mittelalterlich. Um eine gute Gesundheit und ein gesundes, funktionierendes Immunsystem zu haben, müssen alle Gifte aus dem Körper entfernt werden. Von den meisten dieser Dinge hat die westliche Medizin keine Ahnung und sie könnte auch keine Reinigung durchführen, selbst wenn ihr Leben davon abhinge.

Im folgenden geht es um die Durchführung bestimmter Dinge, um mit chronischen Erkrankungen fertig zu werden und/oder eine wirkliche gute Gesundheit zu erlangen:

Entfernung aller quecksilberhaltigen Zahnfüllungen und Reinigung des Körpers von den Rückständen mit Hilfe von Homöopathie;

nach Anwendung von Antibiotika muß der Hefe- und Bakterienhaushalt ausgeglichen werden;

Entfernung aller Impfstoffrückstände, die für das Immunsystem sehr schädlich sind;

Entfernung aller Parasiten;

Entfernung aller Viren;

Entfernung aller Pilze;

Entfernung aller Schadbakterien;

Entfernung der Strahlung, die vom Farbfernsehen ausgeht;

Entfernung aller elektromagnetischen Gifte, die von Hochspannungsleitungen o.ä. stammen;

Entfernung aller Chemikalien aus dem Körper;

Entfernung aller Rückstände von Medikamenten;

Entfernung aller Pestizidrückstände, welche durch Gemüse Milchprodukte oder andere Quellen in den Körper gelangt sind;

Ausgleichung der bioenergetischen Felder;

Reinigung von Leber und Nieren;

Auffrischung des Drüsensystems;

Entfernung negativer Emotionen mit Hilfe von Bachblüten;

Aufbau des Immunsystems;

Entfernung umweltbedingter Gifte;

Entsprechender Ausgleich von Vitaminen und Mineralen;

Energetische Überprüfung der Nahrung;

Blutreinigung;

Entfernung der Restgifte aus dem Lymphsystem;

Heilung von Tuberkulose;

Heilung aller Geschlechtskrankheiten.

Man muß wissen, daß wir diese Dinge mitunter unterschwellig in uns herumtragen, was nicht heißt, daß sie jemals zum Ausbruch kommen. Tuberkelbazillen können z.B. über Milch aufgenommen werden oder über die Atemluft in einem Flugzeug. Ich spreche hier von Giftstoffen, die an sich klinisch nicht nachweisbar sind, sich aber in unserem Immunsystem festsetzen und es schwächen. Die Medizin der Zukunft arbeitet viel subtiler als die westliche Medizin. Es ist einfach eine Tatsache, daß jemand an Krebs sterben kann und dabei völlig normale Blutwerte hat. Die westliche Medizin ist der Wissenschaft hörig, was dazu führt, daß sie 90% von dem, was tatsächlich in der Realität eines Menschen vor sich geht, übersieht. So wie es notwendig ist, Implantate, Elementale, negative Eindrücke, Astralwesenheiten, die Kernangst, mentale und emotionale Giftstoffe zu entfernen, gibt es feinstoffliche physische Gifte, welche die westliche Medizin einfach nicht kennt. So wie die traditionelle Psychologie den medialen und spirituellen Bereich der Abläufe völlig links liegen läßt, tut dies auch die westliche Medizin, nur in noch verstärktem Maße. Nur ein New-Age-Homöopath, Bioenergetiker oder Naturheiler kann diese Giftrückstände herausfinden. Ihr müßt jedoch einen guten Therapeuten finden, denn die meisten können dies nicht. Ich spreche hier von der hypermodernen holistischen New-Age-Medizin. In meinen Büchern habe ich versucht auf diesen letzten Stand des spirituellen Wissens und der Aufstiegsarbeit hinzuweisen und auf das, was weltweit in der Psychologie vor sich geht. Hier spreche ich den modernsten Stand der holistischen Gesundheitspflege an.

Was noch gereinigt und entfernt werden muß

Wenn man sich vor Augen hält, was früher von Ärzten verschrieben wurde, kann man sich nur wundern. Dazu eine kleine Geschichte. Als Jugendlicher, so mit 15 oder 16 Jahren, mußte ich wegen meiner Akne jede Menge Antibiotika einnehmen. Könnt Ihr Euch einen Arzt vorstellen, der wegen einer Akne Antibiotika verschreibt? Barbarisch, nicht wahr? Gut 25 Jahre später teilte mir eine mediale Ernährungsberaterin namens Eileen Poole mit, daß mein Körper Tetracyclin absondere. Ich sagte ihr, das sei unmöglich, denn ich hätte seit gut 15 Jahren überhaupt keine Antibiotika mehr genommen. Es stellte sich heraus, daß es sich dabei noch um Rückstände der vor 25 Jahren eingenommen Mittel handelte. Ich war und bin immer noch ein absoluter Fanatiker hinsichtlich gesunder Ernährung und Bewegung und ich esse sicherlich die reinste Nahrung, die man auf diesem Planeten nur finden kann. Und doch reinigte sich mein Körper nach 25 Jahren immer noch. Viele dieser Giftstoffe können ohne die Hilfe von Kräutern oder von Homöopathie überhaupt nicht zur Gänze aus dem Körper ausgeschieden werden.

Überzeugt Euch davon, daß das Epstein-Barr-Virus vollständig entfernt wird. Wir tragen es oft in uns, ohne daß es klinisch nachweisbar wäre. Das gleiche gilt für alle Staphilokokken und Streptokokken – man könnte hier wirklich von einem „klinisch nicht nachweisbaren" Bereich reden. Nehmt keine Medikamente ein, verwendet homöopathische Mittel und Kräuter, die für den Körper nicht giftig sind. Laßt Eure Kinder und Euch selbst niemals impfen, denn Impfstoffe sind hochgiftig für den Körper. Bereinigt alle Herpesviren. Entfernt alle Rückstände von Medikamenten gegen Grippe oder Erkältungen, wie Aspirin, Schmerzmittel, kurz alles, was Ihr jemals eingenommen habt und das jetzt in Eurer Leber gespeichert ist und den Körper vergiftet und das Immunsystem schwächt. Kurz gesagt, bittet Euren Bioenergetiker, Euren Homöopathen, oder auch Susan und Sandy mit ihrem Pendel, oder einen Naturheiler, daß sie bei Euch unter Einsatz von Energietests eine genaue Untersuchung durchführen, um den Ist-Zustand festzustellen und danach die Reinigung zu vollziehen. Der spirituelle Weg ist ein Weg der Reinigung. Euer physischer, ätherischer, astraler, mentaler und spiritueller Körper sollte stets rein sein. Reinigt Euch von Krebs, Hepatitis und Mononukleose, die möglicherweise bei Euch auf der klinisch nicht nachweisbaren Ebene zu finden sind. Vergeßt nicht, jede Krankheit beginnt zunächst im Astral- und Ätherkörper. Die westliche Medizin hat keine Möglichkeit, Krankheiten, welche sich auf diesen Ebenen zeigen, zu erkennen oder auszutesten, ganz zu schweigen von den subklinischen Ebenen, die ein Bluttest nicht mehr erreicht. Ein Bluttest ist absolut im grobstofflichen Bereich. Viele Menschen mit normalem Blutbild tragen Hepatitis, Mononukleose, Epstein-Barr o.ä. in sich und sind dadurch geschwächt. Die westliche Medizin kann dies nicht erkennen, egal wie viele Tests durchgeführt werden. Der Bluttest ist nur die Spitze des Eisbergs. Die restlichen 90% des Eisbergs können mit den Methoden der westlichen Medizin nicht wissenschaftlich nachgewiesen werden. Die neuen Technologien werden in den Bereichen von Homöopathie und Naturheilmethoden entwickelt und auch dort eingesetzt. Eine davon ist das Vega-Gerät. Es kann, ebenso wie andere Geräte dieser Art, die restlichen 90% des Krankheitsbildes so genau erkennen, wie ein Bluttest das auf der grobstofflichen Ebene kann. Die westliche Medizin bezeichnet diese Dinge als Quacksalberei, was natürlich überhaupt nicht stimmt. Ich persönlich würde niemals einen „normalen" Arzt konsultieren, es sei denn, es handelt sich um einen Notfall. Notfallmedizin ist das einzige, in dem sie gut sind. Die westliche Medizin, mit all ihren Medikamenten und belastenden Untersuchungen befindet sich immer noch auf einer recht barbarischen Stufe. Sie lehnt Homöopathie ab, Kräuter sind verpönt, sie versteht nichts von Ernährung und steht selbst der Akupunktur mißtrauisch gegenüber. Ein homöopathisches Mittel kann innerhalb einer Woche oder zehn Tagen jedes Virus kurieren, ohne den Körper zu schädigen. Und was ist mit der westlichen Medizin? Ich kann jede bakterielle Infektion innerhalb von ein paar Tagen mit homöopathischen Mitteln wegbringen – die Ärzte jedoch verschreiben Antibiotika wie Süßigkeiten, für alles und jedes, obwohl sie nur bei Bakterien wirken. Die Ärzte sind derart hinter dem Mond, daß sie dem Patienten nicht einmal raten, zusätzlich Acidophilus einzunehmen, um die dem Körper nützlichen Bakterien zu ersetzen. Die Menschen haben keine Ahnung, wie steinzeitlich die westliche Medizin ist!

Wenn Ihr einmal mit der hypermodernen New-Age-Medizin mit ihren Energietests statt der belastenden Behandlungsmethoden konfrontiert worden seid, werdet Ihr Euch der traditionellen Medizin nicht mehr aussetzen, es sei denn bei einem Beinbruch oder einem Autounfall, wo sofortige Hilfe vonnöten ist. Wahre Vorsorgemedizin und wahre Heilung sind Dinge, von denen die traditionelle Medizin nichts versteht. Meist wirken ihre Behandlungsmethoden sogar noch störend, wie z.b. wenn im Falle emotionaler Verzweiflung Valium gegeben wird. Antibiotika werden wahllos wie Süßigkeiten verschrieben, auch für Krankheitsbilder, bei denen homöopathische Mittel genau so gut wirken und dazuhin den Körper nicht belasten. Was auch noch aus dem Körper entfernt werden muß, ist Koffein, Rückstände von Medikamenteneinnahmen, Alkohol, Nikotin, Metallspuren (Aluminium, Blei), Abgase, sogar Insektenstiche, Malathionvergiftung, Salmonellen (laut Nahrungsmittelkontrollen sind 75% aller Hühnchen Salmonellenträger). Genau davon spreche ich, wenn ich sage, daß wir alle auf einer Stufe, die klinisch nicht nachweisbar ist, diese Dinge in uns tragen. Wir alle müssen Konservierungsmittel, Unkrautvernichter, Insektensprays sowie die Impfstoffe für Windpocken, Grippe, Mumps und Kinderlähmung aus unserem Körper entfernen. All diese Dinge werden in der Leber, in den Nieren und anderen Körperbereichen gespeichert. Ohne homöopathische oder Kräuter- heilmittel besteht keine Chance, die Restgifte aus dem physischen Körper zu entfernen. Diese Rückstände, wie auch die vielen anderen, die ich nicht erwähnt habe, schwächen Euer Immunsystem. Den größten Anteil daran haben möglicherweise all die Nahrungsmittelgifte, die wir im Verlauf unseres Lebens bereits zu uns genommen haben. Von Zeit zu Zeit längere Fastenperioden einzuhalten ist ebenfalls eine sehr gute Methode, die Gesundheit zu bewahren. Ich möchte Menschen mit chronischen Krankheiten, aber auch allen anderen, die nach Selbsterkenntnis streben, empfehlen, all das genannte in sich kontrollieren zu lassen. Damit ist es Euch möglich, den höchsten Reinheitsgrad innerhalb Eures Energiefeldes auf der physischen, ätherischen, astralen, mentalen und spirituellen Ebene zu erreichen. Ich habe dieses Buch geschrieben, damit Ihr die Möglichkeit und das Verständnis erlangt, dies zu tun und damit vollkommene Gesundheit auf allen Ebenen und Gotteserkenntnis zu erreichen.

Lektion 32

Die nächste Lektion für Menschen mit chronischen oder gelegentlichen Gesundheitsproblemen ist, das „Akupunktur-Heilerteam der Inneren Ebenen" anzurufen. Das ist eine sagenhaft gute Methode, denn das

Heilerteam der Inneren Ebenen kann Euch die „ätherische Akupunktur" bequem jederzeit zu Hause verabreichen. Ihr habt dabei Euren eigenen Akupunkteur, der Euch keinen Cent kostet. Der einzige Lohn, den er erhält, ist Eure Liebe und Dankbarkeit diesen wunderbaren Wesen gegenüber, welche für Euch diesen Dienst leisten.

Lektion 33

Die nächste Methode hat mir Djwhal Khul erst vor kurzem mitgeteilt, sie ist also ganz neu. Ruft die Heilmeister der Inneren Ebenen und Eure mächtige ICH BIN - Gegenwart an. Dann bittet darum, daß ein Radionikgerät auf den Inneren Ebenen aufgestellt werde, um Euch 24 Stunden pro Tag die Energien zukommen zu lassen, die Ihr benötigt, und um Eure Krankheiten zu heilen. Dies ist wiederum eine phantastische Methode, denn ich biete Euch ein Radionikgerät an, das Euch nichts kostet und wahrscheinlich wesentlich bessere Auswirkungen hat, als jedes, das hier auf Erden eingesetzt werden könnte. Ihr könnt darum ersuchen, daß es, je nach Bedarf, für verschiedene Dinge programmiert wird. Wenn Ihr Energie und Wachheit braucht, dann bittet darum. Wenn Euer Immunsystem gestärkt werden soll, bittet darum. Wenn über einen längeren Zeitraum an einem bestimmten Problem gearbeitet werden soll, dann bittet darum. Und bittet immer darum, daß man Euch, auch ohne speziellen Grund, alle Energien zukommen laßt, die Ihr braucht, um im Gleichgewicht zu sein.

Am besten ist wahrscheinlich eine Kombination all dieser Dinge. Das Radionikgerät kann Euch alle Vitamine und Mineralien zukommen lassen, die Ihr braucht. Die Möglichkeiten sind grenzenlos. Dieses Gerät kann alles, was ein echtes Radionikgerät auch kann, nur in einem viel größeren Ausmaß. Seht, wie viel Geld ich Euch mit dieser Methode erspare! Eine Bitte habe ich jedoch in dieser Hinsicht: Wenn Euch meine Bücher gefallen, dann erzählt davon Euren Schülern, Euren Freunden, Eurer Familie und sprecht auch den nächsten esoterischen Buchladen darauf an. Damit ist es möglich, an Gottes Großzügigkeit und Obsorge für Seine geliebten Söhne und Töchter teilzuhaben.

Lektion 34

Als Vorsorge oder Heilmethode für Krankheiten, die Euch ebenfalls jede Menge Geld erspart, könnt Ihr auch die Heilmeister der Inneren Ebenen anrufen und darum bitten, daß sie Euch alle Vitamine und Mineralien, die Ihr für Eure Gesundheit benötigt, als Injektion der Inneren Ebenen verabreichen. Bittet, daß Euch im Verlauf des nächsten Monats alle derartigen Injektionen gegeben werden, die Euren physischen und ätherischen Körper im vollkommenen energetischen und chemischen Gleichgewicht halten. Nehmen wir an, Eure Familienmitglieder sind krank und Ihr möchtet Euer Immunsystem stärken. Laßt Euch dafür jeden Tag eine Vitamin C-Injektion der Inneren Ebenen geben. Es genügt auch, wenn Ihr die Heilmeister der Inneren Ebenen bittet, Euch ein Mittel ihrer Wahl zu spritzen, um Euer Gleichgewicht wieder herzustellen. Mit allen Möglichkeiten, die Euch in diesem Kapitel gezeigt werden, ist es gar nicht anders möglich, als sich besser zu fühlen, selbst wenn man chronisch krank ist. Das wichtigste ist, den Kampfgeist nicht zu verlieren. So lange Ihr Eure Probleme selbstbewußt mit all diesen Möglichkeiten und Methoden in Angriff nehmt, wird Euch die Krankheit nicht überwältigen und deprimieren können. Dieses Kapitel ist sozusagen Euer spiritueller Schlachtplan, damit Ihr diesen Kampf gewinnen könnt. Die Anwendung dieser Methoden dient nicht nur dazu, daß Ihr Euch besser fühlt, sie sind auch eine gute Übung der Arbeit auf den Inneren Ebenen und ein Mittel zur Beschleunigung Eures spirituellen Wachstums. Sie helfen Euch auch dabei, eine bewußtere Beziehung zu den Aufgestiegenen Meistern aufzubauen. Mit ihrer Hilfe wird sozusagen der Schleier immer dünner und Ihr erkennt immer besser, daß Ihr niemals alleine seid. Auch geben sie Euch immer und immer wieder den Beweis, wie sehr Gott Euch liebt und welchen Segen Er Euch im Übermaß gewährt, wenn Ihr Ihn nur darum bittet. Ihr erhaltet einfach alles in Gottes unendlichem Universum, wenn Ihr darum bittet. Mein Dienst besteht darin, Euch an einigen der unglaublichen Dinge, die es gibt, teilhaben zu lassen. Allerdings liegt es an Euch, darum zu bitten. Bittet, und es wird Euch gegeben, klopft an und es wird Euch aufgetan.

Lektion 35

Diese Lektion enthält vier Meditationen über Eure Sonnenengel. Sie sind dem Buch *Healing Yourself with Light* von Launa Huffines entnommen und von mir zusammengefaßt. Ich selbst habe das Buch zwar nicht gelesen, doch eine meiner Haupthelferinnen im Ashram von Djwhal Khul, Janna Shelley Parker, meinte, daß sie meinen Lesern helfen könnten. Also habe ich sie zu Eurer Freude, Heilung und zur Lichtaktivierung hier beigefügt.

Meditation Nr. 1: Betreten des Raumes der inneren Stille

Entspannt, entspannt, entspannt, atmet tief und gleichmäßig. Bereitet Euch darauf vor, den Raum der inneren Stille, Ruhe und Harmonie zu betreten. Badet in einem reinigenden Strahl von Farben und dann betretet den Raum – Euren Raum des Friedens.

Laßt die äußere Welt völlig los und entspannt Euch in diesem besonderen Raum. Dieser Raum ist weit entfernt von allen Sorgen, von jeder Krankheit, denn Ihr befindet Euch im Heiligtum der Heilung. Setzt oder legt Euch bequem hin, laßt jede Eurer Zellen die Entspannung genießen. Denkt nur an Frieden, Gelassenheit, Harmonie, Ganzheit und Gleichgewicht. Alles wird weich, alles wird sanft.
Ladet Euren Sonnenengel, der so viel heller strahlt als Euer eigener Schutzengel, ein, zu Euch zu kommen. Euer Sonnenengel ist Euer Begleiter, bis Ihr alle Inkarnationen durchlaufen habt. Er ist, der er ist, und trotzdem eins mit Eurem höheren Ziel. Sonnenengel arbeiten für die Evolution und wenn Ihr Euren eigenen Sonnenengel anruft, dringt diese göttliche Präsenz in Euch ein, sie erfüllt Euch mit Licht, sie heilt Euch und weitet Euch aus.
In Eurem besonderen Raum, Eurem Platz der Stille, wendet jetzt Euren Blick nach oben und ruft diesen Engel an. Glaubt ganz fest an Eure Heilung. Bittet, daß der Sonnenengel Euch in Gestalt einer goldenen Kugel erscheint. Laßt dieses goldene Licht um Euren Kopf schweben und Eure Gedanken mit Heilkraft erfüllen. Das Licht leuchtet um Euren Kopf wie ein feiner Strahlenkranz.
Bittet jetzt den Engel um seine Hilfe in dem Bereich, der geheilt werden soll. Seid ganz still und voll Vertrauen, eingehüllt von der heilenden, beruhigenden Energie der Präsenz des Engels. Spürt dieses völlig neue Gefühl des Gleichgewichtes, den Optimismus, den er mit sich bringt. Registriert dieses innere Spüren, das jenseits des Denkens liegt.
Wenn Ihr fertig seid, dankt und verlaßt Euren Raum in dem Wissen, daß Ihr jederzeit dorthin zurückkehren könnt. Vermerkt jede Erfahrung in Eurem Tagebuch. Ihr könnt damit Eure Fortschritte verfolgen, feststellen,

was am besten wirkt, wie Ihr am schnellsten den Entspannungszustand erreicht, was Ihr gelernt habt und wie sich Eure Einstellung zur Heilung verhält.

Vergeßt nicht, Ihr schafft den Raum und die Stille – sie sind jederzeit für Euch erreichbar.

Meditation Nr. 2: Betreten des Lichtraumes

Beginnt mit Eurer Vorstellung und nehmt den Raum und die darin enthaltene Weisheit wahr. Laßt Euch vom Lichtstrahl im Vorhof des Tempels der Heilung durchströmen. Laßt die Farben einzeln auf Euch einströmen, Tropfen flüssigen Lichtes in den Farben Orange, Gelb und Rosa. Dann in den Farben Grün, Blau und Violett.

Betretet nun gereinigt wieder Euren Raum um dem Sonnenengel zu begegnen. Sucht Euch einen Platz um Euch zu entspannen. Der Raum erstrahlt in hellem Licht, am hellsten ist es jedoch, wo Ihr seid. Ihr seid von weißem Licht umgeben und das weiße Licht tritt in Euch ein. Es ist ein Licht voll Leben und Intelligenz, es bringt Euch Weisheit. Ihr spürt die Essenz des Selbst und die Essenz aller Dinge, die Euch in den Sinn kommen. Der Geist beruhigt sich, die Emotionen sind still und es gibt nichts mehr, außer dem strahlenden Glanz Eures Sonnenengels, dessen Essenz der Liebe Euer Herz und Euer Sein erfüllt.

Der Sonnenengel bringt sein Licht aus dem Herzen der Sonne in diesen Raum. Seine Strahlen enthalten Elemente, die für Euer Leben wichtig sind. Um diese Sonnenwesen berühren zu können, stellt Euch vor, daß ein Kranz von Sonnenstrahlen um Euren Kopf gelegt ist. Je mehr Ihr das Sonnenlicht in Eure Gedanken und in Euer Herz einlaßt, desto größere Helligkeit verbreitet Ihr. Denkt an die spirituellen Qualitäten und Ihr könnt sie erfahren.

Sonnenlicht verjüngt auch. Öffnet Euren Körper dafür, damit es ihn heilt und verjüngt. Das Licht entwickelt Eure Zellen, es löst die Gifte auf, wenn es in Eure Zellen eindringt und sie umwandelt. Auf diese Weise baut diese Lichtsäule, das Sonnenlicht, Eure Körperzellen wieder auf. Wenn Ihr Eure innere Sonne mit dem Sonnenlicht verbindet, verschmelzen sie miteinander und verbreiten strahlendes Licht in Eurem Körper.

Setzt Eure Vorstellungskraft ein, um dies Realität werden zu lassen. Stellt Euch vor, wie Euer Atem das heilende Licht in jeden Körperteil bringt. Betrachtet die wunderbare Morgensonne. Denkt an die Sonnenwesen, die in den Strahlen wohnen und die imstande sind, die Gesundheitsprobleme dieses Tages für Euch zu lösen. Seht mit Eurem geistigen Auge wie die Sonnenstrahlen in Euch eindringen, wie sie jede Zelle heilen und Euch mit neuem Leben erfüllen.

Es sind lebendige Energien, die heilen, stärken und Euren Körper entwickeln. Atmet mit Liebe in Euer Herz ein, und atmet aus dem Herzen aus mit liebender Dankbarkeit und dem Gefühl des neuen Lebens.

Meditation Nr. 3: Heilung im Raum der Liebe

Laßt Euch von flüssigem goldenen und rosa Licht durchströmen. Seht, wie jede der Farben die dichten Schwingungen Eures Energiefeldes reinigt. Betretet jetzt den Raum der Liebe und setzt Euch in seiner Mitte bequem hin.

Atmet die heilende Engelspräsenz und die Süße der rosa und weißen Blüten ein, die sich hier befinden. Durch ein offenes Dachfenster strömen glitzernde Partikel der Liebesessenz in den Raum. Öffnet alle Stellen innerhalb Eurer vier Körper, die mehr Liebe brauchen.

Laßt ein rosafarbenes Dreieck zwischen Eurem Sonnenengel, Eurer Seele und den vier niederen Körper entstehen. Durch dieses Dreieck kommen die Engel der göttlichen Liebe herein. Diese Liebe enthält wunderbar heilende Lebensenergie. Bittet darum, daß jede Emotion, die jemals eine Blockade oder ein Problem in Eurem Emotional-/Astralkörper hervorgerufen hat, freigesetzt werde. Wenn Euer Problem vorwiegend auf der physischen Ebene liegt, bittet die Liebe dieser Engel, ihren heilenden Klang in diese Richtung zu lenken.

Singt ganz langsam „AH" und öffnet Euer Herz ganz weit. Denkt an das rosafarbene Dreieck und an die Verbindung zu Eurem Sonnenengel.

Singt „EL" und ruft damit die eine Schöpferkraft an. Der Klang steigt durch eine Lichtsäule hoch bis in die höchste Stelle des Kopfes. Visualisiert den Klang. „E" steht für Gelassenheit, „L" erfreut die Seele. Friedvolle Konzentration bringt Euch bis zu den Engeln der göttlichen Liebe.

„I" trägt Euch direkt in das Zentrum der Heilung. Bringt den Klang zwischen und direkt über Eure Augen; laßt ihn zwischen Euren Augenbrauen vibrieren und fühlt, wie Eure Seele mitschwingt.

Dann singt „OH" und bringt eine Kette leuchtender Energie von der Stelle über Eurem Kopf durch die Wirbelsäule abwärts. Visualisiert die Engel der göttlichen Liebe, wie sie Heilung in jeden einzelnen Nerv Eures Körpers bringen.

Laßt die Klangkette A-EL-I-O siebenmal ertönen und stellt Euch vor, wie sie im Inneren Eures Heiltempels widerhallt. Ihr Echo wird in Eurem Herzen erklingen. Jede Silbe ruft noch mehr Engel der göttlichen Liebe herbei.

Laßt jetzt die Schwingung ihrer Energie um Euch strömen. Liebe und Freude reinigen Euer Herz und machen alles frühere Leid zunichte. Sie erfüllen Euch mit göttlicher, heilender Liebe und bringen Euch damit noch näher zu den Heilengeln.

Seht, wie diese Liebe Eure vier niederen Körper durchströmt, sie verfeinert und alle Dichte der vergangenen Zeiten reinigt. Sagt Euren Zellen, daß es gut ist, diese heilende Liebe zu empfangen. Laßt Euch davon erfüllen.

Am Ende dieses Vorgangs werden Eure Zellen mit dem Klang der heilenden Silben und der Liebe der spirituellen Welt in Resonanz sein. Gebt Euren vier niederen Körpern Zeit, dieses göttliche Geschenk in sich aufzunehmen. Bleibt in der Stille, hört schöne oder spirituelle New-Age-Musik oder betrachtet die Natur oder ein schönes Kunstwerk. Verharrt in der Heiterkeit und Gelassenheit und dem Frieden der göttlichen Liebe.

Meditation Nr. 4: Das Farbbad

Heilengel verwenden für ihre Arbeit spezielle Farben. Sie bringen die Farben in Euer Energiefeld ein, um Euch vor Erkrankungen zu schützen. Um die Vitalität zu steigern, verwenden sie rosa oder orange Farbtöne. Ein klares Grün ist allgemein sehr gut für die Gesundheit. Diese Farbe wirkt kühlend auf die Atome, man kann sie dann wieder ins Gleichgewicht bringen. Es ist wichtig, mit der Dreiecksverbindung zwischen Eurem Sonnenengel, Eurer Seele und Eurem Selbst (den vier niederen Körpern) zu arbeiten. Daraus erhaltet Ihr dann die besten Heilfarben.

Für den physischen Körper gilt im allgemeinen: Um Lungenstau zu beheben, wird in diesen Bereich ein glänzendes Orange eingebracht. Bei Infektionen wirkt Saphirblau als Desinfektionsmittel. Ein sattes Grün bzw. ein Grün, das Gelb in sich trägt, wirkt bei Entzündungen. Für höhere Energien werden stimulierende Farben verwendet, wie ein helles, goldähnliches Orange oder Gelb.

Für emotionale Beschwerden: Verschiedene Farbschattierungen von Gelb, Gold, Orange oder Rosa machen fröhlich und stärken das Vertrauen und den Optimismus. Rosa, von intensiv bis Pastell, schafft ein Gefühl der inneren Liebe. Man muß einfach selbst experimentieren, um herauszufinden, welche Farbe die gewünschte Stimmung hervorruft. Für die Gedanken: Farbe kann auch wunderbar die Gedanken beruhigen. So könnt Ihr Euch mit einem strahlenden Grün umgeben. Für klare Gedanken und gedankliche Stimulation laßt einen Wasserfall von hellem Gelb über Euren Kopf strömen. Die Mischfarbe Gelb-Orange kann Euch aus dem gedanklichen Nebel herausführen. Wenn Euer Lebenswille geschwächt ist, versucht es mit Rosa. Zwei oder drei Nuancen von Rosa bauen Euren Lebenswillen auf.

Farben werden bereits dazu verwendet, ein heilsames und beruhigendes Umfeld zu schaffen. Farben sind Energie und Menschen wie Engel verwenden sie. Es ist gut, sich dies zu merken und die Farben zur Verbesserung der Gesundheit und zur Reinigung einzusetzen.

Zusammenfassung

Ich habe Djwhal Khul gebeten, am Ende dieses Kapitels eine klare Aussage zum Thema Gesundheit und Krankheit aus der Sicht der Spirituellen Hierarchie und der Aufgestiegenen Meister zu machen. Die Schlichtheit seiner Aussage hat mich sehr überrascht. Er sagte: „Schlechte Gesundheit ist im Grunde nichts anderes als fehlgeleitetes Denken." Krankheiten sind also das physisch Werden der Gedankenformen des negativen Ego, so wie die Gesundheit das physisch Werden des Christus-/Buddha-Bewußtseins und Denkens ist. Fehlende Gesundheit ist also nichts Schlechtes, sondern eher etwas Gutes, weil sie nichts anderes ist, als ein neutraler Hinweis auf ein Ungleichgewicht bzw. fehlgeleitete Gedanken innerhalb der Psyche. Gäbe es keine gesundheitlichen Probleme, könnten wir nichts lernen. Sie sind unser ultimativer Lehrmeister, der uns hilft, unsere Gedanken und Emotionen an Gottes Gesetze anzupassen. Statt den Körper zu verwünschen, daß er krank ist, segnet ihn dafür, daß er Euch objektiv und neutral widerspiegelt, welchen Zustand Euer Bewußtsein aufweist.

Bekämen wir nie diese Hinweise von unserem Körper, könnten wir niemals die Befreiung und das wahre Gottesbewußtsein erlangen. Es ist im Prinzip so, daß uns unser Körper dazu zwingt, auf dem spirituellen Weg zu bleiben. Gott ist Gleichgewicht und unser Körper läßt uns keine andere Wahl, als an diesem Ideal festzuhalten. Gottes Söhne und Töchter sind oft ungehorsam und proben den Aufstand, wie Kinder. Gesundheitsprobleme sind nichts anderes, als das, was unser Körper zu uns sagt, deshalb sollten wir sie nie verurteilen oder sie für etwas Schlechtes halten. Wir befinden uns in einer sehr harten Schule und es ist erstaunlich, was der Körper alles aushält, wenn man bedenkt, welcher Mißbrauch mit ihm getrieben wird. Wenn der Körper die Last nicht mehr tragen kann, dann seid voll Mitgefühl, Liebe und Verständnis für Euch selbst und für andere. Laßt Euch vom physischen Körper lehren, wie man das Gleichgewicht bewahrt, wie man integriert und zu jeder Zeit auf die mächtige ICH BIN - Gegenwart eingestimmt bleibt!

13 Wie man das Ego umstrukturiert

Lord Maitreya, Melchizedek und Djwhal Khul sagten mir, daß in einer bestimmten Phase während der Entstehung dieses Buches zwei Wochen lang der Umstrukturierung des Ego besonderes Augenmerk zugewendet worden sei. Ich fand dies sehr bemerkenswert und vor allem war mir klar, daß dieser Kommentar mehr enthielt, als ich zuvor in dieser Richtung verstanden hatte. Dieses ganze Buch ist darauf ausgerichtet, wie man das Bewußtsein und das Unterbewußtsein vom Denken des negativen Ego gezielt befreit und neu strukturiert. Das ist eine Arbeit, die keinem Lichtarbeiter erspart bleibt. Was mir jedoch, nach einigem Fragen und Nachforschen bei den Meistern, klar wurde, ist, daß es eine neue Methode gibt, die diesen Prozeß der Umstrukturierung des negativen Ego viel leichter macht. Bevor ich ins Detail gehe, möchte ich jedoch erklären, was es mit dieser Umstrukturierung des negativen Ego auf sich hat.

Zunächst einmal bedeutet sie, daß man lernt, mit dem Christusbewußtsein statt mit dem negativen Ego zu denken. Sie bedeutet auch, daß man lernt, die zwölf Archetypen in ausgeglichener und passender Weise zu integrieren. Viele Lichtarbeiter identifizieren sich viel zu stark mit bestimmten Archetypen und verhängen damit in fixen Verhaltensmustern, wie ich sie im Kapitel über die Archetypen angesprochen habe.Diese Umstrukturierung hat auch damit zu tun, daß man das Innere Kind gut erzieht, damit es nicht dauernd das Sagen hat. Außerdem muß man die vier Körper und drei Verstandesebenen ausgleichen. Wie ich ausführlich beschrieben habe, ist diese Psychodynamik sehr oft aus dem Gleichgewicht. Um die entsprechenden Haltungskorrekturen in Eurem Denken vorzunehmen und eine gesunde Psycho-Epistemologie wie auch ein gesundes, spirituell ausgerichtetes Ego zu erhalten, ist es wichtig, bewußt dieses Buch, wie auch das Buch *Seelenpsychologie* zu studieren und durchzuarbeiten.

In einer besonderen Meditation fragte ich Djwhal Khul, ob man auch den Baum des Lebens dazu verwenden könne, um das negative Ego zu überwinden. Diese Frage bezog sich auf eine neue Technik, welche Djwhal noch nicht bereit war weiterzugeben. Als ich hörte, daß er frühestens in sechs Monaten davon sprechen wollte, zog ich meinen Sherlock Holmes Hut über, und ließ nicht locker, bis Djwhal uns seinen Segen und seine Erklärung gab. Diese waren, wie gewöhnlich, weit umfangreicher, als ich mir das vorstellte. Er sagte mir, daß meine Methode der Umstrukturierung des Ego zwar die fortschrittlichste auf diesem Planeten, von seiner Warte aus jedoch noch recht steinzeitlich sei. Es gäbe da eine wesentlich fortschrittlichere Methode, welche im Zusammenhang mit dem erarbeiteten Basiswissen diesen Prozeß sehr beschleunigen könne. Er hatte das die ganze Woche bereits bei mir angewendet. Bewußt hatte ich das gar nicht mitbekommen, sondern erst, als ich mehr oder minder zufällig „darüber stolperte", wie das meistens der Fall ist.

Djwhal Khul sagte, daß es eine Technologie der fünften, sechsten und siebten Dimension gibt, die man dazu verwenden kann, diesen Prozeß der Umstrukturierung des negativen Ego zu beschleunigen. Er bezeichnete dies als die Möglichkeit, die „Energie-Signatur" eines Menschen auf kurzem Wege wieder herzustellen. Bittet, daß Ihr in Djwhal Khuls Ashram gebracht werdet und seinen holographischen Computerraum betreten dürft. Ich habe in früheren Kapiteln bereits von diesem Computer gesprochen – er eröffnet jedoch Möglichkeiten, die unsere wildesten Erwartungen bei weitem übertreffen. Ich habe Djwhal Khul unlängst einmal gefragt, wie er die meiste Zeit im Ashram der Inneren Ebenen verbringt. Er arbeitet die meiste Zeit mit dem holographischen Computer. Wenn ein Aufgestiegener Meister wie Djwhal Khul so viel Zeit mit dieser Sache verbringt, dann muß sie einfach unglaublich gut sein.

Der holographische Computer und die zwölf Archetypen

Es gibt eine hypermoderne Technik, bei welcher der holographische Computer dazu verwendet werden kann, die zwölf Archetypen und den jeweils entsprechenden Prana-Energiefluß auf göttliche Weise in das tiefste Innere eines Menschen zu versetzen, um damit die monadische Energie-Signatur des Menschen wieder herzustellen. Wenn das geschieht und man im Gegenzug noch dieses Buch und das Buch *Seelenpsychologie* studiert, dann hat man die Möglichkeit, ruck-zuck das Ego gemäß seinem göttlichen Bauplan umzustrukturieren. Man muß hierbei verstehen, daß die Energie-Signatur und das Archetypenmuster jedes Menschen anders ist. Darum benötigt man, neben den Seelen- und Monadenaufzeichnungen des einzelnen Menschen auch den holographischen Computer. Jeder

Mensch ist anders geschaffen, hat eine andere Strahlenkonfiguration, ein anderes Horoskop und eine andere archetypische Aufgabe und Zielrichtung. All diese Faktoren muß man einbeziehen, wenn man den Prozeß der archtypischen Prana-Einprägung vollziehen will. Ich fragte Djwhal, ob dieser Computer in gleicher Weise dazu verwendet werden könne, die Einprägung der göttlichen Strahlen, des göttlichen Horoskopes und des göttlichen Baum des Lebens sowie die Prana-Archetypen-Einprägung durchzuführen. Djwhal bejahte dies, meinte aber, daß automatisch alle anderen Systeme ebenso betroffen seien, wenn man die Archetypen und die Prana-Energie diesem Prozeß unterwerfe. Die anderen Systeme seien nur eine andere Form der gleichen Vorgangsweise. Nur die Einprägung der göttlichen Strahlen und des Pranaflusses sei ein weiterer Prozeß, der zusammen mit der Einprägung der Archetypen durchgeführt werden könne. Würde man diesen Vorgang bei allen anwenden, wäre es reine Wiederholung – das Studieren der Systeme sei dies allerdings nicht und daher notwendig.

Neueste Informationen über die Abstimmung der kosmischen Archetypen

Djwhal Khul setzte seine informativen Erklärungen fort, was unser Verständnis für diesen Prozeß sehr erweiterte. Zunächst einmal sollten wir diesen Vorgang die "Abstimmung der kosmischen Archetypen" nennen. Dies sei eine einmalige Einprägung, die man in Zukunft erbitten könnte, allerdings sei sie eher für die Persönlichkeit gedacht als für den ätherischen Körper. Liebe Leser, es freut Euch sicher zu hören, daß wir die göttliche Erlaubnis erhalten haben, dies telepathisch in einer Meditation von Djwhal Khul in seinem Ashram zu erbitten. Für alle, die zum jährlich stattfindenden Wesak-Fest kommen, wird diese Abstimmung, und eine weitere, die Yod-Spektrum-Abstimmung im Rahmen dieser Feier für alle Teilnehmer durchgeführt. Über die Yod-Spektrum-Abstimmung darf ich im Moment noch nicht sprechen, da sie nur für Initiaten des siebten Grades ist. Sie wird jedoch für alle eintausend Teilnehmer am Wesak durchgeführt. Beide Abstimmungen finden gemeinsam statt.

Eines der Ziele dieser Abstimmungen ist, jeden Anwesenden mit seinem Mayavarupa-Körper, oder perfekten Monaden-Blaupausen-Körper, zu verbinden, damit er größere Erkenntnis erlangen kann. Es handelt sich dabei um den individuellen Körper des Aufgestiegenen Meisters jeder

Person. Laut Djwhal ist diese kosmische Archetypen-Abstimmung dazu da, alle Archetypen-Themen vergangener und zukünftiger Leben auszugleichen und in die Gegenwart zu bringen. Jeder Mensch soll dabei den kosmischen Archetypus kennenlernen, welcher sich natürlich auf der zwölften Dimension befindet. Es ist der Archetypus der Meister in ihrem voll verwirklichten Mayavarupa-Körper. In meinem Buch *Kosmischer Aufstieg* ist beschrieben, wie diese verschiedenen Chakren-Netze, Körper und Ebenen in drei Stufen verwirklicht werden können.

Die Stufen sind: Installation, Aktivierung und Verwirklichung. Das Ziel jedes Aufgestiegenen Meisters liegt nicht nur darin, die fünfte Dimension zu erreichen, die den Beginn des Bewußtseins des Aufgestiegenen Meisters darstellt, sondern all dies hinauf bis zur zwölfdimensionalen Ebene zu installieren, zu aktivieren und zu verwirklichen. Die zwölfdimensionale Ebene und was darüber hinausgeht, beinhaltet die Gruppenseele, die Gruppenmonade, die Solarebene, die galaktische und die kosmische Ebene. Mit der vollen Verwirklichung auf der zwölfdimensionalen Ebene ist es möglich, Teleportation und andere fortgeschrittene Fähigkeiten der Aufgestiegenen Meister zu entwickeln.

Diese Abstimmung der kosmischen Archetypenenergie integriert die Archetypen und den Pranafluß bis zu dieser Ebene, was allerdings nicht bedeutet, daß Ihr diese Stufe dann schon vollständig erreicht habt – Ihr seid jedoch auf dem richtigen Weg. Was Ihr aber erreicht habt, ist eine dauerhafte Einprägung auf der ätherischen, psychologischen und energetischen Ebene. Das muß natürlich auf dieser Ebene von der eigenen psychologischen Arbeit mit den Archetypen und der Überwindung des negativen Ego unterstützt werden, sonst ist die Einprägung weder energetisch noch psychologisch, sondern nur ätherisch von Dauer. Jede Verstandesebene und jeder Körper muß in gewisser Weise seine Rolle spielen, um vollkommene Realisierung und Integration zu erreichen. Diese spezielle Abstimmung war den Menschen noch nie vorher zugänglich. Es ist nicht nur eine planetare, solare und galaktische Archetypenabstimmung, sondern sie ist auch universeller Natur, da sie von Lord Melchizedek, dem Universellen Logos, der den Status des Präsidenten auf der kosmischen Ebene innehat, selbst kommt. Diese Abstimmung wird uns in diesen Zeiten gewährt, weil der Massenaufstieg, welcher beim Wesak 1995 begonnen hat immer noch weitergeht. Djwhal Khul sagt, daß diese Abstimmung eigentlich für jene gedacht ist, die ihre fünfte Initiation gerade beendet haben und sich auf die sechste vorbereiten. Für alle jene, welche die dritte oder höhere Initiationen besitzen und diese

Abstimmung beim Wesak erfahren, bringt dies sicher eine große Beschleunigung auf ihrem Weg zur Initiation und zum Aufstieg. Jeder Mensch wird durch sie perfekt an die Archetypenenergie und den Pranafluß angepaßt. Die Archetypen jeder einzelnen Person werden zusammengeführt und gebündelt. Bei allen, welche die sechste Initiation noch nicht durchlaufen haben, wird dies einen Anstoß geben und ihnen helfen, ihren zukünftigen Körper eines Aufgestiegenen Meisters zu entwickeln.

Der eigentliche Vorgang

Bittet Djwhal Khul, daß Ihr in seinen Ashram kommen und seinen holographischen Computerraum betreten dürft, damit man die Abstimmung der kosmischen Archetypenenergie in Euch vornehmen kann. Bittet um die Erhöhung des Lichtquotienten und um den Prana-Energiefluß für die kosmischen Archetypen. Zuerst kommt das Kronen-Chakra dran. Es bringt die Qualität der „Gnade" ein. Dann ist das Dritte Auge mit der Qualität der „Weisheit" dran. Als nächstes ist das Herz-Chakra mit seiner „bedingungslosen Liebe" dran; sie dient dazu, das Herz zu öffnen und es die Verletzungen aller anderen Lebenszeiten vergessen zu lassen. Im Solarplexus ist dann der „kosmische Wille" verankert. All dies wird nun in die Erde geführt. Es werden also kosmische Gnade, Weisheit, Liebe und Wille in Euer Innerstes eingeprägt, zusammen mit den entsprechenden, perfekt zu Eurer Matrix passenden Energieströmen. Das gestattet jeder Person, in der Wahrheit ihrer eigenen Meisterschaft zu sein.

Dann wird ein Schutzschild um Euch gelegt, das in Harmonie mit der Liebe zu allem Leben und dem Nicht-Getrenntsein schwingt. Djwhal Khul verwies darauf, daß Gnade sich allein im Kronen-Chakra befindet und die dreifältige Flamme der Liebe, Weisheit und Kraft verbunden sind. Dazu fügt das Schutzschild noch den integrierten Effekt von Frieden und Freude hinzu, das Loslassen allen alten Schmerzes. Dann erfolgt eine Anrufung, um das kollektive Karma aller vergangenen Leben in das Licht der Barmherzigkeit und des Mitgefühls zu entlassen und um die kosmischen Archetypen für die Menschheit zu verankern. Ich wiederhole nochmals, daß es jetzt gestattet ist, diese Abstimmung telepathisch direkt von Djwhal Khul zu erbitten, es ist mir jedoch ebenfalls erlaubt, diesen Dienst für die Menschen zu tun. Wenn Ihr dies gerne von einem von uns durchgeführt haben möchtet, dann ruft mich an und wir werden es ermöglichen. Die Einprägung ist zwar dauerhaft, Djwhal meint jedoch, daß Ihr ohne weiteres von Zeit zu Zeit wieder in die Energie und das Gefühl dieser Erfahrung zurückkehren könnt, weil durch den Einfluß des negativen Ego oft die emotionale Verbindung mit diesem Zustand der Abstimmung der kosmischen Archetypenenergie verloren geht. Dann stellt dies eine gute Möglichkeit dar, wieder das Gleichgewicht zu finden. Wie alles in Gottes Universum braucht Ihr nur darum zu bitten. Djwhal meinte abschließend, daß diese Abstimmung der kosmischen Archetypen die Energie-Signatur der Aufgestiegenen Meister hier in der physischen Welt sei.

14 Die fünfzehn Hauptprüfungen auf dem spirituellen Weg

Als ich mich eines Tages mit meinem lieben Freund Ben unterhielt, kam mir eine Idee. Ich würde die fünfzehn wesentlichen Prüfungen, denen sich jeder Lichtarbeiter für die Erreichung seiner Selbstverwirklichung unterziehen muß, beschreiben. Diese fünfzehn Prüfungen zeigen am deutlichsten den Würgegriff, in welchem das negative Ego die Persönlichkeit des Menschen hält.

Gelingt es Euch, diese fünfzehn zu besiegen, dann habt Ihr den wesentlichsten Teil Eures Kampfes gegen den "Hüter der Schwelle" bereits so gut wie gewonnen.

Diese fünfzehn Hauptprüfungen sind:

1. Macht
2. Ruhm
3. Geld
4. Sexualität
5. Begierde
6. Abhängigkeit
7. Überwindung der Angst
8. Selbstsucht
9. Hochmut
10. Wut
11. Gier
12. Eifersucht
13. Eitelkeit
14. Überwindung der Dualität
15. Egoismus

Macht

Die erste schwere Prüfung für jeden Lichtarbeiter ist die Macht. Die Schwierigkeit liegt darin, daß man entweder zu wenig davon hat, oder daß sie einem zu Kopf steigt, sobald man sie besitzt. Persönliche Kraft ist grundsätzlich wichtig für psychische Gesundheit und spirituelles Wachstum. Ideal wäre, sie in maßvoller Art und Weise, stetig und ohne großes Auf und Ab, auszuüben. Nur, wenn Ihr persönliche Kraft besitzt, könnt Ihr Eure Energien selbst meistern. Entweder besitzt Ihr Eure Kraft oder Ihr überlaßt sie anderen Menschen und/oder Eurem Unterbewußten, dem negativen Ego, dem Inneren Kind, den Gedanken, Emotionen, Wünschen oder dem physischen Körper.

Die Kehrseite der Medaille ist jedoch, daß die Kraft, welche man besitzt, nicht zur Unterdrückung des eigenen Yin-Aspektes dienen soll. Männlich und weiblich müssen entsprechend ausbalanciert sein. Sie müssen, wie in einem schönen Tanz, miteinander wirken. Die wahre Prüfung für die Kraft kommt dann, wenn jemand eine Führungsposition erreicht. Nutzt er seine Macht im Dienste des Christusbewußtseins und der Liebe, oder wird sie zu einer vom negativen Ego manipulierten Kraft, die andere beherrscht? Steigt ihm also die Macht, die er über andere hat, zu Kopf? Es versagen viele spirituelle Lehrer, Gurus und Medien in dieser ersten grundsätzlichen Prüfung. Eine der Prüfungen besteht darin, ob Ihr die Menschen genau gleich behandelt, wie vorher, als Ihr noch nicht die Macht hattet, die Euch jetzt eigen ist.

Geld

Die nächste große Prüfung auf dem spirituellen Weg ist der Umgang mit Geld. Jedes Thema dieser Prüfungen behandelt, metaphysisch gesehen, einen falschen Gott, ein Idol. Die Kernfrage dabei ist, ob Lichtarbeiter immer der Gottes-Präsenz Priorität einräumen und diese minderen Götter dafür opfern. Das ist die wahre Prüfung für ein selbstbewußtes Wesen. Wie sehr hängt Ihr am Geld? Es verblüfft mich immer wieder zu sehen, wie Lichtarbeiter vom Christusbewußtsein erfüllt sind, solange man ihnen nicht an die Geldbörse geht. Geschieht das, ist das Christusbewußtsein vergessen. Es ist, als gäbe es das Christusbewußtsein nur so lange bei ihnen, als sie dafür ein Honorar erhalten. Das ist nicht die wahre Spiritualität. Was passiert, wenn man Euch in bezug auf Geld ausnützt oder betrügt? Wie reagiert Ihr? Ich behaupte nicht, daß Geld nicht wichtig ist, denn das ist es. Es ist jedoch nicht wichtiger als Gott und das Christusbewußtsein. Was würdet Ihr tun, wenn all Euer Geld und Eure materiellen Güter plötzlich weg wären? Würdet Ihr Euren Glauben an Gott behalten? Viele dieser fünfzehn Prüfungen greifen ineinander. Kommt ein Lichtarbeiter, oder auch jemand, der kein Lichtarbeiter ist, zu viel Geld, verändert sich dann sein Charakter? Behandelt er dann die Leute weiterhin in der gleichen liebevollen Art? Wie betrachtet er Leute, die kein Geld haben? Urteilt er über sie oder liebt er sie wie er Gott oder die Meister lieben würde? Ist das nicht der Fall, dann hat ihn das Geldverständnis des negativen Egos in den Klauen.

Gott wünscht, daß jeder Mensch ausreichend Geld besitzt. Arm sein ist nicht gut. Arm sein ist das Produkt der Armuts-Programmierung des negativen Egos. Arm sein ist kein Unrecht, doch Gott würde jeden Menschen gerne als Millionär sehen. Der Grund dafür ist, daß dann alle Seine Millionäre ihr Geld und ihr Leben dafür widmen könnten, Menschen in Not zu helfen. Was hat der Besitz von viel Geld mit Eurem Charakter zu tun? Wie hängt das mit dem Thema Macht zusammen? Solche Themen können Euch auf Eurem spirituellen Weg weiterbringen oder straucheln lassen. Ich möchte Euch hier gerne eine Geschichte erzählen, die mir diese Dinge so richtig klargemacht hat. Vor kurzem durchlebte ich eine Situation, in der ich eine sehr große Summe Geldes hätte verlieren können. Ich war entsetzt. Ich hatte so hart an diesem bestimmten Projekt gearbeitet und es sah so aus, als würde ich dabei Hunderte von Tausenden an Dollars verlieren. Nachdem ich mich von meinem Schrecken erholt hatte, ging ich alle möglichen Reaktionen durch. Es dauerte eine Weile, aber schließlich erreichte ich eine göttlich indifferente Haltung dem Problem gegenüber. Ich ließ meine Verhaftung los und besprach die Sache eingehend mit den Meistern. Wenn es nötig wäre, würde ich die Person verklagen. Schlußendlich übergab ich jedoch die Situation in die Hände Gottes und der Meister und setzte meinen Dienst und den göttlichen Plan an die erste Stelle, über das Geld. Ich war überzeugt, daß, solange Gott sich um mich kümmerte, ich zwar an einer Stelle einen großen Verlust erleiden, an anderer Stelle jedoch sicher dafür entschädigt werden würde. Angesichts der Schwierigkeit der Situation war ich über meine Gelassenheit eigentlich recht erstaunt.

Drei Tage später hatte ich einen Traum. Ich ging einen Pfad entlang; es war wie in einem Märchen. Plötzlich kam ich zu einer Plattform und vor mir war eine riesige Höhle. In meinem Traum wurde mir klar, daß dies ein Ort war, wie das Orakel von Delphi. Plötzlich hörte ich eine Stimme, die sprach: "Dies ist der Gesalbte, auf den die Welt gewartet hat." Diese verblüffende Aussage schockierte mich direkt. Ich wurde von der Plattform hinunter und zu einem Tisch geführt. Ich mußte unter den Gegenständen, die auf dem Tisch waren, einen auswählen, ähnlich, wie das Kind, das dann Dalai Lama wurde, Gegenstände aussuchen mußte, damit man sicher war, daß es der richtige Dalai Lama war. Zu diesem Zeitpunkt, in meinem Traum, war mir nicht klar, daß ich mich einer spirituellen Prüfung unterzog. Es stellte sich heraus, daß ich den richtigen Gegenstand ausgewählt hatte. Und dann ging ich an der Seite einer wunderschönen Frau und ich begriff, daß ich Gott den Vorzug gegeben hatte, und nicht dem Geld oder materiellen Überlegungen.

Dieser Traum hatte eine sehr starke Auswirkung auf mich. Als ich erwachte, sah ich sofort den Bezug zu der realen Lebenssituation, in der ich meine Verhaftung an das Geld hatte gehen lassen. Ich weiß, daß der Traum genau das auf einer anderen Ebene widergespiegelt hat. Zum Zeitpunkt, als ich diese Lektion durchlebte, habe ich sie nie bewußt als spirituelle Prüfung erkannt, und doch war sie das. Als ich dann eine höhere planetare Führungsposition erhielt, wurde ich genau beobachtet, wie ich auf solche Situationen reagieren würde. Es ist manchmal so einfach, zu vergessen, daß alles was im Leben eines Menschen geschieht, eine spirituelle Prüfung ist. Ich ziehe Gott jederzeit dem Verhaftetsein an das Geld vor. Der Traum und das, was ich damals durchmachen mußte, hat diese Lektion in meinem tiefsten Inneren verankert und ich sehe allen weiteren Prüfungen dieser Art viel gelassener entgegen. Die fünfzehn Prüfungen, von denen hier die Rede ist, entsprechen in vielerlei Art den Prüfungen, denen sich die Initiaten in der Großen Pyramide von Gizeh unterziehen mußten, um ein Ptah oder Melchizedek des siebten Grades zu werden. Dies sind archetypische Lektionen, durch die wir alle durchmüssen.

Ruhm

Das nächste Prüfungsthema des spirituellen Pfades ist der Ruhm. Die drei Themen Macht, Geld und Ruhm sind eng miteinander verwoben. Die Frage ist, was geschieht mit dem Charakter eines Menschen, wenn er Ruhm und weltliche Anerkennung erreicht? Wie verändert dies seinen Charakter? Behandelt man die anderen Menschen dann anders? Behandelt man sie wie Menschen zweiter Klasse? Steigt einem der Ruhm zu Kopf, bläst er nur das Ego auf? Wozu verwendet man den Ruhm - zur eigenen Ehre, oder als Möglichkeit größeren Dienens? Gibt der Ruhm dem negativen Ego die Möglichkeit zum Handeln? Das Problem auf dieser Erde ist, daß die meisten Menschen, die zu Ruhm und Anerkennung gelangen, psychologisch nicht in der Lage sind, damit umzugehen. Das gilt für berühmte Menschen dieser Erde und ebenso für viele spirituelle Führer. Oft sind sie zwar spirituell und im paranormalen Bereich hoch entwickelt, es fehlt ihnen jedoch die psychologische Entwicklung, d.h., sie können das negative Ego, das Innere Kind, die körperlichen Begierden, den Emotional-körper usw. nicht kontrollieren.

Der Kernpunkt der Prüfungen ist, genau der Gleiche zu bleiben wie vorher, also bevor Macht, Geld und Ruhm erlangt worden sind. Diese Gaben Gottes sollten für Seine Zwecke verwendet werden. Erkennt, daß sie nur Leihgaben sind und bei Mißbrauch wieder weggenommen werden.

Abhängigkeit

Um wirkliche Selbsterkenntnis, Glück, inneren Frieden, Erfolg, glückliche Beziehungen und Gotteserkenntnis zu erreichen, muß man alle Abhängigkeiten und Süchte loslassen. Wie Buddha sagte: "Alles Leiden stammt aus der Abhängigkeit". Es ist erstaunlich, von wie vielen Dingen wir abhängig sein können. Alle negativen Emotionen haben damit zu tun. Alle kaputten Beziehungen gehen darauf zurück. Um die vierte Initiation zu erreichen, muß man, im wahrsten Sinne des Wortes, ein "Verzichtender" werden, also einer, der auf dieser Welt lebt, jedoch nicht von dieser Welt ist. Es ist ganz wichtig, starke Prioritäten im Leben zu haben, jedoch keine Abhängigkeiten. Das Wesen der Prioritäten besteht darin, daß man sie mit ganzem Herzen, ganzer Seele, mit allem Geist und aller Macht verfolgt und trotzdem glücklich ist, selbst wenn man sie nicht erreicht. Was die Liebe angeht, so wird das, was Ihr teilt und dann gehen laßt, wieder zurückkehren, wenn es so sein soll. Kommt es nicht wieder, so ist dies nicht der Wille Gottes. So ist das Gesetz des Lebens. Was Ihr zu halten versucht, das verliert Ihr. Das ist einer der Schlüsselsätze zum Verständnis der Gesetze der Manifestation. Was immer Euch abhängig oder süchtig macht in Eurem Leben, egal was es ist, ob Menschen, materielle Güter, zukünftige Ereignisse, Sex, Geld ..., verändert es und macht daraus eine Priorität.

Einige übertreiben in der anderen Richtung und lösen sich vollständig los, ohne Prioritäten zu setzen. Das ist auch nicht gut, weil sie dann nicht mehr am Leben teilhaben. Die Leidenschaft zum Leben und für die Ziele und Prioritäten, die man sich setzt, ist wichtig, der Kernpunkt ist jedoch, glücklich zu sein und den inneren Frieden zu bewahren, egal was passiert, anstatt gegen das Leben anzukämpfen. Diese Lektion ist wahrhaft die vierte Prüfung auf dem spirituellen Weg.

Sexualität

Die fünfte große Prüfung hat Sexualität zum Thema. Seid Ihr Herr Eurer Sexualität oder beherrscht sie Euch? Dient sie dem niederen oder Eurem Höheren Selbst? Wer kommt zuerst, Gott oder die Sexualität? Seid Ihr zurückhaltend in der Ausübung Eurer Sexualität? Dient sie der Liebe und intimem Beisammensein oder bloß materialistisch animalischer Lust? Ist sie selbstsüchtig oder selbstlos? Dient sie auch dazu die Kundalini zu wecken und Eure Gedanken zu erleuchten, oder ist sie bloß ein Ablassen für die Kraft Eures zweiten Chakras? Diese Fragen muß sich jeder Lichtarbeiter mit absoluter Ehrlichkeit stellen. Niemand verurteilt Euch, wenn in dieser Beziehung ein kleiner Mißbrauch vorliegt. Wenn es Euch auffällt, dann korrigiert und gebt das spirituelle Versprechen, das Ungleichgewicht in Ordnung zu bringen.

Das Leben besteht daraus, konstant Anpassungen und einstellungsmäßige und physische Korrekturen durchzuführen, um sich selbst zum inneren Frieden und dem entsprechenden Tao zurückzubringen. Fehler an sich sind nicht schlecht, es sind die unkorrigierten, bewußten Fehler die ein Problem werden. Der Gedanke hinter all dem ist, durch Gnade zu lernen statt durch das Karma; auf die einfache Art zu lernen, statt ständig auf die Nase zu fallen. Die Sexualität ist etwas Wunderbares und ist von Gott geschaffen worden, damit man sie als ein Kommunikationsmittel im Dienste der Liebe genießt. Sexualität ist nichts Schlechtes. Wird sie jedoch vom niederen oder fleischlichen Selbst bzw. vom negativen Ego angewendet, so wird sie negativ. Verwendet sie im Dienste des Höheren Selbst und der Liebe und sie wird zu einem heiligen Akt.

Eine der großen Prüfungen auf dem spirituellen Weg im Zusammenhang mit der Sexualität ist dann zu bestehen, wenn jemand Macht, Geld und Ruhm erwirbt. Wie geht er dann mit seiner Sexualität um? Viele spirituelle

Lehrer sind bei dieser Prüfung gestrauchelt. Sie nutzen ihre Machtposition, um mit ihren Schülern und/oder Verehrern Sex zu haben. Wir haben auch etliche fundamentalistische Priester in diese Falle tappen sehen. Das gilt für westliche und östliche Meister. Wir alle kennen Geschichten von wohlbekannten östlichen und New-Age-Meistern, die auf diese Art ihren Ruf ruiniert haben. Möge dies uns allen eine Lehre sein!

Begierde

Die nächste große Prüfung auf dem spirituellen Weg besteht in der Überwindung der Begierde. Das ist das Hauptthema vieler östlichen Lehren und auch des Buddhismus. Für viele Lichtarbeiter ist das verwirrend. Was bedeutet das Thema? Man muß die Begierde des niederen Selbst überwinden, denn sie ist die Ursache aller Qualitäten des negativen Egos. Jede Begierde des niederen Selbst sollte in die Wünsche des Höheren Selbst transformiert werden. In ihrer Verwirrung versuchen nun manche Lichtarbeiter, alle ihre Wünsche und Begierden abzublocken, was weder sinnvoll noch gut ist. Der Wunsch aufzusteigen, der Wunsch, die Freiheit zu erlangen oder zu dienen ist sicherlich gut. Selbst Melchizedek und alle Meister der Inneren Ebenen streben nach immer höheren Stufen des spirituellen Wachstums. Verwandelt die Begierden des niederen Selbst in den Wunsch nach Gottes-Erkenntnis. Das ist der direkte Weg ins Paradies.

Wut

Wut kann man so definieren: "Das Fehlen von Kontrolle und der Versuch, sie wiederzuerlangen." Wenn man darüber nachdenkt, wird man darauf kommen, daß es stimmt. Die falsche Anwendung der Wut hat mit Machtmißbrauch zu tun. Der große Edgar Cayce hat in seinen Durchgaben vom Kampf zwischen der positiven und der negativen Wut gesprochen. Die sogenannte positive Wut muß jeder von uns haben. Das ist, wie wenn man im Leben der spirituelle Krieger ist, der, wenn nötig, sehr hart mit sich selbst oder auch anderen umgehen kann. Der Kern der Wut ist das Ego, das ist so. Anstatt die Wut loszuwerden, sollte sie in konstruktive Kanäle geleitet werden, denn es ist enorme Energie in der Wut. Das ist mit positiver Wut gemeint. Wut, die in die Richtung des Christusbewußtseins abgeleitet wird. Wird Wut nicht im Zustand bedingungsloser Liebe angewendet, dann ist sie Angriff und daher falsch. Es ist niemals richtig oder in Ordnung, einen Bruder oder eine Schwester anzugreifen. Jemanden anderen zu verletzen, bedeutet Gott, und damit in Wahrheit sich selbst zu verletzen. Menschen, die dauernd wütend sind, zeigen einen Mangel an persönlicher Kraft und Selbstmeisterung. Wut führt zu Trennung.

Sinn des Lebens ist es, Einheit zu bewahren, nicht Trennung herbeizuführen. Achtet darauf, daß Ihr persönliche Kraft aufbaut, die Haltung des spirituellen Kriegers einnehmt und zeigt Rückgrat in Eurem Leben, nicht Wut. Unter anderem wirkt sich dauernde Wut schädlich auf Eure Leber aus. Wut und Ärger hängen mit Abhängigkeit zusammen und der Unfähigkeit, unangenehme Dinge als eine Lebenslehre zu betrachten. Sie hängen auch mit der Unfähigkeit zusammen, die Dualität zu überwinden. Wenn es Dinge in Euren Beziehungen gibt, die Euch ärgern, dann sprecht darüber, aber liebevoll und respektvoll. Wut ohne bedingungslose Liebe ist negativ und sollte unbedingt kontrolliert werden. Gerechte Wut gibt es nicht, das spielt einem das negative Ego nur vor. Die Wut ist eine so wichtige Lehre im Leben, weil sie jedesmal auftaucht, wenn unser Leben nicht so verläuft, wie wir es gerne hätten. Wie wir alle wissen, passiert das sehr oft. Nach Buddha entwickelt sich die Wut aus "falschen Standpunkten". Es ist also nicht das, was in unserem Leben ist, sondern unsere Einstellung zum Leben. Wer konstant wütend ist, ist dies, weil er das Leben bekämpft statt konform zu gehen und daraus zu lernen. Wut ebenso wie negative Emotionen entstehen aus falschem Denken. Wenn jemand zu Macht, Ruhm und Geld kommt, ist die korrekte Beherrschung dieser Energie noch wichtiger, denn dann sind viele Menschen in seiner spirituellen Obhut. Sollte Euch die Wut hochkommen, dann leitet sie um: putzt Euer Haus, macht Körperübungen, schreibt Tagebuch, meditiert. Verwendet die enorme Kraft, die in der Wut ist, als einen alchimistischen Prozeß zur Gottes-Erkenntnis. Verurteilt Euch nicht selbst, wenn Ihr wütend seid, sondern übernehmt die Verantwortung dafür, daß Ihr die Wut selbst erzeugt. Laßt sie nie an Euch selbst oder an anderen aus, das schafft Euch nur Karma!

Überwindung der Angst

Diese Lektion hätte eigentlich an erster Stelle der Liste stehen müssen. Wenn es ein Wort gibt, das besser als jedes andere das negative Ego beschreibt, dann ist es Angst. Wenn es ein Wort gibt, das besser als jedes andere das Christusbewußtsein beschreibt, dann ist es Liebe. Es gibt genaugenommen nur zwei Emotionen im Leben: Liebe und Angst. Alle anderen positiven oder negativen Emotionen haben diese beiden zugrundeliegen. Um die Angst zu verstehen muß man erkennen, daß sie ein projizierter Angriff ist. Greifen wir andere an, so leben wir in Angst, die durch das Gesetz des Karma, das in unseren Gedanken festgeschrieben ist, ausgelöst wird. Das ist der Grund, warum es im Buch *Ein Kurs in Wundern* heißt, daß man alle Angriffsgedanken loslassen sollte. Die wahrscheinlich größte Prüfung auf dem spirituellen Weg ist zu lernen, wie man die Ur-Angst losläßt und sie durch Ur-Liebe ersetzt. Hat man alle Angst losgelassen, so hat man damit das negative Ego losgelassen und das Bewußtsein des negativen Egos überwunden. Angst loszulassen ist eng verknüpft mit dem Vertrauen in Gott und sich selbst.

Das ist der Grund, warum Edgar Cayce sagte: "Warum sich sorgen, wenn man beten kann." In dem Buch *Ein Kurs in Wundern* heißt es, daß es keine neutralen Gedanken gibt. Alle Gedanken haben entweder die Angst oder die Liebe als Hintergrund. Darum ist es so wichtig, Gedanken, die nicht mit Gott zu tun haben, den Zutritt zu verweigern. Und darum ist es gleichermaßen wichtig in Affirmation und Visualisation nur Gedanken an Gott und das Christusbewußtsein zu haben. Eine der wichtigen Anleitungen für das 20. Jahrhundert, die uns die Meister gegeben haben, ist das Matrix-Entfernungsprogramm der Kernangst. Ich habe darüber bereits in meinem Buch *Jenseits des Aufstiegs* gesprochen. Mit Hilfe der Meister kann diese hochentwickelte Technologie sämtliche Kernängste aus diesem wie auch allen vorherigen Leben in ein paar Monaten entfernen, wenn man regelmäßig damit arbeitet. Es gibt keine wichtigere Lektion auf dem spirituellen Weg, als das Bewußtsein des negativen Egos zu überwinden und es durch das Christusbewußtsein zu ersetzen! Die Bewältigung der Angst ist eine sehr große spirituelle Arbeit auf Eurem spirituellen Weg.

Selbstsucht

Die nächste große Prüfung auf dem spirituellen Weg ist die Überwindung der Selbstsucht und der Egozentrik. Sie sind wirklich furchtbar. Es erstaunt mich immer wieder, wie sehr manche der großen spirituellen Lehrer und Initiaten auf den höchsten Ebenen noch das Leben durch die Brille ihrer Selbstsucht betrachten. Das kommt daher, daß sie zwar in bezug auf spirituelle Dinge eine sehr hohe Stufe erreicht haben, auf der psychologischen Ebene jedoch zu wenig entwickelt sind. Sie haben sehr oft nicht gelernt, ihr Inneres Kind entsprechend zu erziehen. Läßt man sich von seinem Inneren Kind leiten, dann wird man recht selbstsüchtig handeln, so wie Kinder das eben tun. Ein weiterer Grund ist, daß sie noch nie den Unterschied zwischen negativem Ego-Denken und Christus-Denken kennengelernt haben.

Meine Erfahrung ist, daß sehr viele Lichtarbeiter in diesem Bereich sehr schwach sind. Ich urteile nicht - ich möchte nur alle meine Leser dazu aufrufen, diese Fähigkeit in sich selbst so stark wie möglich zu entwickeln und auch andere dazu anzuleiten. Wir haben nicht genügend spirituelle Berater, die diese Art von Arbeit leisten. Wir alle müssen lernen, unsere eigene Brille der Selbstsucht abzunehmen und das größere Bild zu sehen. Wir müssen den Standpunkt unserer Brüder und Schwestern einnehmen lernen. Wir müssen lernen, das Gegenteil der Selbstsucht zu leben, nämlich Selbstlosigkeit und Hilfe für andere. Totale Selbstlosigkeit ist das Zeichen des wahren spirituellen Meisters, was nicht heißt, daß solch ein Meister nicht mitunter spirituell selbstsüchtig handelt. Der springende Punkt dabei ist, daß er spirituell selbstsüchtig handelt und nicht aufgrund seines negativen Egos. Diese spirituelle Selbstsucht hat mit Abgrenzung zu tun, oder dem Bedürfnis, manchmal unpersönlich zu lieben, oder einfach damit, daß man sich um seinen Körper kümmert, damit einen der Dienst an den Menschen nicht ausbrennt. Das Bewußtsein eines wahren spirituellen Meisters sieht die Dinge mit den Augen des Gruppenkörpers und nicht nur mit der Brille des Inneren Kindes, des negativen Egos oder des physischen Körpers.

Hochmut

Diese Lektion kann mit dem Bibelwort "Hochmut kommt vor dem Fall" umrissen werden. Diese große Prüfung geht Hand in Hand mit Macht, Ruhm und Geld. Bläht sich das Ego auf? Erfüllen Selbstverherrlichung und Selbstbeweihräucherung die Persönlichkeit des Menschen? Dieser Stolperstein ist meiner Meinung nach der häufigste Grund warum Lichtarbeiter versagen. Er ist eine Gefahr, egal auf welcher Stufe der Initiation man sich befindet, egal, ob man aufgestiegen ist oder nicht. Dies ist etwas, vor dem jeder Lichtarbeiter auf dem Planeten Erde sich in acht nehmen muß. Wir haben es hier mit Größenwahn einerseits und

Minderwertigkeitskomplex andererseits zu tun. Fritz Pearls nannte das den "Topdog-Underdog-Komplex". Die andere Seite des Hochmuts ist das, was ich als negative Bescheidenheit bezeichne, und sie ist ebenso schlecht wie der Hochmut. Es gibt mehr Lichtarbeiter, die an dieser unteren Seite des negativen Egos verhängt sind, als solche, die der oberen Seite in die Schlinge gegangen sind. Die negative Bescheidenheit setzt sich aus dem Minderwertigkeitskomplex, einer geringen Selbstwertschätzung, mangelndem Selbstwertgefühl, mangelnder Selbst-Organisation und dem Gefühl, nicht würdig zu sein, zusammen. Dieses Gefühl ist ebenso eine Illusion wie der Hochmut.

Der Schlüssel zum inneren Frieden ist in diesem Fall die Überwindung der Dualität. Beide, Superiorität wie Inferiorität, müssen überwunden werden, damit man sich selbst aus den Fängen des negativen Egos entlassen kann. Wie Fritz Pearls es ausdrückt: "Lacht sie aus und sie müssen die Bühne verlassen." Bleibt man auch nur in einem der beiden hängen, so hat man sie beide am Hals. Das Thema der Überwindung der Dualität ist ein Konzept des spirituellen Weges, das sehr selten verstanden wird. Es gibt einen anderen Weg des Denkens als den der Dualität des Egos, und zwar das Christusbewußtsein. Es ist so schlimm, daß es auf dieser Erde unglaublich gute spirituelle Lehrer, Initiaten des siebten Grades und phantastische Medien gibt, die voll von Selbstbeweihräucherung und Selbstverherrlichung sind. Es ist ganz egal, wie großartig ihre Lehren, Durchsagen oder Bücher sind, diese Haltung vergiftet ihre Arbeit und schafft eine kontraproduktive Gruppendynamik bei den Schülern. Diese großen spirituellen Meister, die so enorme Energien und Informationen übermitteln, werden eins mit ihrem Ego statt mit der Ehre Gottes, und das ist tragisch. Wir alle müssen aus diesen Fällen lernen und uns vorsehen. Das negative Ego ist sehr schlau und verführerisch. Es kann den leisesten Moment der Unaufmerksamkeit nutzen, um uns zu umgarnen.

Gier

Die Gier ist eine wahrhaft verabscheuungswürdige Eigenschaft. Statt mit unserem Platz, den uns Gott in seinem großen Puzzle zugewiesen hat, zufrieden zu sein, treibt uns die Gier des negativen Egos dazu, uns einen Platz in Gottes Plan anzumaßen, der für jemanden anderen vorgesehen ist. Das kann in Zusammenhang mit Geld stehen, geht jedoch in Wahrheit weit über das Geld oder materielle Güter hinaus. Es kann die Gier nach

Macht, nach Ruhm, nach spirituellen Dingen, sogar die Gier nach spirituellem Wachstum sein. Es gab ein Buch von Trungpa mit dem Titel *Spiritual Materialism*, in dem davon die Rede war. Das negative Ego und das verwöhnte Innere Kind möchten immer mehr. Diese Einstellung ist das Ergebnis, wenn jemand von seinem negativen Ego oder seinem Astralkörper geleitet wird. Anstatt sich darauf zu konzentrieren, was man geben kann, ist das negative Ego nur darauf bedacht, was es bekommen kann.

Das kann sich auf spirituelle Informationen beziehen, die man voll Gier für sich selbst behält und mit niemandem sonst teilt. Gier hat immer mit Konkurrenzdenken, Eifersucht und Neid zu tun. Es ist aber so, daß wir alles, was wir gierig an uns reißen, letztendlich verlieren. Nur das, was wir weggeben, bleibt uns erhalten. So lautet das Gesetz des Lebens.

Überwindung der Dualität

Die Überwindung der Dualität geht weit über die bloße Überwindung des "Topdog-Underdog- Komplexes" hinaus. Sie reicht in alle Lebensbereiche. Wie ich bereits sagte, ist sie auf dem spirituellen Weg für Lichtarbeiter das Konzept, das am schwierigsten zu verstehen ist. Es ist hier wichtig, zu wissen, daß das Bewußtsein der dritten und vierten Dimension auf Dualität und Polarität ausgerichtet ist. Wenn man in das volle Bewußtsein der fünften Dimension und darüber hinaus eintritt, lernt man eine Art des Denkens kennen, die Christus- oder Buddha-Bewußtsein genannt wird. Dieses Bewußtsein kann noch zu unseren Lebzeiten das dualistische Denken überwinden. Das negative Ego hat immer zwei Seiten. Das zeigen uns sehr verständlich die Lehren östlicher Meister, wie die von Sai Baba, Paramahansa Yogananda und Lord Krishna. In der Bhagavad Gita spricht Krishna davon, daß man immer derselbe bleiben muß, egal ob man gewinnt oder verliert, ob man Freude oder Schmerz verspürt, ob man gesund ist oder krank, oder Sieg oder Niederlage erfährt.

Sai Baba nennt das "ausgeglichenes Denken", Krishna bezeichnet es als "Gelassenheit". Wenn wir lernen, die Dualität zu überwinden, brauchen wir nicht mehr der Berg- und Talfahrt unserer Gefühle zu folgen. Es gibt eine Art des Denkens, das Christusbewußtsein, das uns gestattet, immer der selbe zu sein, stets in Kontrolle der eigenen Kraft, immer liebevoll, glücklich, ausgeglichen, gelassen und voll Freude und inneren Friedens, voll Vergebung und unveränderlich, unabhängig vom Auf und Ab der Dualität des Lebens. Das ist das Bewußtsein des Gott-Selbst. Es gibt uns die Möglichkeit, derselbe zu bleiben, ob die Menschen uns ehren oder verdammen.

Das ist so, weil dabei das negative Ego nicht involviert ist. Die Stürme und Unruhe des äußeren Lebens haben keine Auswirkung auf die Stabilität und Gelassenheit unseres Denkens. Das, was außen vor sich geht, sollte Euch nicht kümmern, sondern das, was Eure Einstellung zu den Ereignissen im Inneren des Lebens ausmacht. Es kann jemand eine Million Dollar verlieren und danach aus dem Fenster eines Hochhauses springen. Soweit reicht die Macht eines einfachen Gedankenganges. Seid Ihr Optimisten oder Pessimisten? Seht Ihr die Form oder den Inhalt? Alles im Leben setzt sich aus Auffassung, Interpretation und dem, was Ihr glaubt, zusammen. Der eigentliche Zweck dieser Ausführung ist, eine Anleitung zur Heilung der eigenen Einstellung zu sein, eine Anleitung für eine grundsätzliche Veränderung der durch Angst geschaffenen Gedanken und Emotionen in solche, die als Basis die Liebe haben. Eure Rettung liegt in Euren eigenen Händen, nicht in den Händen Gottes. Gott hat Euch von Anbeginn alles gegeben. Die Frage ist nur, ob Ihr Euch die Erlösung schenkt, indem Ihr Euer negatives Ego zur Gänze aufgebt und dafür voll und ganz das Christusbewußtsein in Euch aufnehmt.

Eifersucht

Eifersucht hat ihren Ursprung in Unsicherheit und Abhängigkeit und schafft daher den Wunsch, mit anderen zu konkurrieren statt mit ihnen zusammenzuarbeiten. Eifersucht ist gänzlich ein Produkt des negativen Egos, nichts Göttliches ist in ihr und man sollte sie unter allen Umständen vermeiden. Sie ist auch mit dem Neid verbunden, der seinerseits zum negativen Ego gehört. Wir haben alle schon den Ausdruck "grün vor Neid" gehört. Neid hängt unmittelbar mit Gier und Selbstsucht zusammen. Um dem zu begegnen ist es wiederum wichtig, mit dem Gruppenbewußtsein und der eigenen Identität innerhalb der Schöpfung verbunden zu sein. Die eigene wahre Identität ist das ewige Selbst, und nicht der physische Körper oder die Persönlichkeit. Es verbindet uns mit der Schöpfung und die Schöpfung mit uns. Wenn wir diese Wahrheit erkennen, dann ist das Glück und der Vorteil eines anderen Menschen gleicherweise der unsere. Jedes Leid eines anderen erfahren wir an uns selbst und umgekehrt. Die eigene Identität entspricht der Identität Gottes und nicht so sehr dem Selbst. Das ist eine große Lehre, die der spirituelle Weg uns erteilt. Der spirituelle Weg ist eigentlich sehr leicht zu verstehen. Wollt Ihr bei Gott im Himmel sein, dann handelt wie Er. Wäre Gott voll Eifersucht, wenn ein anderer eine stärkere Führungsposition, mehr Macht, Ruhm oder Geld hätte? Ich vermute, Ihr könnt die Absurdität eines solchen Gedankenganges und solcher Emotionen sehen. Würde Gott mit jemandem anderen wegen einer Beziehung streiten? Wie bereits gesagt: Ihr setzt Eure Prioritäten und dann laßt Ihr los. Wenn es sein soll, dann kommt es zu Euch zurück, und wenn nicht, um so besser. Sei glücklich, wenn ein anderer sich freut. Der Schlüssel zum Leben ist das Erkennen, welches Teil Ihr im großen Puzzle seid, denn Gott hat jeden Menschen anders und zu einem anderen Zweck erschaffen.

Eitelkeit

Djwhal Khul hat mich dazu angeregt, als weitere Qualität des negativen Egos die übermäßige Eitelkeit mit hereinzunehmen. Es ist überhaupt nichts dagegen einzuwenden, wenn man sich um seinen physischen Körper kümmert und hübsch und attraktiv aussehen will. Die Frage dabei ist nur, will man das, weil die Seele es wünscht oder das negative Ego. Erforscht genau die Motive, die Euch dazu bewegen. Es ist wichtig, sich zu pflegen, sich sauber zu halten, nett auszusehen und passende Kleidung zu tragen. Tut Ihr es, damit Ihr im Vergleich zu anderen besser dasteht? Tut Ihr es, um verführerisch zu sein? Verbringt Ihr zu viel Zeit vor dem Spiegel, im Badezimmer, nur um Eurer Eitelkeit Genüge zu tun? Einige Menschen verwenden zu wenig Zeit auf solche Dinge, andere zu viel. Beides ist falsch. Seid diesbezüglich zurückhaltend und wißt genau, was Ihr darstellen wollt. Zeigt Ihr die Göttlichkeit in Eurem Erscheinungsbild, oder übertriebene Nachlässigkeit oder prächtiges Blendwerk? Seid ehrlich mit Euch selbst, urteilt nicht und bringt Veränderungen dort, wo es nötig ist

Egoismus

Die letzte große Prüfung auf dem spirituellen Weg ist die des Egoismus. Er geht noch über den Stolz hinaus und umfaßt alle Qualitäten und Emotionen des negativen Egos. Es gibt eigentlich nur ein wirkliches

Problem im Leben aller inkarnierten und nicht-inkarnierten Seelen, und das ist der Egoismus. Und es gibt nur eine einzige Antwort auf alle Probleme der Menschheit, und die heißt Christus-/Buddha-Bewußtsein. Daher definiert Sai Baba: "Gott = Mensch minus Ego." Wenn Ihr Gott erkennen wollt, müßt Ihr Euer negatives Ego mit all seinen negativen Attributen, Qualitäten und Emotionen überwinden. Euer Ego ist die Ursache für alle Prüfungen, die ich angeführt habe, und auch der Grund für alle Begierden des niederen Selbst. Es ist die Ursache für Trennung, Angst und Selbstsucht und auch die Quelle aller Krankheiten. Dies ist die vorrangige Lektion, die jede Seele lernen muß. Der Schlüssel zum inneren Frieden ist, jeden Gedanken, der nicht von Gott ist, jeden Gedanken, den Euer negatives Ego Euch sendet, von Eurem Geist fernzuhalten. Konzentriert Euch auf jeden Gedanken und jede Emotion, die von Gott und dem Christus-/Buddha-Bewußtsein stammt und verstärkt sie. Durch diese Übung der Heilung Eurer Einstellung wird Euer Unterbewußtsein und Euer bewußtes Denken neu programmiert und kann einen Spurwechsel vornehmen. Euer Unterbewußtsein ist genauso glücklich auf das Christus-/Buddha-Bewußtsein programmiert zu sein, wie es mit dem Bewußtsein des negativen Egos war. Es kann nicht argumentieren, daher ist es ihm gleich. Es ist Eure Aufgabe als bewußte Wesen Euer Unterbewußtsein auf diese Weise neu zu programmieren. Viele Lichtarbeiter verbringen zu viel Zeit damit, sich auf die Meister zu konzentrieren und vergessen dabei, genügend Zeit für die Reinigung ihres Geistes und ihrer Emotionen von den Gedanken, Emotionen und Attributen des negativen Egos aufzuwenden.

Die Meister und die Engel können Euer negatives Ego nicht für Euch überwinden. Das ist Eure Aufgabe und geschieht am einfachsten, indem man ihm keine Aufmerksamkeit schenkt. Man braucht auch nicht böse mit ihm zu werden, denn eigentlich existiert es ja gar nicht. Es ist gar nicht wirklich da. Es lebt nur in Eurer Vorstellung und ist nicht mehr, als ein böser Traum. Es zeigt sich auf der mentalen Ebene als Illusion. Es zeigt sich auf der Astralebene als Blendwerk und auf der Ätherebene als Maya. Man hat dem Ego schon viele Namen gegeben. Manche philosophischen Schulen bezeichnen es als das niedere Selbst, andere wiederum nennen es den "Hüter der Schwelle". Noch andere sprechen von Persönlichkeit oder auch schlicht "Ego", im Gegensatz zum "negativen Ego". Ich finde, die beste Bezeichnung ist negatives Ego. Wenn es eine Qualität gibt, die es ausreichend erklärt, so ist dies "Bewußtsein der Trennung". Im Buch *Ein Kurs in Wundern* heißt es, daß es nur ein einziges Problem im Leben gibt, und das ist die Trennung von Gott. In Wahrheit sind wir jedoch niemals von ihm getrennt gewesen und werden es auch niemals sein. Das ist eine Illusion. Das Gesetz des Geistes besagt jedoch, daß alles, was wir denken, die Realität ausmacht, in der wir leben. Die Welt lebt in der negativen Massenhypnose einer Trennung, die es in Wirklichkeit gar nicht gibt. Wie es in *Ein Kurs in Wundern* heißt: "Der Sündenfall hat niemals stattgefunden, wir meinen es bloß." Das ist das große Gesetz des Lebens. Erwacht aus dem Alptraum, der Euch so viele Leben umfangen hielt und erkennt die Wahrheit, die sich jedem Verständnis entzieht.

"Nichts Wirkliches kann bedroht werden. Nichts Unwirkliches existiert. Hierin liegt der Frieden Gottes."
(Einleitung zu *Ein Kurs in Wundern*)

15 Die Befreiung vom negativen Ego
durch den Baum des Lebens

Als ich zum Ende dieses Buches gekommen war, bat mich Djwhal Khul noch eine weitere Methode zur Befreiung vom negativen Ego hinzuzufügen. Wir haben von den Archetypen, den Strahlen und der Astrologie gesprochen. Hinzu kommt jetzt noch die Kabbala und der Baum des Lebens. Für alle von Euch, die sich noch nie mit diesem Thema beschäftigt haben, würde ich empfehlen, das leichtverständliche Kapitel über dieses Thema in meinem Buch *Verborgene Mysterien* zu lesen. Dort findet Ihr eine schnelle und gleichzeitig tiefgehende Einführung in diese unglaubliche Wissenschaft. Meiner Meinung gehört sie zu den profundesten spirituellen Wissenschaften überhaupt.

Zu Beginn meiner Erklärungen habe ich zwei Skizzen aus dem Buch *Verborgene Mysterien* übernommen. Der Baum des Lebens besteht aus zehn Sephiroth oder spirituellen Zentren. Es gibt noch einen elften, der den Namen Daath trägt und verborgene Weisheiten enthält, die erst zugänglich werden, wenn man eine höhere Stufe der Initiation erreicht hat. Jeder dieser Sephiroth verkörpert eine bestimmte psycho-spirituelle Eigenschaft. Ich werde hier nicht im Detail die Ausführungen aus meinem Buch *Verborgene Mysterien* wiederholen, Djwhal Khul hat mich jedoch gebeten, neue Informationen, die im anderen Buch nicht enthalten sind, hier weiterzugeben. Diese Informationen haben damit zu tun, wie man den Baum des Lebens einsetzen kann, um das negative Ego zu überwinden.

Jeder Sephiroth besitzt laut Djwhal Khul einen höheren und einen niederen Aspekt. Kommt Euch das bekannt vor? Genau das gleiche sagte ich in den Kapiteln über die Archetypen, die Strahlen und die Tierkreiszeichen und es gilt auch für den Baum des Lebens. Jeder Sephiroth hat einen spirituellen Aspekt und einen, den man als den niederen psychischen Aspekt bezeichnen könnte.

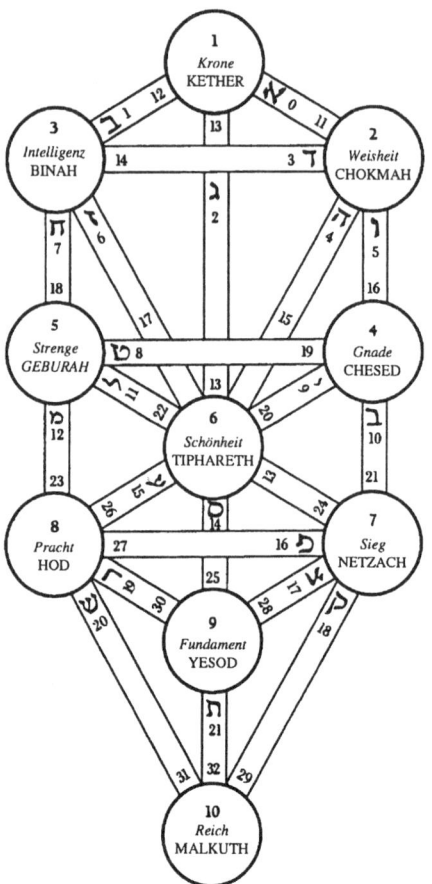

Kether oder der Sephiroth der Krone

Wir beginnen mit dem Sephiroth mit dem Namen Kether oder die Krone. Er steht für die nicht manifestierten Ebenen des Baum des Lebens. Dieser Sephiroth wird von Erzengel Metatron verkörpert und ist mit Ain Soph und Ain Soph Aur, dem grenzenlosen Licht und der Liebe verbunden. Djwhal sagt, daß dieses spirituelle Zentrum sich auf Menschen bezieht, für die Spiritualität absoluten Vorrang hat. Sie leben spirituell gut abgestimmt und verwenden spirituelle Praktiken und Sadhana. Auch sind sie imstande, ihr physisches Leben im Gleichgewicht zu halten und vorwärts zu gehen. Himmlisches und irdisches Leben ist bei ihnen gut ausgeglichen.

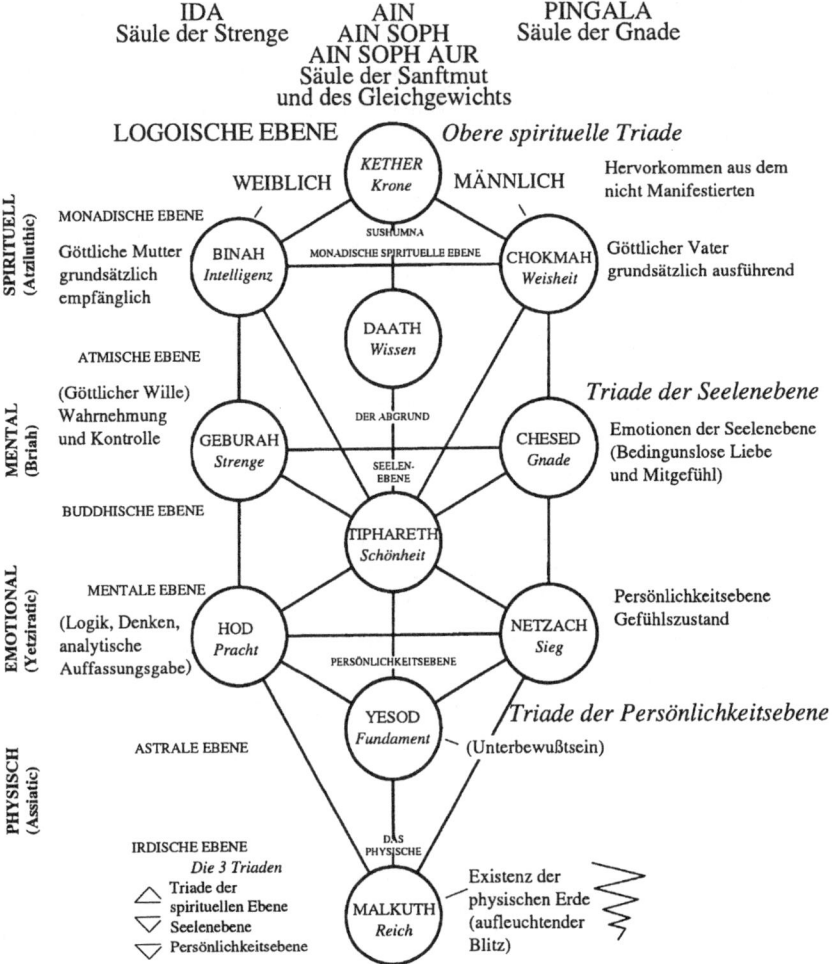

IDA
Säule der Strenge

AIN
AIN SOPH
AIN SOPH AUR
Säule der Sanftmut
und des Gleichgewichts

PINGALA
Säule der Gnade

LOGOISCHE EBENE — *Obere spirituelle Triade*

WEIBLICH — **KETHER** *Krone* — MÄNNLICH — Hervorkommen aus dem nicht Manifestierten

SPIRITUELL (Atziluthic)

MONADISCHE EBENE

Göttliche Mutter grundsätzlich empfänglich — **BINAH** *Intelligenz* — SUSHUMNA — MONADISCHE SPIRITUELLE EBENE — **CHOKMAH** *Weisheit* — Göttlicher Vater grundsätzlich ausführend

ATMISCHE EBENE — **DAATH** *Wissen*

MENTAL (Briah)

(Göttlicher Wille) Wahrnehmung und Kontrolle — **GEBURAH** *Strenge* — DER ABGRUND — SEELEN-EBENE — **CHESED** *Gnade* — *Triade der Seelenebene* — Emotionen der Seelenebene (Bedingunslose Liebe und Mitgefühl)

BUDDHISCHE EBENE — **TIPHARETH** *Schönheit*

EMOTIONAL (Yetziratic)

MENTALE EBENE (Logik, Denken, analytische Auffassungsgabe) — **HOD** *Pracht* — PERSÖNLICHKEITSEBENE — **NETZACH** *Sieg* — Persönlichkeitsebene Gefühlszustand

PHYSISCH (Assiatic)

ASTRALE EBENE — **YESOD** *Fundament* — *Triade der Persönlichkeitsebene* (Unterbewußtsein)

IRDISCHE EBENE
Die 3 Triaden
△ Triade der spirituellen Ebene
▽ Seelenebene
▽ Persönlichkeitsebene

DAS PHYSISCHE — **MALKUTH** *Reich* — Existenz der physischen Erde (aufleuchtender Blitz)

Der niedere Ausdruck des Kether-Sephiroth ist laut Djwhal „zu sehr in den Wolken", d.h. der Mensch identifiziert sich zu stark mit den himmlischen Energien auf Kosten des physischen Körpers und des irdischen Lebens. Solch ein Mensch lebt gar nicht richtig auf der Erde. Er hat nie gelernt, den Himmel auf die Erde zu bringen. Der Aufstieg ist, wie wir alle wissen, eigentlich ein Absteigen, d.h. es ist die Verankerung der Seele und Monade im physischen Körper hier auf Erden und der Dienst, den man hier leisten muß.

303

Das ist ein bekanntes Thema unter den Lichtarbeitern. Oft kümmern sie sich zu wenig um ihren physischen Körper; oft finden sie keine Arbeit oder haben Probleme mit Liebesbeziehungen, weil sie zu sehr im Kosmos verhaftet sind. Nichts dagegen einzuwenden, es muß aber trotzdem ein Gleichgewicht zwischen allen Chakren und allen Körpern hergestellt werden. Ohne die Verbindung von Himmel und Erde gibt es keine wahre Selbstverwirklichung. Im niederen Ausdruck dieses Sephiroth sind die psychologische und die irdische Ebene aufgrund einer unausgeglichenen Geisteshaltung nicht richtig integriert.

Chokmah oder der Sephiroth der Weisheit

Wenn man sich das Bild des Baum des Lebens betrachtet, dann ist Chokmah die Weisheit, der nächste Sephiroth auf der rechten Seite des Baumes. Der höhere Aspekt hat mit Lichtarbeitern zu tun, die eine angeborene oder angelernte Verbindung zur göttlichen Weisheit besitzen und ihr eigenes Potential kennen. Das zu erkennen erfordert nicht viel metaphysisches Wissen. Der höhere Aspekt hat laut Djwhal eine starke Verbindung zum richtigen Ausgleich von Willen und Weisheit. Solch ein Mensch weiß genau, wann er wo sein muß. Dieser Sephiroth bezieht sich oft auf einen sehr religiösen Menschen, da er mit dem Göttlichen Vater, im Gegensatz zur Göttlichen Mutter, im Einklang steht. Er hat etwas mehr vom männlichen Aspekt der Göttlichkeit in sich. Die jüdische Religion ist dafür ein gutes Beispiel. Hier wird großer Wert auf Gesetze, akademische Studien und Erziehung gelegt. Wille und akademisches Wissen sind die Grundlage der Weisheit. Der höhere Aspekt beschreibt Menschen, die emotional gut im Gleichgewicht, verläßlich und gelassen sind.

Der niedere Aspekt dieses Sephiroth zeigt den schwachen Willen. Die Weisheit hat mit materiellen Bestrebungen zu tun, die eher auf dem konkreten Denken und Wissen beruhen statt auf dem abstrakten esoterischen oder philosophischen Gedankengut. In religiösen Bereichen kann das die wortwörtliche Befolgung aller Gesetze bedeuten, statt das herauszufinden, was sie tatsächlich meinen. Damit können diese Menschen ihr Potential nicht zur Gänze manifestieren. Sie brauchen bestimmte Regeln und sind damit in ihrer Reichweite eingeschränkt. Vielleicht liegt das daran, daß sie zu konservativ und damit in bestimmten unterbewußten und bewußten Verhaltensmustern gefangen sind. Damit hat die Weisheit auch nur einen begrenzten Bezugsradius; sie wird durch das, was solch ein Mensch studiert oder erfahren hat in ein bestimmtes Muster gepreßt oder einfach eingeschränkt – er ist nicht imstande, die grenzenlose Quelle des Wissens anzuzapfen. Negatives Ego und Angst sind viel stärker in ihrer Auswirkung, und das gilt für die niederen Aspekte aller zehn Sephiroth. Weisheit in Kleinbuchstaben, könnte man sagen, also eher eine Weisheit der Persönlichkeit als die der Seele und Monade.

Binah oder der Sephiroth der Intelligenz

Binah oder die Intelligenz, auf der linken Seite des Baum des Lebens, hat mit dem Prinzip der Göttlichen Mutter im Gegensatz zum Göttlichen Vater in Chokmah zu tun und steht für Intelligenz und Aufnahmefähigkeit. Im höheren Aspekt sollen wir uns einen Menschen vorstellen, der die Göttliche Mutter trägt, sagt Djwhal Khul. Es kann auch ein großer Mystiker sein, während Chokmah für den okkulten Psychologen oder den spirituellen Meisterlehrer steht. Die Göttliche Mutter ist natürlich das Symbol der Aufnahmefähigkeit, der Liebe, des Mitgefühls und des Verständnisses. Im höheren Aspekt von Binah ist laut Djwhal immer noch der starke Ausdruck des göttlichen Willens als Hintergrund dieses weiblicheren Sephiroth zu spüren. Im niederen Aspekt von Binah haben wir einen Menschen, der sich zuviel auflädt, der nicht nur mitfühlend, sondern zu emphatisch ist. Das Muttergefühl zeigt sich hier in Abhängigkeit statt in göttlicher, bedingungsloser Liebe und Losgelöstheit. Der Mensch „bemuttert", ist zu selbstlos, weiß nicht, wie er sich um sich selbst kümmern soll. Solch ein Mensch hat oft das Bedürfnis, die ganze Welt zu bemuttern und legt dem zu viel Gewicht bei.

Djwhal sagte, daß die Menschen oft die Tendenz haben, sich mit einem der zehn Sephiroth zu identifizieren, so wie dies bei den Archetypen der Fall ist. Ideal wäre, alle zehn Sephiroth in ihrem höheren Aspekt in ausgeglichener und passender Weise zu integrieren und zu nutzen. Der Baum des Lebens ist also ebenfalls eine wunderbare Methode, die Archetypen zu verstehen. In jeder der Methoden kommen Ähnlichkeiten zu den anderen vor, doch wird jeder sich an das System halten, welches für ihn am wirkungsvollsten ist. Sie eklektisch und universell zu studieren hilft dabei, das allgemeine Verständnis zu vertiefen und den Verfeinerungs- und Reinigungsprozeß zu verstärken. Ideal ist es natürlich, sich zwar mehr mit dem oberen Teil des Baumes zu identifizieren, jedoch in allen Sephiroth gut ausgeglichen und integriert zu sein. Man kann sich den Baum des Lebens wie ein Chakrensystem vorstellen, das über dem physischen und dem ätherischen Körper liegt. Wenn auch nur ein Sephiroth nicht richtig integriert ist, stört dies den korrekten Pranafluß innerhalb des Ätherkörpers. Unsere Programmierung funktioniert wie die Rillen einer Schallplatte oder ein Röhrensystem, welches den Fluß der Energie steuert. Wenn Archetypen, Strahlen oder Sephiroth nicht entsprechend in ihrem höheren Ausdruck integriert sind, dann ist der Energiefluß unausgeglichen, was zu physischen und psychologischen Symptomen führt. Wenn ein Mensch geboren wird, ist er vorwiegend einem bestimmten Sephiroth zugeordnet. Hier beginnt dann die gewaltige psychologische Arbeit, die wir zu leisten haben.

Hier kann der holographische Computer und auch die Studien, die Ihr hier betreibt, das Ungleichgewicht im Denken und im Pranafluß auf verblüffende Weise korrigieren. Ihr könnt sicher verstehen, daß es dafür einen ungewöhnlich leistungsfähigen Computer braucht, um dies für jeden einzelnen Menschen durchzuführen. Auch die Arcturianer sind in dieser Art der Technologie sehr versiert. Djwhal Khul meinte, daß Binah, die Intelligenz, eigentlich „Mitgefühl" bedeutet. Das ist vielleicht wirklich der bessere Ausdruck dafür. Um nochmals zu wiederholen: In der höchsten Form ist Kether der reine Geist, der alles enthält, Chokmah das spirituelle Wissen und Binah das spirituelle Mitgefühl und die Intelligenz.

Chesed oder der Sephiroth der Gnade

Auf der rechten Seite des Baum des Lebens gelegen, bezieht sich dieser Sephiroth auf die Ebene der Seele statt der Monade, von der wir zuvor gesprochen haben. Chesed hat mit Emotionen zu tun und dem Gefühl der bedingungslosen Liebe und des Mitgefühls. Der höhere Ausdruck dieses Sephiroth wäre laut Djwhal Khul z.B. der Hl. Franziskus von Assisi oder Mutter Theresa. Diese beiden Heiligen sind anders, als der Sephiroth Binah es vorgibt, denn sie bemuttern die Welt nicht. Ihre Barmherzigkeit entspringt einer sehr ausgeglichenen Art. Barmherzigkeit, so sagt Djwhal Khul, hat mit der Christus-Qualität der Gerechtigkeit und Fairness zu tun. Im niederen Ausdruck hat der Mensch immer das Gefühl, ungerecht und unfair behandelt zu werden, er fühlt sich als Opfer einer unbarmherzigen Welt. Oft macht sich solch ein Mensch selbst zum Opfer, auch wenn er meint, daß er anderen gegenüber Barmherzigkeit übt.

Geburah oder der Sephiroth der Strenge

Geburah ist das Gegengewicht zu Chesed. Chesed ist bedingungslose Liebe, Mitgefühl und Barmherzigkeit, Geburah ist Unterscheidungsvermögen, Selbstkontrolle und göttlicher Wille. Es ist der von der Weisheit getragene Wille, voll der Liebe. Der höhere Ausdruck beschreibt einen Menschen, der in sich ruht und sich auf dem Mittleren Weg befindet, wie Buddha dies ausdrückt. Der Mensch ist immer im inneren Frieden mit sich selbst und mit anderen. Er ist ein Friedensstifter im positivsten Sinne des Wortes. In Streitfragen sind solche Menschen sehr gut, weil sie Nüchternheit und Willensstärke besitzen und damit klar und zentriert bleiben können. Sie sind exzellente Mediatoren und Schiedsrichter. Der niedere Ausdruck von Geburah zeigt einen Menschen, der im Leben keine Unterschiede machen kann, der Schwierigkeiten hat, Entscheidungen zu fällen, und der nicht weiß, wie er seine persönliche Kraft erhalten kann. Er ist nicht im Gleichgewicht und dauernd am Kämpfen. Auch kann er seine Emotionen nicht meistern und wird daher ständig von den Umständen und von anderen Menschen zum Opfer gemacht. Solche Menschen reden dauernd davon, wie wichtig es ist, stark zu sein, haben es aber selbst nie erlernt.

Tiphareth oder der Sephiroth der Schönheit

Hier ist die Schlüsselqualität die Schönheit. In seinem höheren Aspekt entspricht er dem Menschen, der in allem Schönheit sieht, ähnlich wie der höhere Aspekt des vierten Strahles. Und es ist nicht nur, daß dieser Mensch überall Schönheit sieht, er umgibt sich auch damit. Dabei geht es um die Schönheit der Natur, die Schönheit des Lebens, der eigenen Umgebung. Er hat auch die Kraft der Schönheit in und um sich. Der niedere Aspekt von Tiphareth ist Eitelkeit. Hier ist die Selbstlosigkeit der Schönheit von Selbstinteresse geprägt und beschränkt sich nicht mehr allein auf die Qualität des Göttlichen, d.h. solche Menschen sehen die Schönheit als Mittel zum Zweck, also etwas, das existiert, um sie zu erfreuen – sie sehen sie nicht als einen Dienst an Gott und der Menschheit.

Netzach oder der Sephiroth des Sieges

Netzach gehört zur Persönlichkeitsebene. Sieg ist hier das Schlüsselwort, und es bezieht sich auf die Gefühle. Djwhal sagt, daß der höhere Aspekt den Menschen bezeichnet, der Gerechtigkeit und Triumph sieht. Wenn ein Mensch nur in diesem Sephiroth ist, dann zeigt sich das möglicherweise nur als Selbstverwirklichung auf der Persönlichkeitsebene und nicht auf der Seelen- oder Monadenebene des Sieges. Wenn viele Sephirot in ihrer Funktion übereinstimmen, können hohe Stufen des Sieges und des Triumphs erreicht werden. Auf der Persönlichkeitsstufe ist dies dann vielleicht der Athlet, der Eroberer oder der erfolgreiche Psychologe, der zwar nicht Seelenpsychologie betreibt, jedoch im Bereich der Persönlichkeitspsychologie große Erfolge hat. Es geht hier eher um die Meisterschaft im Bereich der Persönlichkeit und nicht so sehr um die im Bereich der Seele und des Geistes.

Der niedere Aspekt zeigt den Tyrannen oder Diktator. Hier haben wir einen Menschen, der immer an erster Stelle sein muß, der Platzhirsch ist und keine Konkurrenz verträgt. Er hat noch nicht gelernt, über das Überheblichkeits- bzw. Minderwertigkeits-Spielchen des negativen Ego hinauszugehen. Solch ein Mensch ist selbstgerecht, er muß immer recht haben. Er will den Sieg, koste es was es wolle, und wenn es die eigene Seele ist! Befindet er sich in einer Führungsposition, veranlaßt ihn das negative Ego immer wieder zu Fehlentscheidungen. Sein zwanghafter Wunsch, immer der Beste zu sein, läßt nicht zu, daß er Schwäche oder Verletzlichkeit zeigt.

Hod oder der Sephiroth der Pracht

Hod ist das Gegenstück zu Netzach. Das Schlüsselwort hier ist Pracht; dieser Sephiroth bezieht sich nicht auf die Gefühle, sondern auf Logik, das Denken, und analytische Wahrnehmung auf der Persönlichkeitsebene. Sein höherer Aspekt beschreibt einen Menschen, der sehr gut organisieren kann. Wie gesagt, liegt die Betonung hier auf der Persönlichkeit; wenn Hod nicht mit anderen Sephiroth in Verbindung ist, bleibt er eher auf der Ebene des konkreten Denkens. Solche Menschen können riesige Bankette, Konferenzen, Wahlkampagnen und Hochzeitsfeste organisieren.

Der niedere Aspekt zeigt einen unorganisierten Menschen, dessen Leben und Behausung ein einziges Chaos ist. Er hätte es ja gerne anders, doch ist er in diesem Sephiroth noch zu wenig entwickelt. Oft sind solche Menschen in ihrer Sichtweise sehr eingeengt und betrachten das Leben von einem sehr engen, ichbezogenen Standpunkt aus, was es ihnen unmöglich macht, ein größeres Bild zu sehen. Sie streben nach Größe, doch im Dienste des negativen Ego; die Größe des Geistes bleibt ihnen verschlossen. Das erinnert mich an das, was Jesus im Buch *Ein Kurs in Wundern* als den Gegensatz von Erhabenheit und Großmannssucht beschreibt. Im niederen Aspekt zeigt sich ein Mensch, der sich selbst und andere falsch einschätzt. Da sein Kopf sozusagen nicht richtig sitzt, projiziert er ständig. Die Schwäche, welche seinem Denken unterliegt, läßt dem Emotionalkörper zu viel Spielraum.

Yesod oder der Sephiroth des Fundaments

Yesod gehört ebenfalls zur Persönlichkeit und bezieht sich auf die Fundamente und das Unterbewußtsein. Der Mensch hat sich sein Unterbewußtsein „gezähmt", was natürlich ideal ist, da es kein rationales Denken besitzt. Durch diese Meisterung des Unterbewußtseins hat der Mensch auch die Möglichkeit, dessen unglaubliche Fähigkeiten zu nutzen. Solch ein Mensch hat starke Überzeugungen und einen starken Glauben, er kennt keine Furcht. Er kann sich den schwierigsten Situationen stellen und gut damit zurechtkommen. Oft ist er heldenmütig und übernimmt Aufgaben, die jeder andere scheut. Der Grund dafür ist, daß dieser Mensch so gut geerdet ist und so solide „Grundmauern" hat. Die Grundlage jeder fortgeschrittenen spirituellen Arbeit ist eine gesunde Psychologie, die wiederum ihre Grundlage in der Beziehung zwischen dem Bewußtsein und dem Unterbewußtsein hat. Ein solcher Mensch kann stark medial begabt sein, jedoch nicht unbedingt spirituell, es sei denn, er hat die Verbindung herstellen können. Der niedere Aspekt zeigt einen Menschen, der vom Unterbewußtsein vollständig zum Opfer gemacht wird. Es gibt unglaublich viele Menschen auf der Erde, die daran leiden. Sie machen alles vollautomatisch und nichts bewußt. Sie sind nicht wachsam und haben ihre persönliche Kraft nicht im Bewußten verankert. Es sind gequälte Seelen, die, ohne ihr eigenes Zutun, nie richtig gelernt haben, wie ihr Geist funktioniert. Sie fühlen sich in allen Situationen schwach und ängstlich.

Malkuth oder der Sephiroth des Reiches

Malkuth, das Reich, zeigt die physische, irdische Ebene des Baumes. Er ist das Gegenstück zu Kether, der Krone. Es ist wie Himmel und Erde. In seinem höheren Aspekt handelt es sich um einen Menschen, der auf Erden wie ein König leben kann. Ist er nur in diesem Sephiroth stark ausgeprägt, dann ist er körperlich sehr stark und gesund und meistert sein irdisches Leben ausnehmend gut. Die Seelen- und Monadenebene muß dabei gar nicht entwickelt sein, sein Erfolg ist auf der irdischen Ebene. Solche Menschen haben eine robuste Gesundheit, gute Jobs und verdienen viel Geld. Sie wissen genau, was es braucht, um auf der Erde gut zu leben und vorwärtszukommen und sie haben viele Fähigkeiten. Sie können Dinge wieder in Ordnung bringen. Solch ein Mensch muß nur lernen, wie man die Ebene der Seele und letztlich die der Monade in das irdische Leben einbringt. Der niedere Aspekt von Malkuth zeigt einen Menschen mit ständiger Angst vor Krankheiten, oft einen Hypochonder. Er hat Existenzängste und beschäftigt sich vorwiegend mit den Belangen des ersten Chakra – er ist oft abergläubisch.

Der Baum des Lebens - Zusammenfassung

Seine Heiligkeit Lord Sai Baba ist hier auf diesem Planeten das deutlichste Beispiel eines Meisters, der alle Sephiroth des Baum des Lebens verkörpert. Bei ihm kommt auch der verborgene Sephiroth Daath im oberen Zentrum des Baumes zum Tragen. Daath ist der Sephiroth des verborgenen Wissens; er hat laut Djwhal Khul keinen niederen Aspekt, da man ihn erst nach Erreichung der höheren Aspekte aller anderen Sephiroth manifestieren kann. Sai Baba und Lord Maitreya haben hier auf Erden den Baum des Lebens voll realisiert und alle Sephiroth integriert und ausgeglichen, so wie Gott das wünscht. Ideal wäre es, gemäß dem wunderbaren Beispiel, das uns Sai Baba gegeben hat, alle zehn Sephiroth in ausgeglichener Weise zu integrieren. Legt nun den Baum des Lebens über Euren eigenen Körper, über Eure Chakren. Der Fluß des Prana durch die sieben Grundchakren und den gesamten ätherischen Körper hängt davon ab, wie gut Ihr den Baum des Lebens integriert habt bzw. wo Ihr noch Stellen habt, die zu wenig entwickelt sind. Dies bezieht sich auf einzelne Chakren aber auch auf den Energiefluß in Eurer rechten und linken Körperhälfte. Ihr könnt sicher erkennen, daß es wahrscheinlich kein perfekteres Modell gibt, als den Baum des Lebens, um die Schöpfung und ihre Manifestationen auf makro- wie mikrokosmischer Ebene zu verstehen. Lest und studiert das Kapitel über den Baum des Lebens und die Kabbala in meinem Buch *Verborgene Mysterien*. Es ist sehr interessant herauszufinden, wie die zwölf Strahlen mit dem Baum des Lebens korrespondieren, und wie die Tarotkarten, als weiteres Archetypen-System zur Integration der Persönlichkeit, dazupassen. Man sieht auch, wie darin die zwölf Tierkreiszeichen und die zwölf Archetypen ihren Platz finden. Ich würde Euch empfehlen, Djwhal Khul, Lord Maitreya, Lord Buddha und Lord Melchizedek zu bitten, Euren planetaren und kosmischen Baum des Lebens zu verankern und zu aktivieren. Dann arbeitet unter Djwhal Khuls Anleitung in seinem Ashram mit dem holographischen Computer, damit das archetypische Muster und der Pranafluß, welche exakt zu Eurer Energie-Signatur und Eurer persönlichen Konfiguration des Baum des Lebens passen, integriert und geprägt werden mögen.

Dies ist in Wahrheit das Kernstück und Zentrum aller psychologischen und psycho-spirituellen Arbeit, und die Grundlage für alle fortgeschrittenen spirituellen Studien. Ihr seht, die Archetypen können mit Hilfe jedes dieser Systeme (Archetypen, Strahlen, Astrologie, Tarot oder Baum des Lebens) ausgeglichen und integriert werden. Ich habe sie, entsprechend meiner eklektischen und universellen Arbeitsweise, alle mit hereingenommen, damit Ihr die Möglichkeit habt, die volle Palette und Vision des vollständigen Prismas in diesem Bereich zu erfahren. Das Studium all der Systeme wird Euer Verständnis sehr vertiefen, und das Betrachten der Zusammenhänge zwischen den Systemen vertieft es noch mehr. Djwhal Khul nennt die Arbeit mit dem holographischen Computer in seinem Ashram „archetypische Abstimmungen", wobei man unter Abstimmung die göttliche, archetypische Einprägung versteht, welche in Zusammenarbeit mit dem perfekten Pranaenergiefluß für Mission und Lebensziel jedes Menschen dazu führt, daß die monadische Energie-Signatur jedes Menschen in die rechte Form kommt.

16 Das Transzendieren des negativen Ego und die Wissenschaft des Bardo

In meinem ersten Buch, *Das komplette Aufstiegshandbuch*, habe ich den Aufstiegsprozeß mit der Erfahrung der Verschmelzung mit dem klaren Lichte Gottes, wie wir sie nach dem Tode im Bardo erleben, verglichen. Der einzige Unterschied ist, daß man sich im Bardo (der dreitägige Prozeß nach dem physischen Tod) mit dem klaren Licht Gottes verbindet, wenn man den physischen Körper bereits verlassen hat. Beim Aufstiegsprozeß findet diese Verschmelzung mit dem klaren Licht, der Monade oder mächtigen ICH BIN - Gegenwart noch hier auf Erden, im physischen Körper statt. Als ich dieses Kapitel schrieb, fiel mir diese Parallele auf. Erst drei bis vier Jahre später wurde mir klar, daß es noch viel mehr Ähnlichkeiten gab, als ich zuvor angenommen hatte. Durch Gespräche und bei Meditationen gemeinsam mit einem Freund wurde uns von den Meistern mitgeteilt, daß nach Erreichung der Hälfte der siebten Initiation bzw. nach deren Vollendung, jeder neu aufgestiegene Meister die Bardo-Erfahrung physisch hier auf Erden durchlaufen kann. Als ich das Thema in meinem ersten Buch berührte, fiel mir nur die Parallele des Verschmelzens mit dem Lichte auf. Aber da gibt es noch viel mehr. Melchizedek, Lord Maitreya und Djwhal Khul haben mich gebeten, darüber zu sprechen, weil es ein weiterer wichtiger Aspekt bzw. eine Stufe des Aufstiegsprozesses ist. Um dies besser zu verstehen, müssen wir uns zunächst einmal die eigentliche Bardo-Erfahrung betrachten. Dazu lest Euch bitte das Kapitel über „Der Tod und das Sterben in der Wissenschaft des Bardo" in meinem Buch *Das komplette Aufstiegshandbuch* durch.

Das Bardo ist eine dreitägige Erfahrung, welche jeder Lichtarbeiter nach seinem physischen Tode durchmacht. Einige durchschreiten diesen Prozeß schneller. Einer der Gründe für die Existenz des Bardo, ist die Verschmelzung mit dem klaren Lichte Gottes. Jeder Mensch auf Erden muß selbst entscheiden, ob er dies tun will. Viele nehmen aus den unterschiedlichsten Gründen diese Chance nicht wahr. Das eigentliche Ziel des Lebens liegt darin, diese Verschmelzung mit dem Lichte Gottes, der Monade, bereits auf der Erde zu erreichen, ohne den eigentlichen Tod abzuwarten. Der zweite Abschnitt des Bardo ist die dreitägige Rückschau auf das eigene Leben, betrachtet durch die Augen des Höheren Selbst und der mächtigen ICH BIN - Gegenwart. Hier kommt die Überwindung des negativen Ego ins Spiel, weshalb ich dieses Kapitel hier in diesem Buch mit einschließe. In dieser dreitägigen Erfahrung überblickt und lebt man alle Gedanken, Worte und Taten neu, um zu erkennen, ob man sein Leben aus der Perspektive der Seele und des Christusbewußtseins oder eher aus dem niederen Selbst und dem negativen Ego gelebt hat. Im Bardo erkennt Ihr ganz klar die Auswirkungen Eurer Gedanken, Worte und Taten auf Eure Mitmenschen. Ihr spürt das, was andere dabei empfunden haben. Im Bardo gibt es die Möglichkeit, Fehler nochmals zu leben und aufgrund Eures stärker entwickelten Mitgefühls zu korrigieren. In der Zeit das Bardo kann man zum ersten Mal wirklich erkennen, in welchem Ausmaß das negative Ego das eigene Leben kontrolliert hat. Wenn man es sich recht überlegt, ist es eigentlich schade, daß man bis zu seinem Tod warten muß, um die Reife und das Verständnis zu besitzen, dies zu erkennen. Sinn des Lebens ist es, diese Reife, das Mitgefühl, das Mitleid, die Einheit und die Klarheit zu entwickeln, während man noch einen physischen Körper besitzt und hier auf Erden dient. So wird man zu einem Aufgestiegenen Meister. Die Meister haben uns gesagt, daß es während des Aufstiegs und der sieben Stufen der Initiation, der Verankerung und Aktivierung der fünfzig Chakren, der Verankerung und Aktivierung der neun Körper sowie des Aufbaus des Lichtquotienten bis zu 99%, noch eine andere Stufe zu bewältigen gilt, auf welcher der Bardo ganz bewußt hier auf Erden erfahren wird. Das ist für jeden Lichtarbeiter etwas ganz Neues – egal wie intensiv seine Innenschau und sein Lernen in der Vergangenheit war.

Das ist der Schritt vom „Kindergarten-Meister" zum voll entwickelten, reifen Aufgestiegenen Meister. Das Bardo nach dem Tode dauert nur drei Tage, durchlebt man es jedoch bewußt hier auf Erden, kann das laut Melchizedek bis zu drei Jahren dauern. In der Vergangenheit gingen die meisten Seelen, welche ihre sechste und siebte Initiation durchlaufen hatten, direkt zu den Inneren Ebenen weiter. Nach den neuen Regeln der Initiation und des Aufstieges verbleiben 90% aller Initiaten der hohen Stufen und auch aufgestiegene Wesen auf der Erde, um ihren Dienst weiterzuführen. Da dies jetzt so ist, besteht auch die Möglichkeit, die Bardo-Erfahrung im physischen Körper zu machen. Sie ist der letzte Schritt, um zu beweisen, daß es zwischen der Persönlichkeit, der Seele, der mächtigen ICH BIN - Gegenwart und dem Körper keine Trennung gibt. Wir alle haben jetzt die unglaubliche Chance, die Bardoerfahrung in unserem physischen Körper und auf der Ebene der Materie zu erleben. Wenn man die Bardoerfahrung durchläuft, geht es dabei nicht nur um die

Erfahrungen dieses Lebens, es sind auch alle vorherigen mit eingeschlossen. Ich kann das sagen, weil ich es selbst erlebt habe. Wir Ihr alle wißt, gibt es 144 Seelenausdehnungen in der Monade oder mächtigen ICH BIN - Gegenwart jedes Menschen. Seelenausdehnungen der Erde oder der inkarnierten Persönlichkeit erleben ihre eigene Bardoerfahrung unterschiedlich. Anders ausgedrückt erlebe ich nicht das Bardo der anderen elf Seelenausdehnungen meiner Monade. Ich, als einer der Seelenausdehnungen meiner Überseele und Monade, hatte vielleicht schon 250 bis 300 Inkarnationen hier auf der Erde, die alle einzigartig und nach meiner Wahl gestaltet waren. Diese Inkarnationen scheinen in meinem Bardo auf – mit den Inkarnationen der anderen elf Seelenausdehnungen meiner Seele oder Überseele (ich verwende hier beide Ausdrücke gleichwertig), brauche ich mich nicht abzugeben. Was geschieht eigentlich? Im Grunde wird mit Hilfe eines geheimen Vorganges, der nur Gott und der mächtigen ICH BIN - Gegenwart bekannt ist, in einem Zeitraum von zwei bis drei Jahren alles genannte Material durch das Unterbewußtsein und das körperliche Wesen gefiltert. Wenn man es sich genau überlegt, macht das Sinn. Wenn Ihr Euch mit dem Licht Eurer Monade und mächtigen ICH BIN - Gegenwart verbindet, dann handelt es sich dabei nicht nur um das Licht auf der spirituellen Ebene, sondern auch auf der des Geistes, der Emotionen und des Körpers, damit Geist und Seele wirklich auf allen Ebenen integriert werden. Ich durchlaufe diesen Prozeß gerade, weiß also genau, wovon ich spreche.

Dieser Vorgang kann auf den Ebenen der vier Körper recht intensiv sein, er ist sozusagen ein „Schnellsieder-Kurs" in spirituellem Wachstum. Er bringt die wahre Reife des Aufgestiegenen Meisters auf alle Ebenen, nicht nur auf die des Lichtquotienten. Darum sind Bücher wie dieses hier und auch mein Buch *Seelenpsychologie* so wichtig. Alle Lichtarbeiter müssen begreifen und verstehen, wie sie mit ihrem Christus-Geist statt mit dem negativen Ego ihre Gedanken lenken können. Könnt Ihr Euch vorstellen, wie es wäre, das Bardo zu durchlaufen ohne dieses Verständnis zu haben? Macht Euch hier nicht selbst etwas vor, denn es gibt sehr, sehr viele Lichtarbeiter, die für diese Erfahrung nur sehr schlecht vorbereitet sind. Ich selbst habe mit diesem Prozeß überhaupt erst begonnen, nachdem ich alle sieben Stufen der Initiation beendet, alle fünfzig Chakren und neun Körper verankert und aktiviert hatte. Dazu hatte ich bereits den zehnten bis zwölften Körper installiert und meinen Lichtquotienten auf mehr als 99% gebracht. Wie die Dinge innerhalb der Bardo-Erfahrung ablaufen, ist recht unterschiedlich. Einige Menschen entwickeln dabei ernsthafte Gesundheitsprobleme, weil alles aus ihren dreihundert vergangenen Leben auf einmal an die

Oberfläche drängt, um bearbeitet und integriert zu werden. Andere wiederum erleben emotionale oder mentale Schwierigkeiten. Es wird alles, was noch nicht beendet oder karmisch ist, an die Oberfläche gebracht, um ausgeglichen zu werden. Auch dies ist eine enorme Chance für spirituelles Wachstum und auf alle Fälle eine intensive Übungszeit für alle. Je nachdem, wie die psychodynamische Struktur der vier Körper und der drei Verstandesebenen geartet ist, werden einige Menschen diesen Prozeß leichter durchlaufen als andere. Je besser es einem in früheren Jahren schon gelungen ist, das negative Ego zu meistern und zu überwinden, desto leichter ist der Weg durch die Bardoerfahrung. Das Bardo bewußt hier auf Erden zu durchlaufen, heißt gleichzeitig den Tod zu transzendieren, weil das, was früher nur nach dem Tode möglich war, jetzt noch während des Lebens geschieht. Es ist wahrlich erstaunlich!

Es ist ein Zustand, den einfach jeder Lichtarbeiter irgendwann während seines Aufstiegsprozesses und der Erreichung der Reife als Aufgestiegener Meister durchlaufen wird. Das Bardo bewußt auf der Erde zu erleben beweist, daß es keine Trennung mehr zwischen den vier Ebenen des Bewußtseins (physisch, emotional, mental und spirituell) gibt. Obwohl diese Zeit sehr anstrengend ist, bietet sie doch die Chance, das spirituelle Wachstum zu beschleunigen. Ich weiß, daß meine Brüder und Schwestern, die dieses Buch lesen, diese Möglichkeit genau so willkommen heißen, wie ich das tue. Das Bardo bewußt auf der Erde zu erleben, bereitet uns auf den letzten Schritt des planetaren Aufstiegs vor, welcher dann erreicht ist, wenn die zwölfte Dimension der Realität integriert wird, also bei der Realisierung des kosmisch-planetaren Aufstiegs. Da rücken dann die Fähigkeiten des Aufgestiegenen Meister, wie z.B. physische Unsterblichkeit, Dematerialisierung, das Materialisieren von Gegenständen und Teleportation in greifbare Nähe. Die bewußte Vollendung des Bardo auf der Erde ist wie eine Brücke, die zu diesen Fähigkeiten der Aufgestiegenen Meister führt. Das Bardo hilft uns, das Gottesbewußtsein nicht nur nach Prozenten des Lichtquotienten zu integrieren, sondern auch hinsichtlich des Christus-Denkens, die Christus-Emotionen und auf die von Christus inspirierte physische Gesundheit. Es ist die wahre Vollendung der sieben Stufen der Initiation. Wir können jetzt durchführen, was den Aufgestiegenen Meistern vergangener Zeit erst auf den Inneren Ebenen möglich war. Wir alle hier sind Pioniere und tun das, was noch nie zuvor jemand getan hat: Wir nähern uns dem Zustand, völlig verwirklichte Wesen der zwölften Dimension zu werden. Die zwölfte Dimension ist die Integration, Aktivierung und Verwirklichung der kosmischen Ebene, nicht nur der galaktischen und solaren. Lichtarbeiter sollten endlich darauf verzichten, den Aufstieg nur im Bereich der fünften Dimension zu sehen. Diese Idee ist nicht mehr aktuell und veraltet. Die fünfte Dimension ist der eigentliche Beginn des Aufstiegs. Erkennt und begreift, daß der volle Reifungsprozeß zum Aufgestiegenen Meister nun auf der Realitätsebene der zwölften Dimension erfolgt. Davor kommt allerdings noch die Vollendung des planetaren Aufstiegs, wobei jedoch die Erreichung aller fortgeschrittenen Fähigkeiten der Aufgestiegenen Meister auf dieser Ebene keine realistische Option ist. Ich hoffe, daß dies viele Fragen beantwortet, welche Aufstiegs- kandidaten zu diesem Thema haben.

Eines kann ich Euch jedoch versprechen: Je mehr Ihr lernt, Euer negatives Ego in Eurem alltäglichen Umfeld in den Griff zu bekommen, desto leichter wird die Bardoerfahrung für Euch sein, ob Ihr sie nun hier habt oder „drüben". Vergeßt nie, daß das negative Ego die Ursache aller Krankheiten, negativen Emotionen, negativen Gedanken und des Karma ist, welches man sich im Umgang mit anderen Menschen auflädt. Was Ihr dann erfahrt, ist nichts anderes, als jene Situationen nochmals zu erleben, in denen es Euch nicht gelungen ist, Euer negatives Ego zu überwinden. Das Bardo ist die Chance, all dies aus einer mitfühlenden, klaren Sicht nochmals zu erleben und die eigenen Gedanken, Emotionen und das Verhalten zu korrigieren. Melchizedek hat mich auch gebeten, alle meine Leser daran zu erinnern, daß diese einmalige Gelegenheit, bewußt das Bardo zu erleben, nur denjenigen zugänglich ist, die sich dafür entscheiden, nach ihrem Aufstieg auf der Erde zu verbleiben. Diejenigen, die sich dagegen entscheiden, erleben das Bardo auf der Inneren Ebene. Djwhal Khul sagte mir, daß alle aufgestiegenen Wesen durch eine Art Bardo hindurch müssen und sich dann mit dem klaren Licht Gottes verbinden. Das klingt wie ein Widerspruch, da sie das ja bereits getan haben. Es gibt jedoch immer wieder ein noch höheres Licht, mit dem man verschmelzen kann. Alle Aufgestiegenen Meister gehen durch die Bardoerfahrung bzw. müssen alles, was aus ihren vergangenen Leben stammt, aufarbeiten. Diese Erfahrung ist allerdings für einen Aufgestiegenen Meister komplett anders als für eine unentwickelte, eher astralgebundene Seele. Was die Lehren der siebten Initiation in dieser Richtung angeht, so war, laut Melchizedek, das Leben Jesu und seine Kreuzigung die einzige Ausnahme. Grund dafür war seine Mission und die Tatsache, daß Lord Maitreya hinter ihm stand. Am Kreuz erlebte er sein Bardo und nahm die Sünden der Menschheit auf sich, was ihn zum Avatar des Fische-Zeitalters machte. Seine Auferstehung erfolgte im physischen Körper, was wieder beweist, daß eine Trennung zwischen Monade, Seele, Persönlichkeit und physischem Körper nicht besteht und nur eine Illusion ist. Wer von uns bewußt durch das Bardo geht, beweist dasselbe! Die bewußte Erfahrung des Bardo auf der Erde gibt jedem von uns die Möglichkeit, klarer mit Gottes Geist zu denken, mit Gottes Herz zu fühlen und, hier auf Erden, mit Gottes physischem Körper zu agieren.

Über den Autor

Joshua David Stone ist Doktor für Transpersonale Psychologie und ein anerkannter Ehe-, Familien- und Kinderberater in Los Angeles/ Kalifornien. Auf der spirituellen Ebene verankert er die "Melchizedek Synthesis Light Academy and Ashram," - ein integrierter Ashram auf der inneren und äußeren Ebene, der alle Wege zu Gott repräsentiert. Als Sprecher für die planetare Aufstiegsbewegung ist Dr. Stones spirituelle Abstammungslinie direkt mit Djwhal Khul, Sananda, Kuthumi, Lord Maitreya, Lord Melchizedek, dem Mahatma und Metatron verbunden. Er fühlt auch eine enge Verbindung mit der Göttlichen Mutter und Lord Buddha, sowie eine tiefe Hingabe an Sathya Sai Baba.

Dr. Joshua David Stone
Melchizedek Synthesis Light Academy
28951 Malibu Rancho Rd.
USA - Agoura Hills, California 91301
Tel.: (818) 706-8458
Fax: (818) 706-8540
http://www.drjoshuadavidstone.com
e-mail: drstone@best.com

Ein herzliches Dankeschön

Ich möchte mich ganz besonders bei Zandria Louise Fossa bedanken, die meine Bücher auf dem Computer schreibt und mir bei den Computer-Graphiken behilflich ist. Ihre hingebungsvolle Hilfe in diesem Bereich hat es mir gestattet, meiner Kreativität freien Raum zu lassen und weiterhin neue Bücher zu schreiben, ohne mich in Details zu verlieren, die mich bei der Autorenarbeit behindern!

318

Haftungsausschluß

Ich gebe hiermit öffentlich bekannt, daß ich kein Arzt bin. Ich übernehme für Heilungen keine Verantwortung. Ich stelle nur Material zur Verfügung, das meine eigenen Erfahrungen und Meinungen enthält. Bei gesundheitlichen Problemen, konsultiert bitte einen diplomierten Praktiker und/oder Arzt. Viele Informationen dieses Buches wurden von den Aufgestiegenen Meistern durchgegeben. Wie bei allen diesen Informationen spielt die Betrachtungsweise des Mediums eine große Rolle. Es liegt beim Leser zu entscheiden, was für ihn Gültigkeit besitzt.

Dr. Joshua David Stone
Die leicht zu lesende Enzyklopädie des spirituellen Pfades

Bisher sind erschienen:

1. Das komplette Aufstiegs-Handbuch - Wie man den Aufstieg in diesem Leben erreicht, 416 S., gebunden, EUR 28,90/CHF 54,80 ISBN 3-933470-60-9

2. Seelenpsychologie - Die spirituellen Schlüssel zum Aufstieg, 448 S., gebunden, EUR 31,90 /CHF 59,80 ISBN 3-933470-61-7

3. Der Pfad des Aufstiegs - Ein Wegbegleiter, 288 S., broschur EUR 21,90 /CHF 39,80 ISBN 3-933470-63-3

4. Aufgestiegene Meister weisen den Weg - Leuchtfeuer des Aufstiegs, 320 S., gebunden EUR 25,90 /CHF 49,80 ISBN 3-933470-64-1

5. Integrierter Aufstieg - Offenbarungen für das neue Jahrtausend 448 Seiten gebunden, EUR 29,90/ Sfr. 55,80 ISBN 3-933470-65-X

6. Spirituelle Achtsamkeit im Angesicht des Terrorismus - Enthüllte Wahrheit und Weisheit Gottes! 176 S. broschur, EUR 15,90/ Sfr. 29,80 ISBN 3-933470-67-6

7. Aufstiegskurse - 224 S. broschur, EUR19,90 /Sfr. 37,80 ISBN 3-933470-66-8

8. Verborgene Mysterien - Die alten Mysterienschulen, Außerirdische, und der Aufstieg. Die Geheimnisse außerirdischer und irdischer Spiritualität, 448S., gebunden, EUR 29,90/Sfr. 56,80

Bitte fordern Sie unsere kostenlosen Verlagsinformationen an!

R. Lippert-Verlag,
Hartgass 9, D-88639 Wald, Tel. 07578-2229, Fax: 07578-933194
Internet: www.lippert-verlag.de, service@lippert-verlag.de